湘江青年法学

LAW JOURNAL OF XIANGJIANG YOUTH

第1卷·第2辑

主编◎聂辛东

郭道晖 题

湘潭大学出版社

— 特别鸣谢 —

（排名不分先后）

郭道晖、李步云、江平（法治三老）

（以下按首字母排名）

陈云良（中南大学法学院院长）

韩大元（中国人民大学法学院院长）

何勤华（华东政法大学原校长）

何文燕（湘潭大学法学院教授）

贾　宇（西北政法大学校长）

姜明安（北京大学法学院教授）

蒋大兴（北京大学法学院教授）

梁治平（洪范法律与经济研究所所长）

单晓光（同济大学法学院院长）

吴汉东（中南财经政法大学原校长）

徐阳光（中国人民大学法学院教授）

张千帆（北京大学法学院教授）

编者语 Editor's Notes

带着公立年末的祝福和新年的期盼,《湘江青年法学》第1卷第2辑来到了读者的面前。在湘潭大学呼啸的北风中,回顾本卷大半年的编撰历程,温暖与感动涌向心头。在湘潭大学副校长廖永安,法学院·知识产权学院党委书记黄德华,知识产权学院执行院长、法学院副院长肖冬梅,法学院·知识产权学院副院长吴勇、副院长欧爱民、副院长肖伟志以及学术委员会老师们的呵护下, 一直在努力的刊物编辑部全体成员们共同见证了《湘江青年法学》的成长。

在第1卷第2辑的编撰过程中,我们从众多稿件中精选了17篇论文、3篇随笔和1篇访谈,作者分别自来湘潭大学、澳门科技大学、台湾东吴大学、亚当·密茨凯维奇大学、北京大学、中国人民大学、南京大学、湖南大学、西南政法大学、中共湖南省委党校、湖南行政学院、河南师范大学、湖南省高级人民法院、广西壮族自治区人民检察院、肥城市人民法院、郴州市中级人民法院、三明市中级人民法院、泰宁县人民法院等。本辑共由"访谈实录""前沿关注""思想源流""司法理论"和"法学茶座"五个栏目组成。

"访谈实录"栏目的内容源于湖南省首届高校法学学科院长(系主任)论坛。2015年11月1日,该论坛在湘潭大学召开,来自湖南省所有高校法学院(系)及部分省外高校的法学院(系)、湖南省法院、检察院、公安系统等100多名专家学者就"法治人才培养机制创新的理论与实践"展开研讨。《湘江青年法学》选取"法学教育和青年法律人的成长"有关问题对湖南省法学教育研究会会长刘定华、湖南省高级人民法院副院长杨翔、湘潭大学副校长廖永安、中南财经政法大学法学院院长徐涤宇、湘南学院法学院院长周桂英和海南大学法学院副院长王秀卫作了专访。与此同时,本栏目收录了湘潭大学知识产权学院执行院长、法学院副院长肖冬梅的《复合型知识产权人才培养模式及其保障机制》、江西财经大学法学院院长蒋悟真的《法学教育改革的目标、方向及培养模式》两篇专题文章。肖冬梅女士在《复合型知识产权人才培养模式及其保障机制》一文中阐述了当前我国复合型知识产权人才需求态势、培养现状及问题症结。她指出,我国在复合型知识产权人才方面存在着严重的供需矛盾,问题的症结主要在于传统的法律人才培养模式与知识产权人才需求相悖。她论证了模块化的课程体系、多方主体协同育人模式与多层次的培养体系对培养复合型知识产权人才的重要性,并提出了构建多方共赢的长效合作机制等复合型知识产权人才培养保障机制。蒋悟真先生在《法学教育改革的目标、方向及培养模式》一文中阐述了法学教育的转型路径,他认为当代法学教育急需转型和变革,法学教育改革应当予以明晰:其培养目标定位应从大众教育走向精英教育,教育改革的方向须从通识教育转变为职业教育,从单一型到复合型人才培养方式变革是培养模式创新的重要路径。

在“前沿关注”栏目中,我们挑选了法制史、民法、环境法、体育法等领域的五篇文章。彭中礼先生在《政策概念的法规范分析——基于 1979 年—2015 年现行有效法律文本的解读》一文中,通过对自 1979 年至 2015 年 2 月 10 日 95 部法律 247 条含有“政策”一词条文的分析,总结了“政策”分布的特点和类型,进而分析了“政策”的运行结构,认为政策在我国缺乏有效的法律监管。在推进法治中国建设的背景下,政策法治化是当代中国的一个重大课题。李林启先生在《我国担保物权实现机制立法演进的分析》一文中,对我国担保物权的实现机制在不同历史时期有着不同的立法规定进行了考察,他认为我国担保物权实现机制立法演进表明,担保物权的实现机制经历了从诉讼程序向非讼程序的转变,高效、快速、低成本实现担保物权是立法的一直追求。在我国担保物权实现机制的立法变迁中,立法对担保物权实现的引领和推动作用得以充分发挥,以民为本、立法为民的立法宗旨与理念得以充分体现。此外,本栏目还收录了简·鲁克莫斯基先生的《体育组织章程中的仲裁条款:自愿同意还是强制接受?——以〈欧洲人权公约〉第 6 条第 1 款为视角的分析》、扈艳女士的《我国民法典主体制度的立法设计——兼论国家的民事主体地位》以及夏江皓女士的《环境侵权行为构成要件之解析》三篇文章。

在“思想源流”栏目中 ,我们选取了法理学、法制史、宪法、国际法等领域的五篇文章。肖洪泳先生在《联治民主制:陈炯明的联邦建国方略》一文中考察了民初中央与地方关系的困境、陈炯明联邦建国思想的提出背景、地方自治实践、联省自治方略、中国统一方案、联治民主制以及共和理想。他认为,陈炯明坚信建立在自治思想基础上的民主政治,赋予自治以人民自治、地方自治、军民分治与权力分治四大内涵。以此为出发点,陈炯明提出了“联乡治区、联区治县、联县治省、联省治国”的联邦建国方略,深刻认识到联邦制与民主政治之间的内在关系,创造性地擘画了联治民主制的宏伟蓝图。这一自下而上的联邦宪政理论，颇与孙中山自上而下的"军政、训政、宪政"三阶段理论相龃龉，深刻呈现出中国近代宪政实践的历史命运。许宇超先生的《〈资治新书·判语部〉法学理论价值研究》一文从《资治新书·判语部》所辑选的判词中归纳出明清法学犯罪学理论、刑罚学理论和泛刑法化理论三个方面的研究价值。他指出，以现代法学为参照，具体可见明清法律实践中有关犯罪主观方面的认定、排除犯罪的事由、因果关系的认定、刑罚的目的、刑罚的功能、民事行政类案件的泛刑法化的理论价值。对当时的理论研究成果，应认识到其与现代法学理论有着内核上的根本区别，不应盲目借鉴吸收传统法制文化价值。本栏目另外还收录了张小虎先生的《借鉴与移植：议会制在近代中国的传播及影响》、何志辉先生的《治理格局与法律秩序：澳门法的历史变迁》以及陆平先生的《论欧盟加入〈欧洲人权公约〉的历史流变与制度前景》三篇文章。

在"司法理论"栏目中，我们就司法改革中热点问题，挑选了五篇文章。马欢欢女士在《专家辅助人意见的性质定位与效力考量——以若干案例为分析线索》一文中，以司法实践中的案例为分析线索，从专家辅助人制度运行现状出发，探究其运行无序的原因所在。文章厘清了对专家辅助人意见性质认定的前提，从正反两个方面论证了专家辅助人意见的性质。她认为以专家辅助人参与法庭质证的效果为中心，探讨其意见对鉴定意见、法庭、当事人以及本身产生的效力，来防范专家辅助人意见出具的随意性和法官自由裁量的宽泛性。陈建华先生在《司法改革背景下的法官员额制改革——以中部H省C市中级法院为样本的考察》一文中，通过对中部H省C市中级法院进行实证调研，从应然视角和实然视角对法官员额制改革的价值与实践中的问题与困难进行分析，提出了法官员额制改革五大原则和具体路径设计。此外，本栏目还收录了吴星先生、洪珊珊女士的《判例集的"互联网+"模式——从我国法官眼里的判例说开去》、王汝洋先生的《伦理与法律的冲突与契合："常回家看看"条款的实践品性与法律适用》以及陈立毅先生、张春利女士的《我国附条件不起诉制度的不足与完善》三篇文章。

在"法学茶座"栏目中，我们收录了台湾大学硕士研究生黄卫同学、湖南省高级人民法院副院长杨翔和湘潭大学法学院程波教授的三篇随笔。黄卫先生在《台湾法学家图谱之税法专题指向——记黄茂荣教授、葛克昌教授、陈清秀教授》一文中，通过对在台湾经济法领域颇具影响力的黄茂荣大法官、葛克昌教授和陈清秀教授有关个人简历、求索历程、文章著述和研究专长的总体介绍，给我们呈现了立体生动的台湾经济法学家图谱，让我们认识、走近和学习这些法学大家。杨翔先生在《立案与威尼斯商人——致友人》一文中，以回信的方式谈到了其对“当下让人们打官司更容易些的改革”的体会。他认为，在我国“厌讼”的传统文化沿袭下，面对“远方滚滚而来的案件‘洪流’”可能造成的泛滥，“打击滥讼行为”“适用驳回起诉”这两道坚固的大堤已经建筑。“真正的法治一定需要个体或者私人的广泛和积极参与才能实现”，“但改变是肯定会发生的事实，其实古人早已找到了治理滔天洪水的办法：不是堵，而是让洪水在宽阔的河道里一路向东。”程波先生在《湘大烟雨好莱坞》一文中深刻记述和表达了其在教授“法律电影与美国法律文化”这门课程时的所思所悟，相比于其他文章，此文可能显得更加“热气腾腾”，因为它是一位讲台耕耘者与学生“相濡以沫”后的思想结晶，浑然一体而又平实质朴，缘由于此而收录此文，以期和大家共享！

《湘江青年法学》编辑委员会

二〇一六年初春

崇法以治国本

尚道以济民维新

法 目录

访谈实录

前沿关注

思想源流

司法理论

法学茶座

CONTENT

Interview

Theoretical Frontier

Thinking Origination

Judicial Theory

Teahouse of Law

访谈实录

Interview

法学教育与青年法律人的成长

刘定华　廖永安　等

近期，湖南首届高校法学学科院长（系主任）论坛在湘潭大学法学院成功举办。会上，来自湖南省二十多所高校的法学院院长、学科带头人及国内相关专家、学者就法学教育改革和法学人才培养经验等问题进行了热烈的探讨。《湘江青年法学》编辑部就法学教育和青年法律人的成长的问题对部分与会专家进行了采访，做成了第一部分的访谈实录。另收录了会议论文两篇，作为第二部分共同呈现给读者。

一、访谈实录

采访人：《湘江青年法学》编辑部
访谈嘉宾：
刘定华，湖南省法学教育研究会会长
杨翔，湖南省高级人民法院副院长
廖永安，湘潭大学副校长
徐涤宇，中南财经政法大学法学院院长
周桂英，湘南学院法学院院长
王秀卫，海南大学法学院副院长

专访刘定华教授

编者按：刘定华教授自 1982 年于中国社科院研究生院毕业后一直在湖南财院、湖南大学从事法学教育与理论研究，现为湖南省法学教育研究会会长。曾发表《略论财经院校的经济法学教育》《对加强经济法学科建设的一点认识》《适应经济全球化的需要、探索经济法教学改革和发展的新路子》等法学教育论文多篇，主持“顺应法律职业化之发展趋势，探索法学本科教育新模式”课题，获省级教学一等奖，主编《法学本科教育教学改革路径探索》和《法学教育改革研究》等文集。

《湘江青年法学》：刘教授，您从事法学教育多年，您认为法学本科教育和研究生教育的培养目标是什么？

刘定华：法学教育是培养法律人才的一种特殊教育形式。一般分为法学本科教育和研究生教育。党的十一届三中全会召开之前和十一届三中全会召开后的前几年，由于研究生的招生单位不多，法学本科教育和研究生教育的培养目标是十分明确的：研究生教育的培养目标是培养法学研究人才，包括高校师资，尽管部分毕业生进入了国家机关，但也属于学者型的管理者；而本科教育的培养目标，一般称之为培养高级法律人才或法律应用型人才以及为更高层的法律教育输送人才。而今，研究生的招生范围已扩大到相当大的规模，既有法学研究生，又有法律研究生。其中，法律研究生中既有法本法硕研究生，又有非法本法硕研究生。在所谓的研究型大学的法学院中，有的每年研究生的招生人数累计已超过该年法律本科招生的人数。在这样的背景下，研究生的培养目标应根据国家对法律人才的需要而有所变化。法律硕士研究生教育的培养目标是培养应用型的法律人才，即使是法学硕士研究生教育，其培养目标也只能是培养具有较高科学研究能力的应用型法律人才或为培养更高层次的博士研究生输送生源。无论是法学本科教育还是研究生教育，都应当使受教育者具有三个基本的素质：(1)有扎实的法律知识，既要认识法律，又要有运用法律的能力；(2)有法律信仰和法律道德；(3)有一定的社会科学知识。除了第二个素质对研究生与本科生的要求完全相同之外，第一个和第三个素质在程度上研究生较之本科生要求更高些。

《湘江青年法学》：您参与了改革开放后湖南法学教育的实践，您能否为我们介绍一下湖南法学教育的发展过程？您认为湖南法学教育有何特色？

刘定华：新中国成立前，湖南只有湖南大学法学院开设了法学本科教育。湖南大学在全国的法学教育体系中具有一定的地位，有着“千年学府，百年法学”的美称。1953年，因专业调整，湖南大学的法学专业被撤销，教学资源被归并到中南政法学院。十一届三中全会后，我国迎来了法制建设的春天，在文化革命中被解散了的政法院系相继恢复，原来没有法律院系的学校也应形势之所需，相继成立了法律院系。1982年，我从中国社科院研究生院回湖南，投入湖南的法学教育行列，目睹了湖南法学教育的发展。1983年，湘潭大学设立法律系；1987年，湖南财经学院开办经济法专业；1993年，中南工业大学创办经济法专业;1995 年,长沙铁道学院开办法学专业;1996 年,湖南师范大学成立法律系;1999 年,位于湘西的吉首大学法学本科开始招生。此后法学教育如雨后的春笋,在全省兴起,现除个别本科院、校之外,均有法律本科教育。湖南的研究生教育始于 1993 年,湘潭大学和湖南师范大学分别获诉讼法学硕士点和法理学硕士点;1995 年,湖南财经学院、湘潭大学分别获经济法硕士点和刑法学硕士点;1998 年,湖南师范大学获国际法硕士点。最早获法学博士授权点的是湘潭大学诉讼法点,继之湖南财经学院经济法点,湘潭大学的法史和湖南师范大学的国际法博士点。如今湘潭大学、湖南大学、湖南师范大学和中南大学均有法学一级学科硕士、博士授予权;湖南工业大学和中南林科大有法学一级学科硕士授予权;吉首大学有法学二级学科硕士授予权;南华大学、湖南商学院、长沙理工大学有法律专业硕士点。今天的湖南法学教育可谓进入了百花争艳的发展期。

关于湖南的法学教育特色,应该说与传承和弘扬湖湘文化有关联,湖湘文化与法治文化有着内在的联系。湖湘文化的精髓被融入湖南的法学教育。法学教育是为了培养治国之才,治国之才必须躬行践履,经邦治世,这正是"经世致用,实事求是"湖湘精神的特色所在。湖湘文化"心系天下"的志向对应着"法者天下之器"的普适品格,湖湘文化"先忧后乐"的精神鼓舞湖湘法律人为民请命,追求善治,湖南人"踔厉敢死"的斗志激励着公民为权利而斗争,湖湘文化的"独立根性"昭示着法律品格的超然独立。法政传统是湖湘文化中最璀璨的一章,吸取其精华的现在的法治湖南建设的思想哺育着青年法律人的成长。

湖南人的坚忍不拔、知其不可为而为之的霸蛮精神也是法治的较真精神及奋斗意识之表现。在湖南这个法学教育基础并不厚实的省份,能在短短的时间内获得四个法学一级学科博士点,充分反映出湖南法学教育的同仁们立志繁荣湖南法学教育的霸蛮精神。

被尊称为中国"法治三老"的郭道晖教授、李步云教授和其他湘籍法学名家在湖南高校讲学兼职,传道湖湘文化精髓和法律精义,他们仗义执言,敢于担当的事迹,也对湖南的法学教育产生了积极的影响。

《湘江青年法学》:法学学科的交汇共融日益明显,湖南法学教育在加强自身竞争力的同时,如何加强与国外教育机构的合作?湖南法学教育未来发展之路如何走?

刘定华：法学教育的发展，在一定意义上依赖于法学学科的发展，依赖于法学研究的深入。很显然，一个理论单薄，内容贫乏的学科是培养不出高素质、高质量人才的。随着科学的发展和社会的进步，学科的交叉和融合已呈明显趋势，法学与经济学、政治学、社会学、伦理学等有广泛的交融和渗透。发展法学学科既要注意其作为一个独立学科的质的规定性，同时也要重视其与其他学科的关联性。因此在国内，法学教育界应加强与社会科学界、自然科学界的联系和合作，才能有效地培养复合型的法律人才。

随着经济的全球化，中国法律和教育也步入法律全球化和教育全球化的态势中。因此一个国家的法学教育不可能完全孤立地发展，因为国与国之间的竞争在一定意义上就是人才的竞争，它不仅表现在对高层次法律人才的培养，同时也表现在一国对他国所培养的法律人才的吸收和引进。当前，加强国与国之间法学教育的合作和法律人才的培养已是必然。

为了加强湖南法学教育与世界各国教育的合作，我认为，主渠道还是依政府与政府之间的合作协议，互派留学生和访问学者；二是学校与国外的大学签订教育合作协议，共同培养学生；三是法学院与国外法学院之间的合作，为学生之间的短期互访或见习提供帮助；四是由学术团体组织出国进行访问或考察。在与国外教育机构合作方面，湖南大学、中南大学等四所高校法学院已有一些成功的尝试。

湖南法学教育继续发展之路如何走，我想应从以下几个方面努力：

一是要夯实法学教育的基础，建设一支高素质的、相对稳定的忠诚于法学教育事业的教师队伍。目前法学的教师队伍从整体上说还远没有达到以教学为荣，以科研为乐，心情舒畅，全身投入的那样一种状态。其原因是有的高校重科研，轻教学；有的未以人为本、唯才所宜，没有发挥老师个人的特长，以僵化的统一的标准去考核教师，使不少教师整天处在一种紧张焦虑的状态，这就难以充分发挥教师教书育人的积极性，影响教学的质量。因此有必要改善目前流行的对学校和教师的评估体系和评价标准。

二是加强地区高校法律院系的协同合作，合理利用教育资源，共赢发展。一种合作方式是建立湖南省法学院院长（系主任）论坛，定期召开会议，交流信息，讨论法学学科建设和法学教育中的问题，建立高校交流合作机制；另一种合作方式是一定地域内相近的高校法学院、法律系建立一种实质性的合作机制，即资源共享机制。不同的学院均有自己的优势学科，岳麓山下的三个高校法学院就可以将优势学科的授课进度、授课教师、上课地点公开，供三个学院的研究生选修,学分互认。具体的实施办法由三个学院协商确定。另外湘潭市、株洲市相近的法学院、法律系也可采取同样的方式,现在的关键是相关法学院院长,法律系主任是否有这样的愿望和决心。

三是基于各高校根据本校的实际和面向我国建设法治社会的需要,准确定位,办出专业特色。近年来,法学毕业生的第一次就业率不是很高,当然有很多方面的原因,各高校的法律专业雷同,没有自己的特色也是其原因之一。为了改变这一现状,我省不少法学院、系经过几年的摸索实践,较好地找到了自己发展的途径,如中南林科大、湖南商学院等,在课程的设计、实习基地的建设等方面都与合适的行业挂上了钩,这不仅解决了学生的第一次就业率问题,也缩短了学生适应就业岗位工作的时间距离。

总之,如何走湖南法学教育发展之路,以上几点仅是就一般而言,具体到某个高校,则要根据自己的情况而定。

《湘江青年法学》:总体而言,法学是一门应用学科,而高校法学教育如何更好地与法律实践相结合一直是学界探讨的热点,您如何看待这个问题?

刘定华:法学是研究法律这一特定社会现象及其发展规律的学科,从认识论出发,法学分为理论法学和应用法学。理论法学研究法律的基本概念、原理和规律,应用法学则通常指在社会中实际应用的法学分科。由于法律实践所涉领域十分广泛,它既要研究由法律意识转化为现实社会所需求的法律规范,同时又要研究实施这些规范调整社会关系和维护社会秩序的全部活动,贯穿于立法、执法、司法、守法和护法的全过程。因此将作为研究法律的法学称为应用性很强的学科并无不妥。作为培养法治人才的法学教育,自然要与法律实践相结合,重视法律实践的教学。但也必须指出,重视法律实践的教学,不是忽视法律理论的教学。强调培养法科学生的实践能力和动手能力,并不意味着把法律的纯粹理性和思辨的特性从实践技能要素中予以剔除。法律的实践是思考与技能的结合,法律职业人要在充满争议,且在变动中的法律事实与法律关系中践行法律,具有反思与评价能力。作为"公正和善良的艺术的法律"不是简单的技术活,因此法律人不同于依图纸而作业的"工匠"。这一点,在与法律实践相结合的教学中,是值得特别注意的。目前我省的法学教育在探索法律实践的有效途径方面,形式多样,主要有以下几种:一是在校内开设了一些实践性的课程,如判例教学、诊所教育、模拟法庭、法律援助等。二是走出去,引进来,实行"双千工程",选派教师去法律职业部门挂职,选派有经验的法官、检察官等优秀法律职业人士来校授课。三是建立较为稳定的长期的学生实习基地。四是与法律职业部门合作培养法律硕士研究生。在此次论坛上,不少学校介绍了他们的做法和初步经验,但会要成为成熟的、可推广的经验还需要继续坚持和及时总结。

我期待在下次论坛上能听到更精彩的发言,特别是分享如何按教学计划加强和改善大学本科生毕业实习的管理,达到实习的预期目的这方面的经验。

《湘江青年法学》:青年法律人的成长,是关乎我国法治社会建设的重大问题,现在请您谈谈法学教育如何培育青年法律人的基本素养。

刘定华:何谓青年法律人,我想包括两方面的人,一是从事法律职业的人;二是为从事法律职业做准备,现正在进行法学专业学习的人。法学教育如何培养青年法律人的基本素养,我想就后者即进行法学专业学习的人谈点认识。既然在法学院(系)学习,是为日后从事法律职业作准备,那么,法律职业人应有的基本素养也就是法律专业学生应有的基本素养。法学院系如何培养,我认为应从以下几个方面着手:

一是法律职业信仰的培育。作为法律职业人培养对象的法科学生,不仅要有崇法、守法、护法等全体公民都应当具有的素养,而且还应当具有法律职业人应有的职业法律信仰,即不论何种情况始终忠于法律、恪守法律,坚持立法为民、司法公正、执法严格、护法无畏。法律职业信仰的培育应贯穿于开学典礼、入学专业教育、入学宣誓、毕业教育、毕业宣誓和有关专业课的讲授之中。

二是法律职业伦理教育。法律职业伦理一般是指法律职业人为职务行为时应遵循的准则。现在对法官、检察官和律师的职业伦理谈得较多,他们的共同点是:(1)忠诚于宪法和法律、忠诚于自己的职业;(2)精研法律、精通业务;(3)基于良知、公正、公平履行职务;(4)讲究礼仪,注意法律职业人之形象等。法律职业伦理与其职能的定位有关,例如在刑事案件的庭审中,法官职业伦理的核心在于力求做到居中独立裁判,不受外界干预,一切从事实、法律和良知出发,作出公正判决;检察官职业伦理则要求检察官代表国家依据法律追诉犯罪,维护社会的公平正义,保障社会公共利益,兼顾被害人和犯罪嫌疑人的立场,防止过度追诉的倾向;律师的职业伦理要求恪尽刑事辩护人职守,保障被刑事追诉者的权利,尽最大可能维护其合法权益,同时要求依法辩护,防止过度的辩护倾向。法科学生的法律职业伦理教育,宜开设伦理课程,重点讲授法律职业伦理;或在“法官法”“检察官法”“律师法”的专题讲座中聘请优秀的法官、检察官、律师来讲授。

三是具有复合型的知识结构。鉴于法律本身是特定的时代性、社会性和事实性的产物,它是社会组织的纤维,是多门学科的结晶。因此,将从事法律职业的法科学生不仅要认识法律,而且应认识法律之外的诸多科学,如哲学、政治学、经济学、社会学等,这些科学是研究法律的基础学科。只有具有复合型的知识结构,才能应对从事法律职业的知识需求。

四是学与术并重。学即钻研法理,善于法律思维;术即具备应用法律之技能。不注重法理之学习,因某种事实无现成之条款、判例、解释例可适用时,则仓皇不知所措;太偏重理论,与实践脱离,则不免过于空洞,难以解决实际问题;只有法理之学与法律之术互相为用,而后臻于完备才能成为合格的法律人。此点,孙晓楼教授生前对此有过精辟论述。

《湘江青年法学》:青年法律人应具备怎样的学术素养?怎样才能在科研上有所成就?

刘定华:学术素养应包括以下几个方面:(1)诚实。做学术研究,最重要的品质就是学术上的诚实,不能看人家的脸色说话、行事,不能做风派人物,要独立思考,有自己的主见。(2)谦虚。要看到自己的不足与局限性,尊重前人研究的成果,在此基础上,明确自己所要研究的问题,不能浮躁,更不能抄袭,要有创新精神,永葆学术研究的青春。(3)注重理论联系实际,力戒空谈。这既是学术研究人员应有的基本素质,也是科学研究的基本方法。

如何做到在科研上有所成就。一是要多读书,夯实“三基”,即“基本理论”“专业基本知识”“基本技能”。基本理论,即前面所说的哲学、经济学、政治学、社会学、法理学等;专业基本知识,即宪法、民法、刑法、经济法、诉讼法等学科知识;基本技能,主要表现在写作、逻辑、语言等方面。二是注重分析能力、概括能力和洞察事物能力的培养。三是确定研究方向,要深思熟虑,一旦确定,就应坚持,不能东一榔头,西一棒子,不能遇到困难就五心不定、六神不安,凡事贵在坚持。四是开始搞科研,要从大处着眼,小处着手,广泛收集材料,进行整理,认真分析,形成观点,文章写成后,征求意见,特别是征求不同观点,冷静思考,如发现问题,再予以修改,力求做到无懈可击再送去发表。一个在学术上有成就的人,不是一开始就能发表鸿篇大作,而是随着时间的推移,阅历的丰富,知识经验的积累,信心的增强,才一步步地走上学术的光辉之路。

《湘江青年法学》：当下不少杂志对投稿人有学历、职称和所在大学的要求，对此您有什么看法？

刘定华：现在有一种较为普遍的现象，重“名”而忽视“实”，即讲“名分”，而忽视实质内容。这种情况只是其中一例。当然也有不讲“名分”的杂志，但其中有的都要收“版面费”，而且高得出奇，一个版面上千元。对投稿人身份的限制，其原因一是抬高自己的“门面”，对外宣称本杂志不同一般，只接收“副教授”“博士”以上身份人员的稿件，且“副教授”“博士”所在单位必须是“211”甚至是“985”的大学；二是为了省力、省时间，因为相比较而言，有这种身份和出身的人所写的文章，质量和文字水平一般要高些，不要花太多时间去斟酌与修改。所谓一般现象，就意味着不能排除无此“身份”和“出身”的人所写的文章质量也有高的。如果说“副教授”“博士”能代表一定的学术水平和科研能力的话，那么“211”和“985”其实代表不了什么，因为各大学的学科有强有弱，说不定有的“211”和“985”大学的学科还不如非“211”“985”的学校。在大学毕业生就业问题上也是如此，有的单位公开拒绝非“211”“985”大学的毕业生。从现象上看，显然不公平；从实质上看，是漠视公民的宪法权利。是骡子还是马，要拉出来溜溜才见分晓。不看文章，怎么知道质量不行；不看材料、不见其人，怎么知道水平不高。重“名”轻“实”还表现在招聘教师和院级领导人方面。招聘教师时，国外博士和国内博士享受到两种不同的待遇。招聘院长时，许多学校首先是向海外招聘，海外实在无人应聘，才不得不展开国内招聘，国内无人应聘才考虑本校的人选。其实院长主要的工作还是管理和服务，当然要有一定的知名度和学术素养，但不一定必须为顶尖学术带头人。

总之，为了学术的繁荣，为了科学教育的发展，不能唯名是从，不能重名忽实，而要既看名，又看实。还是几句老话，看学历，但不唯学历；看职称，但不唯职称；看名校但不唯名校。为发现、培养学术新人，必须改变刚刚提及的那些现状，要改变这种现状还得遵循湖湘文化中实事求是、敢为人先的精神。

《湘江青年法学》：谢谢老师！

专访杨翔教授

编者按：杨翔，男，1964 年 10 月生，湖南汨罗人。1985 年毕业于北京大学法律系。历任湘潭大学法学系系主任、科研处副处长，现为湘潭大学法学院教授、博士研究生导师，湖南省高级人民法院副院长。主要从事法理学和行政诉讼法学领域的研究。近年来在《中国法学》《法制与社会发展》《江海学刊》《政法论丛》等报刊上发表学术论文40余篇,出版《行政法学——关于行政法基本理论的分析》、《国际私法》(主编)、《法治教育》(主编)、《法治建设论》(合著)、《行政法学新论》(合著)等多部专著。

《湘江青年法学》:现在都在提创新法律人才培养,我们想就以下几个问题请教杨老师。法学教育如何改革创新,也就是改革的方向和目标是什么?法学教育与实践如何对接?

杨翔:法学教育是形而下的,而不是形而上的。现在都在谈创新,那法学教育怎么创新,首先需要我们确定现在法学教育的缺陷在哪里。如同改革一样,改革首先要找到改革的对象是什么。比如在司法改革中,司法机制的构建、司法人员的状况等,这些都是改革的对象。找到对象后,再对对象进行剖析,明确问题在哪里,否则就会错失目标。现在法学教育的问题,我认为第一就是法学教育的迅速扩张,在很大程度上没有遵循法学教育本身的规律。法律职业是一项技术性很强的工作,法律技能的培养需要相当长的一段时间,而且培养机构的成长也需要一个过程。湘潭大学法学院从1983年开始招生,到现在已有30多年了。当时湖南省只有这一个法律系,但到现在已有23所大学开设法学专业,10所大学有硕士点,4所大学有一级学科,这就是一个过程。而这个扩张过程并没有遵循法学教育自身的发展规律,例如不设本科专业而直接办硕士点,这种现象普遍存在。法学教育的快速扩张会压缩对法律精神的培养,导致一些需要积淀的原则、精神没有办法培养。不仅很多学生这样,老师也不具备这样的条件。例如,老师说要与实务对接,可是老师了解实务吗?老师只是提一个口号,如何让学生去与实务对接?所以说,任何一种教育,特别是法学教育应遵循自身的发展规律。就像司法有它的发展规律一样,法学教育也有自身的发展规律。这一项规律我们一直没摸清楚,像美国一样,我们是否需要直接招硕士而不设法学本科,因为法学需要以其他学科为基础,再直接在这个基础上培养法律人才,但我们其实并不是这么做的。这是一种制度的架构,我国法律规定23岁即可任法官,但是法官这个职业是需要具备经验的。第二是学科建设,学科建设怎么与实务对接。现在的学科建设就像采购商品一样,看市场需要什么,学校就培养什么。法学教育不能完全被动地围绕市场转,在某种程度上要塑造市场需求,塑造市场规则。我们培养法学院学生不能回过头来看社会上需要什么样的,就培养什么,这种情况下又怎么培养法治理念、法律精神和法律价值？我认为任何一个学校的法学院必须坚持自己的办学宗旨与办学风格，要坚持自己的品格。法学教育不是政府采购的项目，虽不是说不看市场需求，但不能完全被动地适应市场的需求。现在很多地方出现律师博士专业，律师博士培养的是什么？是培养辩论技巧，还是怎么与当事人、法官打交道？它的支撑点在哪里？第三，我认为，现在法学教育在强调与实务对接、强调协同创新的背景下，一定要高度重视基础理论的教育。大量的法律规则是由法律术语、范畴组成的，很多人通过自学也可以学会。就像司法考试，很多非法科学生也能通过，它是个规则性的知识，只要记住、背就可以了。但是隐藏在规则背后的法律精神和理性是自学不来的，需要通过基础理论来培养。如果过度重视对民商法、诉讼法等的学习，而忽视对法律发展过程这种知识的传授，特别是忽视对法哲学、法律方法等的传授，就无法培养学生的法律思维。法律思维不是懂法律条文就可以了，例如，一些上访的人就对法律条文特别清楚，他们对法律条文的了解只是对技术规则的了解，而对法律背后的精神是不了解的。法律思维应遵循法律观念、利益的平衡，以一种理性判断一件事情，所以对基础理论的教育是不能轻视的。如果在协同创新中把基础理论放到次要的位置，就会出现很大的问题。例如周枏教授曾写过一本《罗马法原论》，后来徐国栋教授专门写了对《罗马法原论》的批判，他指出周枏教授对罗马法的很多理解和翻译是错的，把相关关系理论搞反了。所以如果对基础理论不重视的话，很多知识的灌输就会出现错误，感觉形成了一套知识体系，但这套体系的基础却是错的。基础教育就是培养一种精神、一种理念。现在很多院校毕业的学生进入司法机关以后，没有坚守住底线，甚至完全站到当事人的对立面。而在古代，虽说诸法合体，民刑不分，但一些司法官员就能坚守住规则的底线，甚至不惜得罪皇帝，信念很坚定，这就是靠法的精神来支撑。第四，无论实务教育还是实践教育，都要坚持求真务实的学风。快餐式的教育和浮夸的学风对法学教育的冲击很大。一个法学院的学生能够办好一个案件，他的能力就得到很大的提升。但现在的很多法学教育是看分数，看论文发表情况。实际上把案例引入教育学，不仅要熟悉案件的操作流程，更要学会分析案件背后隐藏的法律问题。案例不仅仅是一则案例，更是活生生的社会生活。看到一个案例，首先要理清原、被告之间的关系，这可能不影响案件的判决，但却是利益衡量时应该考虑的。如一个刑事案件，是否判被告死刑，受很多因素的影响。被告是不是家里的顶梁柱？如果他的妻子也不在了，家里是不是还有小孩要抚养？作判决时这些问题都是要考虑的。礼与法有时候是相通的，像药家鑫案，药家鑫是不是必须判死刑？药家鑫被判了死刑，除了实现刑法上的报复的功能外，对被害人家属又会带来什么？如果药家鑫不判死刑，而给予被害人家属相应的赔偿，那么对被害人家属来说可以得到些帮助。对药家鑫的父母来说，药家鑫是独生子，判他死刑，会不会激发他父母对社会的仇恨？所以说实务问题不是把一个案子拿过来作程序演示，而是要看透案件本质，这也是法学院学生与自学法律的人对法律理解的不同之处。当然现在学校也面临很大的压力：第一，司法考试。如果学生司法考试未通过，那么很多职业选择就会受到限制，择业面窄。因此大量学校围绕司法考试设置课程，这样是有必要的，但不是唯一的。第二，如何扎扎实实地把实习工作做好。我 1984 年参加实习的时候，每一个人都有实习老师，你就是老师的助手，像整理案卷、写报告等，这些都是要实实在在地做的。这才是真正有意义的实习，实习完以后，你对办案、对程序才有真正的了解。所以法学教育要建立起良好的互动实习模式和实习机制，而不是为了毕业有个结论，得到高学分。实习要突破形式上的限制、要务实，一两个月的实习时间是必要的。虽然有时受司法考试、找工作的影响会忽视实习，但本科阶段没有实习，就会产生很多问题和差距。总的来说，学习法律的人不要追求不同，但确实与学习金融等其他专业的人是不同的，不同之处就在于理性。例如，学习法律的人做生意不能发财，因为他们的风险意识很强，但也不会出大问题，这就是不同。我认为法学的理性很重要，理性是法学教育应该培养的重点。对于实务部门来讲，学到的知识马上就能用到实处，对法律规则熟悉，对办案流程熟悉，会撰写法律文书，这就达到要求了。法学教育如何与实务对接，实际上很简单，办案流程就是诉讼法的问题。现在我不知道怎么培养立法人才，不知道法学院是否可以将法律人才区分培养为：立法人才培养、司法人才培养。至于如何区分得这么细，我是不清楚的。立法人才怎么培养，是不是懂得修辞学，掌握了大量国外立法资料就懂立法了？我认为不是这样的，所以在实务教育的时候，要注意这种倾向，防止人才培养的过度专门化。

《湘江青年法学》：青年法律人也是我们的主题，请教老师青年法律人应如何提高自己的学术修养与执业技能？

杨翔：青年法律人的概念我不是很清楚，是指法学院学生？

《湘江青年法学》：是的，包括法学院学生、硕士生和博士生，也包括刚毕业进入司法机关的青年法官、检察官、年轻律师等。他们如何提高自己的技能,是否需要相应的制度与政策扶持?

杨翔:第一,无论将来做法官、检察官还是律师,在一定程度上都要学者化。法学的专业性很强,青年法律人肯定不是那些通过上访对法律条文很熟悉的人,因此将法律人学者化是很有必要的,那么在这种前提下,法律人在任何时候都要坚持对法学的学习和培训,这是不可或缺的。现实情况中,很多法律人进入实务部门以后,满足于自己的知识水平,热衷于怎么与社会对接,缺乏继续学习的动力,导致自身知识储备不够,法律应对能力不足。我认为,法官要树立这样一种认知,即我要做一名专家。当然罗马法提到,法官知法,不可能知所有的法。但是只要你在某个审判岗位上,你就要熟知你所在领域的法。如知识产权,就需要继续学习研究。第二,不同的法律人面对的问题是不同的,学校的学生可能面临的是执业工作问题,机关中已经工作的法律人首先面临的是生存和发展问题。现在的年轻法律人面临的一个很重要问题就是面对司法改革,年轻法官和检察官该怎么办?因为司法改革后,对法官队伍严格管理,相当一部分已经取得法官资格的人要降为法官助理。而关于法官与非法官的差别是很大的,他们的晋升渠道不同,工资待遇不同,执业保障不同。这样年轻法官就面临一个新的选择,是离开还是坚持下去?这是他们应考虑的,也是政府要考虑的。现在律师的生存也存在很大问题,我国现在经济总量、人口总量都很大,但对律师的需求量不是很大。因为我国不像美国那样强制代理,很多人是不需要律师的,律师业的发展有限。有些律师在前几年都养活不了自己,生存艰难。在这种情况下,我曾考虑要不要推出一种类似于英国式的仕途制的律师模式,政府应为律师的发展提供条件和机会。总的来说,青年法律人如何提高自己的技能,一方面他们要继续学习,如果他们想在这个专业领域继续的话。另一方面,社会应该为法律人的发展提供一个平台。但也绝不是订单式的培训模式,例如与湘大法学院签订一个人才订单式合同,这样会限制法律精神的培养以及法学教育合理性安排。

《湘江青年法学》:谢谢老师!

专访廖永安教授

编者按:廖永安,男,1972 年 1 月生,湖南安化人,教授、法学博士、哲学博士后、博士研究生导师。现任湘潭大学副校长、湘潭大学法学院·知识产权学院法学一级学科博士点负责人、湘潭大学中美法律交流中心主任、湖南省普通高校哲学社会科学重点研究基地——诉讼法研究中心主任、湖南省省级重点学科——法学一级学科负责人、湖南调解理论研究与人才培训中心主任、国家级实验教学示范中心——法学实验教学示范中心主任、国家级精品课程“诉讼证据法学”主持人。兼任中国法学会民事诉讼法学研究会常务理事、中国仲裁法学研究会常务理事、中国行为法学会执行法学研究会常务理事及湖南省法学会诉讼法学专业委员会副会长兼秘书长、湖南省学位委员会第四届学科评议组成员。

《湘江青年法学》:廖教授,您好!非常感谢您能接受我们的采访,接下来我想以“法学教育与青年法律人的成长”为主题展开访谈。首先,希望廖教授结合本院教学经验,谈谈您对本科教育和研究生教育培养目标的看法。

廖永安:我认为,无论是本科生的教育还是研究生的教育,都应朝个性化的方向发展,培养的目标应多元化,这是当前社会和市场对人才的新型需求。在湖南,湘潭大学是最早创办法学院系的学校,1983 年,我们招收了第一批法学专业本科学生。经过三十余年的发展,我院已经构建了一个完备的法学教育体系。在长期的探索过程中,我们也确立了对法学人才培养的多元化模式。2008 年,我们开设了知识产权本科专业;2013 年,我们开设了调解方向本科班。根据社会对人才的多元化需求,我们也更加强调复合型人才的培育,相应地对法学人才培养模式进行调整,使其呈现出多元化、个性化的形态。比如,我院知识产权专业面向应届理科高中毕业生进行招生,力求法学学位和工科学位教育的有机结合,打造知识产权复合型人才,以满足当下社会,尤其是企业对专业人才的迫切需求,所以我院知识产权专业毕业的学生均有双学士学位,这大大拓宽了他们的就业渠道。在研究生教育模式上,我们也探索了一条很好的模式——优秀的理科专业学生可以获得我院知识产权专业的直接推免资格,这契合了知识产权人才培养对复合型知识背景的需求。

对于法学人才的培养,的确应面向社会、市场需求,调解方向班的设置即是对社会和市场需求的准确回应。传统的法学教育都是以诉讼为中心来构建课程体系,但是随着全面推进依法治国战略的实施,社会对多元化法学人才的需求日益迫切。我认为,当前的法学教育人才培养应分为三类:一是对以诉讼为中心的法律运用人才的培养,二是对立法人才的培养,三是对以非讼为思维特色的调解谈判人才的培养。随着国家立法权限的下移,立法人才的重要性愈发凸显出来，他们与以诉讼为中心培养出来的法官、检察官、律师不同，在知识结构上，立法人才需要对社会的政治、思想、经济、文化等各方面有深入的了解和思考，并能制定出符合社会经济规律的规则。近年来，随着多元化纠纷解决模式的推行，非讼型调解谈判人才在解决纠纷尤其是商事谈判中的作用日益重要，这类人才不仅精确掌握了基本的法律素养和法学理论，还贯穿心理学、社会学、伦理学等相关知识。所以我认为，在基本的法学教育之外，应开展多元化、模块化的教学，即知识产权人才培养模块、以诉讼为中心的法律运用人才的培养模块，立法人才的培养模块、以非讼为思维特色的调解谈判人才的培养模块，切实完善我们的人才培养体系，向社会输送高素质人才。

《湘江青年法学》：正如廖教授所言，法学教育应面向社会实务的需求，那么，在法学教育中如何融入实务知识？法学教育与法律实践应当怎样结合？

廖永安：这个问题是长期以来大家都很关注的问题，更是我们在法学教育过程中正切实面对的问题。近日国务院办公厅印发了《关于完善国家统一法律职业资格制度的意见》，该《意见》提出将现行司法考试制度调整为国家统一法律职业资格考试制度，明确了任职前培训制度，这也是国家对法学教育与法律实践进行有机结合的要求。

如何化解当前法学教育和法学实践脱节的困境，如何让法学人才更好地适应和服务实践，这些问题的解决，不仅仅需要学校的施力，更需要我们的法制实务部门的参与和担当。目前，中央政法委正在推行的“双千计划”，即在教师队伍中推进理论与实践的交融——教师走入实践部门，实践部门的人才进入课堂，共同打造理论与实践连接的桥梁。此外，我认为，我们的实务部门还应当和法学理论部门合作，共同进行法学教材的开发、课程的设计、培养方案的制订、法学教育的评价、实践平台的创建等体系化的教育工作，实务部门应担当起在法学教育中的重要角色。甚至，我们最好建立一套保障机制，将法学教育实况列入行政考核机制，让实务部门主动、积极、有为地进入法学教育的实际工作中。法律实务部门担当法学教育的职责有其科学性所在，因为其是法科学生就业的最终归属，因此，由实务部门参与法学教育的规划和设计，能够让学生内化更多符合实务需要的知识、素养，打通理论与实践间的关节，实现法学教育与法律实践的良性互动，这对于国家未来法治队伍的建设应是十分有力的举措。

《湘江青年法学》：在当前世界背景下，法学教育国际化问题如何实现？

廖永安：随着国家"一带一路"战略的实施，我们的国际视野也得到了明显的拓展。如何有效地实现"引进来""走出去"，如何为法学教育拓宽渠道、实现国际化，如何在世界法律体系中更具有话语权，这些问题显得比任何一个时代都更加具有战略意义，也更加迫切。这也要求我们的法科学生必须要有广阔的国际视野，拥有引导和制定国际规则的能力。因此，与其他国家、地区的人才培养交流机制必须要建立起来。近年来，我们学校在人才培养的国际化方面也取得了很多进展，如与欧美国家、非洲国家进行人才交流和互换。一方面，我们可以将中国的法律体系和法治理念进行推广，用我们的规则影响世界；另一方面，我们也可以了解和认识域外的法学体系和思想。

《湘江青年法学》：当下，许多青年法律人在投稿时会受到杂志投稿中关于学历要求的关卡限制，对此，您有什么看法？

廖永安：这个可能与当前杂志的评价体制有关，现在我们都关注文章的引证率。的确，许多杂志出于自身发展前景的考量不愿意刊登年轻人的文章，这是个现实的困境。但是我们也应该注意到年轻人的论文可能的确没有达到一定的研究深度，研究成果的作出毕竟需要一定的时间成本，不能一味地埋怨杂志采稿上的"偏见"。由此，青年法律人也应当端正态度，切实付出时间和精力，努力提升研究水平，不断深化研究成果，把稿件的质量提上来。学历、名气并不是杂志采稿的唯一标准，真正的优秀文章一定可以得到编辑的青睐！

好文章是改出来的，我不建议学生们一写出论文就马上到处投稿，只有反复地修改和锤炼，从结构的严谨性到语言的准确性，都不断地进行推敲，才能真正写出好文章。对于有志于学术的同学们来说，一定要好好磨练。

《湘江青年法学》：当前许多青年法律人面临着职业选择的困惑，请您谈谈您对青年法律人职业发展的看法。

廖永安：客观上讲，其实每一种职业都有其广阔的发展空间，都能为各个专业特别是法学专业的人才提供成就自我的平台。当然，其间有时间的早晚问题，但是只要能保持一种坚守和一份热爱，就一定能开辟属于自己的空间。目前，我们的学生普遍缺乏对职业的坚守和热爱，眼高手低。当然，我们尊重学生们对职业的自由选择，但是一旦选定了一个职业的方向，就应当"干一行，爱一行"，切忌见异思迁。唯有对职业的坚守和热爱，脚踏实地，才能有所成就。

《湘江青年法学》：您认为青年法律人应当具备怎样的学术素养？如何进行有效的知识积累、提升写作能力？

廖永安：问题意识，我觉得这点特别重要。论文写作应是为了问题而作，如果没有问题，只是为了完成论文而作，单纯地复制他人的观点，那么这样的论文是没有价值的。要解决问题，就必须要有问题意识并发现问题，而发现的这个问题必须是个真问题，不能是个伪问题。那么如何培养问题意识呢？从我个人的体会来看，我认为有两个重点，一是要进行广泛的阅读，二是要进行广泛的实践。阅读越广泛、越深入，对观点的碰撞就会越敏感，而不同的观点和思想将引导我们不断思索各类学说的内涵，并慢慢形成自己的思维体系和认识。通过对不同观点的识别、探讨，甚至质疑，我们将会形成问题意识。实践是发现问题的平台，只有通过实践，我们才能真正发现并切实感受到理论与实践的差距、立法与实践的差距，这种差距本身将引出问题——为什么会有这些差距？产生这些差距的原因是什么？如何缩小差距？如何通过立法和理论引导实践？这就是问题意识产生的过程。如果说在从理论到理论的学习中会生发伪命题的话，那么，在实践中发现的往往是现实的真命题。只有发现了问题，我们的写作才有目标、才有持续的动力来源。在目标和动力的推动下，我们会不断地寻找资料、挖掘资料、充实素材，最终形成解决问题的思路、方案对策、措施，最终作出一定的学术贡献。

《湘江青年法学》：当前，学科间的交汇共融日趋明显，跨学科研究方法应运而生，在学术研究方面，您能否为青年学生提出一些意见？

廖永安：跨学科的研究是发现新问题的良好途径。当前社会的分工越来越细，我们的学科分类也越来越细，在面对实践和理论中一些疑难的问题时，我们往往需要进行思维和知识的整合，这样才有可能提出更好的方案。所以现在我们也提倡学生们在选题时应多关注学科交叉领域，因为这些交叉领域都是传统的学科关注不够的，甚至是思维和研究的盲区，但同时这些领域又往往是最容易发现问题、最容易出成果的。另外，跨学科的研究有利于拓展我们的视野，尤其是现在，各领域内的理论科学都有其自身的研究特色，可以为其他学科的研究提供参考和助力。比如社会学、心理学、经济学等学科的研究方法和手段可以移植到法学研究中以深化研究成果等。当然，这种思维的拓展是一个循序渐进的过程，不可能一蹴而就。在进行学术研究的过程中，要甘于寂寞，要能够坐稳“冷板凳”，保持对学术的坚守。切不能心浮气躁，企图在短时间内就作出成果,这是青年学生必须要注意的一个问题。在打好法学知识的基础上,要自主治学,在长期的积累中不断丰富和拓展知识层次,将其他学科的研究方法运用于法学研究,提升法学研究的创新力和创造力。

《湘江青年法学》:谢谢老师!

专访徐涤宇教授

编者按:徐涤宇,男,汉族,1970 年 7 月生,湖南新邵人,法学博士(中国社会科学院研究生院),现为中南财经政法大学法学院院长、教授、博士生导师。徐涤宇教授在民法基础理论、微观私法史、民法方法论与拉美法等领域研究成果卓著,能运用西班牙语等多种外语开展对外学术交流,先后赴哥伦比亚、阿根廷、意大利、日本等国留学或进行学术访问 10 余次,在拉美国家和意大利法学界有重要学术影响力。在《中国社会科学》《法学研究》《中国法学》等国内外权威、核心刊物发表论(译)文 60 余篇,主编、独著、合著学术著作、教材 10 余部,独译著作 2 部,主持或合作承担国家级、省部级科研项目 10 余项。其学术作品获得省部级优秀成果二等奖、三等奖及其他多项奖项;先后当选或荣获湖北省首届十大中青年法学家、湖南省第二届优秀青年社会科学专家(省委省政府奖)、第七届全国十大杰出青年法学家(提名奖);入选教育部"新世纪优秀人才支持计划"、湖南省高校学科带头人计划、湖南省青年社科"百人工程"。

《湘江青年法学》:这次论坛的主题是湖南法学的教育经验,我们想就法学教育的经验和青年法律人的成长向您做一个简短的访问。法学是一门应用性学科,高校法学教育如何更好地与法律实践相结合,一直是学术界探讨的热点,对此,您有何看法?

徐涤宇:这是困扰中国法学教育很多年的问题。中国目前有 600 多个法学院,每年产出法学学生这么多,法学教育是实践性很强的学科,从这个角度来看,法学教育其实是一种学徒式的教育,中世纪罗马法在英美国家的传播就是学徒式的,一般都是采用一个老师带少数学生,主要是学会如何操作,如何适用法律。从法律定位来说,这些学生就是法律人。法律职业,无论是作为立法者,还是作为司法实务工作者,主要包括律师、法官、公司法务,再细分为诉讼、非诉讼,还有学术研究的学者。如果从法律实务的角度来看,以学徒式的教育培养学生是最好的。在我国,法学作为处理规模教育、素质教育的方式还存在很大的问题，这已经是达成共识的，比如招生规模、对师生比例的要求、大课堂等问题的限制。法学教育不是解决这些问题的根本方法，这就是为什么老师在教育过程中需要引进案例分析，更需要培养一种实际操作能力。从当前来看，即使假设解决了压缩规模和就业问题，最终还是没有解决根本问题，因为法学教育方法没有进行根本性突破。在师资方面，我们很多老师，本身进行的是学理性研究，较少注重实务，再加上在学术功利主义的驱使之下，大家首先以成就自己的职称和名气作为前提，案例教学可能会占用大量时间，所以老师自己可能也没想到在这方面进行努力。然而，这个问题不解决，实践教学，把法学教育作为一门实践学科，可能也很难解决。我们可以这么说，这么多法学院，在这方面真正跨出这一步的，基本没有。我们还是统一的模式，即以课堂教学为主，以体系性、理论性教育为主。这也可能是因为我们缺乏对老师实践能力的培养。所以也有人提出，从事法学教育的人是否也要通过法律职业资格考试。招生规模问题，较于师资方面，更应得到重视。在教材建设和教学方法方面，现在还没有探究出一种模式出来，在德国也好，中国台湾也好，他们进行教学的时候，学生并不一定是在课堂上，学生可以分成小组，老师只要给他们演示一个案例，通过方法的引导，他们就会自发地以探讨小组形式，在课外的时间学习法律，而不是靠老师在课堂上的讲解来学习法律。我们在这方面可能需要探索，包括从教材建设到教学方法，都需要进行职业培养。还有个问题就是，法学教育好像有一个模子，学生被培养出来后，就是到法院实习，或者说从事法官、律师职业后，再去培养实践能力。不是有人曾问法学院到法院到底有多远。因此，很多人说法学院培养出来的学生就一个模子，对实践能力的培养，更多地是在工作以后才开始的。有一些教育模式也值得我们深思，在学校的学习只是提供一种基础，要从事某种职业的话，就要通过司法考试。所以对司法考试的引导作用非常重要，包括出题的模式，这些都需要我们反思。有些国家出题，客观题可能不会很多，更多的是案例分析题，例如假设你是一名法官，你要写一份判决书，或者作为一名法律实务人才，从请求权基础来说如何适用法律，而不是通过简单的是或否体现出来的。通过司法考试题目的设计，能起到一种导向作用。比如台湾，自从王泽鉴老师把司法考试的模式改为请求权基础之后，虽然很多学生有怨言，但对各个法学院教学模式的改革起到了很大的促进作用。甚至你想通过司法考试，没有读王泽鉴老师的书，没有去台大学习过，都不行。司法考试的导向作用非常重要，当进入法官等职业后，会有各种研修所，通过司法考试后，你不一定具备法官的能力，还要经过一段时间的培训。而我们一般通过司法考试之后，再通过公务员考试，进入到公务员系统中去，通过在判案过程中，进行一种实践能力培养，我们没有这样一个过程。所以司法考试对法学教育起到一种导向作用。

《湘江青年法学》：谢谢徐老师！您能否结合自己的经验，谈谈青年法律人在职业上该如何进行选择？

徐涤宇：对于法学人才的培养，职业选择受到一种思维定式的影响会比较大，不是说学法律的人将来就一定要从事法官、检察官等职业。我一个师兄说过，学法律的人有一种思维定式——依据、程序、风险。这种风险第一主要是评判法律上的风险，即一种法律责任。它的优势在于这种思维定式就是做什么事对法律都有一种敬畏，大家都按规则办事，在法治社会里就会发挥良性作用。你们面临的困惑就是在中国并不是这样的，它就会变成劣势。用一句话说就是撑死胆大的，饿死胆小的。乱搞乱发财的，他们不会按照这种思维定式去做。第二就是，是不是严格按照程序来进行程序判断。通常法律人风险意识很强，以致于不敢放开手去做。所以他把学法律的人分为两种：一种是体制内的，另一种他称之为江湖人，不受体制约束的，如企业、创业等。我觉得他这种分析有一定道理，尤其在中国当下这种社会环境下，它更反映大家的心态。首先说学法律的人，遵循这种依据、程序、风险意识特别强，往往在职业选择这方面趋于稳定，像法官、律师。在当前的这种体制下，确实会受到制约。法学就业率为什么不高，因为大家要么想考公务员，要么想升学，“非公不嫁”就受这种思维定式的影响。不考公务员就不是一种好的职业，它实际上隐藏了一种价值判断在里面，所以一定要跳出这种思维定式。但我对他的判断有另外一种看法，如果这个社会真正朝市场经济发展了，它必须就是一种讲规矩、讲法制的发展。所以，对于青年法律人职业发展的问题，如果朝着这个方向发展，很多东西就是你们的优势。敬畏法律，什么东西都讲规则、讲程序。我们这里强调的是法律风险，法律风险可能制约对市场风险的判断，有时对市场风险也会产生一种恐惧，所以一定要跳出定式思维。如果从长远来看，还是很好的。你们的一些择业困惑，顶层设计也是有人在思考的，对于法律职业，以后门槛会越来越高。对法律人来说还有一个很麻烦的问题，即就业率。如果从事公职的话，首先要通过司法考试，其次进入法院系统还要参加公务员考试。现在据说，顶层也有设计，法律专业是一种职业化非常强的人才培养模式，他在这种专业化前提下已经取得法律职业证书，公务员考试对他们来说还有什么意义呢？本身是比公务员可能有更高要求的公职人员。如果从顶层设计来说，也会破除这个就业难题。既然学法律就应该有这种信念，要走向法治社会，市场经济必须在法治社会下完成。

《湘江青年法学》：好的。徐老师能不能结合您的教学经验，谈谈青年法律人在论文写作方面的不足？

徐涤宇：论文写作，第一，法律人文字表达能力要特别强。现在我们很多学生文字表达能力不太好，所以要经常写。论文写作方面，法律人需具备两个基本素养，第一是口头表达能力，第二是文字表达能力。写论文如果文字表达能力不强的话，你再有思想也表达不出来，所以说文字表达能力是非常重要的。很多学生连标点符号都需要修改，语句啰嗦，表达极不规范，这是大忌。

第二，通过学习、看书来积累自己的功力是非常对的，但有一个问题要注意，就是刚开始进行法学论文写作的时候，要模仿。比方说，学民法的就要经常学习一些比较有影响力的人的写作方式、论证模式，通过这种模仿，有时就渐入佳境。我们 90 年代写论文时，带有很强的模仿性，我当时看台湾的书比较多，所以到现在很多人能看出来，我论证的表达方式，是对王泽鉴老师的一种模仿。还举一个例子，梁慧星老师，他曾经在他的文集里面，公然宣称自己的《民法学说判例立法研究》就是模仿王泽鉴老师的《民法学说与判例研究》。尤其对初学者来说，通过模仿能形成一种风格，这是论文写作者必经之路，一定要动手模仿，光看书是没用的。

第三，问题意识。写一篇论文，不是为了写作而写作，你要么提出立法论上的问题，要么提出解释论上的问题，然后思考如何去解决它。从问题学角度来说，只要是懂英语的都知道，problem 和《湘江青年法学》question 的区别，problem 是用 solve 来解决，《湘江青年法学》question 是用 answer 来回答，如 how old are you 是《湘江青年法学》question，用 answer 来回答，而 problem 是存在却没被解决的一个问题，所以涉及真问题和假问题的问题。problem 还有些涉及假问题的，即使你们发现假问题也不是没有意义的，不要灰心丧气，通过这种培训，会培养真正找到问题的能力，所以一定要区分一个是 problem，另一个是《湘江青年法学》question。你们作为法学论文写作者，一定不是《湘江青年法学》question，就如同期末考试一样，我很反对出那种题目，比方说什么是民事行为能力？这就是《湘江青年法学》question。你们要解决的是民事行为能力，标准要怎么设置，这就是一个 problem。比方说行为能力，为什么 16

周岁到18周岁以自己收入为主要生活来源的,把他视为完全民事行为能力人? 这就是一个problem,它的目的在哪里,要解决一个什么问题。一定要有problem的问题意识。然后就是真问题、假问题不用怕,假问题,即使发现是在做无用功,对你而言也是一种训练。

在阅读的过程中,也有一些诀窍,比方说如何去发现一个问题,看一本民法教科书,你什么问题都想搞懂,那么你很难形成问题。你还不如看了这章,比如看到行为能力时,再去找其他书,专门就这一个问题求解,而不是通读这一本书去找问题,那样是找不到问题的,还不如有主题性地看。看到合同生效时,就合同生效经典性的东西都去读一下。围绕这一个问题,徐国栋老师训练我们的一个方法就是,其实你们一年只要搞懂两三个问题就行了,而你们就是习惯把王泽鉴老师的天龙八部恨不得都看完。这个有必要,但这是泛读阶段。精读阶段就是看到哪一篇文章的时候,你再去找一些其他的观点去看,就会有针对性地发现问题。

还有就是关于文献处理问题。其实,看书对于文献也很困惑,不知如何找文献。一个简单的方法,看别人的东西也要看他的注释。就是说这篇文章、这本书有没有读的价值,引用注释能反映问题,如果引用的是大东西,注释就没必要去看,没必要去参考它。比如引用的某某的教科书,且大篇幅都是,则他也是人云亦云,参考价值不大。而且通过查看注释的方法,可以发现他为什么引用这个东西,我为什么不找来看一看呢? 对他是有价值的,说明对我观点的形成也是有帮助的。所以说通过查看注释来阅读也是很重要的。判断一本书、一篇文章有没有价值,还要从他的资料来源等来判断。他引用的东西你最好能找到原文,而不仅仅只是那句话。你能不能成为真正的学者,能不能写好一篇真正的论文,就要去他的文献里去找。

看外文著作的写法,有些中国学者已经开始学到索引这一招了。比如说写一个过失的问题,你对它产生疑问,看一本书把全文翻译一遍很麻烦,而且要判断这本书有没有需要你找的资料,你全部读完也很麻烦,则你可以看后面索引,现在很多翻译出来的外文著作都有索引,比方说过失,你看在第多少页又出现了过失,又论证它。你可以集中地去看它,然后再去看其他著作里面是不是也有这种索引。所以说,刚才说到一个是参考文献,另一个索引也都很重要。这是一种基本技巧,很多人觉得收集文献好难,其实没有想象中那么难。这只是基本想到的东西,还有很多可以谈。如果要谈写作的路子,怎么个写法,也有一些技巧,这涉及不同研究路径问题,比方说,是立法论还是解释论写法呢，是研究法史问题还是研究民法制度问题，这都有不同的研究方法问题，不可能一下子说那么多。

《湘江青年法学》：谢谢徐老师！期待能有更多机会与您交流！

专访周桂英教授

编者按：周桂英，女，瑶族，1963 年 10 月生，湖南江华人，湘南学院法学院院长，教授。湖南省思想道德修养和法律基础教学研究会理事，湖南省形势与政策教学研究会理事，郴州市市委讲师团成员，郴州市家庭教育研究会会长。

《湘江青年法学》：周教授，您好！很荣幸有机会能够采访您，我们有些问题想要请教您。首先，您认为本科教育的培养目标是什么？

周桂英：面对当前高等教育转型发展这样一个大的背景，我觉得我们的二本高校法学教育的目标主要是培养应用型的法律专门人才。

《湘江青年法学》：那么您认为贵校法学本科教育的特色又是什么？

周桂英：我们湘南学院在法学教育这一块的最大的特色应当是跟地方、行业进行校企合作，培养应用型的法律专门人才。我们长期跟地方的公、检、法、司法机关进行合作，同时有良好的合作运行机制，取得了长期的合作成效，并得到了省教育厅的重视。我们与郴州市中级人民法院的合作被批准为“校企合作示范基地”。校企合作即学生进入法院进行实习、见习、法律服务，成为了法院为民办实事，导输服务进行宣传的典范，得到了上级人民法院的肯定。

《湘江青年法学》：周教授，您觉得法学教育未来的发展趋势是什么？

周桂英：我觉得我们的法学教育尤其是本科教育，其重点应该还是要培养出应用型的专门人才。在目前，高校转型发展的趋势就是我们法学教育发展的趋势，即要转向服务地方社会经济的发展、培养应用型的专门人才、走向教育为社会经济服务的趋势。这意味着我们的学校教育不能再囿于校园内，过去那种“一本教材、两支粉笔”的本科教育方式将被抛弃，我们需要走出学校、开放办学，跟地方行业进行合作，共同完成对专业人才的培养。

《湘江青年法学》:所以您认为高校法学教育与法学实践是需要进行紧密结合的,对吗?

周桂英:对,这两者需紧密结合。

《湘江青年法学》:那么您认为这种结合的途径有哪些呢?

周桂英:现在教育部的相关文件已经提出了“产教结合”“校企合作”和“产学研一体化”的途径,当然在具体的实行过程中,由于各学校间的条件和优势不同,实行方式与特色也有不同。我们学校选择的就是一种能紧紧地把地方行业的优势资源充分调动起来服务于我们的法学教育的途径,这样一种调动与合作,是以一定的平台为基础的,所以我们必须加强平台建设。因此,我们就利用了“校企合作”这样一个平台,倚靠其所提供的资金支持实现合作的规范化、可持续化、有序化的发展,这对于我们学生的成长和教育有很好的推进作用。

《湘江青年法学》:谢谢周教授!下面我想请问您一些法学写作方面的问题。对于当下杂志对投稿人的学历作出要求的现象,您怎么看?

周桂英:对于这个问题,我们作为二本学校,是有一些看法的。如果有来自二本学校的投稿文章,有的杂志不会予以采纳,或者是如果投稿人没有博士学位,仅是一般的教授或硕士,那么在审稿阶段文章就直接被退掉了。我感觉到这对于我们二本学校是不公平的。在二本学校里,有些年轻教师的科研能力很强,有其科研的独特成果,甚至有的教师通过调研总结出很值得推广的经验,但因为这些现实中存在的限制,失去了推广的平台,我觉得这很遗憾。当然,从杂志方面来看,如果稿件来源的层次高,杂志的质量就能得到保证,这的确有一定道理,但是这不是绝对的!我觉得在当前学术自由、百花齐放的环境下,对于这种以学历来论资历的做法还是有很多不妥的。

《湘江青年法学》:当前存在青年法律人的职业选择困惑,能否结合您自身的经验来谈谈青年学者的发展之路?

周桂英:我们法学类的青年学者应该说是人才辈出,每个人都需要找寻到适合自己的路才会得到好的发展。适合自己的路应当具备以下条件:第一,要选择明确的研究方向;第二,要能在实践中切实关注社会现实问题,从解决社会问题的角度提升研究水平,关注研究领域;第三,青年学者要坐得住“冷板凳”,要付出一定的时间进行积累,厚积薄发终会走出自己的路。

《湘江青年法学》:那么您觉得青年法律人需要具备什么样的学术素养呢?

周桂英:对于学术素养,第一,厚实的理论积累必不可少,特别是在法学领域,要作出高水平、高质量的研究成果,研究者必须要有扎实的理论基础。这要求研究者站在法学理论研究的前沿地带,加强对国外法学理论的吸收、研究和学习,同时结合国内的法学理论研究的成果进行内化和积累。第二,作为青年法律人,确实应该关注社会的需要、关注社会问题的解决、关注社会法律的发展需要。第三,法律人必须要有一种法律精神、法律信仰,法律精神是支撑我们积累法学理论、解决法律问题的重要基础。由于当前中国的社会大环境还不够宽松,要实现法制的推进,法律人将会面对大量的法律障碍,需要付出大量的努力,则法律精神和法律信仰将成为青年学者坚守下去的动力和支柱。

《湘江青年法学》:谢谢周教授!能否请您结合自身的教学经历谈谈青年法律人在论文写作方面存在的不足?

周桂英:从我们指导的本科毕业论文来看,我觉得我们的本科毕业生论文写作的基本功还是很欠缺的,他们面对手中的材料,不知道如何进行组织,更提不出自己的观点,而且有相当一部分学生的文字功底还不够。基于这些问题,我们学校也想了很多办法,做了很多的前期工作。比如,我们要求学生写学年论文,在毕业论文写作前,学院专门开设了一门论文写作指导课程,指导学生规范论文写作的方法。在教学过程中我们也鼓励有课题的老师带领学生一起研究。我们采取这些措施就是希望借此为本科毕业生的毕业论文写作提供一些规范性的、科学性的引导,以便他们在未来的职业道路上有一个很好的起点。

《湘江青年法学》:那么青年法律人自身要怎样提升论文写作能力呢?

周桂英:这也是我们一直在思考的问题。因为就本科生而言,写作能力不可能在短时间内迅速提高。因此新生一入学,我们就会开始有针对性地锻炼他们的写作能力。比如说,在布置作业时,我们要求学生以小论文的形式来完成。平时,我们也要求学生们及时写出在实践过程中的心得体会,这就是练笔的要求,因为写作基本功是决定科研论文写作能力的根本,通过长期练习,学生们在语言文字的组织等方面的能力会得到很大提升。同时要多阅读。阅读量的多少可以从论文中体现出来，我们的法科学生要多读书、多积累，才能充实自己的知识体系，才能在写作时提出明确的观点和想法。此外，我觉得还要多训练。如我们要求学生写作学年论文和小论文也是一种规范性的训练，通过这种训练，学生才能发现自己的不足和问题所在。当然，还有一种方法，就是进行社会调查。根据实证调研所获取的资料进行写作本身就是一种新的训练项目，在这个过程中，学生们对理论和实践相结合的运用能力也会得到大幅度的提升。我们积极鼓励学生参加大学生"挑战杯"竞赛和各类征文比赛，就当前的情况来看，效果还是很不错的。如果能在大学期间有计划地进行写作和实践的交互训练，论文写作能力当然会有质的提升。

《湘江青年法学》：谢谢周教授接受我们的采访！

专访王秀卫副院长

编者按：王秀卫，女，1977 年 10 月生，河北沧州人，法学博士，现为海南大学法学院副院长、副教授，海南省南海政策与法律研究中心秘书长，美国弗吉尼亚大学访问学者，研究方向为环境资源保护法学。曾发表《海洋争端解决的理论与实践》《论人工影响天气致损法律责任》《生态补偿若干法律问题》等论文多篇，参编《中国物权法》《新编环境资源法学》《环境资源法教程》等教材。主持国家社科基金"南海低敏感领域合作机制研究"、中国法学会"大气资源产权制度研究"等课题，主持并完成海南省社科联课题"海南省海洋管辖权法律问题研究"。

《湘江青年法学》：您觉得本科生与研究生培养目标、培养方式有什么不一样？

王秀卫：法学本科的培养目标是除了让学生人格健全和思想成熟外，更多地是要让学生熟悉整个法律体系。所谓法律体系，应当包括我国现行法律体系的构成以及法学领域的基础理论，本科生若对这几点都能掌握，则足以支撑其毕业后成为一个职业法律人。至于研究生，因为研究生一般都有自己的二级学科专业，所以应当培养研究生在二级学科领域对相关法律制度独立思考的能力，让其成为该领域的前沿人才，甚至是该领域的专家，从而让他成为合格的法律人。法律人除了专家学者外，还包括司法实践工作者，研究生的培养也不能忽视对学生实务能力的培养。总而言之，本科生与研究生所涉猎的领域及要求是不同的。

《湘江青年法学》：您觉得法律教育应当怎样与社会实际应用相结合？

王秀卫：这一点我深有感触，因为我现在的工作单位——海南大学，它的实践教育非常有特色。如在研究生阶段，法律硕士实行双导师制，既有实践导师，又有理论导师；在本科阶段，我们院开设了卓越法律人才班（简称卓越班），他们本科在读期间，有一个强制性的任务是要与各自的实践导师从头至尾完整地完成一个实务案件，除此之外他们还有实习期，学院还开设了专门针对他们的模拟法庭课程。我认为这对他们毕业后顺利地走上实务岗位，很有帮助。个人认为老师在上课的时候，尤其是讲部门法的时候，应该强调法条的解释与法律的适用相结合。结合我的学习经历，我觉得法律学融合贯通之后，有一种境界，这种境界就是想到一个问题，我就能知道所有的法律法规的依据，以及这些法律法规依据的由来、历史和背景。这样我们就可以赋予一则法条以生命力，比如说环境法，我们学习一个环境法的条文，知道它之所以这么软弱无力，是因为它产生之初就面临了很大的社会压力，它不得不作出妥协，而今天又有所改良，是因为社会形势在变，各个部门之间的利益要服从这些变化。我觉得老师在讲课的时候，应该把这个法条活生生地讲出来，学生在接受的时候也会感同身受，这样学生对每个法律部门都会有不同的感情，会慢慢地融入这个法律体系里，会认为自己是一个合格的法律人，会愿意投身于此。通过学习具体的法条，通过法条与法条的衔接，通过法律与理论的衔接，在课堂上对学生以教导，这对学生而言是一种很好的锻炼，对他们走出校门，走上实务岗位有着非凡的意义。

《湘江青年法学》：对于青年学子毕业后的择业问题，王老师您有什么建议？

王秀卫：对于这个问题，我有些自己的想法，但是这涉及人生道路的选择，我的意见仅供参考。如果是本科生，学生的选择余地实际上是比较大的，但博士和硕士研究生相对而言就比较窄，他们搞理论研究的可能性非常大，他们可能进入科研机构或者是高校。对于博士和硕士研究生，我希望他们能够专注于自己的研究领域（理论研究者必须要专注），如果是因为哪个热门搞哪一个，这样的话，理论研究就很难有深度。对于进入社会，我在课堂上也经常会鼓励学生，让他们不要太专注于公务员考试，因为公务员的竞争是非常激烈的，并不是谁都能考上，有时候一个院每年只有几个人能考上，而且一年考不上，再战一年，这种做法对家庭、对个人的发展都是不利的。作为老师来讲，我希望他们可以去做律师，去做企业的管理人员，这些工作的经济收入都比较可观，而且对于个人的发展也有益处，随着共同体概念的提出，由这些岗位进入司法系统的途径已经被打通。并且从客观上来说，学习法学要从事与法学直接相关的职业，比如公、检、法、律师等，而且只有小部分人能够达成这一目标，但是我们平时所学的经济法、环境法等学科与企业的日常经营息息相关，这就提供了很多的就业岗位供我们选择，所以只要打开就业思路，还是有很多岗位可供选择的。同时，我们还要着眼于未来，比如说“十三五”规划中“生态修复产业”概念的提出，无疑会提供更多的工作机会。我有一个感触很深的东西想和大家分享：我们每一个人，尤其是年轻人，在自己人生轨迹确定之前，应当将自己的命运与国家的命运结合起来，应当去迎合国家的需求，只要能够为国家作出哪怕是一点点的贡献都是成功的，比如说现在“十三五”里面的重要任务，像生态文明建设、机制的改革等。中国现在正处于转型变革当中，所面临的国际形势严峻，大国崛起必然会面临极大的阻力，国家为了崛起，重点发展了很多产业，如果我们能够在这些领域贡献自己的力量，人生必然很有意义。我们每个人都是渺小的，如果我们能将自己的命运与国家的命运结合起来，这样的人生才是成功的。

《湘江青年法学》：在法学论文写作方面，王老师有什么要和青年学子分享的吗？

王秀卫：对于这个，我还真的有些想说的。我在湘大读研的时候，发表了14篇论文，因为那时候比较喜欢写东西，所以就写了一些。其实现在硕士研究生发表论文并不容易，正式的期刊很少愿意采纳硕士研究生的论文，但是还是会有省刊愿意收录研究生的论文。关于写作，我觉得选题很重要，一个好的选题等于成功的一半，选题要新颖，如果你能发现别人很少涉足的选题，然后将选题加工打磨成适合自己写的，再去收集资料，充实文章，反复修改，则你就很厉害了。关于选题，青年学子很难有什么理论创新，因为理论创新需要很长的时间去积淀和思考，所以写一些现实问题，反而容易出彩，毕竟现实问题层出不穷，国家政策也在不断变化。这并不是功利，法律这门学科根基于社会、历史、文化，光研究法条是很难写出好的文章的，所以要想写出好的论文，需要博览群书，及时地去观察，切时地体察社会，知道法律的来源是什么，而不是仅仅将目光停留在表面。最后，个人比较反感那种“推翻大的制度，去重构新的”观点，研究生根本没有能力写出这样的文章，因为知识体系和学术积淀还没有达到一定程度，首先应当去解决一个小的问题，越小越好，能把一个小的问题解决好，就已经很成功了。我们都知道，现在国家的法律是落后于政策的，在一个新政策出来之后，我们可以探讨这些政策涉及的法律问题，比如说现在的二胎政策，其中存在很多值得思考的法律问题，如果能够及时写出这方面的文章，一定会有期刊愿意采用你的文章。

《湘江青年法学》：现在的期刊对投稿人的学历有挺高的要求，研究生的论文很难被 C 刊采用，最多只能在省刊和学报上发表，对于这一点王老师您有什么看法？

王秀卫：这点是全国通行的，在我们学校的学生中，硕士生能发 C 刊也是凤毛麟角。现在学校对于硕士毕业的要求也只是发省刊，除非特别优秀，和导师合著才能够发 C 刊，因为 C 刊的要求真的特别高，绝大多数研究生的写作能力是达不到要求的。在研究生阶段能发省刊，也是自己写作能力的一种体现，可以多写几篇显示一下自己的科研潜力，这对以后考博也很有帮助。

《湘江青年法学》：王老师，很多研究生平时也在看书，但很难写出文章来，您觉得是什么原因导致了这种困境呢？

王秀卫：学生写不出文章来有几方面的原因。我觉得其中一个原因是没有娴熟地掌握法律体系。现在的年轻人喜欢参加社会活动，而学校里这种五花八门的活动又很多，很多学生平时可能都在忙着这个竞赛、那个竞赛，导致他们疲于应付学习，上课不听讲，下课不看书。要写出一篇好文章一定要多看书，我建议年轻人趁着自己现在年轻有精力，每天都应该给自己安排足够的看书时间，要看各种学科的书，广泛地阅读。同时还要看别人写的文章，然后你才会去想，我如果写不出文章来，我应该怎么去写。我上次和《法商研究》的主编聊天，他说想发《法商研究》其实很简单，只要把《法商研究》近三年的文章都看一遍就行，他的意思是要在一家刊物上发表论文，对这家刊物行文的风格、选题的方向必须有所了解，才能下笔如有神，所以写不出来文章，有时也是因为没有下足工夫。

（录音整理及校对：王玉全、刘海玲、龙乙方、张婷、唐倩、李青青、刘思敏、朱正远、徐梓文）

法学教育改革的目标、方向及培养模式

蒋悟真*

摘　要:据不完全统计,我国法律院校达六百多所,每年毕业生有近30万人,可以说当前我国法学教育已进入蓬勃发展时期。但法学毕业生就业率低以及高层次与涉外法律人才的缺口,折射出当代法学本科教育的诸多困惑。当代法学教育急需转型和变革,法学教育改革应当明晰:其培养目标定位应从大众教育走向精英教育,教育改革的方向须从通识教育转变为职业教育,从单一型到复合型人才培养方式变革是培养模式创新的重要路径。

关键词:法学教育改革　精英教育　职业教育　复合型人才

我国的法学教育已进入蓬勃发展时期,到目前为止,基本形成了全方位、多层次、大规模的局面。但是,法学本科专业人才培养质量缺乏保障,法学专业毕业生就业率在各专业中排名较低,而社会经济发展需求的高层次法律人才缺口仍然很大。因此,反思法学本科教育,法学教育改革的培养目标、方向及培养模式是一个重大而现实的法学教育课题。

一、法学教育改革的目标定位:从大众教育到精英教育

改革开放以来,我国法学本科教育培养目标定位并不明确,普通高等学校的法学教育实行的是素质教育,而非精英教育。这种法学素质教育培养目标过于宽泛,一般套用高等教育的共同目标,简单表述为"培养德、智、体全面发展的,从事政法实际工作的法律专门人才",对法律人才该具备的知识结构、能力和职业道德没有明确的要求。而法律院校的课程设置也是以教育部规定

*　**作者简介:**蒋悟真(1972—),男,湖南长沙人,江西财经大学法学院院长、教授、博士生导师。

的教学计划为指导，在几乎相同的公共课和专业课之外，根据自己的实际情况自主设置的素质选修课程很少。这种培养方式在功能上只能传播法律知识，而不能培养高素质法律人才。20 世纪末，我国法学教育极度膨胀：法学教育的办学成本低，加之我国对法律教育的举办没有设立统一的准入门槛，因而近年来高等院校法学专业如雨后春笋般开设，继而法学本科招生规模迅速扩大。这种“缺乏严格的准入标准”所导致的法学教育处于一种失控状态，不利于培养符合时代需求的高素质法律人才。并且，没有质量保障的普法教育向社会“供应”的“产品”不能满足法治社会发展的需求，毕业生就业难的问题十分突出。建设法治国家急需的高层次法律人才，然而当前法学教育低层次的过量发展、盲目发展不能满足社会需求，加之社会上片面追求高学历和盲目的人才高消费，造成了新的教育资源与人才的浪费。面对法学普法教育的现状，借鉴西方法学教育之经验，实行精英教育是当代法学教育改革的基本目标。所谓法学精英教育，是指为适应现代法治的要求，以专业化和职业化为背景，以培养具有高度卓越的法律素养、实践能力和人文精神的法律职业群体为使命和目标。精英化教育是法学教育的发展趋势，这是由法治社会发展的要求和法律职业本身的特点决定的。法律职业承担着维护社会公平正义、捍卫公民权利和防止权力腐败的法治任务。在现代社会，他们不仅实际操作着法律机器，而且保障着社会机制的运作，整个社会的法治状态在很大程度上要依赖于他们的工作和努力，这必然要求法学教育的精英化。法律人才肩负的重大历史使命和神圣的职责，在客观上要求他们必须具备专业化、职业化和同质化的高素质。

法学精英教育，本质上是针对法律人才的高质量要求进行的教育。这种教育的内容包括法律职业者所应当具备的法律信仰、道德、人文精神、专业知识理论、心理素质以及行为方式等。在法学教育近乎“泛滥”的当下，实现法学教育的精英化：首先，是法学院系的精英化。为了实现法学精英教育的理想目标，应当遏制法学院系无限制地盲目扩张。我国教育主管部门应当根据法学专业的特殊性制定《高等学校法学专业设置标准》，没有达到标准的高校不得设置法学专业。具体的院校精英化标准包括法学师资、法学图书资料及法学教育设施。上述“三要素”构成法学教育的主体、内涵、时空和气氛。不具备“三要素”的法学本科院系也就不具备真正的法学精英教育的条件，不可能真正承担法学本科精英教育的任务。其次，对于现有高校已开设的法学本科教育，要按照教育部法学学科教学指导委员会制定的《高等学校法学专业本科教学工作合格评价方案》和《高等学校法学专业本科教学工作优秀评价方案》规定的各项指标体系和测评标准，进行严格评估，对各法学院系进行等级划分。对于核心指标不达标的学校，实行一票否决。通过评价机制，把一些师资队伍量少质差、教学条件严重缺乏、课程设置随意、教学管理失范以及教育质量低劣的法学院系淘汰出局。限定合格的法学院系，在三到五年内通过建设晋级到优秀级别，对到期不能实现的院系，采取限制其所发文凭的法律效力、不允许该校的法学专业毕业生参加司法考试，甚至撤销该法学院（系）等强制性措施。再次，建立社会评估制度。通过访谈、座谈会、毕业生问卷调查，以及学校、用人单位和毕业生之间的总结交流，建立一套全面科学的毕业生信息采集与反馈系统，及时将社会对高等教育质量和规格需求不断滚动地传递给高等学校，促使其按社会需要进行质量监控，保证高等教育与社会经济发展的充分对接。

二、法学教育改革的方向：从通识教育到职业教育

法学教育以培养精英人才为目标，国家和社会需要各种法律职业的专门人才，决定了法学教育的性质及其改革的方向为职业教育，而不是通识教育。有学者甚至认为："法学教育只有与法律职业密切结合，才能逐步走向专业化、规范化，才能建立相对稳定和连贯的知识传统。"①一般而言，法学教育承担的主要任务是"适应司法改革的需要，为立法、司法、法律服务、法律监督等法律职业部门培养大批高素质的法律人才，提供严格的一体化的法律职业教育、培训和终身化的法律继续教育。同时，培养一批与法官、律师、检察官等职业相配套的从事法律辅助工作的高等技术应用型法律职业类人才"。② 但近30年，我国普通高等学校的法学教育实行的是通识教育，而不是法律职业教育。通识教育是面向所有大学生的非专业教育，它为学生进行专业学习提供必要的综合知识储备。通识教育的局限性表现为：与社会发展实际需求相脱离，与受教育者必须面对的生存和谋生的需求相脱离。单一的通识教育有违法律职业教育的特殊性，导致了毕业生缺乏较强的职业能力，难以在短时间内胜任检察业务、审判业务、律师业务等法律业务。可以说，法学教育与法律职

① 贺卫方：《认真地对待法律教育》，载《比较法研究》1996 年 2 期。

② 霍宪丹：《面向 21 世纪：中国法学教育改革发展的重大问题思考》，载《岳麓法学评论》2001 年第 0 期（第 2 卷）。

业的脱节已经在深层次上制约、影响甚至阻碍着我国法学教育的进一步改革和发展。

法律职业教育是以培养职业精英为目标的，其主要内容应按照精英的要求确定为：传授法律专业知识，培育法律职业素养，训练法律职业技能。

目前，我国法学本科专业核心课程体系主要由法学的十几个二级学科和若干个三级学科或基本课程所构成。经过长期的发展，这些法学子学科都已形成各具特色的、系统的、完整的、具有内在逻辑的知识体系和多种学术流派、学术思想。鉴于我国法学教育面对的是“头脑空白”的高中毕业生，应加强各种学术观点、学术思想的传授，以启迪其怀疑精神和探索精神。在课堂教学中，应拓宽平台课程，在强化核心课程的同时，精选专业方向课程，巩固公共必修课程（如增开人文社科类课程），广开选修课程，重视实践课程，以此来支持法律职业人才培养的需要。与此同时，在课程体系确定之后，科学的教学方法的运用，对于提高教学效果和人才培养质量自然具有重大意义。要坚决克服灌输式、填鸭式、经院式的教学方法，而采取双向互动式、启发式、辩论式、研讨式的教学方法，诸如行之有效的案例教学法、课堂辩论研讨法、社会调查法以及目前大力推行的诊所式教学法等。

法律职业技能是从事法律职业的基本技能，包括法律推论技能、法律解释技能、法律程序技能等。职业技能训练是将理论学习和将来的实习联系起来的桥梁。职业技能训练重视学生参与，如通过分组讨论、模拟法庭审判、法律诊所等知识和技能高度整合的方式训练学生如何将知识运用于实际案例。长期以来，我国的法学教育存在“重知识轻技能，重理论轻实务”的倾向，缺乏必要的职业技能教育和法律实务训练。简单1—3个月的专业实习，并不能起到系统的职业教育和专业技能训练的作用。实务界普遍反映本科生缺乏实际运用能力，加强法学本科生的法律技能培训是实现法学职业教育的重要内容。

现代法律职业精英群体，在面对纷繁的法律关系、复杂的法律现象和日益完善的法律制度时，不仅需要夯实法律专业知识，掌握法律职业技能，更需匹配相应的职业伦理。正如有的学者呼吁，需要通过职业伦理来保障其职业技术理性中的道义性成分发挥到最高程度；还需要通过职业伦理来抑制其职业技术理性中的非道德性成分，克服“职业病”，使之控制在最低程度。法律职业伦理教育是法律职业教育中的一项重要内容。法治在某种程度上是法律职业者之治，法律人的职业道德和操守影响着民众对法律的信任程度乃至法治精神的形成。“法治国家建设与法律职业人道德素养之间的关联性，决定着我国的法治建设进程和司法变革的前景。”③所以法律职业精英们要具备比普通民众更高的职业道德水准。但是长期以来，我国法律职业伦理教育在法学课程设置中几乎是一片空白，高等法学教育未能把“法律伦理”或“司法伦理”作为必修课程之一。而在西方国家的高等法学教育中，大都设有司法伦理或律师伦理之类的法律职业伦理训导课程。如英国的法学院有重点地安排教学计划来培养学生的综合素质，如道德、法律伦理、职业素质、律己意识等。

三、法学人才培养模式变革：从单一型到复合型

法学职业教育以社会需求为依据，相应地，确定职业教育的培养模式须考察我国社会对法律职业的需求。《中共中央关于全面推进依法治国若干重大问题的决定》明确指出要创新法治人才的培养机制，建设通晓国际法律规则、善于处理涉外法律事务的涉外法治人才队伍。这实际上也为当下法学人才培养模式变革指明了方向，即结合当前社会经济发展的实际需要，培养更多既懂法律，又懂科技、经济、外语的高层次复合型法律人才。

我国社会经济飞速发展，纷繁的法律事务和复杂的法律关系往往需要包括法学在内的两个以上学科知识的综合运用，单一的法律知识已不能适应社会经济发展的需要，“如果攻读法律的学生不精通一般政治学理论、不洞察政府的结构及作用，那么他就难以领会和处理好行政法律事务方面的问题；如果他不了解本国历史，就难以准确预测法制化的规律和进程，从而就限制了它对法律问题的价值判断；如果他没有接受较为系统的经济学训练，就抓不住经济生活中法律问题的核心和性质，难以准确应用民商法、经济法、劳动法等法律去解决实际的利益和纠纷。”④因此，法律职业教育要求面向全社会和各行业培养大批既具有法律专业知识，又具有本行业专业知识能力的复合型人才。复合型法律人才培养模式将打破长期以来专才教育与通才教育相对立的僵局，为法学教育理论和实践注入新的活力。在法学职业教育的导向下，构建复合型法律人才培养模式，是我国高等院校法学教育的必然选择。

改变传统的培养模式，确立复合型人才培养模式，可以借鉴国外的经验，

---

③ 王允武：《法律职业伦理培养——不应忽视的法学素质教育》，载《法学家》2003年第6期。

④ [美]博登海默：《法理学——法哲学及其方法》，邓正来，姬敬武译，华夏出版社1987年版，第490页。

比如英国和欧陆的LLB模式、北美的JD模式以及澳大利亚的双学士模式等。结合我国的实际情况，我们认为应采取以下措施：

首先，建立合理的课程体系。设置合理的课程体系是实现人才培养模式的关键。“专才教育”模式的课程比较单一，法学专业课程占绝对主导地位，这样的课程体系对于培养适应各类工作岗位的复合型法律人才是极其不利的。“通才教育”模式的课程设置比较宽泛，缺乏针对性，不符合职业教育的明确指向。复合型法律人才培养模式的课程设置要解决好通选课和专业课的比例问题，同时兼顾专业课中的必修课与选修课的关系问题。专业基础课的充实到位，对培养复合型法律人才至关重要，而选修课的多少对开拓学生的知识面大有裨益。在教育部所定的16门法学核心主干课程教学外，增加通选课的比例。比如把中国传统文化概论、社会历史学、经济学、管理学、逻辑学等作为必修课或限制性选修课，把应用文写作、美学基础、音乐、美术、心理学等作为选修课程。复合型法律人才只有具备社会、经济、哲学、历史、心理、艺术、文学等丰厚的知识储备，才能更好地认识社会经济生活中的法律实务，才能成为合格的法律精英。与此同时，注重实践教学课程，扭转实践教学流于形式的状况。法律本质上是实践之学，实践教学对于提高学生的知识理解能力和实际应用能力至关重要，是将纸上谈兵变成实战能力的必经之路，是将学生培养成复合型人才的关键环节。此外，法律职业者的职业伦理和道德水准也是在法律实践中经潜移默化逐渐形成的，有学者指出：“司法伦理一定是训练出来的，这种训练是在无数次的义务冲突中完成的。”⑤因此，我们要在课程设置中加大实践教学课程的比重，完善模拟法庭审判、大力开展案例教学、引入法律诊所教学等模式，充分重视法学教学实践的质量和效果，发挥实践教学应有的作用。

其次，完善双学位教育模式。目前国内许多法学院校都鼓励本科学生选修经济、英语、会计、物流等专业作为第二学位。双学位教育培养出来的学生，既有两个学科专业的科学基础，又有兼容法学和其他学科的综合、交叉与渗透能力。倡导法学学生选修第二学位是培养跨学科领域的复合型法律人才的好途径。但是，由于开课时间、师资力量等诸多因素，多年来第二学位含金量不高是一个不争的事实，致使复合型人才的培养目标流于形式。为此，应加强第二学位的教学质量管理，建立教学质量评估体系，再配以学分制的改革，初步建立起复合型法律人才培养模式。（刘海玲）

---

⑤ 徐显明：《法学教育的基础素质与根本性缺陷》，载《法学家》2003年第6期。

复合型知识产权人才培养模式及其保障机制

肖冬梅*

摘　要:当前我国在复合型知识产权人才方面存在着严重的供需矛盾,问题的症结主要在于传统的法律人才培养模式与知识产权人才需求相悖。模块化的课程体系、多方主体协同育人模式与多层次的培养体系,对培养社会亟需的复合型知识产权人才至关重要。课程体系决定知识结构,科学设计模块化课程,是打造知识结构合理的知识产权人才的关键;多方主体协同育人方能为模块化课程的实施提供相应的师资保障,为专业知识的应用提供实战平台;多层次的培养体系才能回应一个发展极不平衡的大国的多样化的人才需求。构建多方共赢的长效合作机制是多方主体协同育人模式得以实施的机制保障。

关键词:复合型人才　知识产权人才　培养模式

一、复合型知识产权人才需求态势、培养现状及其问题症结

在创新驱动发展战略实施和知识产权强国建设背景下,中国对复合型知识产权人才的需求如饥似渴,但当前专业的知识产权人才尤其是复合型知识产权人才供给却严重不足。这种供需矛盾背后有深层次的培养模式和机制方面的问题。

(一)复合型知识产权人才呈刚性需求态势

随着国家创新驱动发展战略的部署和知识产权强国建设的快速推进,知识产权人才培养面临前所未有的机会和更高的要求。"强国建设,人才为先"。国家知识产权战略自2008年实施至今,全国基本形成了以领军人才、百

---

* **作者简介:**肖冬梅(1970—),女,汉族,湖南洞口人,管理学博士,法学博士后,教授,湘潭大学知识产权学院执行院长兼法学院副院长,博士研究生导师。

名高层次人才、千名骨干人才和万名专业人才为纵向4个层级，以行政管理和执法、专利审查、服务业、企业、高校及科研院所知识产权人才为横向5个类别的，包含8万余人的知识产权专业人才队伍。① 但知识产权人才总量相对于知识产权强国建设的需求而言，还很不足，知识产权人才占人口总量和人力资源的比例也低于发达国家，特别是复合型人才和高层次人才十分缺乏。

知识产权与技术创新有着天然的密切关联，知识产权学科又建立于法学学科基础之上，而经济学是知识产权学科的重要支柱，管理学是知识产权发挥作用的前提。因此，理想的知识产权人才必须具备学科交叉、应用性与实践性等内在特质，其知识和能力结构应该兼具"科技、法学、经济管理"等方面知识。企业尤其是创新型企业对复合型知识产权人才的需求如饥似渴。在经济全球化时代，国家与国家、企业与企业之间的利益博弈日益体现在知识产权的竞争上。知识产权制度在激励创新、推动经济发展和社会进步中的支撑作用日益凸显；知识产权日益成为国家发展的战略性资源和核心要素。知识产权已成为衡量国家、企业核心竞争力的重要指标。2013年美国率先将知识产权纳入GDP的统计指标②，知识产权"资本"化趋势愈加明显。人才是知识产权竞争胜负的决定性要素，按照创新型国家的建设标准，研发人员中按1% - 4%配置知识产权人才，依据这个标准，至2020年，我国企业与研究开发机构至少需要的知识产权专业人才将达到4.5万 -5万人。可见，我国在复合型知识产权人才方面正呈刚性需求态势。

（二）复合型知识产权人才的培养现状：供给严重不足

1. 高校整体上的知识产权人才培养规模难以满足社会需求

早在1993年，北京大学就成立了知识产权学院，开始探索知识产权人才的培养；华东政法大学知识产权学院2004年经教育部批准开始试办知识产权专业；其后暨南大学、华南理工大学、杭州师范大学于2005年，浙江工业大学、中国计量学院于2007年，在本科专业目录外试办知识产权专业。此外，上海大学知识产权学院则是通过在法学专业下设置知识产权法方向或在管理专业下设置知识产权管理方向。2008年国家颁布实施《国家知识产权战略纲要》，

---

① 王玥：《强国建设，人才为先》，载《知识产权报》2014年8月19日。

② 2013年美国商务部公布了新的国民生产总值（GDP）统计方式，将知识产权、研发支出、文化产业支出等指标纳入新的GDP统计体系之中，在全球率先实行SNA2008国民经济统计核算新标准体系。

将知识产权人才培养提到前所未有的高度。全国各高校纷纷成立知识产权学院,或开设知识产权专业。据不完全统计,全国有知识产权学院或知识产权专业的高校已达60余家(教育部2011年批准10所高校设立知识产权本科专业;2012年批准25所高校设立知识产权本科专业;2013年批准17所高校设立知识产权本科专业。但由于师资等方面的局限,迄今还有10余所获批知识产权本科专业的学校未开始招收知识产权专业学生)。大多数培养单位每年向社会输送的知识产权专业毕业生不足百人,可见,高校整体上的知识产权人才培养规模难以满足社会需求。

2. 高校输出的知识产权人才的综合素质难以满足社会对复合型知识产权人才的素质要求

根据教育部2014年公布的数据,知识产权专业毕业生并不受社会待见,在就业排行榜上位居榜尾。在社会知识产权人才需求难以满足的同时,高校输出的为数不多的知识产权专业毕业生竟然不受欢迎,这说明高校知识产权人才培养模式值得反思。社会需要什么样的人才,我们就得培养什么素质的人才。调研表明,虽然国内有些培养机构一直在积极探索知识产权人才培养的新模式,但囿于师资局限和机制障碍,国内大多数知识产权人才培养机构采取"传统法学+少量知识产权课程和经济管理类课程"模式,这种传统、封闭的知识产权人才培养模式往往脱离社会现实需求,培养的人才存在知识结构单一、重理论轻应用等方面的局限。国内大多知识产权学院依托法学专业实施知识产权人才培养,复合型知识产权师资团队的缺乏成为复合型知识产权人才培养的瓶颈,加之知识产权专业口径深、知识产权人才培养周期长,传统的、封闭的法学人才培养模式对于知识产权人才培养而言,具有明显的局限。因此,从整体上来看,目前我国高校输出的知识产权人才的综合素质难以满足社会对复合型知识产权人才的素质要求。

(三)复合型知识产权人才需求难以满足的症结:保守的模式与机制

从现在的知识产权国际化发展和社会对复合型知识产权人才的需求来看,传统的、封闭的知识产权人才培养模式普遍缺乏针对性,与社会现实需求脱节。尽管对知识产权人才培养模式的探索方兴未艾,但拘泥于高校相对封闭的系统中的改革有天然的局限,成效不大,亟需探索更有针对性的知识产权人才培养模式。但也不能否认沿用下来的知识产权人才培养模式在特定时期所起到的作用。路径依赖理论告诉我们,人类社会中的技术演进或制度变迁,一旦进入到某个路径(不论好坏),都会在惯性的作用下不断地自我强化,并且锁定在这一特定路径上。如此,无论是多么有创新的技术、制度、模式等,总会随着时间的推移、社会的发展而逐渐变得“保守”。这也同样适用于知识产权人才培养模式。

二、构建复合型知识产权人才培养新模式

北宋教育家胡瑗有一句名言:“致天下之治者在人才,成天下之才者在教化,教化之所本者在学校。”(《松滋县学记》)高校应该当仁不让地作为复合型知识产权人才培养的责任主体,立足学科交融、协同多方主体,牵头组织设计和探索复合型知识产权人才培养的新模式。基于高校以培养合格的人才为第一要务,结合社会对复合型知识产权人才的迫切需求,构建复合型知识产权人才培养的新模式,已成为我们所有知识产权人才培养机构的当务之急。我们要构建的新模式的重要要素有三:模块化的课程体系、多方主体协同育人机制与多层次的培养体系。这三个要素对培养社会亟需的复合型知识产权人才至关重要:课程体系决定知识结构,科学设计模块化课程是打造知识结构合理的知识产权人才的关键;多方主体协同育人方能为模块化课程的实施提供相应的复合型师资团队的保障,并为知识产权专业学生应用专业知识提供实战平台;多层次的培养体系才能回应目前中国这样一个发展极不平衡的大国的多样化的人才需求。

(一)模块化课程设计

吴汉东教授认为,知识产权归属于法学,但与管理学、经济学、技术科学等有着交叉和融合,因此知识产权人才应当具备多学科的知识背景。他们除了掌握法学的基础知识外,还应当能够理解文、理、工、医、管等学科的基本原理和前沿、动态,成为懂法律、懂科技、懂经济、懂管理的复合型人才。③ 设计模块化课程体系,可以突破“传统法学 + 少量知识产权课程”模式下知识结构单一的局限。

知识产权人才的复合型要求决定了其知识结构应当具备的特点。按照业界对复合型知识产权人才应当具备的知识结构的理解,知识产权人才的知识结构应该是一种跨学科的组合,换句话来说,知识产权人才的知识结构应当是由若干学科知识模块组成。具体到知识产权人才的培养过程中,与其知识结构的形成密切相关的是课程体系的设计与实施。知识产权专业的课程设置直

---

③ 吴汉东:《知识产权的学科特点与人才培养要求》,载《中华商标》2007 年第 11 期。

接决定知识产权人才的知识结构,因为人才培养的目标内化于课程,学生在达到课程要求的同时,也达到了培养目标。④ 以湘潭大学知识产权学院的实践来看,知识产权本科双学位(知识产权为第一学位,选择一个理工专业为第二学位)的模块化课程体系分为五大模块,即公共基础课程模块、法学模块、知识产权模块、理工科模块和知识产权实务模块(见图1)。本科为理工科背景的硕士研究生的课程体系则包括三大模块,即法学模块、知识产权模块和知识产权实务模块。显而易见,这两个不同层次的知识产权人才的课程模块设计正是缘于复合型知识产权人才知识结构的要求,其目的就在于使知识产权专业学生能系统掌握若干必备的学科知识模块,打造合理的知识结构,使我们培养的人才能满足社会需求。

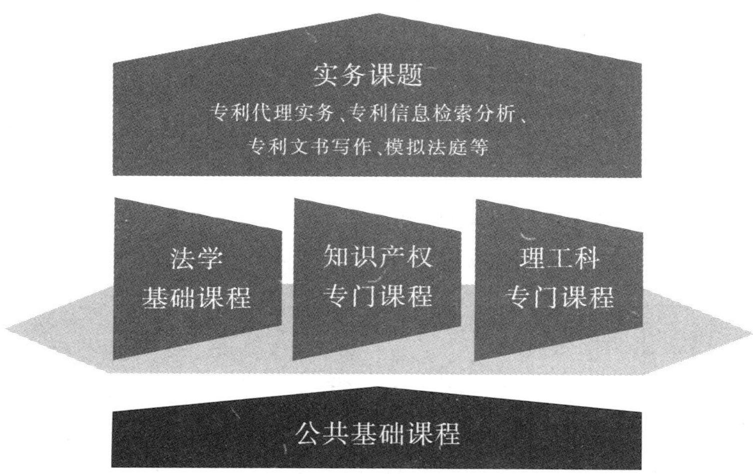

图1 知识产权本科双学位的模块化课程体系

模块化教学思想最早可追溯到1869年哈佛大学实施的课程选修制。⑤ 但"模块"却是建筑学上的术语,每一个模块就是一个小整体,就相当于一块"砖",通过对这些"砖"的不同组合,既可以砌台铺路,也可以建成高楼。我们

④ 郑友德,孙鉴:《关于知识产权复合型人才培养计划的基本构想》,载《电子知识产权》2007年第1期,第40-43页。

⑤ Dochy F J, et al. *Modularization and Student Leaming in Modular Instruction in Relation with Prior Knowledge*. Heerlen: Open University, Centre for Educational Technology and Innovation. 1989:3-9.

知道，砌成的“台”，铺成的“路”，建成的“高楼”比一块“砖”更有用，而“台”“路”“高楼”的效用各不相同，这意味着小整体形成的大整体其能够产生更大的效应，而且可以根据目标指向对这些模块进行不同的组合得到所需效用之物。可以说，模块化的机理在于以特定的目的为导向进行不同模块化的组合。模块被引入教育领域后，主要是指一个教学单元，每个完成的教学单元有相对完整的知识内容和体系，可称之为教学模块。即教学模块化指的是“一个专业内单一的教学活动组合成（不同的）主体式教学单位（即模块）”。[⑥] 在实践运用中，既可以将一门课中的知识分为不同的模块，也可以将一门课作整个课程的一个模块，还可以将某一课程作为整个课程体系的一个模块，通过教师对模块组合的运用，引导学生更好地学习一门课、课程或整个课程体系。

课程体系设计不仅需要关注由哪些模块组成，更要关注如何在确定模块之后构建一个有机的课程体系。不同课程模块之间，同一模块的不同课程之间存在着一定的逻辑关系和有机联系，不同课程如学科基础课程与专业课程的知识间有衔接，通用技能（计算机和外语应用能力）、专业技能（专利、商标检索能力）和综合技能的训练有先后要求。

（二）“政产学”协同育人模式

复合型知识产权人才的基本特征不仅仅是跨越学科的基础课程学习，还意味着兼修理论与实务，因此知识产权人才培养必须注重理论与实践紧密结合的内在要求。传统、封闭的知识产权教育模式下成长起来的知识产权专业毕业生不被社会所接纳的另一重要原因在于：高校与社会及实务部门隔离，重理论、轻实务，培养的学生实务能力薄弱，难以为社会特别是企业解决应用性极强的知识产权问题。为解决上述困境，可以打造政府、企业、高校等多方主体的“政产学”协同培养模式，解决知识产权人才职业能力单一的问题。

从一元单向到多方协同经历了两次转变。第一次是从“单干”实践转变到“合作”意识上来，第二次是从“合作”的意识具体到“多方主体协同参与”的实践。通常，人们习惯笼统地讲“合作”，而现在更注重“多方主体协同参与”，强调主体的“能动性”和参与的“协同性”，既要多方主体参与，又要注意以特定目标为中心，各参与主体不能“各自为战”，必须“协同兼顾”。在传统

⑥ Stefanie Schwarz – Hahn, Meike Rehburg · (2003). Bachelor and Master in Deutschland – Empirische Befunde zur Studienstrukturreform · Kassel: Wissenschaftliches Zentrum fuer Berufs – und Hochschulforschung Universitaet Kassel, 51.

的观念中,教书育人是学校的“天然义务”,在长期以来的实践中,高校几乎承担了人才培养的全部任务,尤其是在基础人才的培养上。也就是说,在人才培养方面,学校几乎一直是在“单干”,现实中的合作也局限于兄弟院校之间的交流,而并未落实到人才培养之上来。并非质疑“大学,非大楼之谓,还有大师也”,然而大师数量有限,师资整体偏理论、培养平台不够等也是不争的事实,这在应对社会亟需的复合型人才,尤其是知识产权人才培养上是“捉襟见肘”的。培养复合型知识产权人才需要从很多方面入手,但师资和平台尤为重要,师资能够解决日常教学中的知识传授问题,平台能够解决教学中的实践能力培养问题。

多学科优秀师资协同参与日常教学。以往知识产权人才局限于“知识产权法”的视域下,而在知识产权事业的发展和知识产权强国建设的背景下,知识产权不再是原来的“知识产权法”那样简单,它是一门综合性学科。这种综合性要求知识产权人才应当具备多学科融合的知识结构,即知识产权人才应当文理交叉、科技与法律并举,并兼有国际贸易、情报、外语等方面的知识。⑦因此,知识产权人才的知识和能力结构应该是兼具“科技、法学、经济、管理”等方面的知识。在面对知识结构跨度如此之大的需求时,仅仅依靠一个知识产权学院的师资力量是无法满足的。因此,在多主体协同参与的模式中,依靠学校的组织调动能力,以知识产权学院为中心,要求理工学院、商学院、管理学院等参与复合型知识产权人才培养的日常教学,无需将知识产权学院的师资无限扩充,而是注重充分协同各学院的优质师资,才能保障日常教学的可持续。

政府—高校—企业协同共建实践平台。通过多学科优秀师资协同参与日常教学能够有效解决知识产权人才的知识储备问题,然而高校教师整体上偏理论而缺乏实践,即使引进实务部门的精英担任兼职导师,但往往因其无法参与日常教学,所以这种实践指导的作用往往是非常有限的。当前,各类知识产权学院虽然都安排了实践课程,但当学生随机进入相关实践部门,往往是做些辅助性的类后勤工作,并无法得到有针对性的训练。在复合型知识产权人才实践能力培养方面面临着“四缺”:多功能知识产权实践平台缺少、针对性强的实践内容缺乏、有实践经验的指导老师缺位、实践教学专项经费缺失。因而

⑦ 王文佐等:《企业知识产权人才的知识结构探析》,载《市场论坛》2006 年第 3 期,第 204－205 页。

有必要构建“政府—高校—企业协同参与”实践平台，政府提供一定的经费，企业提供实践岗位并确保指派有经验的老师指导学生进行针对性强的实践训练，高校给企业和政府提供一定量的知识产权咨询等服务，如此明确各方的主要职责，又保障参与的主体能够“各取所需”，以便各方能实现可持续的合作。

（三）多层次人才培养体系

在我们这样一个发展极不平衡的大国，对知识产权人才的需求也是多层次的。我们既需要能参与国际竞争、具有国际视野的高端知识产权人才，也需要适应大中型企业的精英，更需要服务众多中小企业、解决企业日常创新过程中的一般知识产权问题的应用型人才。目前我国知识产权教育呈现培养层次单一的问题。如基础较好的中国人民大学、中国政法大学等少数知识产权教学机构较多地注重知识产权硕士、博士层次人才培养，培养规模较小，难以满足知识产权强国建设中普通企业特别是数量众多高新技术企业或中小企业的渴求；而其他多数教学机构注重以纯法学模式培养知识产权本科人才，虽有规模但不为社会所接纳。实施知识产权博士—硕士—本科多层次的全体系培养，能有效解决知识产权人才层次单一的问题。

知识产权人才培养模式的建立必须能够适应多层次知识产权人才的需要。在对知识产权人才需求和培养的系列调研中，我们发现，大多数中小创新型企业都对知识产权方面的工作有需求，但往往无力建立独立的知识产权工作部门。其根本原因在于两个方面：一是出于成本考虑，中小型创新型企业的创新能力和规模都不是很大，承担建立专门的知识产权工作部门成本太高；二是即便中小型创新型企业有设立知识产权工作部门的愿望，但往往也无法聘到合适的知识产权人才（留住知识产权人才更难），因为在目前知识产权专门人才奇缺的情况下，中小型创新型企业所能提供的薪酬、工作环境等各方面条件对硕士以上的高端知识产权人才缺乏吸引力。

此外，知识产权人才的成长是有其相应周期的，但知识产权高端人才的成长没有固定的程式，不只是高校的全程培养才能出高端知识产权人才，实践表明，某些中低层次的知识产权人才会在实务中获得更快的成长，成为高端知识产权人才。

三、复合型知识产权人才培养模式的实施与机制保障

精心构建的复合型知识产权人才培养模式是否科学合理，需要通过实施，并接受实践的检验。根据社会需求设计的人才培养模式，还有必要跟着社会

需求的动态变化而进行相应的调整和优化。当然，更重要的是，复合型知识产权人才的培养还需要除高校之外的其他主体的协同，而这样的协同需要日益健全的机制予以保障。

（一）模块化课程的动态组合与实施

在设计了模块化课程体系后，从方案上解决了复合型知识产权人才培养的课程体系问题。那么，在具体实施模块化课程教学的过程中如何解决模块化课程“僵化”的问题呢？关键在于保持其“动态性”。也就是说，在一套模块化课程体系中的模块虽然是相对固定的，但是其组合方式并不是“一成不变”的，不同的学生根据其自身的发展目标而有所侧重，如果每个学生都千篇一律地按同一个模块化体系去培养，就失去了“模块化”的原旨。虽然各个不同领域的知识产权人才需要的知识基础有共同点，但也有差异，这意味着知识产权模块化课程在相对固定的一些模块之外，还有必要根据不同的知识产权人才培养目标进行动态组合。因为不是每个学生都适合或都会选择成为“高楼”，有的学生想成为“台”，有的学生想成为“路”，这都是因人而异的，因此在设计模块化课程时应给学生留有一定的选择余地，在实施模块化课程体系时一定要注意“因材施教”。比如，有的学生想成为应用型复合知识产权人才，那么其选择模块组合时就要在基础模块之外以实务课程为导向，在实施教学过程中就要引导该生侧重于以知识产权专门课程、理工科专业课程、实务课程为核心模块，辅之以公共基础课、法学基础课程；而有的学生的目标是成为理论型复合知识产权人才，那么其选择模块组合时就要在基础模块课程之外以法学课程为导向，在实施教学过程中就要引导其侧重选择以公共基础课程、法学基础课程、知识产权专门课程为核心模块。

模块化课程动态组合的精髓在于“应时而变、因人而异”，要正视“术业有专攻”的客观规律，不应当将“模块化课程”标准化，需要应时（社会不同阶段所需大量不同人才）、因人（每个学生的成长目标不同）灵活地组合各模块，实现复合型知识产权人才培养的最大效用。

此外，实施知识产权专业模块化课程体系，在教学管理实践中往往会面临不少问题，需要事先多方协商和周密安排。在具体的实施过程中，既要考虑不同课程模块之间，同一模块不同课程之间的内在逻辑机理，也要考虑现实的可操作性。在模块化课程体系整体的时间安排上，应先公共基础课、后学科基础课（法学）、理工专业课，再知识产权专业课，最后是实务课程；同一学期课程的时间选择上，应本着先外后内的原则，也就是说先安排知识产权学院以外的课程,后安排知识产权学院的课程,使外院教师有优先选择授课时间的机会,这样将有助于长期合作和模块化课程体系的实施。

(二)构建多赢的、可持续的协同培养机制

在实践中,往往耗费大量成本搭建起来的多数平台却并未常态化运行,无法发挥其应有的作用。以现实经验为鉴,不仅要努力搭建平台,而且更要努力维持平台常态化运作。具体到复合型知识产权人才培养上,就是要构建可持续化的多方主体协同培养机制。如何可持续呢?需要把握"多赢"和"责任"两个关键。

实现多方共赢。也就是各方参与主体协作的过程中都有所获益。要实现多学科优秀师资协同参与日常教学可持续,仅仅依靠学校的行政性管理要求是无法顺利实现的,比如应该在基础的课时费上,适当提高津贴等福利性待遇。如此,于教师而言,付出了额外的劳动,就应享有多劳多得的公平;于学校而言,知识产权学院无需向外引进人才,减少了大量的经费开支。而要实现政府—高校—企业协同共建实践平台可持续,也需要让政、产、学"各取所需",政府提供资金、企业提供岗位和实践指导老师,则可从学校获取相应量的智力支持,而学校获得了人才培养的经费、学生获得了很好的实践能力训练,而且人才的形成促进企业发展也能提升政府的政绩,从而在这三者之间形成良性互动。多赢的本质在于"利益点"的实现,这是构建可持续的多主体协同培养机制的基础。

明确各方责任。"任其职,尽其责"是说明职责的重要性,在以往的平台共建中,往往忽视了明确参与共建者的责任,导致责任主体不明确,容易导致平台运行的松散化和停滞化。明确各方责任要注意"书面化"和"考核化"。"书面化"要求在共建实践平台时,不仅仅是在大会上强调责任的重要性,而是要在"合作备忘录"中将参与主体的责任明确化、细致化、具体化;"考核化"是责任"书面化"的进一步落实,借助科学的量化考核机制,按周期实行职责履行考核,将考核过程中发现的问题及时解决。无论是对协同参与的各院教师,还是协同参与的政府—高校—企业,都明确各自的责任。为实现共赢须激发各参与主体的动力,而明确责任便是构建可持续的多主体协同培养机制的保障。

在国家政策层面,可以通过出台部门规章,构建多赢的合作机制,解决"政产学"等各类主体在复合型知识产权人才培养活动中的角色、功能与定位,即参与机制的问题。可以由教育部、司法部、国家知识产权局共同出台类似于“双千计划”⑧的知识产权人才教育培养计划,明确知识产权管理部门、实务部门等在知识产权人才培养中的职责,为实施开门办学、合力育才的知识产权人才“协同培养”模式提供复合型师资团队的保障和实战机会。

高等学校、知识产权政府管理部门、大型企业知识产权部门、知识产权中介机构都拥有独特的知识产权人才培养优势和条件,但复合型知识产权人才培养的资源分散在各方主体手中,任何一方主体都不能够有效掌握知识产权人才培养所需要的全部资源,必须依靠其他主体的提供与支持,形成协同效应。因此,知识产权人才培养需要打破现有的机制局限,建立多赢的协同育人机制。良好的主体搭配和互动机制可以优化资源的配置,提高效率,起到 1 加 1 大于 2 的效果。

(徐 敏)

⑧ 双千计划,是中国政府在法学高校和法律实务部门之间的互聘制度,该计划自 2013 年开始施行。双千计划是卓越法律人才教育培养计划的重要内容,旨在改善法学教育界与法律实务部门之间的脱节关系,推动中国法制建设发展。

前沿关注

Theoretical Frontier

政策概念的法规范分析*

——基于1979年—2015年现行有效法律文本的解读

彭中礼**

摘　要：作为我国法律体系当中的一个重要法律概念，“政策”极少在法规范意义上得到解读。通过检索可知，自1979年至2015年2月10日，有95部法律（含《宪法》）247条条文含有“政策”一词，使用频次达295次。分析表明：在历史变迁当中，“政策”的法律地位发生了巨大变化，但是“政策”在法律中的频次并未逐步减少。在法律当中，“政策”分布的特点是范围较广，具有独立于法律之外的规范性。从类型来看，法律当中的“政策”主要有法律政策、法律之中的政策、法律之外的政策和法律之上的政策等。通过分析“政策”的运行结构，发现政策在我国缺乏有效的法律监管。在推进法治中国建设的背景下，政策法治化是当代中国的一个重大课题。

关键词：政策法治化　规范分析　运行结构

一、问题与分析进路

人治是中国历史上最主要的治国理政方式。当代中国的法治建设，在与人治观念作斗争的基础上不断前进。在传统的法治观念当中，“政策”就是人治的重要表征。特别是在反思新中国成立的前三十年历史上，人们发现，政策治国虽然促进了新中国的发展，但是也带来过巨大灾难。在那个“一句顶一

* **基金项目**：湖南省哲学社会科学基金项目（项目编号：14YBA379）；中国法学会2014年度部级法学研究课题（CLS（2014）D008）。

** **作者简介**：彭中礼（1981—），男，湖南隆回人，中共湖南省委党校、湖南行政学院副教授，法学博士，中国社会科学院法学研究所博士后。

万句”“领袖的话语是最高指示”“政策高于法律”的年代,人们激情澎湃,着迷于一次又一次的政治运动,但是因为忽视了法治秩序,造成了无法想象的后果。因此,1979 年改革开放实行以后,基于历史的深刻教训,人们对政策抱有极大的戒备态度,这种戒备态度在法学界的体现之一就是漠视对其进行学术研究。

在当代中国,政策不仅对经济改革和社会发展产生过重要影响,而且对立法、执法和司法也产生过重要影响。[①] 回顾当代中国波澜壮阔的历史,就是政策不断制定—适用—改革—适用的历史,就是政策不断法治化的历史;而政策法治化的历史,实质就是中国法治不断进步的历史。遗憾的是,我们还有一部分人没有看到国家政策的真实价值,因而轻视或者忽视了对国家政策基本原理的研究。从法学学术研究来看,政策作为法律概念[②],有关政策问题的基础研究和深入研究都比较罕见,比如,政策是什么,如何发挥政策在法治当中的正能量,如何限制政策的副作用,如何在司法当中适用政策,如何在司法适用政策时采用有效的法律方法,都没有重要学术成果或者都没有令人满意的答案。诚如一些学者所说:“在当下中国的法理学研究中,‘政策’并不是一个‘合法’概念——在很大程度上,中国的法理学研究是在‘制定法’层面展开的,虽然在近些年,对‘判例(法)’或‘习惯(法)’的探讨有逐渐升温的趋势,但‘政策’却被坚定地排除在法理学研究领域以外。”[③]这种学术上认知的偏颇,既表明了中国法学研究存在“盲区”,也说明我们对法治发展的理解尚存有不到位的情形。

在建设法治中国的时代背景下,如何将各种社会关系纳入到法治化的治理之路上来,是新时代的重要课题。因此,实现政策的法治化,是当代中国的必然需要,这就要求我们加强对政策概念的研究。法学是规范之学,法学研究

---

① 蔡定剑先生曾经说过:“长期以来,我国一直是个政策社会,也就是依靠政策来治理国家。”参见蔡定剑,刘丹:《从政策社会到法治社会》,载《中外法学》1999 年第 2 期。蔡定剑先生的论断也意味着国家政策对我国产生过重要影响。

② 美国著名法学家德沃金就认为政策和规则、原则一样构成法律的一部分。参见[美]罗纳德·德沃金:《认真对待权利》,信春鹰,吴玉章译,中国大百科全书出版社 1998 年版,第 41 页。

③ 吕明:《政策是什么——对我国法理学研究“去政策化”现象的反思》,载《法学论坛》2010 年第 3 期。

的核心方法是规范分析方法④,这要求我们在关注规范应然性的基础上,也应当关注实然规范,研究作为规范的政策的运行。本文试图通过检索我国现行有效的法律文本当中所含的“政策”及其频次,既描述性地分析“政策”的分布情况,也深层次地反思“法律和政策的关系”。因此,本文的研究建立在对现有法律有关政策或者政策的检索之上⑤,通过分析各种现行有效法律文本当中政策概念的使用,来明确政策概念的价值和意义,这是深化政策概念法学研究必须做的一项基础性工作。

二、法律文本中的政策概念之分布

2010 年,全国人大宣布,中国特色社会主义法律体系已经基本建成。我国已经形成了以宪法为核心、以法律为主干的多层次多形式的法律规范体系。⑥ 据统计,截至 2015 年 2 月 10 日,我国已经制定了法律(包括《宪法》)251 件、行政法规 712 件、地方性法规 9489 件、司法解释 451 件、规章 11784 件。在这些法律当中,“政策”概念分布广泛。另外,本文所讲的法律均指全国人大及其常委会制定的法律。

(一)宪法中的“政策”概念

在我国《宪法》当中,共有两处涉及政策概念。一处是在《宪法》的序言当中提到:“中国坚持独立自主的对外政策”,另一处是在《宪法》第 115 条提到:“自治区、自治州、自治县的自治机关行使《宪法》第三章第五节规定的地方国家机关的职权,同时依照宪法、民族区域自治法和其他法律规定的权限行使自治权,根据本地方实际情况贯彻执行国家的法律、政策。”《宪法》当中两处所提出的政策,笔者认为有几重含义:

第一,“政策”是一种应当被遵守的规范。第一处所指的政策规范是指

---

④ 谢晖:《论规范分析方法》,载《中国法学》2009 年第 2 期。

⑤ 本文所使用的检索工具是北大法宝 V5 版(WWW. PKULAW. CN)。北大法宝收录自 1949 年起至今的全部法律法规,包括中央法规司法解释、地方法规规章、合同与文书范本、港澳台法律法规、中外条约、法律动态等。通过使用该检索系统,有助于本文研究目的的展开和深入。

⑥ 在我国,法律有广义上的法律和狭义上的法律之分,前者包括了宪法、法律、行政法规、地方性法规等在内;狭义上的法律仅指全国人大及其常委会制定的法律。本文中凡是在广义上使用法律一词,均以“法律(广义)”的形式出现,但未包括地方性法律、法规或者规范性文件在内;如未有该特殊表示,则仅指狭义上的法律概念。限于篇幅,本文的研究和讨论还是以全国人民代表大会及其常务委员会制定的“法律”为主。

"独立自主",第二处所指的政策是指"类似于法律,但又在法律位阶之下的规范"。

第二,在《宪法》当中使用了"政策"概念,说明它实际上还是一个宪法学上的概念,我们应当重视政策概念。宪法是国家的根本大法,所规定的是最重大的社会关系。宪法要求遵守政策,虽然其主体是要求国家机关遵守,但也意指了一种规范方向。

第三,在《宪法》中使用了"政策"概念,说明它应当坚持宪法的指导。宪法是人民共识的成果,是全体人民的契约,是国家机构权力的根本来源,是国家根本法,是基本权利法,也是权力制约法。公民的基本权利受宪法保护,国家公共权力受宪法制约,那么政策显然也应当受到宪法制约。《宪法》所说的要求遵守"国家的法律、政策",政策在于法律之后,包含的意思显而易见,即政策受宪法规范,又受法律规制,政策的制定和运行都离不开宪法和法律。

(二)法律中"政策"概念的分布

立法是社会需求的反应。通过法律当中对政策的使用,既可以反映国家法律对政策的重视,也可以反映民众对政策的需求。在北大法宝V5版的法律法规数据库中,通过检索"政策"一词,可以得出如下基本数据(见表1至表3)。值得指出的是,表1至表3中的数据是未经仔细甄别的情况统计表,存在如下几种特殊情况:第一,北大法宝将凡属于全国人大或者全国人大常委会作出的各种决定都视为法律,将国务院作出的各种决定视为行政法规,将国务院各部委制定的各种决定或者文件都视为部门规章,这种不严肃的做法在表1至表3中都没有进行严格区分。第二,地方性法规、规章、规范性文件和司法文件中,没有对各省的使用情况进行统计,但这不影响本文的结论。

表1 法律中政策概念分布的初步检索统计表(单位:次)

名称	法律	行政法规	司法解释	部门规章	团体规定	行业规定	军事法规规章
频次	412	3485	997	41571	1751	1336	182

表2 含有政策概念的法律涉及的发布部门统计表(单位:次)

名称	全国人民代表大会	全国人民代表大会常务委员会	最高人民法院	最高人民检察院	国务院	国务院各机构	中央其他机构
频次	196	210	796	351	2088	38910	11299

表3　地方性法规、规章、规范性文件、司法文件中政策概念分布初步统计表(单位:次)

名称	地方性法规	地方性政府规章	地方性规范性文件	地方司法文件
频次	6597	7044	279462	569

从表1至表3来看,可以得出以下几点结论:第一,虽然并不是所有的法律(广义)当中都包含有政策概念,但是可以肯定地说各个层次的法律当中都有政策概念,这依然说明政策概念是我国法律体系当中一个非常重要的概念。第二,在我国法律体系当中,国家政策也是一个常见的法律概念,其与政策概念的关系值得研究(后文分析表明,在我国法律体系语境中,二者等同)。第三,政策(国家政策)的制定主体多元,层级多元,人大系统、政府系统、法院系统和检察院系统均能够制定政策。

(三)法律中"政策"概念的使用

上文指出,不管是在法律当中,还是行政法规和地方性法规、规章当中,使用政策(广义)概念的条文较多。因此,在仔细甄别法律和其他规范性文件区别的基础上,表4对现行有效法律中含有"政策"和"政策"概念条文的分布进行了仔细统计。

表4　现行有效法律中"政策"一词的分布情况

法律名称	制定/修改年份	频次	法律名称	制定/修改年份	频次
《预算法》	2014年修正	2条6次	《证券法》	2014年修正	2条2次
《环境保护法》	2014年修正	4条4次	《政府采购法》	2014年修正	1条1次
《民办教育促进法》	2013年修正	1条1次	《药品管理法》	2013年修正	2条2次
《煤炭法》	2013年修正	1条2次	《固体废物污染环境防治法》	2013年修正	3条3次
《旅游法》	2013年	1条1次	《农业法》	2012年修正	5条5次
《老年人权益保障法》	2012年修正	3条3次	《清洁生产促进法》	2012年修正	1条3次
《军人保险法》	2012年制定	1条1次	《监狱法》	2012年修正	1条1次
《职业病防治法》	2011年修正	1条1次	《兵役法》	2011年修正	4条5次
《道路交通安全法》	2011年修正	1条1次	《社会保险法》	2010年	1条1次
《行政监察法》	2010年修正	1条1次	《人民调解法》	2010年	2条3次
《国防动员法》	2010年	4条4次	《民法通则》	2009年修正	1条1次
《著作权法》	2010年修正	1条1次	《驻外外交人员法》	2009年	1条2次

续表

法律名称	制定/修改年份	频次	法律名称	制定/修改年份	频次
《农村土地承包经营纠纷调解仲裁法》	2009年	4条4次	《水污染防治法》	2008年	1条1次
《可再生能源法》	2009年修正	1条1次	《循环经济促进法》	2008年	1条1次
《企业国有资产法》	2008年	1条1次	《反垄断法》	2007年	1条1次
《企业所得税法》	2007年	4条4次	《劳动争议调解仲裁法》	2007年	1条1次
《科学技术进步法》	2007年修正	6条7次	《节约能源法》	2007年修正	8条10次
《就业促进法》	2007年	9条11次	《突发事件应对法》	2007年	1条1次
《农民专业合作社法》	2006年	3条4次	《银行业监督管理法》	2006年修正	2条2次
《反洗钱法》	2006年	1条1次	《可再生能源法》	2005年	1条1次
《妇女权益保障法》	2005年修正	1条1次	《公务员法》	2005年	1条1次
《宪法》	2004年修订	2条2次	《农业机械化促进法》	2004年	2条2次
《土地管理法》	2004年修订	1条1次	《公司法》	2004年修订	1条1次
《商业银行法》	2003年修订	3条3次	《中国人民银行法》	2003年修订	12条20次
《科学技术普及法》	2002年	1条1次	《中小企业促进法》	2002年	15条18次
《律师法》	2001年修正	1条1次	《工会法》	2001年修正	1条1次
《防沙治沙法》	2001年	3条4次	《人口与计划生育法》	2001年	1条1次
《现役军官法》	2000修订	1条2次	《民族区域自治法》	2001修订	14条16次
《澳门特别行政区驻军法》	1999年	1条1次	《大气污染防治法》	2000修订	2条2次
《高等教育法》	1998年	2条2次	《村民委员会组织法》	1998修订	4条4次
《价格法》	1997年	1条2次	《国防法》	1997年	2条2次
《香港特别行政区驻军法》	1996年	1条1次	《促进科技成果转化法》	1996年	2条2次
《环境噪声污染防治法》	1996年	1条1次	《乡镇企业法》	1996年	4条4次
《电力法》	1995年	5条5次	《教育法》	1995年	2条2次
《现役军官服役条例》	1994年修订	1条2次	《城市房地产管理法》	1994年	1条1次
《消费者权益保护法》	1993年	1条1次	《台湾同胞投资保护法》	1994年	1条1次

续表

法律名称	制定/修改年份	频次	法律名称	制定/修改年份	频次
《澳门特别行政区基本法》	1993 年	24 条 27 次	《科学技术进步法》	1993 年	3 条 4 次
《水土保持法》	1991 年	1 条 1 次	《人民警察警衔条例》	1992 年	1 条 1 次
《残疾人保障法》	1990 年	2 条 2 次	《文物保护法》	1991 年修订	1 条 1 次
《城市居民委员会组织法》	1989 年	3 条 3 次	《香港特别行政区基本法》	1990 年	23 条 25 次
《人民检察院组织法》	1983 年修订	1 条 1 次	《全民所有制工业企业法》	1988 年	2 条 2 次
《国务院组织法》	1982 年	1 条 1 次	《地方各级人民代表大会和地方各级人民政府组织法》	1982 年修订	6 条 6 次

仔细分析和研读搜索结果，我们发现，共计有 95 部法律（含《宪法》）247 条条文含有“政策”一词，使用次数达 295 次；有 3 部法律共计 3 处使用了“公共政策”一词，分别是：《中华人民共和国残疾人保障法》《中华人民共和国老年人权益保障法》《中华人民共和国妇女权益保障法》；有 9 部法律含有“政策”一词，分别是《宪法》第 115 条，《村民委员会组织法》第 9 条、第 20 条，《农村土地承包经营纠纷调解仲裁法》第 9 条、第 16 条和第 44 条，《行政监察法》第 23 条，《检察院组织法》第 5 条等。从表 4 来看，我们可以得出以下结论：

第一，国家的基本法律不同形式地使用了“政策”或“国家政策”这个词语，可见，该词语在我国法律体系当中是一个很重要的法律概念。但是何为“政策”或“国家政策”？《民法通则》和《农村土地承包经营纠纷调解仲裁法》并没有作详细说明，其他法律也没有作详细说明。

第二，“政策”一词基本上是与法律法规联系在一起使用，这既意味着政策是一种规范，也意味着“政策”是和法律相对应的概念。也就是说，法律都会以要求人们遵守“法律和政策（国家政策）”的方式来表述，典型案例就是《民法通则》的第 6 条。这告诉我们法律和政策（国家政策）是两回事，它们之间有很大差别。

第三，“政策”一词可能还会与其他词语联合起来使用，最常见的做法是在“国家”和“政策”之间加一个字或者一个词，主要有：国家的政策、国家的基本政策、国家的财政政策、国家的经济政策、国家的产业政策、国家的货币政策、国家的农业政策、国家的就业政策、国家的抚恤政策、国家的税收政策、国家的惠农政策、国家的土地承包政策、国家的外交政策、国家的扶持政策、国家的租赁政策、国家的奖励政策、国家的配套政策、国家的豁免政策、国家的土地政策、国家的贸易政策、国家的生育政策、国家的发展政策、国家的收购政策、国家的节能政策、国家的粮食政策、国家的特殊政策和国家的技术政策等。这些名词与我们国家的大政方针和发展方向紧密相关，因此它们也都是国家经济社会建设的风向标。

第四，在法律中，政策就是指国家政策。笔者通过检索发现：首先，直接使用国家政策概念的法律并不多。其次，大多数条文所使用的概念都是政策，不过，笔者发现，即使只是使用了政策概念，但几乎所有的政策概念都是在国家政策概念意义上使用的。比如 2014 年修订的《环境保护法》第 4 条规定：“保护环境是国家的基本国策。国家采取有利于节约和循环利用资源、保护和改善环境、促进人与自然和谐的经济、技术政策和措施，使经济社会发展与环境保护相协调。”该条如果从表面来看，只使用了政策一词，但是如果考虑到其所使用的主语“国家”，实际上又是指政策。这样的说法几乎可适用于其他所有的有关政策用语的法律条文当中。再次，有一种特殊情况就是，某几条法律条文不是以国家做主语，而是以人民政府做主语，笔者认为，这实际上也是指国家政策。比如《环境保护法》第 14 条规定：“国务院有关部门和省、自治区、直辖市人民政府组织制定经济、技术政策，应当充分考虑对环境的影响，听取有关方面和专家的意见。”显然，这里的政策也应当是国家政策。再比如 2013 年修订的《固体废物污染环境防治法》第 4 条规定：“县级以上人民政府应当将固体废物污染环境防治工作纳入国民经济和社会发展计划，并采取有利于固体废物污染环境防治的经济、技术政策和措施。”这里的主语是“县级以上人民政府”，实际上所指的也是国家政策。如果我们进一步思考，我们就会发现，能够被国家法律所认可的政策只可能是国家政策，而不可能是其他社会团体和组织的政策。当然，在特殊情况下，可能要考虑的情形是党的政策，但是现代法治的基本原则是党的政策应当转化为政策，才能影响社会生活。

第五，有部分法律将政策（国家政策）视为补充性法律渊源。《民法通则》第 6 条规定：“民事活动必须遵守法律，没有法律规定的，应当遵守国家政策。”《著作权法》第 59 条第 2 款规定：“本法施行以前发生的侵权或者违约行为,依照侵权或者违约行为发生时的有关规定和政策处理。"《农村土地承包经营纠纷调解仲裁法》第44条第1款规定:"仲裁庭应该根据认定的事实和法律以及国家政策作出裁决并制作裁决书。"这说明,在一定的条件下,法院可以在司法判决当中适用政策作为裁判规范,这是我国法律制度当中的一种特殊现象,需要给予认真研究。特别是关于在民事审判当中,适用政策作为裁判规范的合理性问题,需要我们从法理上认真审视。笔者在此的一个初步结论是,政策不能直接干预公民的私人行为,因此不能作为裁判依据。只有在法官行使司法审查权的前提下,可以采用政策进行裁判说理。

三、法律中政策概念的变迁、特点及其成因

表4显示,我国自1979年以来,政策概念一开始就伴随着法律左右。不过,经历了春华秋实的30多年,人民的法律观念发生了巨大变化,法治理念也逐步深入人心,政策概念也发生了巨大变迁。

(一)法律中政策概念的变迁

政策在中国是一个经历了悲喜的概念。从建国初期开始的政策治国,到改革开放初始提出的建设社会主义法制国家,再到社会主义法治国家,政策的法律地位一变再变。这种变化体现在法律当中就是,在改革开放初期,政策是比地方性法律法规地位更高的法律概念,但是后来,政策的这种较高法律地位逐渐衰落。典型案例是1979年制定的《刑法》第9条规定:"本法自一九八〇年一月一日起生效。中华人民共和国成立以后本法施行以前的行为,如果当时的法律、法令、政策不认为是犯罪的,适用当时的法律、法令、政策。如果当时的法律、法令、政策认为是犯罪的,依照本法总则第四章第八节的规定应当追诉的,按照当时的法律、法令、政策追究刑事责任。但是,如果本法不认为是犯罪或者处刑较轻的,适用本法。"该部刑法认可政策作为规定犯罪的依据,但是后来在1997年《刑法》修改时该条被删除。再如1979年制定的《地方各级人民代表大会和地方各级人民政府组织法》第27条规定:"省、自治区、直辖市的人民代表大会常务委员会在本级人民代表大会闭会期间,根据本行政区域的具体情况和实际需要,在和国家宪法、法律、政策、法令、政令不抵触的前提下,可以制定和颁布地方性法规,并报全国人民代表大会常务委员会和国务院备案。"1979年制定该法时规定地方性法规不得同政策相抵触,但到了2004年修正的《地方各级人民代表大会和地方各级人民政府组织法》,该规定被删除了,取而代之的是第43条规定:"省、自治区、直辖市的人民代表大会

常务委员会在本级人民代表大会闭会期间,根据本行政区域的具体情况和实际需要,在不同宪法、法律、行政法规相抵触的前提下,可以制定和颁布地方性法规,报全国人民代表大会常务委员会和国务院备案。"新修正的《地方各级人民代表大会和地方各级人民政府组织法》规定了地方性法规不得同宪法、法律、行政法规相抵触,从而与《立法法》相衔接。此外已经失效的《经济合同法》、1982 年制定实施的《民事诉讼法(试行)》等都曾将政策的地位推向一个与法律相等的高度,但是后来都被废除或者修订了。政策的这种地位变化,间接反映了我国法治建设已经迈向了一个新阶段,依法治国理念已经成为全国人民的观念共识。

(二)法律中政策概念的特点

首先,从数量和分布来看,我国政策概念在法律当中使用频次较多,且其分布具有广泛性。不管是在公法领域,还是在私法领域;不管是在经济领域,还是在政治领域,其相关立法的诸多条文都涉及了政策概念的使用。但是,有一点值得注意,刑事法领域没有涉及政策。这说明,在当代中国,对于公民来说,违背政策有可能需要承担一定的法律后果,但是违背政策已经不可能需要承担刑事法律责任,这是法治的巨大进步。

其次,从整体来看,法律中的政策概念呈现出了一种显然有别于法律的规范特征。正如《民法通则》第 6 条所示,有法律要先适用法律,没有法律才适用政策。这意味着政策是一个独立于法律之外的规范形态。当然,考虑到民法典制定之后,《民法通则》第 6 条的内容可能会被废除,有人会怀疑政策的规范地位。实际上,即使不考虑《民法通则》,而考虑一下我国其他的 90 多部法律当中的政策,就可以发现政策的规范地位也是存在的。比如《中华人民共和国药品管理法(2013 修正)》第 5 条规定:"国务院药品监督管理部门应当配合国务院经济综合主管部门,执行国家制定的药品行业发展规划和产业政策。"这说明国务院药品监督管理部门应当遵守国家产业政策。该法第 7 条还规定:"药品监督管理部门批准开办药品生产企业,除依据本法第八条规定的条件外,还应当符合国家制定的药品行业发展规划和产业政策,防止重复建设。"这说明药品生产企业也应当遵守国家产业政策。

再次,我国改革开放三十年以来,虽然法治观念不断进步,但是在立法当中使用政策概念的观念并未出现明显的减少(如图 1 所示)。从图 1 来看,我国立法当中对政策的使用有四个小高峰,分别是 1990 年、1993 年、2002 年和 2007 年。1990 年之所以出现小高峰是由于该年度制定的《香港特别行政区基本法》中使用了25次“政策”;1993年之所以出现小高峰是由于该年度制定的《澳门特别行政区基本法》中使用了27次“政策”;2002年之所以出现小高峰是由于该年度制定的《中小企业促进法》中使用了18次“政策”;2007年之所以出现小高峰是由于该年度制定的法律中共有8部法律使用了“政策”一词,其中《就业促进法》和《节约能源法》分别使用了11次和10次。这表明,政策在我国法律当中并未出现衰落之势。严肃认真地研究作为法律概念的政策依然是学术界的一个重要任务。

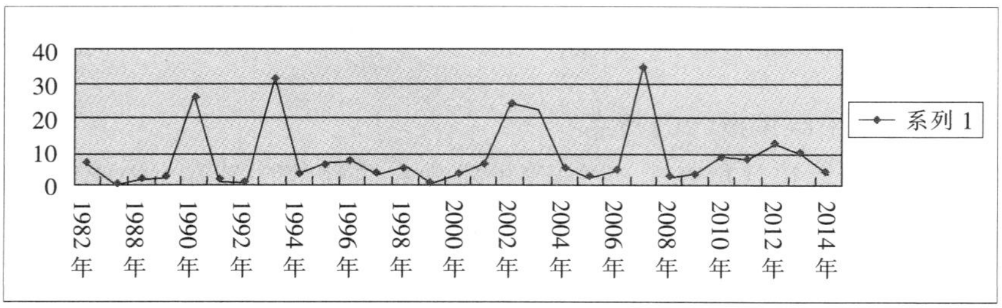

图1　历年新制定(修改)法律中国家政策概念出现的频次

注:本土制作过程当中,涉及法律制定或者修改年份的,以修改年份为准。比如1986年制定了《民法通则》,但该法2009年修订过,本文将其视为2009年制定的法律。

最后,从法律部门和法律分类来看,政策概念的分布也有特色。从法律部门来看,政策概念的分布涉及各大法律部门,包括宪法与行政法、民商法、经济法、环境法、社会保障法、诉讼与非诉讼程序法,具体分布如图2所示。图2表明,在我国法律部门中,政策概念在宪法与行政法中出现的频次最多,其次是经济法,再次是社会保障法,排第四位的是环境保护法。这说明,一方面凡是与行政权力密切相关的领域或者需要政府机关发挥主观能动性较强的领域,政策出现的频次就会较高;另一方面,政策之所以在这些法律部门中出现频次高,乃是由于政策从制定来源看本身就与政府部门存在千丝万缕的联系。换言之,需要政府发挥积极作用的领域,对政策提及的频次就越高;相反,私人领域或者自治能够解决的领域,对政策干预的要求就越严格,管控也应该更紧凑,毕竟个人权利是现代法治必须保护的基本对象。

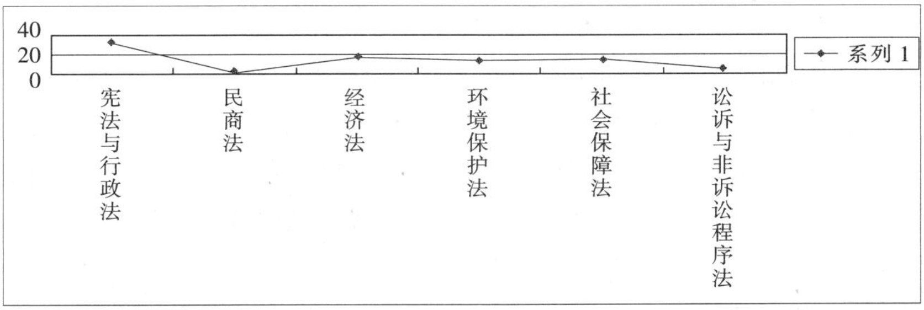

图 2　我国法律部门中国家政策概念的分布统计图

前面的表 4 说明，在我国法律当中，政策概念主要是在实体法当中被提及，很少在程序当中出现过。特别是图 2 证明，在我国程序法（诉讼与非诉讼程序法）当中，政策被提及的次数较少，只有 3 次（仅《劳动争议调解仲裁法》和《农村土地承包经营纠纷调解仲裁法》使用了政策概念）；相反，其他法律部门都可以归结为实体法。为什么会出现这种现象呢？其成因可能有二，一是程序法数量本来就少于实体法；二是实体法所确定的是权利和义务，而程序法是为了实施法律，因此，在立法过程当中，立法者较多地考虑了如何更好地促进法律主体权利义务的分配。实际上，法律主体的权利义务分配一旦被确定，再通过程序法来实施这些权利义务就变成了司法以及其所应当适用的方法问题了。

（三）政策概念变迁以及特色分布的成因

上面对政策概念变迁以及特色分布的研究是描述性的，揭示了政策概念在我国法律体现中分布的基本现象。对于学术研究来说，最重要的是要能分析政策概念变迁以及特色分布的成因，从中发现中国法治发展的可供借鉴的经验教训。实际上，政策概念变迁以及特色分布的成因追问可以归纳为以下几个问题：一是为什么刑事法律当中祛除了政策，而在民商事法律特别是经济法律当中政策会大量存在？二是为什么在市场经济中，政策还要成为市场参与者的行为规范？三是为什么实体法（刑法除外）当中会存在政策，而程序法当中没有政策？

首先来看第一个问题，为什么我国立法者在现代刑事法律体系当中没有将政策写入法律条文？笔者认为主要有两个方面的原因：一是立法者反思了历史的经验教训。新中国建国初期采取的政策治国给我国带来了巨大灾难，新刑法立法者担心将政策作为刑事法律规范，容易带来基于政治运动的刑事案件灾难。二是刑法与人身权利和生命权利密切相关，政策入刑不利于保护人的基本权利,否则将有可能重蹈“文革”覆辙。三是我国立法者已经认识到,在刑法中祛除政策,有利于对公权力的制约,减少刑事案件的人为性、可变性,从而加强对公民权利的保护。但是,与刑法不同的是,民商事法律和经济法律与人的生命和身体等权利相去甚远,甚至可以说不直接影响人的这些基本权利,而政策在一定程度上体现了行政权力的干预性特点,其根本目的是为人民生活和人民福祉而服务的,所以立法者认为有必要在关于人民生活和人民福祉的法律当中发挥政策的灵活性作用。特别是在我国市场经济体制还不健全的情况下,法律未能成为完全规范市场经济,立法者认为我国需要政策适时作为规范市场经济的重要手段。

其次来看第二个问题,这一个问题与第一个问题之间存在密切联系。当市场经济还处于初级阶段之时,各种社会关系处于激烈的变化期,利益调整和利益关系尚未稳定。再加上我国的法治建设与市场经济建设几乎同步启动,甚至可以说法治建设落后于市场经济建设,市场领域需要的法律制度没有完全到位,此时需要行政权力发挥其能动性和灵活性,即使之干预市场经济,以政策来临时规制市场,从而实现市场的规范化。而且,法律制定的程序化特征表明法律的制定是一件长时期的事情,法律制定以后的修改也是一件比较复杂的事情,所以法律是相对“保守”的规范,在某些方面难以适用我国这种刚起步的市场经济的快速发展特征,此时用政策这种临时性规范来规制市场经济具有一定的可行性,因此出现了我国民商事法律和经济法律当中以政策作为规范的情形。

最后来看第三个问题,为什么实体法当中会较多出现政策,而程序法当中会较少出现政策?程序法是保障实体法实施的法律,在法治建设过程中具有十分重要的作用。现代法治理念一般都认为法律活动需要遵守正当法律程序,而正当法律程序一般都是由法律来规定的,所以程序法一般都是由法律来制定。另外,我国历来重视实体法而比较轻视程序法,因为实体法在实质上影响公民的权利义务,而程序仅仅只是对实体法的实施,所以行政权力也比较看重用政策来影响公民的实体权利。这从侧面说明,在我国,行政权力具有较大的运作空间,政府是一个能动性强、制约因素较少、活动空间较大的行政权力主体,因而影响到了立法过程,甚至成为立法过程当中的重要利益部门,为自身行政权力的运行留下了较大的空间。

四、法律中政策概念的类型化分析

类型思维是人类基本思维方式之一。从思维方式上看，类型化是将事务的某些共同特征作为甄别标准，从而将其归类进行分析。⑦ 类型化的主要作用是通过对某一标准的整理实现归纳讨论的目的。特别是在事务繁多复杂的情况下，类型化将起到分门别类、简化讨论过程、将问题中心化的作用，实现有效讨论。特别是有时候，相关研究资料浩如烟海，非常繁琐，没有类型思维将穷其一生之力而不可得。在法学当中，德国著名法学方法论研究专家拉伦茨将类型进一步归类，分为经验的类型、逻辑的理想的类型和规范的理想的类型。⑧ 这些类型的划分乃基于法学的现实运作。从政策在我国法律文本当中的分布来看，其数量较多，甚至有可能是含义的侧重点各有不同，因此对其进行类型化分析能够更好地把握政策的价值和法律意义，从而有利于未来的学术研究。从政策在法律当中的地位和作用角度来分析，笔者发现，在我国法律当中，政策主要有如下类型：

第一种类型是法律(性)政策。法律性政策一般是指立法机关在考虑国家根本性问题的时候，必须坚持的基本准则或者原则。从本质上看，法律政策一般都与公共利益、国家利益或者社会利益紧密相关。法律政策存在的目的是通过其来提高国家或者社会成员的整体福利或者政治、经济地位，当然法律政策的存在可能会在一定程度上限制个人的部分权利。从我国的实际情况来看，我国的法律政策一般是国家的基本国策通过法律形式将其地位巩固下来，当然其实质应当是法律，但是习惯上将其称呼为政策。典型例子是《宪法》序言当中的"中国坚持独立自主的对外政策，坚持互相尊重主权和领土完整、互不侵犯、互不干涉内政、平等互利、和平共处的五项原则"。和平共处的五项原则既是中国的对外政策，也是宪法规定的基本外交准则。在我国，体现在立法之上的法律政策基本上都是党的政策的转化，体现了执政党为了巩固其统治地位和维护社会秩序的总体指导思想和基本原则，反映了公共秩序的要求。

第二种类型是法律之外的政策。这种类型将政策当作是法律的补充规

⑦ 如数学上的比例计算涉及的类似性数理计算，生物学上的同类属性体态的比较，物理学上类似实验模型的建立，地形学上地理形成类似性的研究，地质学上地质层结构类似态的探讨，语言学上类似语言、语法的探讨等，均具重要地位。参见刘士国：《类型化与民法解释》，载《法学研究》2006 年第 6 期。

⑧ [德]卡尔·拉伦茨：《法学方法论》，陈爱娥译，商务印书馆 2003 年版，第 239 页。

范。也就是说,部分法律将政策也当作是行为依据和裁判规范依据,最典型的例子是《民法通则》第6条:"民事活动必须遵守法律,法律没有规定的,应当遵守国家政策。"该条将国家政策当作是民事活动的一个补充性法律渊源,即国家政策在一定条件下可以是行为规范和司法的裁判规范。⑨ 此外,《农村土地承包经营纠纷调解仲裁法》第44条第1款也规定:"仲裁庭应该根据认定的事实和法律以及政策作出裁决并制作裁决书。"《农村土地承包经营纠纷调解仲裁法》更直接地将政策作为可以裁判的规范依据。政策在《农村土地承包经营纠纷调解仲裁法》中既然是可以裁判的规范依据,那么必然是行为依据。该种政策在司法过程当中可能扮演非常重要的作用,尤其是在法律缺位的情况下。在法律之外,还有一种政策,即虽然不是法律的补充规范,但是法律规定其可以对某一行业或者某一社会关系进行宏观调控或者发展指引。例如《中小企业促进法》第4条规定:"国务院负责制定中小企业政策,对全国中小企业的发展进行统筹规划。国务院负责企业工作的部门组织实施国家中小企业政策和规划,对全国中小企业工作进行综合协调、指导和服务。国务院有关部门根据国家中小企业政策和统筹规划,在各自职责范围内对中小企业工作进行指导和服务。县级以上地方各级人民政府及其所属的负责企业工作的部门和其他有关部门在各自职责范围内对本行政区域内的中小企业进行指导和服务。"该法授权国务院负责制定中小企业政策,这里的政策显然是与法律相区别的,甚至可能是指导中小企业发展的规范,只是该种规范的法律地位低于法律。整体来看,根据《民法通则》第6条和《农村土地承包经营纠纷调解仲裁法》第44条第1款的规定,几乎所有的政策都有可能成为民事活动的行为依据,也有可能成为裁判活动的规范依据。如此,则政策在法律当中的地位与今天我们对政策的学术研究是不相称的。所以,在法学研究当中,最值得研究的是法律之外的政策,因为我国法律对此缺乏比较明确的界定和说明,而且学界人士对此之认定也存在较大差异。一方面对其价值功用的认识不到位,另一方面对如何发挥法律之外的政策的作用及其方法也缺乏深入研究。

第三种类型是法律之中的政策。法律之中的政策所表明的是,国家或者政府对某个行业或者某个领域可以采取的行为措施。例如,2013年修正通过的《固体废物污染环境防治法》第3条规定:"国家采取有利于固体废物综合利用活动的经济、技术政策和措施,对固体废物实行充分回收和合理利用。"

---

⑨ 徐国栋:《民法基本原则解释》,中国政法大学出版社2004年版,第164页。

如果国务院根据该法制定了有利于固体废物综合利用的行政法规,那么该法规的权力来源正是本法。表4中大多数都是法律之中的政策,也就是说,在法律当中都提出了政策这个词,但是什么是政策,如何制定政策,法律并没有讲清楚。而本文表4的统计表明,大量政策出现在法律当中,这种现象是值得思考的,也是值得学术界重视的。其实,这种法律当中的政策授权,所隐含的也是与本法所不同的一种方法和措施,甚至是一种规范。

第四种类型即法律指导性政策。所谓法律指导性政策是指:一是有一些政策在指导和影响立法,因此实际上高于法律,但是法律制定出来以后,这些指导立法的政策不能再替代法律;二是有一些政策实际上在影响法律作用的发挥,比如立法政策。如刘作翔教授认为:“立法政策和司法政策就是法律之上的政策,它们直接指导着立法工作和司法工作,也可以把它叫做‘法律指导性政策’,像司法政策里面的‘宽严相济’‘少杀慎杀’等,就是法律之上的政策。还有像全国人大通过的‘十二五规划’,国务院新闻办发布的《中国人权行动纲领》等,应该都属于法律指导性的政策范围,这些文件中所列举的诸多任务都要通过具体的立法、行政及司法活动去实现。”[⑩]该种政策在表4当中也有明显体现,比如《澳门特别行政区基本法》规定:“为了维护国家的统一和领土完整,有利于澳门的社会稳定和经济发展,考虑到澳门的历史和现实情况,国家决定,在对澳门恢复行使主权时,根据中华人民共和国宪法第三十一条的规定,设立澳门特别行政区,并按照‘一个国家,两种制度’的方针,不在澳门实行社会主义的制度和政策。国家对澳门的基本方针政策,已由中国政府在中葡联合声明中予以阐明。”在这里“一个国家,两种制度”的政策就是指导《澳门特别行政区基本法》立法的政策。类似的政策在《香港特别行政区基本法》也有体现。法律指导性政策并不意味着法律可以高于政策,而只是说在一定的情况下,法律的制定或者实施可能会受到政策的影响。这进一步证明,有必要加强政策研究,促使政策的制定法治化。

类型化思维的特点是中心明确,但是外延却比较模糊,因此对社会关系具有相对的包容性。在社会急剧变化的时代,类型化思维具有较强的适应性。从上述对政策的类型化分析来看,我国当代法律体系当中,政策实际上扮演着一个具有举足轻重作用的角色。这种角色的重要性不仅体现在政策可能的规范依据地位上,而且也体现在其对国家机构和人民政府的措施授权上。并且

---

⑩ 刘作翔:《规范体系:一个新体系结构的思考》,载《东方法学》2013年第1期。

图1也在印证,虽然法学界的某些人士对政策心存芥蒂,但是政策在未来一段时间内很快消失的可能性并不大。所以,通过类型化的政策分析,我们对政策的研究能够更加有的放矢。

五、法律中政策概念的运行结构

法律中的政策概念并不是静止的和机械的,相反,它应当能够通过法律建构的制度落实到社会生活的方方面面。从这个角度来看,我们现实当中的诸多法律制度实际上是法律与政策在运行过程当中整合起来的结果。因此,考察实定法当中的政策概念,还需要考察其在法律当中体现出来的运行结构。

(一)法律中政策的制定主体

虽然我国法律文本当中并没有对谁有权制定政策作出统一的规定,但是在各法律文本当中都有零散的规定。综合概括如下:

第一,政策制定主体多元。政策制定主体多元意味着政策来源多样化,体现在法律文本当中有国家、政府、政府部门、行业主管部门、特别行政区政府、特别行政区首长、民族自治地方的自治机关等都有权力制定政策。比如《水土保持法》第23条规定:"国家鼓励水土流失地区的农业集体经济组织和农民对水土流失进行治理,并在资金、能源、粮食、税收等方面实行扶持政策,具体办法由国务院规定。"这里的政策制定主体是国家,但是何为国家法律并没有明确规定,因此主体属于指向不明的国家。《农业法》第81条规定:"地方各级人民政府应当注重运用市场机制,完善相应政策,吸引农民和社会资金投资小城镇开发建设,发展第二、第三产业,引导乡镇企业相对集中发展。"这里的政策制定主体是地方各级人民政府。《全民所有制工业企业法》第56条规定:"政府有关部门按照国家调节市场、市场引导企业的目标,为企业提供服务,并根据各自的职责,依照法律、法规的规定,对企业实行管理和监督。(一)制定、调整产业政策,指导企业制定发展规划……"这里的主体是政府有关部门。《节约能源法》第56条规定:"国务院管理节能工作的部门会同国务院科技主管部门发布节能技术政策大纲,指导节能技术研究、开发和推广应用。"这里的政策制定主体是国务院管理节能工作的部门和国务院科技主管部门。《澳门特别行政区基本法》第50条规定:"澳门特别行政区行政长官行使下列职权:……(四)决定政府政策,发布行政命令。"第106条规定:"澳门特别行政区实行独立的税收制度。澳门特别行政区参照原在澳门实行的低税政策,自行立法规定税种、税率、税收宽免和其他税务事项。专营税制由法律另作规定。”这里的政策制定主体分别是澳门特别行政区长官和澳门特别行政区。《民族区域自治法》第25条规定:“民族自治地方的自治机关在国家计划的指导下,根据本地方的特点和需要,制定经济建设的方针、政策和计划,自主地安排和管理地方性的经济建设事业。”这里的政策制定主体是民族自治地方的自治机关。由此可见,我国法律赋予了较多的国家机关的政策制定权。

第二,政策制定主体层级多重。在我国,不仅国务院有权制定政策,乡镇政府也有权制定政策。当然,国务院的各个组成部门有权制定政策自然是理所当然之事,关键是,政府的“有关部门”也可以制定政策。比如《中小企业促进法》第4条规定:“国务院负责制定中小企业政策,对全国中小企业的发展进行统筹规划。”这里的政策制定主体是国务院。国务院是中央人民政府,是最高国家行政机关。上述《农业法》第81条规定政策的制定主体是地方各级人民政府,显然也包括了乡镇人民政府。乡镇人民政府是我国最低的国家行政机关。另外再如《中国人民银行法》第2条规定:“中国人民银行是中华人民共和国的中央银行。中国人民银行在国务院领导下,制定和执行货币政策,防范和化解金融风险,维护金融稳定。”《固体废物污染环境防治法》第27条规定:“国务院环境保护行政主管部门应当会同国务院经济综合宏观调控部门和其他有关部门对工业固体废物对环境的污染作出界定,制定防治工业固体废物污染环境的技术政策,组织推广先进的防治工业固体废物污染环境的生产工艺和设备。”这意味着国务院下属的中国人民银行、国务院环境保护行政主管部门、国务院经济综合宏观调控部门和其他有关部门都可以制定政策。而上述的《全民所有制工业企业法》第56条规定政府有关部门可以成为政策的制定主体,这样在我国就形成了一个层次较多的政策制定权力网络。

第三,政策制定主体权力分散。在我国法律当中,不同的法律赋予了不同的国家机构负责制定不同的政策权力,因而政策制定的权力极其分散。比如国务院建设行政主管部门制定太阳能利用系统与建筑结合的技术经济政策(《可再生能源法》第17条),国务院环境保护行政主管部门制定防治工业固体废物污染环境的技术政策(《固体废物污染环境防治法》第27条),国务院制定有利于实施清洁生产的财政税收政策,国务院及其有关部门和省、自治区、直辖市人民政府制定有利于实施清洁生产的产业政策和推广政策(《清洁生产促进法》第7条),国务院卫生行政部门制定职业卫生标准和职业病防治政策(《职业病防治法》第12条),国务院建设行政主管部门制定太阳能利用系统与建筑结合的技术经济政策(《可再生能源法》第17条)。我国法律针对不同的行业和领域，授权其制定相应的政策，形成了一个政策制定权力相对分散的权力格局。

政策的这种主体多元、层次多重、权力分散的权力制定主体格局，导致的后果是政策难以受到法律规范，特别是在我国法律对政策没有严格界定，且在没有赋予法官政策司法审查权力的情况下，既容易导致政策泛滥，也导致法官适用政策时可能带有较大主观任意性，这是我国法治发展必须注意到的问题。

（二）法律中政策的运行方式

在我国法律当中，政策以多元的形式存在，各个政策之间并不存在必然联系。但是通过整体来解读现有法律对政策的规定，发现政策主要围绕如下内容运行：

一是作为目标的政策。比如《国药品管理法》第五条规定："国务院药品监督管理部门应当配合国务院经济综合主管部门，执行国家制定的药品行业发展规划和产业政策。"这里的"产业政策"就是目标。所以，作为目标的政策一般在法律条文当中表述为"执行……政策""宣传……政策"。此外如《城市居民委员会组织法》第3条、《人民警察警衔条例》第14条等都属于此列。

二是确定性质的政策。政策以这种形式出现，是将其作为划分是非或者确定问题性质的标准。比如《人民检察院组织法》第5条规定："各级人民检察院行使下列职权：（一）对于叛国案、分裂国家案以及严重破坏国家的政策、法律、法令、政令统一实施的重大犯罪案件，行使检察权。"在这里"国家的政策"成为一个涉及罪与非罪问题的性质标准。

三是作为手段（措施）的政策。比如《煤炭法》第17条规定："国家制定优惠政策，支持煤炭工业发展，促进煤矿建设。"《清洁生产促进法》第7条规定："国务院应当制定有利于实施清洁生产的财政税收政策。国务院及其有关部门和省、自治区、直辖市人民政府，应当制定有利于实施清洁生产的产业政策、技术开发和推广政策。"在这种方式当中，法律的一般表述形式为"国家制定……政策，促进……""国家制定有利于……的政策"等。再如《工会法》第33条规定："县级以上各级人民政府及其有关部门研究制定劳动就业、工资、劳动安全卫生、社会保险等涉及职工切身利益的政策、措施时，应当吸收同级工会参加研究，听取工会意见。"

四是作为标准的政策。比如《企业所得税法》第33条规定："企业综合利用资源，生产符合国家产业政策规定的产品所取得的收入，可以在计算应纳税所得额时减计收入。"这里的"国家产业政策"就是企业产品的标准。作为标准的政策一般在法律条文当中也表述为“符合……政策”,如《国药品管理法》第7条规定:“药品监督管理部门批准开办药品生产企业,除依据本法第八条规定的条件外,还应当符合国家制定的药品行业发展规划和产业政策,防止重复建设。”此外《道路交通安全法》第4条、《村民委员会组织法》第20条、《人民调解法》第3条等也将政策作为产业标准或行为标准。

五是作为规范的政策。这意味着政策与法律一样具有规范作用,只不过是地位可能低于法律。典型案例是《民法通则》第6条规定:“民事活动必须遵守法律,法律没有规定的,应当遵守政策。”《著作权法》第60条规定:“本法施行前发生的侵权或者违约行为,依照侵权或者违约行为发生时的有关规定和政策处理。”作为规范的政策在我国法律当中也不少见,但是学术研究却少见。

六是作为授权的政策。主要表现形式有两种:一种是由法律授权给其他部门,如《中小企业促进法》第4条规定:“国务院负责制定中小企业政策,对全国中小企业的发展进行统筹规划。”另一种是由法律规定政策是某行为的正当性来源,如《道路交通安全法》第4条规定:“县级以上地方各级人民政府应当适应道路交通发展的需要,依据道路交通安全法律、法规和国家有关政策,制定道路交通安全管理规划,并组织实施。”

上述看似是对政策在法律当中的表述进行类型化分析,实际上这种类型化却意味着政策是如何在法律当中运作的。这既说明政策的表现形式多样,又说明政策本身就是一个比较复杂的概念,需要通过法治理念进行界定和厘清。

六、结语

不管是喜欢,还是根深蒂固的痛恨,事实是,在法律当中,政策概念都是存在的。可以说,二者之间存在着密不可分的联系。通过本文的整理与分析,进一步印证了本文最初的判断,政策不仅仅只是一个政治性概念,而且也是一个严肃的法律概念。作为严肃的法律概念,政策在法学研究当中所占据的地位,应当有彻底的显现。当然,从理论和实践来看,政策在实际运作过程当中都存在着相当巨大的缺陷,这也在说明要通过制度和程序来规范政策,实现政策运作法治化。

政策在我国法律文本中的分布主要存在规定比较原则、散乱分布和没有规制的缺点。比如,《民法通则》第6条的规定,实际上是将政策当作行为规范和裁判规范,但是对于什么是政策,却没有明确界定。这导致在司法实践当中,政策具有过大的自由裁量空间,政策概念就可能被较为随意地适用在法律当中。这样所导致的后果必然是,任何一个国家机关所制定的政策都有可能被认定为政策。例如,乡镇政府制定的政策从逻辑上说就是政策。这种没有法律限制的政策自然就较为容易带来严重的后果与不足,也容易引起人们的反感。

从立法来看,政策的存在一定程度上也是管控思维的体现。过去的一段时间,我们以政策治国确实带来过巨大危害。这种危害是我们永远不能忘记的。但是,如果能够通过法治治理政策,克制政策的缺点,充分发挥政策的优点,则政策能够在法治的范围内发挥应有的作用。从政策本身来看,它作为政治的最直接表达,任何国家、任何时代的立法都不可能对其视而不见,更不能置若罔闻。在立法过程当中,在把握政策的实质内涵基础上,以符合法治的方式将政策恰当地融入到法律当中,这不仅仅是立法方法和技艺的问题,更是立法者的政治胸怀和抱负问题。也就是说,如何在法治这一最大的政治态势中思考政策的立法嵌入,是任何作为立法者的政治家们必须审视的核心问题。

在新的历史时期,在建设法治国家的大背景下,要合理发挥政策的作用,就应当建构发挥政策作用的法律制度,将政策的作用和运作方式限定在法定范围之内,特别是要建立司法审查机制,让法官根据法治原则来裁量政策的适用。当然,如何具体进行制度安排,则是另一个主题的讨论重心了。

Legal Analysis on the Concept of Policy

——Based on Interpretation on Legal Text in Force from 1979 to 2015

Abstract: As a significant legal notion, the concept of policy was rarely interpreted from the meaning of law. A data retrieval shows that, from 1979 to February 10th 2015, the word "policy" is contained in ninety - five codes (including the Constitution) and two hundred forty - seven articles, with two hundred and ninety - five times of use. It can be indicated from an analysis that, the legal status of policy had been changed greatly during the past, whereas the frequency of occurrence of "policy" in Chinese law did not reduced gradually. In the legal system, the scope of distribution of policy is relatively wide, also independent from law, which constitute its characteristics. Policy can be classified as legal policy, policy in law, policy higher than law, and policy beyond law. Through the analysis of the operation structure of policy, it can be found that effective legal supervision on policy is deficient in our state. Under the background of prompting the construction of China ruled by law, the progress of policy ruled by law is an important issue in contemporary China.

Key Words: Policy Ruled by Law; Normative Analysis; Operation Structure

(张小虎　王玉全)

体育组织章程中的仲裁条款:自愿同意还是强制接受?

——以《欧洲人权公约》第6条第1款为视角的分析*

[波兰]简·鲁克莫斯基 著**

曹黎明 译　郭树理 校***

摘　要:非诉纠纷解决方式的日益普及,乃大势所趋,这在体育界尤为明显。有一种观点认为:仲裁庭,特别是国际体育仲裁院(CAS),对与体育相关的纠纷享有专属管辖权。各种体育组织的章程和细则中附加的强制性仲裁条款,更是强化了这种管辖权。如果有运动员或俱乐部欲不履行强制性仲裁条款规定的义务,他们会被警告其行为可能被予以纪律处分,这种震慑保障了仲裁条款得以执行。由于体育的职业化特点,以及国际单项体育联合会占据的垄断地位,在纠纷发生后,运动员以及各体育俱乐部除了将争议提交仲裁解决以外别无选择。尽管强制性仲裁条款的效力仍受到人们质疑,但瑞士联邦最高法院却对这类强制仲裁条款予以认可。欧洲人权法院的判例表明:包含强

---

* 原文标题为"Arbitration clauses in sport governing bodies´ statutes: consent or constraint? Analysis from the perspective of Article 6(1) of the European Convention on Human Rights",原载《国际体育法杂志》2013年总第13卷,第1-2期,第60-70页(International Sports Law Journal (2013) 13:60 - 70)。为了中文译稿的出版,作者对原文进行了大幅度改写,增加了第五部分对佩希施泰因案件的评论。译校者感谢作者慷慨授权发表此文,以及对原文的修改。

** **作者简介**:简·鲁克莫斯基,男,波兰人,波兹南(Poznan')亚当·密茨凯维奇大学(Adam Mickiewicz University)博士候选人。

*** **译校者简介**:曹黎明(1992—),女,湖南湘潭人,湘潭大学法学院·知识产权学院硕士研究生;郭树理(1975—),男,湖南醴陵人,湘潭大学法学院·知识产权学院教授,博士生导师,法学博士。

制性条款的私人仲裁协议,可能会违反《欧洲人权公约》第6条第1款,特别是可能会侵犯当事人的诉权。虽然《欧洲人权公约》规定的基本权利一般不适用于私主体之间,但从国家负有保障人权的积极义务的概念,可以得出这一结论:国家及其机关(在本文中,尤其指瑞士联邦最高法院),有责任干预这种私人关系,以确切保障诉权的有效行使。

关键词:体育仲裁　仲裁条款　诉权　运动员的权利　《欧洲人权公约》第6条第1款

引言:足球界的仲裁条款

在体育界,非诉纠纷解决方式是体育组织行使自主权最重要的构成要素之一,也是欧洲体育模式的根基。同时,非诉纠纷解决方式还是解决体育界争端的首选方式,并且这一地位缘于1984年国际体育仲裁院的成立而得到了巩固。从那时起,国际体育仲裁院就得到了众多体育组织,包括其创始机构——国际奥林匹克委员会①的认可,成为了解决体育赛事纠纷的最高裁判机构。最权威的国际体育联合会②——国际足球联合会(FIFA,简称国际足联),在其章程中增加了一项仲裁条款,承认国际体育仲裁院对各种足球利益相关者之间的纠纷具有管辖权(《国际足联章程》第66条)③。不可否认的是,国际

① 《奥林匹克宪章》第61条(Article 61 of Olympic Charter)规定:"1. 国际奥委会(IOC)的裁决为最终裁决。任何与适用或解释章程事项有关的纠纷,应当由国际奥委会执行委员会解决,在某些情况下,应当提交国际体育仲裁院(CAS)进行仲裁。2. 在奥运会举办时发生的或与奥运会有关的任何争议,须依据《与体育有关的仲裁规则》(*Code of Sports – Related Arbitration*),提交国际体育仲裁院独家仲裁。"

② 足球的普及程度高以及职业化特点致使在这一领域产生了许多重大的法律纠纷,出于这一原因,本文主要关注与足球相关的事项。此外,职业足球运动员对体育组织的规则的遵守堪称典范。不过,要注意的是,足球监管体系的相关规定,以及其他运动项目的国际单项体育联合会的章程中类似的规定,如《国际篮球联合会章程(2010年版)》(FIBA General Statutes 2010)第9.5条、第15.1.2条和第38条,《国际冰球联合会章程与细则(2012—2014年版)》(IIHF Statutes and Bylaws2012—2014)第24–25条、第56–59条和第4.1条,《国际曲棍球联合会章程(2013年版)》(FIH Statutes 2013)第11.3条,《国际田联章程》(IAAF Constitution)第15条,都规定了将纠纷提交到国际体育仲裁院,类似于上文提到的国际奥委会的规定。

③ 《国际足联章程》第66条(Article 66 of FIFA Statues)规定:"1. 国际足联承认,设在瑞士洛桑的国际体育仲裁院对国际足联、会员协会、各洲际足联、联赛、足球俱乐部、足球运动员、体育官员以及足球比赛的经纪人和球员经纪人之间的任何争议有管辖权。"

足联的这一举措使国际体育仲裁院的重要性得到进一步增强。《国际足联章程》第67条规定,不管是国内还是国际体育界,如发生体育纠纷,在穷尽一切内部救济均无法解决时,如需针对体育组织的最终裁决提出上诉,国际体育仲裁院是唯一有权对上诉作出裁决的机构。④ 除非国际足联的规章另有规定,否则将纠纷诉诸普通法院是不被允许的。⑤ 为了更好地应对实施这项禁止性规定时可能会遭受的质疑,《国际足联章程》中有相应的条款,要求所有国家足球协会在其内部的章程或规则中增加一项条文,即禁止将争议诉诸普通法院,并承担以下义务:⑥

——确保这一禁止性规定由该国家足球协会实施,必要时可对成员施加强制性义务,以落实规定的实施;

——对任何没有履行这项义务的人员予以纪律处分;

——如当事人因不履行该项义务而受到处分,并对此处分提出了上诉,应确保这一上诉通过仲裁的方式解决,不得诉诸普通法院。

只有在《国际足联章程》或者各国国内立法中含有特别规定的情况下,才允许将体育纠纷诉诸普通法院。⑦ 2011年10月20日,国际足联执行委员会正式通过了一项关于瑞士锡永/奥林匹克阿尔卑斯足球俱乐部(FC Sion/Olympique des Alpes SA(OLA))一案的决议⑧,国际足联执委会在决议中强烈表示,禁止将争议诉诸普通法院,并提出了以下几点要求:

1. 要求国际足联的所有成员,包括球员和俱乐部,尊重并遵守《国际足联章程》第64条第2款⑨关于禁止将纠纷诉诸普通法院的规定;

---

④ 《国际足联章程》第67条(Article 67 of FIFA Statues)规定:

"国际体育仲裁院的管辖权:

1. 对国际足联,尤其是法律机构的最后决定,和对洲际足联、会员协会和联赛组织的最终决定的申诉,必须在决定的通知发出后21天内向国际体育仲裁院提出。

2. 只有在穷尽所有内部救济之后才能向国际体育仲裁院提出申诉。"

⑤ 《国际足联章程》第68条第2款(FIFA Statutes Article 68 par. 2)。

⑥ 《国际足联章程》第68条第3款(FIFA Statutes Article 68 par. 3)。

⑦ 《国际足联章程》第68条第3款(FIFA Statutes Article 68 par. 3);国家立法通常会限制对劳资纠纷的仲裁。

⑧ "*FIFA Executive Committee adopts a resolution to defend the statutes of football's governing bodies*", http://www.fifa.com/aboutfifa/organisation/bodies/news/newsid=1529955/, 2015年11月16日访问。

⑨ 现在的条文是《国际足联章程》第68条第2款。

2. 要求国际足联的所有成员，包括球员和俱乐部，按照《国际足联章程》的规定，承认国际体育仲裁院是提交纠纷的合法上诉机构；

3. 要求国际足联所有成员执行国际足联、各联合会和国际体育仲裁院作出的具有约束力的最终裁决。

2012 年 5 月 25 日，第 62 届国际足联代表大会在布达佩斯举行。在此次大会中，国际足联对其章程进行了修改，进一步明确规定禁止以临时措施为由向普通法院提出诉讼请求，从而强化了禁止将纠纷诉诸普通法院这一义务。⑩但问题是，这些义务实际上能否得到履行？由于国际足联对正在进行的诉讼案件不发表任何评论，所以要对这一问题作出评估比较困难。⑪ 因章程设置的禁止诉诸法院条款而引发争议的案件，只有极少数被公之于众。这些案件通常牵涉到俱乐部，但实际上，运动员的权利与俱乐部的权利一样重要。更重要的是，国际足联在该问题上，并未给予运动员区别对待。

第一个例子是，西班牙拉科鲁尼亚足球俱乐部（Real Club Deportivo de La Coruña）⑫在一次联赛中，因球场骚乱而受到纪律处分的案件。纪律机构对拉科鲁尼亚足球俱乐部作出主场地停赛一场的决定，随后，该俱乐部决定向更高级别的机构——西班牙体育纪律委员会提出上诉，但西班牙体育纪律委员会维持了纪律机构作出的处分决定。拉科鲁尼亚足球俱乐部继而向普通法院提起诉讼。随后，国际足联应西班牙足协（RFEF）向其提出的请求，要求拉科鲁尼亚俱乐部将案件从司法程序中撤回。俱乐部对此要求并未作出回应，国际足联继而就俱乐部违反向民事法院提起诉讼的禁令这一行为作出纪律处分，俱乐部主席被处以罚款（俱乐部承担连带责任），并在一定时期内禁止从事一切与足球有关的活动。

更为众人所知、时间较近的涉及强制仲裁的案件是具有传奇色彩的锡永足球俱乐部（FC Sion）一案。该案实际上是一个具有多层次、复杂模式的多个案件的集合体。本文只介绍该案的大致情况，对案件具体细节不作过多介绍。一位埃及选手埃萨姆·阿尔·哈达里（Essam El Hadary）与埃及阿尔—阿赫利

---

⑩ Circular no. 1314, Zurich, 25 July 2012.

⑪ Inteview with M. Villiger, *FIFA's Director of Legal Affairs*, 30.09.2011, http://www.fifa.com/aboutfifa/organisation/footballgovernance/news/newsid=1519729/, 2015 年 11 月 16 日访问。

⑫ *The Deportivo de La Coruña case – Fine and ban on the President*, *Lendoiro*, http://www.fifa.com/aboutfifa/organisation/news/newsid=70184/, 2015 年 11 月 16 日访问。

俱乐部(Al - Ahli)签订了雇佣合同,在该合同依旧有效的情况下,哈达里又与另外一个俱乐部——瑞士锡永足球俱乐部签署了雇佣合同。国际足联内部的争议裁决庭(FIFA Dispute Resolution Chamber)要求该球员和锡永俱乐部双方向阿尔—阿赫利俱乐部支付赔偿金,并对该球员处以禁赛四个月的处罚,同时给锡永俱乐部开出两个连续赛季禁止与新球员签约的禁令。阿尔·哈达里随后向国际体育仲裁院提出上诉,他表示,提起上诉只是希望否认国际足联内部的争议裁决庭的管辖权,以保护自己的权利不受侵害。⑬ 锡永俱乐部也向国际体育仲裁院提起上诉。国际体育仲裁院将这两项上诉申请⑭进行合并审理⑮。最终,国际体育仲裁院决定维持国际足联争议裁决庭作出的裁决。锡永俱乐部最初履行了该判决,但在第二个赛季中,它注册了六名新球员。锡永俱乐部的这一做法遭到了瑞士足球联盟的反对,但锡永俱乐部成功向瑞士民事法院申请了一项允许其注册新球员的临时措施。国际足联和欧洲足联要求瑞士足协拒绝为锡永俱乐部新签的球员注册。随后,锡永俱乐部的欧洲联赛参赛资格被取消。锡永俱乐部向瑞士民事法院提起诉讼,法院作出恢复其参赛资格的判决。欧洲足联并没有执行瑞士民事法院作出的判决。欧洲足联表示,由于锡永俱乐部签署了 2011/2012 欧洲联赛的参赛协议,这意味着,俱乐部已同意将纠纷提交到国际体育仲裁院,而不是普通法院。⑯此外,《欧洲足联

---

⑬ Essam El Hadary v. Fe′de′ration Internationale de Football Association (FIFA) and Al - Ahly Sporting Club, judgment of 12 January 2011, 4A_394/2010.

⑭ 案件编号分别为:CAS 2009/A/1881 与 CAS 2009/A/1880。

⑮ 与埃萨姆·阿尔·哈达里相反,该俱乐部并没有质疑国际体育仲裁院的管辖权。

⑯ 《2011/2012 赛季欧洲足联欧洲联盟杯足球赛规则》第 2.07 条(Article 2.07 Regulations of the UEFA Europa League 2011/2012)规定:"俱乐部必须遵守以下准则方能获得参赛资格:f)每一个俱乐部以及其运动员和工作人员,必须遵照《欧洲足联章程》的相关规定,书面承认设在瑞士洛桑的国际体育仲裁院有管辖权,接受国际体育仲裁院遵照其章程中的运动仲裁规则以及发布的指南,采取快速的方式解决参赛、退赛的相关问题。"

章程》[17]以及上文提及的《国际足联章程》中都规定了关于禁止诉诸普通法院的条款。国际足联提醒瑞士足协应当遵守其自定章程中的义务,包括保证其成员遵守章程的义务。[18] 这个案件出现了一系列重要的问题。首先,锡永俱乐部对国际体育仲裁院的管辖权不予承认,并向瑞士的法院寻求保护。其次,国际足联和欧洲足联对法院作出的有利于瑞士锡永足球俱乐部的判决予以忽视。此外,国际足联和欧洲足联警告瑞士足协,声称如果它不强制锡永俱乐部遵守章程等规章制度,包括禁止诉诸法院的规定,它可能会面临严厉的纪律处分。最后,这一案件使得足球组织加强了相关仲裁条款的规定,并告诫运动员和俱乐部要严格遵守这一规定。

2012 年 4 月 23 日,苏格兰足球协会的纠纷仲裁庭(Scottish Football Association's Judicial Panel Tribunal)对苏格兰格拉斯哥流浪者足球俱乐部(Glasgow Rangers Football Club)发出了十二个月内不得签约新球员的禁令。2012 年 5 月 16 日,上诉委员会维持了该处罚决定。格拉斯哥流浪者足球俱乐部进一步向最高民事法院提出上诉,法院推翻了苏格兰足球协会对格拉斯哥流浪者俱乐部作出的转会禁令。苏格兰足球协会的人员声称,根据《苏格兰足协

---

⑰ 《欧洲足联章程》第 59 条第 1 款(Article 59 par. 1 of UEFA Statutes)规定:"所有成员组织都应当在章程中加入规定,要求组织的联盟、俱乐部、运动员和职工都同意时刻遵守章程、规则以及欧洲足联作出的决定,并按照章程中的规定,承认设在瑞士洛桑的国际体育仲裁院的管辖权。"《欧洲足联章程》第 61 条第 1 款(Article 61 par. 1 of UEFA Statutes)规定:"国际体育仲裁院对以下纠纷有专属管辖权,可排除普通法院或其他仲裁庭的管辖,作为普通仲裁庭予以处理:a)发生在欧洲足联和协会、联盟、俱乐部、运动员或员工之间的纠纷;b)发生在欧洲境内的协会、联盟、俱乐部、运动员或员工之间的纠纷。"《欧洲足联章程》第 62 条第 1 款(Article 62 par. 1 of UEFA Statutes)规定:"对欧洲足联的任一机关作出的决定,可以向国际体育仲裁院提出异议,国际体育仲裁院可作为上诉仲裁机构,同时可以排除其他普通法院或仲裁庭的管辖。"

⑱ *FIFA Emergency Committee directs Swiss FA to execute decision related to transfer ban on FC Sion/Olympique des Alpes*, http://www.fifa.com/aboutfifa/organisation/news/newsid=1522313/index.html,2015 年 11 月 16 日访问。

规章》[19]第5.1条b项和c项,以及《国际足联章程》[20]第4条第2款,第62条第1款,第63条第1款和第2款,第64条第2款的规定,苏格兰高等法院对本案没有管辖权,但这一声明遭到法官的反驳,理由是,体育联合会的规定不能剥夺国内法院的监督管辖权。[21] 格拉斯哥流浪者俱乐部解释道,之所以将纠纷诉诸法院,是因为他们本想向国际体育仲裁院就有关决议提出异议,但缺乏相关的依据。然而,格拉斯哥流浪者俱乐部诉诸法院的这一做法遭到了国际足联的对抗。在法院作出判决前,国际足联发表声明说:"国际足联将要求会员协会(即苏格兰足球协会)采取相关行动,确保格拉斯哥流浪者俱乐部撤回向普通法院提出的诉讼请求(……)国际足联将密切监督案件的相关情况,以便问题能够尽快得到解决。"[22]此外,国际足联副主席吉姆·博伊斯(Jim Boyce)也对格拉斯哥流浪者俱乐部发出警告,告知其诉诸法院可能会带来纪律惩戒后果。[23] 最后,双方都没有采取进一步的措施,但这一案件表明,对于向"足球家庭"以外的其他机构寻求解决纠纷途径的这种做法,体育组织并不认可。

一、瑞士联邦最高法院和国际体育仲裁院的管辖权

瑞士国际私法典(PILA)第191条第1款规定,对仲裁裁决的上诉只能向瑞士联邦最高法院提出。这一规定同样适用于国际体育仲裁院纽约分部、

---

⑲ 5. 成员的义务与责任:5.1 所有成员应当遵守以下规定:(……)(b)遵守本文的条款以及受到以下规定的约束:国际体育仲裁院、国际足联、欧洲足联、委员会或小组委员会、国际体育管理委员会、职业比赛管理委员会、非职业比赛管理委员会、公布的所有章程、规则、指令、准则、决定以及国际比赛日程、判决小组作出的议定书;(c)承认国际体育仲裁院的管辖权,并按照国际足联和欧洲足联章程的相关规定,将纠纷提交到国际体育仲裁院(……),http://www.scottishfa.co.uk/resources/documents/SFAPublications/ScottishFA-Publications2012-13/SFA_HANDBOOK_53-136_Articles_of_Association.pdf,2015年11月16日访问。

⑳ 已替换成前文中的新条款。

㉑ *Scottish FA will not challenge Rangers court ruling*, http://www.bbc.co.uk/sport/0/football/18270735,2015年11月16日访问。

㉒ Lewis J, *Fifa confirms contact with the SFA over Rangers*, http://www.bbc.co.uk/sport/0/football/18294684,2015年11月16日访问。

㉓ Mcgowan S., *Warning shot! Rangers at risk of tough action, threaten FIFA following court decision*, http://www.dailymail.co.uk/sport/football/article-2152423/Rangers-crisis-FIFA-punish-club.html,2015年11月16日访问。

悉尼分部以及奥运会特别仲裁机构作出的仲裁裁决。㉔ 因此，在讨论体育纠纷裁决机构或体育仲裁机构的管辖权问题，以及仲裁条款的效力问题时，参考瑞士法院的判例非常重要。在其中一个判决中，瑞士联邦最高法院认为，若体育组织的章程中没有涉及仲裁的规定，也没有包含仲裁条款的附加协议和其他表明仲裁意愿的通知，则将纠纷提交仲裁的做法缺乏依据。㉕ 如此一来，不管国际体育联会是否在章程中承认国际体育仲裁院的管辖权，国际体育仲裁院都不是体育界的最高仲裁机构，不具有所有体育类纠纷的普遍管辖权。与此同时，瑞士联邦最高法院注意到体育背景所具有的一些特殊性。瑞士联邦最高法院认为，即使体育利益相关者不是签订章程中的仲裁条款的当事人，这些仲裁条款也是有效的，这一观点建立在一个简单的假设上：既然运动员是在特定体育组织的体制内进行体育活动，那就意味着他们接受体育组织的全部规则。㉖ 在关于兴奋剂指控的多多（Dodô）案中，巴西足协（CBF㉗）的章程并没有能够赋予国际体育仲裁院管辖权的仲裁条款。然而，章程中却有要引用《国际足联章程》的规定，而我们知道，《国际足联章程》中规定了国际体育仲裁院的管辖权。据此，国际体育仲裁院判定这种概括性的援引是有效的，并承认自己有管辖权。㉘ 瑞士联邦最高法院对上述观点表示支持，理由是，作出纪

㉔ Kaufmann – Kohler, Identifying and Applying the Law Governing the Arbitration Procedure (1999), In: Berg A J van der (ed), The Role of the Law of the Place of Arbitration in Improving the Efficiency of Arbitration Agreements and Awards: 40 Years of Application of the New York Convention, ICCA Congress Series No. 9, Kluwer Law International, p.336: “无论国际体育仲裁院的仲裁实际上在何处作出，其裁决地均视为是在洛桑。这一做法适用于所有国际体育仲裁院仲裁，包括奥林匹克运动会现场发生的仲裁，不管仲裁的听证会举行地点在哪，是由洛桑总部的秘书处安排的开庭，还是由国际体育仲裁院分部的秘书处安排的开庭。”这一结论同样得到了新南威尔士最高法院以及上诉法院的认可，详见：Angela Raguz v Rebecca Sullivan & Ors, [2000] NSWCA 240 (1 September 2000), para 97 – 111, Australasian Legal Information Institute, http://www.austlii.edu.au/au/cases/nsw/NSWCA/2000/240.html，2015 年 11 月 16 日访问。

㉕ X v. Y, judgment of 3 May 2010, 4A_456/2009, par. 3.3.

㉖ A v. Fe'de'ration Internationale de Football Association (FIFA) and World Anti – Doping Agency (WADA), judgment of 9 January 2009, 4A_460/2008, par. 6.2.

㉗ Confederaö Brasileira de Futebol.

㉘ CAS 2007A/1370 FIFA v. Superior Tribunal de Justiça Desportiva do Futebol and Confederação Brasileira de Futebol and Mr Ricardo Lucas Dodô; CAS 2007/A/1376 Wada v. FIFA v. Superior Tribunal de Justica Desportiva do Futebol and Confederação Brasileira de Futebol and Mr Ricardo Lucas Dodô.

律处罚决议的分支机构[29]是巴西足协的一部分，同时也是国际足联的成员之一。同时，运动员有义务遵守《国际足联章程》，这一义务同时也是《巴西足协章程》要求其运动员遵守的义务之一。[30] 瑞士联邦最高法院认为[31]：

——依照《瑞士联邦国际私法》（PILA）第178条，在体育组织的章程中附加的仲裁条款为有效条款。

——即使国家体育联合会的章程中没有这种条款，只要国际体育联合会的章程中有关于接受国际体育仲裁院管辖的概括性援引条款，国际体育仲裁院对该国家联合会的相关事项具有管辖权。

在A与B诉弗兰德网球联合会与世界反兴奋剂机构案（*A and B v. the Flemish Tennis Federation and the World Anti - Doping Agency*）[32]中，上诉人提出，仲裁条款实际来源于弗兰德斯自治区（Flemish Community）议会颁布的法令（Flemish legislative act），这一法令使得仲裁具有强制性。[33] 上诉人认为，国际体育仲裁院本是私人仲裁庭，其管辖权的基础是《瑞士联邦国际私法》（PI-

---

[29] Superior Tribunal de Justiça Desportiva do Futebol.

[30] A v. Fe′de′ration Internationale de Football Association (FIFA) and World Anti - Doping Agency (WADA), par. 6.1 - 6.4:"巴西足联（CBF）章程中的第1条第2款规定，巴西足联旗下的运动员必须遵守国际足联的规章制度。根据判例法，以某一协会的章程中的仲裁条款作为概括性援引是有效的，以此类推，对国际足联规则的一般引用，以及以此对国际足联和世界反兴奋剂机构上诉权的引用，使得根据《国际体育仲裁院仲裁规则》第47条（R47 of the CAS - Code）确立的国际体育仲裁院管辖权有效。"

[31] Judgment of the Swiss Federal Tribunal of 9 January 2009, 4A_460/2008, par. 6.2: "对于国际足联规则的概括性援引（……）根据判例法，以某一协会的章程中的仲裁条款作为国际引用有效，以此类推，对国际足联规则的概括性援引，以及以此对国际足联和世界反兴奋剂机构上诉权的引用，使得根据《国际体育仲裁院仲裁规则》第47条（R47 of the CAS - Code）建立的国际体育仲裁院管辖权有效。"（Decision 4P. 253/2003 of March 25, 2004 at 5.4, ASA - Bull. 2005 p. 128 ff., 136, and 4P. 230/2000 of February 7, 2001 at 2a, ASA - Bull. 2001 p. 523 ff., 528 f., 以及参考文献；还可参见 BGE 133 III 235 at 4.3.2.3 p. 245 and 129 III 727 at 5.3.1 p. 735，以及参考文献）。

[32] Decree of 13 July 2007.

[33] A and B v. the Flemish Tennis Federation and the World Anti - Doping Agency, judgment of 13 February 2012, 4A_428/2011, par. 3.1.2.

LA)，而强制性仲裁将意味着国家管辖权的行使[34]，这已超出了国际体育仲裁院原本的管辖范围。瑞士联邦最高法院对这一观点进行了反驳。法院拒绝了上诉人提出就补充的事实进行裁决的请求——这些事实指控国际体育仲裁院仲裁的非自愿性质，以及仲裁条款的适用范围是有限的。[35] 法院认为，从自愿原则和订立合同自由的角度来看，不管规则中所载的仲裁条款是体育组织主动制定的，还是根据公法的要求制定的，对运动员而言都没有什么区别，毕竟，如果运动员要参加体育竞赛，他们只能遵守这些规定。[36] 瑞士联邦最高法院承认，他们在根据《瑞士联邦国际私法》(PILA)第178条对体育仲裁条款的有效性进行评估审查时，采用的审查标准非常宽松，并且一般更倾向于支持仲裁。[37]

二、欧洲人权法院对诉权的态度

记载在《欧洲人权公约》[38]中的最重要的权利之一是接受公平审判的权利。欧洲人权法院[39]的判例很好地验证了这一点。《欧洲人权公约》第6条第1款(“接受公平审判的权利”)规定道：

---

[34] 从欧洲人权法院的判例我们可以看出，在特定的案件中，传统法院可以被仲裁庭和不那么形式主义的程序所取代。不管怎样，不同于私人性质的可替代性纠纷解决方式，对于行使国家赋予的管辖权的机构，《欧洲人权公约》第6条第1款规定的程序性保障应当得到全面适用。

[35] A and B v. the Flemish Tennis Federation and the World Anti – Doping Agency, par. 3.2.2.

[36] A and B v. the Flemish Tennis Federation and the World Anti – Doping Agency, par. 3.2.3.

[37] X v. Y, judgment of 7 November 2011, 4A_246/2011：“在体育案件中，对当事人提交仲裁庭解决纠纷的协议，瑞士联邦最高法院采取了非常宽松的司法审查标准；这是为了促进专业性的裁决机构，比如国际体育仲裁院，快速地处理纠纷，这些机构提供了中立性与客观性的保障(BGE 133 235 at 4.3.2.3 p. 244 ff 以及参考文献)。由于援引而适用的仲裁条款，在对它们进行审查时，联邦最高法院的判例法，显示出了宽松态度(……)。”

[38] 本文所采用的欧洲中心论的方法源于一个重要前提，就是瑞士作为对体育仲裁的探讨中的关键国家，是《欧洲人权公约》的签署国。

[39] Delcourt v. Belgium, judgment of 17 January 1970, Series A no. 11, par. 25：“在公约所指的民主社会中，追求公正司法的权利有一个突出的特点，即对第6条第1款添加的限制性解释将不符合制定此条款的目标和目的。”参见 Airey v. Ireland, judgment of 9 October 1979, Series A no. 32, par. 12 – 13 and 24, Deweer v. Belgium, judgment of 27 February 1980, Series A no. 35, par. 44 and 49。

“在决定某人的公民权利和义务,或在决定对某人确定任何刑事罪名时,任何人都有权在合理的时间内受到依法设立的、独立而公正的法院的公平且公开的审判。判决应当公开,但是,出于对民主社会的道德、公共秩序或国家安全的考虑,以及出于对青少年的利益或者保护当事人私生活权利的考虑,或法院认为,在特殊情况下,公开审讯会损害公平利益时,可以拒绝记者和公众参与旁听部分或全部审讯过程。”

这一条款确立了以下三项子权利[40]:

——决定自己的公民权利和义务(或者刑事指控,本文中不予论述)的权利;

——在合理的时间内受到公平且公开的审判的权利;

——受到依法设立的独立和公正的法院审判的权利。

第一项子权利所指向的概念有另外一层含义,即这一权利并非来源于国内法,而是欧洲人权法院判例的产物。据此,公民权利和义务是自然人的私权,围绕公民权利和义务产生的纠纷具有财产性质。在乐德、范鲁汶和德(Le Compte, Van Leuven and De Meyere)一案中,欧洲人权法院指出,某些纪律处分可能会产生关于公民权利和义务的纠纷。比如,停赛惩罚必然会构成对公民权利的侵犯,因为即使这种惩罚只是暂时性的,它依然会阻碍受到惩罚者行使从事其职业的权利[41]。即便只是体育组织作出的决定,都可能影响到运动员进行专业或经济活动的权利,更不用说其他类型的体育利益相关者之间的金钱性质纠纷会带来的影响,因而这些相关的惩罚自然会被归入侵害公民权利的范围。

上文中的第三项子权利意味着直接将纠纷提交依法成立的法院具有可能性。在利斯戈(Lithgow)一案中,欧洲人权法院指出,“《公约》第6条第1款中

---

[40] 根据《欧洲人权公约》第6条第1款的三项子权利中,第一项和第三项是与体育仲裁的自愿性相关的最重要的权利。

[41] Le Compte, Van Leuven and De Meyere v. Belgium, judgment of 23June 1981, Series A no. 43, par. 49 :“和其他可能对申诉人施加的纪律制裁(如警告、批评、斥责——参见前面提到的裁决书第32段)不同,申诉人所投诉的暂停资格的处罚,毫无疑问,对他们继续从事医疗职业的权利,构成了实质性干涉。尽管中止资格只是暂时的,但这并不影响其对公民权利造成的损害(可变通适用,参见上文提及的 Golder judgment, p. 13, par. 26);在《欧洲人权公约》第6条第1款所意欲涵盖的“纠纷”中,一项“公民”权利的实际存在,自然而然地,将会处于危险的境地,但同样地,该权利或权利的受益者能够行使权利的方式,也会处于危险的境地。)”

的‘法院’一词不仅仅指一个国家的标准司法体制中的传统法院，还包括‘为了专门解决某些特定纠纷，提供相对应的保障而设置’的机构。”[42]当发生的纠纷涉及公民权利和义务时，每个人都有权向法院（不一定是传统意义上的法院）提出控诉，请求法院保障《欧洲人权公约》第6条第1款中规定的公民权利和义务的实现，除非有法定事由对公民行使该权利予以限制，或公民自愿放弃行使这项权利。[43] 法院强调这项子权利的重要性，它认为，既然要为未决诉讼的当事人提供程序上的保障，却在一开始就剥夺当事人诉诸法院的权利，“那实在是难以置信”。[44] 从涉及强制性仲裁的利斯戈（Lithgow）一案来看，《欧洲人权公约》第6条第1款中“法院”一词所包含的仲裁机构似乎仅限于强制性的仲裁机构。这是因为根据国家法律设立的非传统类型的裁判机构，在欧洲人权法院所指的特定情形下，行使的是国家司法管理权限，是对传统国家法院的一种替代。因此，自愿性的仲裁机构并不符合《欧洲人权公约》第6条第1款所规定的“依法设立的、独立而公正的法院”的含义，因为自愿性的仲裁属于私法意义上的替代性纠纷解决机制。[45]

接着，我们可以就决定一项权利/义务/纠纷的概念进行讨论。从欧洲人权法院的判例可以得知，要决定一项权利/义务/纠纷，这一过程实际上包含了事实问题和法律问题。[46] 也就是说，在诉讼过程中，即使一个裁决机构满足了规定的所有要求，但只要权利/义务/纠纷当中任何一个与案件有关的基本要素不符，该机构的管辖权也能被排除。[47] 决定一项权利/义务/纠纷需要的是

---

[42] Lithgow v. The United Kingdom, judgment of 8 July 1986, Series A no. 102, par. 201；还可参见 Campbell and Fell v. The United Kingdom (Application no. 7819/77; 7878/77) judgment 28 June 1984, par. 76。

[43] Le Compte, Van Leuven and De Meyere v. Belgium, par. 49.

[44] Golder v. the United Kingdom, judgment of 21 February 1975, Series A no. 18, par. 35.

[45] 另一问题在于，包括国际体育仲裁院在内的体育仲裁庭是否提供了《欧洲人权公约》第6条第1款所要求的程序性保障？尽管这一问题的答案还难以确定。

[46] “这两类问题对于有关公民权利和义务的诉讼结果同等重要。” Le Compte, Van Leuven and De Meyere v. Belgium, par. 51; Albert and Le Compte, judgment of 10 February 1983, Series A no. 58, p. 16, para. 29 结尾处，以及 p. 19, para. 36.

[47] Le Compte, Van Leuven and De Meyere v. Belgium, par. 60：“比利时上诉法院的诉讼程序的公开性不足以弥补这一缺陷。实际上，比利时法院应当对判例法不予认可。”(Article 95 of the Constitution and Article 23 of Royal Decree no. 79)；这意味着它对众多涉及公民权利和义务纠纷的案件都不具有管辖权。

对案件作出价值判断，而不是有限的校对。根据《瑞士联邦国际私法》第 190 条第 2 款的规定，撤销一项仲裁裁决的理由受到严格的限制。[48] 因此，瑞士联邦最高法院只可评估一项裁决的合法性，当案件的程序性和实质性保障受到侵犯时，法院可以撤销一项裁决，但不能重新作出判决。[49] 这种审查是一种司法审查，但它无法决定某些事项是否属于《欧洲人权公约》第 6 条第 1 款所指的权利或纠纷。

三、欧洲人权法院和仲裁

欧洲人权法院多次表示，《欧洲人权公约》第 6 条第 1 款并不禁止私主体将纠纷提交仲裁。人们可以放弃获得公正审判及诉诸依法成立的法院的权利，将纠纷提交仲裁，但前提是该仲裁是合法的、自愿的、明确的。[50] 欧洲人权法院对强制仲裁与自愿仲裁作了大致区分。前者是一种法定仲裁，当事人没有选择提起诉讼还是提交仲裁的自由。然而，国家应当保证这种仲裁程序的过程遵守公正审判的所有相关要求。[51] 这是上文中提到的公共权力机关决定将特定的案件交由传统司法体系外的机构或者法院裁决的案例之一。

在自愿仲裁的情形中，缔结仲裁协议的基础是个人的自由意愿，在此基础上，一个人可以自愿放弃他的权利，包括《欧洲人权公约》中第 6 条第 1 款载明的权利。

---

[48] "第 190 条：(……)2. 只有出现以下情形时才能撤销一项判决：a. 独任仲裁员被认定为不符合规定或仲裁庭的组成不符合规定；b. 仲裁庭对其是否有管辖权认识错误；c. 仲裁庭作出裁决的范围超出提交的请求范围或对所受理的任一请求没有作出裁决；d. 当事人在对抗式程序中得到审理的平等性没有受到尊重；e. 判决违反瑞士的公共政策。"

[49] Rigozzi, *Challenging Awards of the Court of Arbitration for Sport*, in Journal of International Dispute Settlement, Vol. 1, p. 219："这一程序只能使该判决无效。（参见《瑞士联邦最高法院组织法》第 77 条第 2 款，该条文规定了如何适用《瑞士联邦最高法院组织法》第 107 条第 2 款）因此，瑞士联邦最高法院只能确认或撤销这一裁决（或裁决的一部分），如果仍存在争议，这一案件应该被送还仲裁员重新进行裁决。8 [Decision 4A_244/2007 of 22 January 2008, at 3, ASA Bull (2008) 353 at 356，瑞士联邦最高法院指出，根据《瑞士联邦最高法院组织法》第 77 条第 2 款、《瑞士联邦最高法院组织法》第 107 条第 2 款，瑞士联邦最高法院有权另行作出裁决，但这一规则不能适用于对国际仲裁裁决提起的上诉。

[50] Pfeifer and Plankl v. Austria, judgment of 25 February 1992, Series A no. 227, par. 37.

[51] Bramelid and Malmstr · m v. Sweden, decision of the European Commission of Human Rights on 12 December 1983.

根据被广泛引用的德维尔(Deweer)一案的判决,可以得知,欧洲人权法院认为,无论是民事诉讼还是刑事诉讼,放弃诉诸法院或获得公平审判的程序保障的权利,原则上并不违反公约。[52] 仲裁协议的当事人拥有将其争端提交到私人仲裁庭,并放弃法院认定的权利的自由。

然而,欧洲人权法院和前欧洲人权委员会的判例表明,放弃以上权利的前提条件是:不存在当事人被胁迫或约束的情况。[53] 权利的放弃必须采用明确的方式,并在不存在胁迫的情况下,通过订立协议(仲裁条款)予以确定。[54] 在什么情况下,提交仲裁的请求会无效并侵犯当事人的诉权,这一点尚未明确。但清楚的是,胁迫的概念完全可以适用于私主体之间的关系,并不一定只出现在国家行为中。

德维尔诉比利时(Deweer v. Belgium)一案与仲裁并不密切相关,但这个案件对体育界起到重要的作用。一方面,在这一案件中,申诉人面临刑事指控,当局对他提出"友好解决"的方式,并威胁他,如果他不接受,在刑事诉讼程序结束前,他将被禁止从事相关工作。欧洲人权法院指出,这种对申诉人的施压与《公约》的规定是相悖的[55],且当事人对接受公正审判权利的放弃受到了限制,因此,这种施压行为违反了《公约》第 6 条第 1 款。[56] 另一方面,经济性施压对当事人产生的限制不一定违法。在阿克塞尔松诉瑞典(Axelsson v. Sweden)一案中,前欧洲人权委员会在判决中表示,经济联盟合同中的仲裁条

---

[52] Deweer v. Belgium, par. 49;还可参见 Hakansson and Sturesson v. Sweden, judgment of 21 February 1990, Series A no. 171, pp. 20 - 21, § 66:"法庭听证会的公开性是《欧洲人权公约》第 6 条第 1 款(art. 6 - 1)的一个基本原则。这一规定的字面意思或精神都没有禁止任何人根据自己的自由意志,明示或默示地放弃自己的案件受到公开审理的权利(……)";Jakob BOSS Söhne KG v. the Federal Republic of Germany, The European Commission of Human Rights sitting in private on 2 December 1991:"申诉方公司自愿订立了仲裁协议,从而放弃了通过司法程序对它的民事权利予以确认的权利,而根据公约,成员国家本应当对这种公民权利的决定行为负责的。"

[53] Bramelid and Malmstr · m v. Sweden, par. 76:"最后,在涉及公民权利和义务的案件中,公约并不禁止个人放弃第 6 条第 1 款规定的某些权利,只要当事人作出决定时是自由且不受胁迫的"。

[54] Håkansson and Sturesson v. Sweden, judgment of 21 February 1990, Series A no. 171, par. 66:"(……)放弃必须采取明确的方式,且不得违背任何重要的公共利益(……)。"

[55] Deweer v. Belgium, par. 51.

[56] Deweer v. Belgium, par. 54.

款针对的是私主体之间的纠纷,条款允许当事人放弃法院的管辖,属于合法协议,在这种情况下,对诉权的放弃不仅是合法的,而且能够减轻公共司法行政的负担,以保护公共利益。[57] 阿克塞尔松诉瑞典(Axelsson v. Sweden)一案中,涉案公司是附近唯一一家经营出租车调度的公司,且业务量占本地运输业务约 70 % 的份额。申诉人(出租车司机)除了加入该公司外,没有其他选择的余地。同样,在伦德格伦诉瑞典(Lundgren v. Sweden)一案中,欧洲人权委员会在工会的章程没有发现强制他人接受仲裁条款的约束性规定。[58] 申诉人并没有义务加入工会,而且申诉人在加入工会时,已经知悉仲裁条款的存在,因此,不予受理该案申诉人的申诉。

从上述对仲裁条款不予认可的案件情况来看,经济性的约束不一定会对个人放弃诉诸公共司法系统的权利产生非法的强迫性。

在有关私人仲裁协议剥夺个人诉权的案件当中,最近发生的是苏达诉捷克共和国(Suda v. the Czech Republic)一案。[59] 本案中,一家公司面临即将停业的局面,申诉人是该公司的少数股东。根据大股东在公司股东大会上的决定,该公司的资产将被主要股东(另一家公司)接管。该问题公司与即将接管其资产的公司达成了一项协议,协议中规定,任何与重新审查资产的赎回价值这一事项有关的纠纷,将提交仲裁解决(附加了一组仲裁员的列表),而非提起民事诉讼程序。申诉人认为,作为公司的股东,在公司作出放弃诉权的决定过程中,他们没能发挥任何影响力,违背了他们在大会期间所表达的意愿。他们决定不走仲裁程序,因此,仲裁庭的公正性和程序的保障性是否得以实现,我们无从得知。申诉人这样做是因为一旦承认仲裁庭的管辖权,仲裁庭将根据自己的价值判断审查案件,并作出终局性裁决。也就是说,这将影响到未来的司法程序,导致国家法院只能行使有限的司法审查,申诉人无权请求法院对案件中的具体纠纷内容进行审查。[60] 捷克法院认为,以上情形不属于会导致仲裁协议无效的非法胁迫。法院认为,仲裁庭的组成是恰当的,并且仲裁庭有解决纠纷的管辖权。欧洲人权法院表达了与上述截然不同的观点,也就是,在

---

[57] Axelsson and Others v. Sweden, decision of the European Commission of Human Rights on 13 July 1990.

[58] Lundgren v. Sweden, decision of the European Commission of Human Rights on 17 May 1995.

[59] Suda v. the Czech Republic, judgment of 28 October 2010, no. 1643/06.

[60] Suda v. the Czech Republic, judgment of 28 October 2010, no. 1643/06, par. 52.

只征得了第三人同意的情况下，如果在合同条款中赋予当事人将纠纷提交仲裁的义务，这一行为将违反《欧洲人权公约》第 6 条第 1 款的规定。欧洲人权法院还认为，仲裁庭的成立并没有满足相关法律要件，也不符合听证会的公开性要求。[61] 这些观点在查得兹塔思寇斯和弗兰塔诉捷克共和国（Chadzitaskos and Franta v. the Czech Republic）一案的判决中有所体现。[62]

通过苏达诉捷克共和国（Suda v. the Czech Republic）一案，我们可以得出与体育界相关的一些结论。首先，这涉及由第三方当事人订立的仲裁条款。由于申诉人在公司中处于"少数"群体的地位，申诉人对仲裁条款的订立没有发挥影响。法院表示，这种仲裁既非（由法律规定的）强制仲裁也非自愿仲裁。这在体育界并不罕见。运动员往往不是章程的一方主体（参见 Dodô 一案），也没有权利参与章程的制定过程。但运动员必须遵守这些他们没有参与协商的章程，且他们在国内运动联盟和国际运动联盟组织中的会员资格都是通过间接的关系确立的。

其次，即使根据仲裁地法律认定仲裁条款有效，也不意味着仲裁条款没有违反《欧洲人权公约》。即使捷克法院在进行司法审查后认定仲裁条款有效，也不会改变强制仲裁条款违反了《欧洲人权公约》的这一事实。

再次，《欧洲人权公约》中记载的对人权的保护，在私主体的法律关系也必须得到保障，并且每一个公约签署国要保证所有个人在该国的管辖权范围内能够充分地享有权利。

最后，如果国家在私人契约关系中没有给予充分、有效的人权保护，国家应当承担相应的责任。

通过上述两个问题，我们可以了解到，国家在《欧洲人权公约》中应当承担的积极义务的概念。对于《公约》中记载的基本权利的横向效力问题，仍存有争议。有一种普遍观点认为，《公约》的规定不会赋予私主体直接的义务。[63] 然而，欧洲人权法院的判例以及欧洲人权委员会明确认为，国家有义务保护个

[61] Suda v. the Czech Republic, judgment of 28 October 2010, no. 1643/06, par. 53 - 55.

[62] Chadzitaskos and Franta v. the Czech Republic, judgment of 27 September 2012.

[63] Drzemczewski 1979, p. 168："显然，公约的制定者没有赋予这一法律文件第三方效力的意图。"

人的权利免受私人实体的侵犯。[64] 这里所说的权利就包括了诉权[65],在当今民主社会,让诉权纳入公共监督的范围[66]是极其重要的。所有公共权力机关,包括司法、行政、立法机关,有必要为公民清除可能会妨碍实现公民的自身权利的绊脚石,并以此作为职责所在。因此,瑞士联邦最高法院作出的认可强制仲裁条款的判决[67],将被视为国家行为,这就意味着,瑞士邦联需要对运动员和俱乐部的协定权利被剥夺承担责任。[68] 如果对私法组织(包括体育组织)章程的内容缺乏有效的监管和法律规制,从而导致成员个体无法实现权利,国家也应当承担责任。[69]

---

[64] Pla and Puncernau v. Andorra, judgment of 13 July 2004 no. 69498/01, ECHR 2004 – Ⅷ, 法官 L. 加里克奇(L. Garlicki)的反对意见是:"然而,我们的判例法下,很显然,对于确保公约中关于权利的规定得到遵守,国家负有采取必要措施的积极义务,这一义务甚至可以适用于个人关系的领域。"

[65] Appleby and Others v. the United Kingdom, judgment of 6 May 2003, no. 44306/98, ECHR 2003 – Ⅵ, par. 39:"法院重申,表达自由的关键是民主良好运作的前提条件之一。自由的真正有效的实践不仅仅依赖于国家承担起不予以干预的责任,还需要积极的保护措施,即使在涉及私人之间关系的领域;" Waite and Kennedy v. Germany, judgment of 18 February 1999, no. 26083/94, par. 67:"公约旨在保障的,不是理论上的、虚无缥缈的权利,而是可实现的、有效的权利。"

[66] Deweer v. Belgium, par. 49:"(……)在一个民主社会中,'向法院申诉的权利'尤其重要(……)任何被判定为违背第 6 条的决定或措施都应当经过特别谨慎的审查(……)。"

[67] 尽管《瑞士联邦宪法》第 35 条第 3 款要求当局"确保基本权利在适当的时候在私人关系中予以适用",但当涉及其他实体组织,包括体育主管机构的措施,而不是国家时,联邦最高法院并不愿意保障这些权利的实现。(参见 the judgment of the Swiss Federal Supreme Court of 11 June 2001, Abel Xavier v. UEFA, consid. 2 d, reproduced in Bull. ASA 2001, p. 566;部分出版在 ATF 127 Ⅲ 429)

[68] 参见 Pla and Puncernau v. Andorra,该案为民商法规则的司法解释涉及违反公约的案件,欧洲人权法院对该案作出了判决。

[69] X. v. the Netherlands, Decision of the European Commission of Human Rights 3 May 1983 on the admissibility of the application No9322/81:" 欧洲人权委员会认为,荷兰政府的责任范围在于确保民间团体采用的规则没有违背公约的规定,尤其是在荷兰法院对这些规则的适用问题具有管辖权的情况下。"

在体育界,尤其在足球界,缺乏合意这个问题,是无可争辩的。[70] 体育组织的章程规定了强制仲裁,而实践表明,这些体育组织愿意对试图向法院提起诉讼的人予以纪律处分。运动员和俱乐部想要参与体育赛事,就要遵守这一规则。上述体育组织的垄断地位,是组成欧洲运动模式的内在元素之一,它使组织与运动员之间的关系成为一种"封闭工厂"(closed shop)模式,[71]也就是说,体育参与者要从事相关的专业或经济活动,只能通过参加由国际体育联合会和国家体育联合会组织官方比赛的方式进行。L. 瓦隆(L. Valloni)和 T. 帕赫曼(T. Pachmann)在谈及体育界关于个人权利和同意的问题时表示:"由于关系到个人权利,这种同意必须是自愿的、可撤销的和具体的。"[72]然而,体育界中的同意却往往没有满足这些要件。瑞士学者对于"任何同意的作出都是自愿的"这一观点存有质疑,他们认为,年轻的运动员往往因为年龄的关系,对这些体育联盟规则的了解十分有限。[73] 运动员一旦撤销这种同意,他们可能面临被逐出比赛的命运,因此,这种存在于体育中的垄断性的结构,使得同意的可撤销性得不到真正的实现。这就会使个人权利被限制在一个狭小的范围内。这一点在解释体育机构的规则时必须被予以重视。[74]

瑞士联邦最高法院对以上观点予以认同。在卡纳斯(Canas)一案中,法院表示,根据《瑞士联邦国际私法》第 192 条第 1 款,在国际商事仲裁中,当事人可以放弃请求撤销仲裁裁决的权利,但是这种放弃在体育界是不适用的。[75] 最高法院解释称,商事仲裁与体育仲裁的区别在于,二者在议价能力的平等性

---

[70] 但必须指出的是,在上述案件中,法院对一名荷兰足球运动员关于转会的格式条款中有强制或强迫劳动的控告,最终判决不予受理,因为"在本案中,法庭认为,申诉人在自由选择成为一名职业足球运动员时就知道,他进入这一行业后,他和未来的雇主之间的关系将受到相关规定的影响"。

[71] "closed shop"原意指不雇佣非工会会员的封闭工厂,其雇员必须是与雇主缔约的工会会员。这里的含义是,运动员必须与体育组织签订强制性仲裁条款,才能参加体育组织安排的赛事。——译者注

[72] Valloni and Pachmann, Sports Law in Switzerland, Kluwer Law International, The Netherlands, 2011, p. 93, par. 257.

[73] Art. 192 (1) of PILA:"如果所有当事人都在瑞士没有住所、习惯居住地或营业地点,他们可以在仲裁协议或在随后的书面协议中明确声明,排除所有受仲裁裁决的上诉程序。他们也可以基于第 190 条第 2 款列举的一个或几个要件对上诉程序予以排除。"

[74] X v. ATP Tour, judgment of 22 March 2007, 4P. 172/2006, par. 4. 3. 2. 2.

[75] X v. ATP Tour, judgment of 22 March 2007, 4P. 172/2006, par. 4. 3. 2. 2.

上有差别。法院承认,运动员和体育组织之间具有垂直性和等级性的关系,会对提交仲裁的意志形成过程产生影响。[76] 体育联合会的规章中往往规定了仲裁条款,如果运动员,尤其是把体育作为唯一收入来源的专业运动员,要想参加体育联合会举办的比赛,就只能接受这些条款。[77] 因此,仲裁条款从一开始就带有强制性。[78] 也许有人会质疑,从同意理论的角度来看,放弃将一项纠纷或权利交由国家法院来裁决,与放弃将仲裁裁决提交国家法院进行司法审查之间有何区别? 瑞士最高法院解释道,区别对待仲裁条款与放弃就仲裁裁决进行司法审查的条款,这看似矛盾,实际上是符合逻辑的。法院对概括性援引的仲裁条款采取了宽松的态度,目的是为了促进替代性纠纷解决机制的发展,该机制由具有足够独立性和中立性的专业性裁决机构运作,程序便捷而且灵活,对它们作出的裁决,虽然当事人可以提出上诉,但是上诉的理由也是极其有限的。[79] 最高法院引用了两位国际仲裁领域的著名专家的观点,他们指出在现代体育中,仲裁的非自愿性已成为其中一个必要条件。[80] 在另一起案件的裁决书中,法院描述他们针对体育领域内的仲裁协议的自愿性问题的态度,是非常"仁慈"[81]的。问题在于,这种仁慈是否符合《欧洲人权公约》第 6 条第 1 款? 瑞士法院的做法是否真正行使了它们的审查权限?[82]

---

[76] X v. ATP Tour, judgment of 22 March 2007, 4P. 172/2006, par. 4. 3. 2. 2.

[77] X v. ATP Tour, judgment of 22 March 2007, 4P. 172/2006, par. 4. 3. 2. 2 – par. 4. 3. 2. 3.

[78] In A and B v. the Flemish Tennis Federation and the World Anti – Doping Agency judgment, par. 3. 2. 3 ; G. Kaufmann – Kohler, A. Rigozzi, Arbitrage international, 2nd ed. 2010, p. 128 footnote 150; P. – Y. Tschanz, in: Commentaire Romand de la Loi fe′de′rale sur le droit international prive′—Convention de Lugano, 2011, nr 149 ad Art. 178 PILA.

[79] A and B v. the Flemish Tennis Federation and the World Anti – Doping Agency, par. 3. 2. 3:"同时,考虑到有相当一部分的要求,"(judgment 4A_358/20098 of November 6,2009 at 3. 2)瑞士联邦最高法院审查体育仲裁合意性的宽松态度,"是为了让充分保证独立性和公正性的专门仲裁法庭,如国际体育仲裁院,提高快速处置纠纷的能力(ATF 133 Ⅲ 235 at 4. 3. 2. 3)。"

[80] 欲了解更多关于体育仲裁的有效性和合意性,参见:Rigozzi, L' arbitrage international en matie' re de sport, Basel, par. 475 et seq. and par. 811 et seq.

[81] Decision of 25 November 2009, CAS 2009/A/1912 – 1913.

[82] Judgment of 10 February 2010, 4A_612/20091, and judgment of 28 September 2010, 4A_144/2010.

四、佩希施泰因案——体育仲裁界的"博斯曼"[83]案?

克劳蒂亚·佩希施泰因(Claudia Pechstein)案件是体育纠纷解决最重要的案例之一。佩希施泰因是一名德国速滑运动员,于2009年被指控使用兴奋剂之后,国际滑冰联盟(ISU)对她作出禁赛两年的处罚。国际滑联的内部听证会裁决对佩希施泰因不利,裁决她禁止参加所有的体育比赛。裁决作出后,佩希施泰因向体育仲裁院提起了上诉,但被驳回。[84]随后,佩希施泰因先后向瑞士联邦最高法院提起了两次上诉(第二次上诉的依据为新的医学研究成果证据)[85]。她的基本主张是,国际体育仲裁院没有完全独立于国际滑冰联盟,仲裁庭的首席仲裁员缺乏公正性,此外,她本应受到《欧洲人权公约》第6条第1款保障的接受公开审判的权利被剥夺。瑞士联邦最高法院两次均驳回了她的请求。法院认为,佩希施泰因的上述主张毫无事实根据,因为瑞士联邦最高法院的判例表明,国际体育仲裁院组成的仲裁庭是完全独立和公正的仲裁庭,是采用与国家法院相似的标准组成的。[86] 此外,瑞士联邦最高法院认为,《欧洲人权公约》不适用于自愿仲裁程序,因此,公约中的有关标准不能作为当事人针对仲裁裁决向法院提起上诉的理由。通常,瑞士联邦最高法院作出的裁决为终局性裁决,但佩希施泰因决定穷尽一切法律途径来伸张她所谓的"正义"。

首先,佩希施泰因向位于斯特拉斯堡的欧洲人权法院提交了一份针对瑞士的控诉书。[87] 她在控诉书中指出,瑞士作为《欧洲人权公约》的缔约国,有义务保障公约中第6条第1款规定的受到公平审理的权利得到充分的实现,但

---

[83] 首先,博斯曼案件系欧州法院审理的比利时球员博斯曼诉比利时列日俱乐部与比利时足协案件,欧洲法院判决博斯曼胜诉,认可有欧洲联盟公民资格的足球运动员,在与俱乐部合同期满之后,有权在不支付任何转会费的情况下到欧盟另外任何国家踢球;其次,有欧洲联盟公民身份的运动员在欧洲联盟任何地方踢球时,将有关"外国运动员限制"的规定予以废除。博斯曼案件使得欧盟范围内的球员开始加速流动,有效地保护了球员的切身利益,被誉为是世界足坛第一案。——译者注

[84] 这一观点在以下案件中得到确认:Gundel v FEI case, judgement of 15 March 1993, 4P.217/1992,瑞士联邦最高法院在该判决中认为,国际体育仲裁院是"一个真正的仲裁院",即具备了公正性和独立性。

[85] Claudia Pechstein v. Switzerland, application no. 67474/10

[86] Lüth, judgement of 15 January 1958, BVerfGE 7.

[87] Bürgschaft, judgment of 19 October 1993, BVerfGE 89.

瑞士并没有履行此义务。佩希施泰因提出这一主张的主要依据有:第一,国际滑联和国际体育仲裁院并非独立和公正的法院,因为除了国际滑联会受到国际奥委会的影响以外,国际体育仲裁院也会受到国际奥委会和国际滑联对其产生的深远影响。而且,国际滑联和国际体育仲裁院的程序均使她的案件得不到公开的审理。第二,瑞士法律没有规定法院可以就仲裁裁决所认定的事实问题进行审查,对于体育仲裁庭作出的决定,联邦最高法院仅拥有非常有限的审查权力。最后,她认为根据《欧洲人权公约》第6条第2款,国际体育仲裁院的程序违反了无罪推定原则。

虽然欧洲人权法院对佩希施泰因提出的控诉至今仍没有作出正式裁决,但根据一些迹象,我们可以对结果作出猜测。上文提到,佩希施泰因采用了多种法律手段,希望推翻国际体育仲裁院和国际滑联作出的裁决,她除了向欧洲人权法院提出申请外,还向其祖国——德国的国内法院提起了诉讼。

2012年12月,佩希施泰因向慕尼黑法院(地方法院)提起了诉讼,请求法院解除国际滑联发出的禁令,并要求国际滑联对剥夺佩希施泰因的参赛资格造成的损害及损失予以赔偿。佩希施泰因认为,国际滑联利用了它在溜冰领域的优势(垄断)地位,逼迫她接受国际体育仲裁院仲裁庭的仲裁。她还指出,国际体育仲裁院不仅没有保证其独立和公正地行使司法管辖权,反而让体育管理组织的利益凌驾于体育运动员的利益之上。

在德国,私人法律关系中的宪法性权利必须得到实现这一观点存在已久。[88] 这在议价能力的结构性不公的关系中,体现得尤为明显。[89] D·帕纳约托普洛斯(D. Panagiotopoulos)在引用德国联邦宪法法院的判决时表示,没有建立在当事人自由意愿基础上的那些体育界的仲裁条款,与运动员宪法性权

---

[88] Panagiotopoulos D. , *Lex Sportiva and International Legitimacy Governing*: *Protection of Professional Players*, in US - China Law Review, Vol. 8(2011), p. 130 - 132:"毫无疑问,即便我们接受在体育联盟章程中规定的仲裁条款应当被视为可以接受的限制这一观点(参见 id. 8827/1997 MoB1986, 525),强迫接受条款将限制运动员的自由选择权并因此造成问题(参见 decision of the Athens Court of Second Instance 2085/2001)。因此,在涉及载有仲裁条款的合同的案件中,有必要对在合同中所处地位较弱的当事人一方(运动员或运动队)予以保护。"(参见 art. 307 of the German Civil Code)(……)传统法院的判决通常被视为符合宪法的规定,因此,只有尊重了当事人的意愿,判决才具有效力。所以,鉴于一方当事人(即运动员)拥有较弱的议价能力,因而适用由体育联盟规则或体育相关规定、法律引起的仲裁程序,显然是一种强制性仲裁。

[89] Judgment of 26 February 2014, LG München I, 37 O 28331/12.

利的保护是相抵触的。[90]

2014 年 2 月 26 日，一审法院部分认可了原告的观点，并认定她签订仲裁条款的行为非出于自愿，而是在面临可能受到国际禁赛处罚的情况下，从而被迫将纠纷提交至国际体育仲裁院仲裁。[91] 然而，尽管慕尼黑法院裁定该仲裁条款无效，但法院还是认为：国际体育仲裁院的裁判具有既判力，因为佩希施泰因针对国际滑联的纪律处分决定提起上诉的机构是洛桑的仲裁庭，她并没有一开始就对国际体育仲裁院的管辖权提出质疑。因此，法院驳回了她的请求。随后，她向二审法院（高等法院）提出了上诉。这一次法院作出了不同的判决。[92] 首先，法院承认，国际滑联的地位构成了德国反限制竞争法（Gesetz gegen Wettbewerbsbeschränkungen，GWB）意义上的优势地位。根据德国反限制竞争法（GWB）第 19 条第 4 款（2）的规定，具有优势地位的经营者不得提出与有效竞争环境下相背离的交易条件。在该案中，法院认为，佩希施泰因是国际滑联所提供的服务的接受者，且在通常情况下，如果佩希施泰因有选择的余地，就不会接受这一强制仲裁条款。

高等法院还认为，强迫接受仲裁这一行为，并不会理所当然地构成对机构本身支配地位的滥用。体育仲裁可以避免体育组织和运动员之间，乃至这两者与法院之间潜在的冲突，并且，在现代体育逐渐趋向于融入全球化的生活领域这一背景之下，体育仲裁能够为现代体育提供统一的程序和法律原则。基于以上两点，法院认为体育仲裁是一种有利于体育组织和运动员的解决体育纠纷的方式。并且，由于体育组织本身与国际体育仲裁院有结构上的关系，因此，在仲裁庭的组成这一问题上，体育组织比运动员更有影响力。所以，国际体育仲裁院的体制结构才是导致问题产生的原因。

虽然高等法院审理佩希施泰因一案主要是适用德国的反垄断法，但法院也认为，根据德国宪法——《德国联邦共和国基本法》第 101 条第 1 款第 2 的规定："不得禁止任何人受其法定法官之审理，"公民有向国家法院和合法授权的法官寻求救济的权利，而体育组织的主导地位和强制仲裁条款两者共同

---

[90] Judgment of 15 January 2015, OLG München, U 1110/14 Kart.

[91] 这些理论得到了欧洲人权委员会最近作出的判决的支持，参见 X. v. Germany and Axelsson and Others v. Sweden 一案。

[92] 要注意的是，佩希施泰因可能会进一步向德国最高法院——德国联邦最高法院上诉，然后向欧盟最高法院——欧盟法院上诉，理由是强制仲裁本身违反了《欧盟协议》第 102 条，与欧盟的功能相违背。

剥夺了这一权利。根据《承认与执行外国仲裁裁决的纽约公约》第5条第2款第2项,由于存在违反德国的公共秩序(德国法律秩序的基本原则)的情况,高等法院因而拒绝承认国际体育仲裁院的裁决,不过,法院拒绝对佩希施泰因提出的损害赔偿请求的合法性问题作出判决。同时,该法院注意到,在本案中,由于佩希施泰因签署了包含仲裁条款的协议,这一行为表明了她同意将有关纪律处分的纠纷提交仲裁,故本案不存在违反《欧洲人权公约》第6条第1款的情况。导致仲裁条款无效和违反《欧洲人权公约》第6条第1款的原因,不是体育组织施加的经济上的约束,而是运动员的"同意"存在问题。这一观点似乎有点含糊不清,因为上文提到,法院同时还认为,在强制性的规则中插入仲裁条款,可能会侵犯德国基本法中所规定的向法院提起诉讼的权利。

结语

关于佩希施泰因一案,欧洲人权法院还需要解决以下五个重要的问题。首先,法院需要明确的是,瑞士是否应当承担私人体育组织和私人仲裁庭的组织及运行所产生的责任。其次,法院需要审查《欧洲人权公约》第6条第1款能否适用于私人仲裁庭的法律程序,具体而言,即该条款能否适用于体育方面的仲裁机构。再次佩希施泰因所参与的仲裁究竟是自愿的还是强制性的。最后,法院必须判断国际体育仲裁院是否符合公约第6条第1款所规定的独立、公正的法庭。

由于佩希施泰因一案仍在审理中,我们尚不清楚法院何时会作出判决。然而,毫无疑问的是,该案的判决将对世界体育界产生非常深远的具有突破性的影响。[93] 首先,如果法院认为,瑞士应当对总部设在瑞士的各种体育组织的行为负责,将会使涉及运动员针对国际奥委会、国际足联和其他体育组织的活动提出的申请和投诉等事项出现新的局面。其次,如果法院认定强制仲裁条款对运动员不具有约束力,或体育纪律制裁机构和仲裁庭应遵守《欧洲人权公约》的司法标准,那么,整个全球体育纠纷解决系统将面临根本上的重组。当然欧洲人权法院也有可能以宽容的态度处理这个问题。每一个公约缔约国在关于保障权利和自由所采取的措施这一问题上,都有自由裁量的余地。诉权并不是绝对的。除了《欧洲人权公约》第6条对诉权予以限制以外,诉权的

---

[93] Kohlhofer and Minarik v. the Czech Republic, judgment of 15 October 2009, nos. 32921/03, 28464/04 and 5344/05, par. 90.

实现基于其本身就需要国家实在法的保障这一特有属性，也受到一定的局限。[94] 对诉权的限制，不能损害这一权利的本质，且这些限制必须具备合法目的并通过适当的方式实现。[95] 因此，为了减轻瑞士司法系统的负担，司法审查的范围应当受到限制，否则总部位于瑞士的体育组织举办的活动中产生的纠纷将妨碍司法系统的运行。[96] 在韦特和肯尼迪诉德国（Waite and Kennedy v. Germany）一案的判决中，欧洲人权法院承认了国际合作与保障国际组织自治的重要性，它们可以限制雇员向当地法院提起诉讼的权利。[97] 大量的体育组织在全球范围内享有的管辖权、体育比赛的国际性以及采取一致的措施对抗最严重和最常见问题（比如服用违禁药品）的必要性，这三者使发展国家除司法行政之外的专门裁判系统这一措施具有了合法性。然而，这就不可避免地要求国家在保证程序公正和裁判庭的质量问题上进行干预，因为赋予其他机构一定的权限，并不能免除国家应当履行的义务。[98] 而且，从上述提到的牵涉到国际政府组织（欧洲航天局）的案件可以看出，这些国际组织是由公法性质的国际条约建立的，因此，该判例适用于目前为民间性质的国际体育组织的可能性是有限的。此外，基于体育机构系统和体育仲裁的全球性，不同的国家对运动员的基本权利保护采取不同的标准，因此，适用自由裁量原则可能会产生一系列的问题。载入国际体育联合会章程中的仲裁条款，以及国家体育协会承担的附加仲裁条款的义务，可能会与瑞士以外的国家的法律体系产生冲突，这在佩希施泰因一案中就有所体现。

---

[94] Edificaciones March Gallego S. A. v. Spain, judgment of 19 February 1998, in Reports of Judgments and Decisions 1998 – I, par. 34.

[95] Axelsson and Others v. Sweden：从更普遍的角度来看，仲裁程序也可以被说成是追求鼓励通过非司法途径解决纠纷的法律目的，以及为了减轻法院过重的案件负担。

[96] Waite and Kennedy v. Germany, par. 63："（……）法院指出，国际组织拥有特权和豁免这一属性，是保证这样的组织的正常运行不受各国政府单方面干扰的重要手段。由国家赋予的、通常记载在国际组织的组成文书或补充协议中的管辖权豁免，是建立在为了让这些组织良好运作基础上的长期实践过程。这一实践过程的重要性通过国际合作在现代社会不断地扩展和加深中得到了加强。"

[97] Waite and Kennedy v. Germany, par. 67.

[98] 然而，《世界反兴奋剂条例》在第13条中确定了国际体育仲裁院的管辖权。《联合国教科文组织反兴奋剂国际公约》具有法律约束力，而《世界反兴奋剂条例》属于《联合国教科文组织反兴奋剂国际公约》中不具法律约束力的附录。根据国际公法，《奥林匹克宪章》同样不是具有法律约束力的规章，而是一个瑞士私法协会的章程。

根据前面提到的判例可以得知，瑞士联邦最高法院明确承认并接受了体育仲裁的强制性。体育组织章程中对运动员违反仲裁协议，向法院提起诉讼的行为予以纪律制裁有相关的规定，也可以视为强制性因素的存在。并且，体育组织多次表示将对不遵守相关规定的人员予以惩罚，可见这一威胁并非只是理论上的。即使根据瑞士司法系统的观点，仲裁协议是有效的，且瑞士联邦最高法院予以了确认，这并不必然意味着这些规定符合《欧洲人权公约》的相关条文，本人在文中也尝试论证这些规定其实是和《欧洲人权公约》的某些规定相冲突的。尽管在欧洲人权法院的结论中并没有给出明确的态度，但从最近体育方面有关强制仲裁的案件的判决结果来看，强制仲裁似乎岌岌可危。

如何使体育仲裁体系更加符合《欧洲人权公约》规定的内容？尽管针对这一问题的进一步分析，超出了本文的论述范围，本人认为大致有以下三种解决方案：

——由瑞士联邦最高法院就国际体育仲裁院裁决的纠纷进行全面的审查，确保就体育参与者的公民权利与义务的决定是由国家法院作出的。

——严格遵守国际体育仲裁院的章程，使仲裁庭的构成以及相关程序必须符合《欧洲人权公约》第6条第1款的规定。

——最后，以将纠纷提交仲裁的建议性要求，取代垄断性体育组织（包括国际奥林匹克委员会）章程中规定的强制仲裁条款。

尽管在人权问题上不存在被普遍接受的权利位阶划分，但欧洲人权法院的判决表明，请求公正判决的权利以及其子权利——诉权，对每个民主社会以及个人都至关重要。包括国际体育仲裁理事会在内的体育组织，在提高程序性保护的程度、仲裁庭组成中给予每方当事人平等的代表权，以及提高成员的专业知识方面作出的努力，是值得肯定的。法官掌握的体育专业知识也许不如仲裁员，但这一点不能够作为评定是否具有管辖权和管辖能力的正式标准。在体育界以外，法律案件经常涵盖了人们生活不同方面的问题，这并不会削弱法院的管辖权——尽管会要求在法律程序中获取专业证据。因此，要求在体育方面提出特别要求和自治权，以及将强制性作为遵守体育规则的内在要求，都不能够证明：否认人们在用尽一切内部救济后向法院寻求公正审判的权利这一行为具有正当性。体育界的非诉讼纠纷解决机制，应当设法通过表现出高质量和可靠性，来维护自身的权威性。

Arbitration Clauses in Sport Governing Bodies' Statutes: Consent or Constraint?

——Analysis from the Perspective of Article 6(1) of the European Convention on Human Rights

Abstract: General trend of the growing popularity of alternative dispute resolution is especially visible in the world of sport. There is a perception that arbitration tribunals, particularly the Court of Arbitration for Sport, have exclusive jurisdiction over sport - related disputes. This is enhanced by mandatory arbitration clauses inserted in statutes and bylaws of various sport governing bodies. These are safeguarded by a threat of imposing disciplinary sanctions on those who refrain from fulfilling the said obligations. Due to professionalization of sport and the monopolistic position of international federations, athletes, as well as clubs, have no other choice than to submit their disputes to arbitration. Although, the validity of these provisions can be questioned, they are upheld by the Swiss Federal Supreme Court. Jurisprudence of the European Court of Human Rights shows that private arbitration agreements tainted with constraints may be perceived as contravening the Article 6 par. 1 of the European Convention on Human Rights, specifically the right to access to court. Although the horizontal effect of fundamental rights is limited, the concept of positive obligations allows for concluding that states and their organs, in this case particularly Swiss courts, are obliged to interfere in private relationships in order to secure the effective enjoyment of rights.

Key words: Arbitration in Sport; Arbitration Clauses; Right to Access to Court; Athletes' Rights; Article 6 (1) of the European Convention on Human Rights

（乃佳雯）

我国担保物权实现机制立法演进的分析*

李林启**

摘　要:担保物权的实现是影响担保物权制度发挥效用的重要因素。我国担保物权的实现机制在不同历史时期有着不同的立法规定,从 1986 年的《民法通则》到 1995 年的《担保法》,从 1999 年的《合同法》到 2007 年的《物权法》,从 2012 年的《民事诉讼法》到 2015 年的《民诉法解释》,担保物权实现程序机制在不同的立法规定中逐步转变、不断完善。我国担保物权实现机制立法演进表明,担保物权的实现机制经历了从诉讼程序向非讼程序的转变,高效、快速、低成本实现担保物权是立法的一直追求。在我国担保物权实现机制的立法变迁中,立法对担保物权实现的引领和推动作用得以充分发挥,以民为本、立法为民的立法宗旨与理念得以充分体现。

关键词:担保物权　实现机制　诉讼程序　非讼程序

担保物权制度是规范市场经济秩序的重要民事法律制度,是保障市场交易安全的基本手段,也是维护社会经济秩序的有效调节工具。而担保物权的实现是担保物权最为重要的效力,是担保物权制度发挥效用的直接体现。高效、快捷、低成本的实现制度是实现担保物权的关键①,是成熟担保物权制度

---

* **基金项目**:本文是笔者主持的国家社科基金项目"实现担保物权非讼程序实证研究"(15BFX162)的成果之一。

** **作者简介**:李林启(1970—),男,河南原阳人,法学博士,河南师范大学法学院副教授。

① See Gerard McCormack, *Personal Property Security Law Reform in England and Canada*, Journal of Business Law, March Issue, 2002.

的基本支柱之一②,是世界各个国家和地区担保法律制度立法共同追求的重要目标。在我国,1986 年的《民法通则》最早规定了担保物权实现的方式。近三十年来,我国关于担保物权制度的立法不断完善,担保物权实现的程序机制也在不同的立法规定中逐步转变、不断创新。美国著名法学家奥利弗·霍姆斯指出:“为了探究法律制度的真谛,我们必须了解它的过去、现在以及未来。”③在我国经济运行步入全方位多层次新常态的背景下,回顾近三十年来我国担保物权实现机制的立法演进过程,探寻不同历史时期担保物权实现机制不同立法规定的原因,从立法变迁中更准确地把握担保物权实现机制的本质属性及法律价值,对于完善我国的担保物权制度、高效、快速、低成本的实现担保物权、促进经济结构转型升级、全面推进依法治国、让人民群众在每一个实现担保物权案件中都能够感受到公平正义具有重要意义。

一、担保物权实现方式的立法明确

1986 年的《民法通则》是我国的基本民事法律,是 20 世纪中国的民事权利宣言,其首次以基本法的形式确定了担保物权等物权,也是最早规定担保物权实现方式的法律,改变了我国担保交易无法可依的局面。为保证特定债权人利益的实现,《民法通则》第 89 条规定了四种债的担保方式,其中第 2 项和第 4 项是关于担保物权中抵押权和留置权实现的规定。第 89 条第 2 项规定了抵押权的实现,债务人不履行到期债务的,债权人可以根据法律的规定用处分抵押物的价款优先受偿其债权,处分抵押物的方式有折价和变卖两种。④最高人民法院关于《民法通则》的意见针对限制流通物的抵押,规定了有关部

② 现代市场经济中,成熟担保物权制度需要四个基本支柱,即宽泛的担保范围、统一的登记公示系统、清晰的优先权规则以及快速的执行程序。参见牛娟娟:《总结担保创新实践服务经济金融发展——〈物权法〉担保物权司法解释专题座谈会综述》,载《金融时报》2010 年 6 月 2 日,第 3 版。

③ 参见 Oliver Wendell Holmes. *The Common Law*, *New York*. Brown and Company, 1881, P137.

④ 《民法通则》第 89 条规定:“依照法律的规定或者按照当事人的约定,可以采用下列方式担保债务的履行:……(二)债务人或者第三人可以提供一定的财产作为抵押物。债务人不履行债务的,债权人有权依照法律的规定以抵押物折价或者以变卖抵押物的价款优先得到偿还。”

门收购的方式⑤,这实际上是强制的折价方式。第 89 条第 4 项是关于留置权实现的规定,占有人对留置财产的处分方式亦为依照法律的规定折价或者变卖。⑥

限于当时的社会经济发展状况、人们的认识水平及立法者的立法技术,《民法通则》对担保物权及其实现的规定必然存在诸多的缺陷。首先,在担保物权的类型上,《民法通则》除明确规定留置权外,对抵押权与质权没有进行明确的区分,而是笼统地称为抵押权。⑦ 其次,在抵押权的实现方式上,《民法通则》只规定了折价和变卖两种,对于最能够实现抵押财产最大价值的拍卖方式却没有规定。最后,对担保物权的实现途径,只模糊规定为“依照法律的规定”,依何法律,却未明确规定;且关于担保物权实现的公力救济程序,《民法通则》第 89 条也没有给予明确的规定。

二、实现担保物权的诉讼程序的建立

随着我国改革开放的全面展开及有序推进,社会经济活动日益频繁,担保行为也随之日益活跃,各类担保公司纷纷成立,经济活动中的担保纠纷也不断增多,作为民商法上基本法律制度的担保法律制度出现了巨大变革。在此背景下,《担保法》于 1995 年颁布实施,这标志着我国物权法律制度特别是担保物权法律制度发展到了一个新的阶段。《担保法》共七章,除第一章“总则”和第七章“附则”外,其他五章分别规定了五种担保方式,其中第三章、第四章、第五章分别规定了“抵押”“质押”“留置”等物的担保。⑧《担保法》第三章专节规定了“抵押权的实现”,首次对抵押权实现的公力救济程序进行了规定。

---

⑤ 《最高人民法院关于贯彻执行〈中华人民共和国民法通则〉若干问题的意见(试行)》第 113 条第 2 款规定:“……以法律限制流通的财产作为抵押物的,在清偿债务时,应当由有关部门收购,抵押权人可以从价款中优先受偿。”

⑥ 《民法通则》第 89 条规定:“依照法律的规定或者按照当事人的约定,可以采用下列方式担保债务的履行:……(四)按照合同约定一方占有对方的财产,对方不按照合同给付应付款项超过约定期限的,占有人有权留置该财产,依照法律的规定以留置财产折价或者以变卖该财产的价款优先得到偿还。”

⑦ 也有学者认为,《民法通则》对担保物权的规定存在阙如,并未涉及质权。参见江必新:《新民事诉讼法理解适用与实务指南》,法律出版社 2012 年版,第 713 页。

⑧ 《担保法》第二章是“人的担保”:“保证”;第六章是“金钱担保”:“定金”。参见《中华人民共和国担保法》,1995 年 6 月 30 日第八届全国人民代表大会常务委员会第十四次会议通过,1995 年 10 月 1 日起施行。

该法第 53 条第 1 款明确规定了抵押权实现的方式及途径[9]，实现方式上，在《民法通则》的基础上增加了拍卖方式，为折价、拍卖、变卖三种；实现途径上，规定了当事人协商解决和向人民法院提起诉讼两种。根据该款规定，抵押权人需要实现抵押权时，可以与当事人进行协商，无法达成协议的，“可以向人民法院提起诉讼”，人民法院按照《民事诉讼法》规定的普通审判程序进行审理并作出裁判，担保物权实现的诉讼程序得以建立。《担保法》第 71 条第 2 款和第 87 条第 2 款分别对质权[10]及留置权[11]的实现作了规定，均为协商折价或者依法拍卖、变卖。

受当时市场经济发育程度的制约，加之缺乏深厚的民事法律理论支撑，《担保法》的规定总的来说还比较有原则，其对担保物权及其实现的规定也存在不完善的地方，远不能满足经济发展中担保交易的需要。具体表现在以下几个方面：首先，《担保法》根据不同担保物权种类对其实现途径作了不同的规定，抵押权的实现除了当事人协商对抵押财产折价、拍卖、变卖外，还明确了可以提起诉讼；而质权、留置权的实现，则只规定了协商折价或者依法拍卖、变卖，何为“依法拍卖、变卖”、依何“法律”，《担保法》均未明确，这必然造成《担保法》在司法实务中难以适用。其次，在社会经济活动中，由于各方面的原因，担保物权人与担保人通过协商方式实现担保物权的概率非常低[12]，担保物权实现的公力救济途径就显得尤为重要。为弥补《担保法》关于担保物权实现规定的不足，最高院出台了《担保法》的司法解释，但《担保法解释》仅仅明确了通过公力救济实现担保物权的诉讼为普通共同诉讼[13]，且依《担保法解

---

⑨ 《担保法》第 53 条第 1 款规定：“债务履行期届满抵押权人未受清偿的，可以与抵押人协议以抵押物折价或者以拍卖、变卖该抵押物所得的价款受偿；协议不成的，抵押权人可以向人民法院提起诉讼。”

⑩ 《担保法》第 71 条第 2 款规定：“……债务履行期届满质权人未受清偿的，可以与出质人协议以质物折价，也可以依法拍卖、变卖质物……”

⑪ 《担保法》第 87 条第 2 款规定：“……债务人逾期仍不履行的，债权人可以与债务人协议以留置物折价，也可以依法拍卖、变卖留置物……”

⑫ 参见朱岩，高圣平，陈鑫：《中国物权法评析》，北京大学出版社 2007 年版，第 628 页；程啸：《中国抵押权制度的理论与实践》，法律出版社 2002 年版，第 358 页。

⑬ 《最高人民法院关于适用〈中华人民共和国担保法〉若干问题的解释》第 128 条规定：“债权人向人民法院请求行使担保物权时，债务人和担保人应当作为共同被告参加诉讼。同一债权既有保证又有物的担保的，当事人发生纠纷提起诉讼的，债务人与保证人、抵押人或者出质人可以作为共同被告参加诉讼。”

释》第130条的规定[14]，担保物权人以及其他有权请求实现担保物权的人无法直接申请拍卖、变卖担保财产，要实现担保物权只能通过诉讼，而通过诉讼方式实现担保物权存在成本高、效率低的弊端，此种高昂的诉讼成本以及复杂、漫长的公力救济程序设计对担保物权人明显不利，因而广受诟病。[15] 以诉讼成本为例，有关机构的调查数据显示，金融机构通过诉讼实现担保物权，整个过程需要支付20多种税费，如立案需要缴纳案件受理费，申请保全的要缴纳诉讼保全费，案件审理过程中需要支付评估费、鉴定费等，判决执行阶段要支付执行费、拍卖费、执行物过户费、土地出让金等，此外还有律师费、公告费、营业税等名目繁多且费率高的税费；在个别地区，各种税费甚至高达35种，这些税费基本占担保财产金额的22%以上，多的高达34%，85%的金融机构认为通过诉讼实现担保物权的费用高昂。[16]

在社会经济活动中，面对《担保法》关于担保物权实现规则规定的不足，一些担保物权人为了能够低成本、高效率地实现权利，开始寻求新的实现途径，较为常见的是，在与担保人签订担保物权合同时约定，债务到期未及时、有效履行的，可直接向人民法院申请强制执行担保财产，并就担保物权合同申请公证机构进行公证。根据《民事诉讼法》第238条的规定[17]，公证机关依法赋予强制执行力的法律文书，可作为民事强制执行的依据。因此，担保物权人可以依据公证过的担保物权合同向人民法院申请执行，以实现其担保物权。但是，公证制度体系设计简单化与经济活动中担保交易多样化的矛盾、公证机关审核程序失范与担保物权合同纠纷复杂化的冲突及人民法院执行制度不健全与实现担保物权各方主体追求公平正义心理预期的不融合，致使人民法院在执行实现担保物权申请过程中经常面临各种各样的现实困难。为此，法学理

---

[14] 《最高人民法院关于适用〈中华人民共和国担保法〉若干问题的解释》第130条规定："在主合同纠纷案件中，对担保合同未经审判，人民法院不应当依据对主合同当事人所作出的判决或者裁定，直接执行担保人的财产。"

[15] 肖建国：《论担保物权的强制执行》，载《人民法院报》2001年6月11日，第3版。

[16] 数据来源：中国人民银行研究局、世界银行集团外国投资咨询服务局、国际金融公司中国项目开发中心：《中国动产担保物权与信贷市场发展》，中信出版社2006年版，第15页。

[17] 《民事诉讼法》第238条规定："对公证机关依法赋予强制执行效力的债权文书，一方当事人不履行的，对方当事人可以向有管辖权的人民法院申请执行，受申请的人民法院应当执行。公证债权文书确有错误的，人民法院裁定不予执行，并将裁定书送达双方当事人和公证机关。"

论研究者与司法实务部门一直呼吁修改《担保法》及其司法解释的规定，允许担保物权人以及其他有权请求实现担保物权的人在需要实现担保物权时不必经过诉讼程序，而是直接申请强制执行担保物。

三、担保物权实现机制的有限改进

对于《担保法》及其司法解释规定在实践中的弊端，立法部门也有了充分的认识，并在1999年的《合同法》中作出了有限度的立法回应。《合同法》作为中国特色社会主义法律体系的有机组成部分，在维护社会经济秩序中具有重要的作用。其适应我国建筑市场快速发展的客观需要，为了有效预防和快速解决我国建筑市场领域存在的拖欠工程款“老大难”问题，借鉴国外对建设工程款保护的先进立法经验，增加了第286条，该条突破债权平等原则，第一次以法律的形式规定了建设工程价款优先受偿权，⑱打破了传统上的承包人就建设工程享有的债权在实现上与普通债权人就一般债权实现的平等保护，对承包人享有的建筑工程价款债权给予了特殊保护。

学界通说认为，建设工程价款优先受偿权属于担保物权中的法定抵押权。⑲ 其法定抵押权的属性，就使得我们可以名正言顺地探讨《合同法》第286条对担保物权实现机制的改进问题。建设工程价款优先受偿权不仅将债务人（发包人）的财产责任特定化为建设工程，保证了承包人债权实现的稳定性，更重要的是承包人实现债权的简便性。⑳ 根据《合同法》第286条的规定，

---

⑱ 《合同法》第286条规定：“发包人未按照约定支付价款的，承包人可以催告发包人在合理期限内支付价款。发包人逾期不支付的，除按照建设工程的性质不宜折价、拍卖的以外，承包人可以与发包人协议将该工程折价，也可以申请人民法院将该工程依法拍卖。建设工程的价款就该工程折价或者拍卖的价款优先受偿。”

⑲ 参见王利明：《抵押权若干问题的探讨》，载《法学》2000年第11期；梁慧星：《是优先权还是抵押权——合同法第286条的权利性质及其适用》，载《中国律师》2001年第10期；梁慧星，陈华彬：《物权法》，法律出版社2010年版，第305页；杨永清：《〈最高人民法院关于建设工程价款优先受偿权问题的批复〉的理解和适用——兼谈与该权利有关的几个重要问题》，载曹建明主编：《民事审判指导与参考》，法律出版社2002年版，第89页；余能斌，范中超：《论法定抵押权——对〈合同法〉第286条之解释》，载《法学评论》2002年第1期；王一兵：《论建筑工程承包人的法定抵押权——对〈合同法〉第286条的理解和探讨》，载《当代法学》2002年第11期；钟伟珩：《建设工程价款优先受偿权若干疑难问题分析（之一）》，载《建筑时报》2013年2月4日，第3版等。

⑳ 王旭光：《建筑工程优先受偿权制度研究》，人民法院出版社2010年版，第68页。

经催告,发包人逾期不支付建设工程价款的,承包人可以通过与发包人协商对建设工程进行折价优先实现其债权,也可以申请人民法院依法拍卖该建设工程,并就拍卖的价款优先受偿以实现其债权,和其他权利实现方式相比,承包人以直接行使优先受偿权的方式实现债权要简便得多。具体来说,《合同法》第286条对建设工程承包人法定抵押权的实现采取了"可以……也可以……"的条文表述,承包人在协议折价与申请拍卖之间可自由选择,也就是说,承包人可先与发包人协商,协商不成的,再向人民法院申请拍卖建设工程,也可不与发包人协商直接申请人民法院拍卖建设工程。且《合同法》第286条规定的"申请人民法院依法拍卖"和《担保法》第53条规定的"向人民法院提起诉讼"虽然都是关于公力救济程序的规定,但其立法意图明显不同。《担保法》规定的"向人民法院提起诉讼"属于对人诉讼,解决的是担保物权人与担保人之间关于如何实现担保物权的争议,在程序上应当适用民事诉讼法规定的普通诉讼程序;而《合同法》规定的"申请人民法院依法拍卖"属于对物诉讼,是通过向人民法院申请依法拍卖建设工程来实现承包人的法定抵押权。申请人民法院依法拍卖建设工程的具体程序,应当准用民事诉讼法第三编规定的执行程序。㉑

综上,在担保物权实现机制上,《合同法》有了较大的改进,体现了担保物权实现规则快捷、高效的价值取向,可谓改变担保物权实现途径的破冰之举。当然,基于特定立法目的及调整对象的《合同法》,只是对建设工程承包人享有的法定抵押权及其实现问题进行了规定,其不会也不可能对担保物权的实现问题作出统一、明确的规定。从这个角度看,《合同法》虽然为《物权法》规定担保物权的实现问题提供了制度先例,但其对担保物权实现机制的改进仍是有限的。

四、实现担保物权的诉讼程序的重要修正

为了从立法上有效解决担保物权人通过向人民法院提起诉讼实现担保物权导致的程序复杂、漫长且成本高昂等问题,《物权法》立足于我国社会主义市场经济发展中担保交易的需要,借鉴其他国家和地区的先进立法及司法经验,对担保物权的实现途径进行了重要修订,主要体现在抵押权的实现上。

㉑ 参见梁慧星:《合同法第二百八十六条的权利性质及其适用》,载《山西大学学报(哲学社会科学版)》2001年第3期。

《物权法》第 195 条规定，抵押权人在需要实现抵押权时，可以就抵押权的实现方式与抵押人协商，达不成协议的，可以依法请求人民法院对抵押财产进行拍卖、变卖。[22] 特别值得关注的是，《物权法》第 195 条第 2 款将抵押权人实现抵押权的公力救济途径由《担保法》第 53 条第 1 款规定的“向人民法院提起诉讼”修正为“请求人民法院拍卖、变卖抵押财产”。

虽然《物权法》第 195 条第 2 款赋予了抵押权人“请求人民法院拍卖、变卖抵押财产”以实现其债权的权利，但是并未明确在诉讼上应以何种程序实现。一直以来，理论界对于《物权法》第 195 条第 2 款规定的程序性质，存在较大争议，可谓见仁见智。总体来说，主要有以下四种观点：第一种观点是一般民事诉讼程序说。该观点认为，《物权法》没有明确规定抵押权的实现程序，且《民事诉讼法》也没有规定特别的处理程序，因而，抵押权人实现抵押权应该采取一般的民事诉讼方式，即向人民法院提起诉讼以启动审判程序，人民法院判决其胜诉后依法申请人民法院执行。这主要是因为《物权法》第 195 条第 2 款规定的是“请求人民法院……”，而非“申请人民法院……”。在法律上，“请求”和“申请”是有明显区别的：向人民法院“请求”，必定是诉讼，通常要经过提起诉讼、开庭审理、法院裁判、申请执行等诉讼全过程，当事人对人民法院的一审裁判不服的，还有可能出现二审，甚至再审；而“申请”则不需要经过冗长而琐细的诉讼全过程，人民法院只需通过对抵押权人提交的申请实现抵押权的有关材料进行审查，就可以作出是否准许实现抵押权的裁判，包括是否允许强制拍卖、变卖抵押财产等。[23] 第二种观点是督促程序说。该观点认为，抵押权人依据《物权法》第 195 条第 2 款的规定实现抵押权，可以参照《民事诉讼法》督促程序的有关规定，依法向人民法院申请担保财产拍卖、变卖令。[24] 人民法院首先从主体资格、申请手续、债务期限、管辖法院等方面对抵

---

[22] 《物权法》第 195 条规定：“债务人不履行到期债务或者发生当事人约定的实现抵押权的情形，抵押权人可以与抵押人协议以抵押财产折价或者以拍卖、变卖该抵押财产所得的价款优先受偿。协议损害其他债权人利益的，其他债权人可以在知道或者应当知道撤销事由之日起一年内请求人民法院撤销该协议。抵押权人与抵押人未就抵押权实现方式达成协议的，抵押权人可以请求人民法院拍卖、变卖抵押财产。”

[23] 参见黄松有：《〈中华人民共和国物权法〉条文理解与适用》，人民法院出版社 2007 年版，第 583 页；江平：《物权法教程》，中国政法大学出版社 2007 年版，第 238 页。

[24] 《民事诉讼法》第 214 条规定：“债权人请求债务人给付金钱、有价证券，符合下列条件的，可以向有管辖权的基层人民法院申请支付令：(一)债权人与债务人没有其他债务纠纷的；(二)支付令能够送达债务人的……”

押权人的申请进行形式上的审查,经形式审查决定受理抵押权的申请后,再对是否符合申请抵押财产拍卖、变卖令的条件进行实质上的审查。经审查符合申请条件的,人民法院可以直接向抵押人发出拍卖、变卖抵押财产令,并依法对其抵押财产予以拍卖、变卖。㉕ 第三种观点是强制执行程序说。持该意见的学者认为,抵押权人依据《物权法》第 195 条第 2 款的规定请求实现抵押权的,应当直接启动民事诉讼强制执行程序,由抵押权人持抵押合同书、登记机关出具的他项权证书或者登记机关的登记簿等材料,向有管辖权人民法院的执行机构直接申请拍卖、变卖抵押财产。㉖ 第四种观点是非诉执行程序说。持该观点的学者认为,《物权法》第 195 条第 2 款的立法精神明显排除了通过普通诉讼程序实现抵押权,其规定的抵押权实现程序在性质上应属于非诉执行程序。抵押权人实现抵押权,可以依据抵押合同书、登记机关出具的他项权证书或者登记机关的登记簿等材料直接向有管辖权的人民法院提出申请,经人民法院审查准许对抵押财产进行拍卖、变卖的,抵押权人可再依据人民法院的许可裁定申请执行。㉗

《物权法》对《担保法》的修正,其立法精神体现了对担保物权便捷实现需求的关注,降低了权利人实现担保物权的支出成本;体现了担保物权实现规则高效率的价值取向,方便了担保物权人高效地实现担保物权。㉘ 但是《物权法》及相关法律并未明确第 195 条第 2 款规定的抵押权在诉讼上应以何种程序实现,也缺乏具体的配套法律规范,致使理论界存在较大的争议。这也导致在司法实践中《物权法》第 195 条第 2 款的规定极少被人民法院在实现抵押权案件中适用,抵押权人在实现抵押权时,因无法与抵押人协商一致而请求人民法院拍卖、变卖抵押财产的,人民法院仍按照《担保法》的规定适用普通的

㉕ 冉崇高,代贞奎:《直接请求法院拍卖、变卖担保物的程序设定》,载《人民法院报》2007 年 9 月 14 日,第 6 版。

㉖ 参见王利明:《物权法研究(第 3 版)(下卷)》,中国人民大学出版社 2013 年版,第 505 页;刘智慧:《中国物权法释解与应用》,人民法院出版社 2007 年版,第 568 页;尹伟民:《抵押权公力实现的程序保障》,载《烟台大学学报(哲学社会科学版)》2009 年第 2 期。

㉗ 参见曹士兵:《中国担保制度与担保方法》,中国法制出版社 2008 年版,第 265 页;张自合:《论担保物权实现的程序》,载《法学家》2013 年第 1 期;高圣平:《担保物权实行途径之研究——兼及民事诉讼法的修改》,载《法学》2008 第 1 期。

㉘ 丁亮华:《论抵押权之非诉执行实现——〈物权法〉第 195 条第 2 款的解释论展开》,载《法学家》2013 年第 4 期。

诉讼程序审理。此外,《物权法》关于质权[29]和留置权[30]实现的规定中,甚至未明确质权人、留置权人是否享有请求人民法院拍卖、变卖担保财产的权利。

五、实现担保物权的非讼程序的确立

随着社会经济的发展、价值观念的多元化及民众法律意识的提高,民事纠纷类型日益呈现出复杂化、多样化、新型化等特征,并以诉讼形式大量涌入法院,我们相应地对民事诉讼法律规范也提出了更高的要求。我国《民事诉讼法》随着国家法制建设的不断推进历经多次修改,民事诉讼的法制现代化进程也得以不断推进。[31] 但随着社会的历史转型和发展,《民事诉讼法》自身内容仍存在不少问题和缺陷,民事审判过程中遇到的许多新情况、新问题在《民事诉讼法》中还未及时得到应有的回应,难以完全适应社会公众对司法的现实需求,有必要进一步修改和完善。全国人大常委会于 2010 年 7 月启动《民事诉讼法》新一轮的修改工作,2012 年 8 月 31 日通过了《民事诉讼法》的修改决定,新《民事诉讼法》于 2013 年 1 月 1 日开始实施。此次对《民事诉讼法》的修改是一次全面的修改,修改内容广、新增制度多,在我国民事诉讼立法进程及法制建设中具有里程碑的意义。[32] 新《民事诉讼法》针对实现担保物权公力救济中存在的问题,与时俱进,在担保物权实现的程序上有了重大突破与飞

㉙ 《物权法》中关于质权实现的规定主要有以下条文:第 216 条规定:"因不能归责于质权人的事由可能使质押财产毁损或者价值明显减少,足以危害质权人权利的,质权人有权要求出质人提供相应的担保;出质人不提供的,质权人可以拍卖、变卖质押财产,并与出质人通过协议将拍卖、变卖所得的价款提前清偿债务或者提存。"第 219 条第 2 款规定:"债务人不履行到期债务或者发生当事人约定的实现质权的情形,质权人可以与出质人协议以质押财产折价,也可以就拍卖、变卖质押财产所得的价款优先受偿。"第 220 条第 1 款规定:"出质人可以请求质权人在债务履行期届满后及时行使质权;质权人不行使的,出质人可以请求人民法院拍卖、变卖质押财产。"

㉚ 《物权法》关于留置权实现的规定主要有以下条文:第 236 条第 1 款规定:"留置权人与债务人应当约定留置财产后的债务履行期间;没有约定或者约定不明确的,留置权人应当给债务人两个月以上履行债务的期间,但鲜活易腐等不易保管的动产除外。债务人逾期未履行的,留置权人可以与债务人协议以留置财产折价,也可以就拍卖、变卖留置财产所得的价款优先受偿。"第 237 条规定:"债务人可以请求留置权人在债务履行期届满后行使留置权;留置权人不行使的,债务人可以请求人民法院拍卖、变卖留置财产。"

㉛ 何文燕:《我国民事诉讼立法回顾与评析》,载《公民与法(法学版)》2009 年第 12 期。

㉜ 潘剑锋:《2012 年〈民事诉讼法〉修改述评》,载《中国法律》2012 年第 5 期。

跃,即在审判程序编的第十五章“特别程序”中增加了“实现担保物权案件”一节(第七节),这意味着人民法院审理实现担保物权案件应适用特别程序。至此,担保物权实现的具体程序第一次在我国《民事诉讼法》中有了较为明确的规定,在我国民事审判程序体系中占据了一席之地。实现担保物权案件的特征与非讼案件的特征具有一致性,实现担保物权程序符合非讼程序的本质,合乎非讼程序的制度价值,《民事诉讼法》关于实现担保物权的程序规定属于非讼程序。㉝

新《民事诉讼法》用第196条和第197条明确规定了实现担保物权的程序规则,其中第196条规定了实现担保物权案件的适用范围、申请主体、管辖法院等㉞。在适用范围上,抵押权、质权、留置权等担保物权的实现均适用该程序;在申请主体上,不仅包括担保物权人,还包括其他有权请求实现担保物权的人;在管辖法院上,案件的地域管辖属于专属管辖,只能由担保财产所在地或者担保物权登记地的人民法院管辖,其他法院无管辖权,当事人也不能通过协议变更管辖法院;㉟在级别管辖上,管辖法院为基层人民法院,不论涉案标的额的多少、案情的繁简程度、案件影响的范围大小及是否存在跨地域因素等,均由基层人民法院管辖。第197条对实现担保物权案件的申请受理、审查裁定、强制执行等问题作了规定,㊱申请实现担保物权,申请人应当向人民法院提交相关材料,符合立案条件的,人民法院应予受理;人民法院对受理的实现担保物权案件经过审查,根据是否符合《物权法》等法律的规定,作出准许

㉝ 李林启:《我国实现担保物权的程序性质》,载《湖南科技大学学报(社会科学版)》2015年第3期。

㉞ 《民事诉讼法》第196条规定:“申请实现担保物权,由担保物权人以及其他有权请求实现担保物权的人依照物权法等法律,向担保财产所在地或者担保物权登记地基层人民法院提出。”

㉟ 《民事诉讼法》规定的实现担保物权案件的地域管辖在性质是否属于专属管辖,学界及司法实务部门有不同的看法。但通说认为,实现担保物权案件属于非讼案件,其管辖虽然在法律条文的文字使用上没有“专属管辖”的用语,但由于非讼管辖的目的在于追求迅速及符合公益目的的需求,且其经常涉及第三人的权益,其管辖有定性为专属管辖的必要;且依其性质,并无约定管辖及应诉管辖的适用。参见姜世明:《非讼事件法新论(修订第2版)》,新学林出版股份有限公司2013年版,第61页。

㊱ 《民事诉讼法》第197条规定:“人民法院受理申请后,经审查,符合法律规定的,裁定拍卖、变卖担保财产,当事人依据该裁定可以向人民法院申请执行;不符合法律规定的,裁定驳回申请,当事人可以向人民法院提起诉讼。”

拍卖、变卖担保财产或者驳回申请人申请实现担保物权的裁定；人民法院作出准许拍卖、变卖担保财产裁定的，申请人可依据准许裁定向有管辖权的人民法院申请执行，驳回申请的，申请人可以向人民法院另行提起普通诉讼。

新《民事诉讼法》规定的实现担保物权非讼程序，是我国相关法律一直追求高效、快速、低成本实现担保物权的具体落实，其有机衔接了实体法和程序法的相关规定，充分体现了以人为本的立法宗旨，是我国民事诉讼立法上的一大进步，也是我国担保物权实现中程序机制的又一重大创新。[37] 实现担保物权的非讼程序在司法实践中的适用，必将极大地缩短实现担保物权案件的审理时间，方便权利人快速、及时地实现担保物权，切实、有效地保护担保物权人的合法权益，使担保物权制度的功能得到更加充分的发挥；[38]且能够有效地节约诉讼资源，使原本有限的司法资源用到最需要的地方。

六、实现担保物权的非讼程序的完善

全国人大常委会关于修改《民事诉讼法》的决定通过后，最高人民法院高度重视其贯彻实施，在第一时间成立领导小组，启动了司法解释的起草工作。领导小组在全面深入调研、广泛征求社会各界意见、充分论证的基础上，历时两年完成了起草工作，最高人民法院审判委员会经过5次认真讨论和全面审改，于2014年12月18日通过了《最高人民法院关于适用〈中华人民共和国民事诉讼法〉的解释》（简称《民诉法解释》），于2015年2月4日起施行。以贯彻落实新《民事诉讼法》为目标的《民诉法解释》共23章，552个条文，其全面汇聚了全国各地各级法院的审判经验，充分反映了社会各界的法治智慧，较好地解决了新《民事诉讼法》实施中的疑难问题。

在《民诉法解释》中，突出了对新《民事诉讼法》新增及修改重要制度的落实。针对实现担保物权案件，《民诉法解释》从申请主体、管辖法院、受理审查、处理结果等方面对实现担保物权的程序规范进行了细化，增强了其可操作性，从而确保担保物权实现程序的落实。在申请主体上，《民诉法解释》对新《民事诉讼法》第196条中的“担保物权人”和“其他有权请求实现担保物权的

---

[37] 李林启：《我国实现担保物权非讼程序及适用——兼评新〈民事诉讼法〉第196、197条之规定》，载《湘潭大学学报（哲学社会科学版）》2014年第4期。

[38] 参见奚晓明：《〈中华人民共和国民事诉讼法〉修改条文理解与适用》，人民法院出版社2012年版，第415页。

人”进行了明确;[39]在管辖法院上,《民诉法解释》对实现权利质权案件的管辖、[40]同一个债权有多个担保物时实现担保物权案件的管辖[41]、专门人民法院对实现担保物权案件的管辖[42]等问题进行了明确与细化;在受理审查上,《民诉法解释》对申请实现担保物权应提交的材料、[43]人民法院受理申请后向被申请人送达相关法律文书的期限及被申请人提出异议的期限、[44]审查主体的形式、[45]审查内容[46]等问题进行了规定;在处理结果上,《民诉法解释》对人民法院审查后的案件争议情况作不同情形处理进行了规定。[47]

《民诉法解释》是最高人民法院有史以来参加起草部门及人员最多的司法解释,是条文最多、篇幅最长的司法解释,是最高人民法院践行全面推进依法治国的重大举措。《民诉法解释》中关于实现担保物权的程序规范的规定,对确保担保物权实现程序的正确、统一、严格、有效进行,更加有效地保障担保物权人及其他有权请求实现担保物权的人的权利,更加积极地发挥担保物权制度在促进经济社会发展中的作用,更加有力地为建设社会主义法治国家提供司法保障,都具有十分重要的意义。

Analysis of Legislative Evolution of the China's Security Interests Implementation Mechanism

Abstract: Implementing security interest is an important factor affecting the effectiveness of the system plays a security interest. Implementation Mechanism of security interest in different historical periods have different legislative provisions, from the 1986's "General Principles of the Civil Law" to 1995's "Security Law", from 1999's "Contract Law" to 2007's "Property Law", from 2012's

[39] 《最高人民法院关于适用〈中华人民共和国民事诉讼法〉的解释》第 361 条。
[40] 《最高人民法院关于适用〈中华人民共和国民事诉讼法〉的解释》第 362 条。
[41] 《最高人民法院关于适用〈中华人民共和国民事诉讼法〉的解释》第 364 条。
[42] 《最高人民法院关于适用〈中华人民共和国民事诉讼法〉的解释》第 363 条。
[43] 《最高人民法院关于适用〈中华人民共和国民事诉讼法〉的解释》第 367 条。
[44] 《最高人民法院关于适用〈中华人民共和国民事诉讼法〉的解释》第 368 条。
[45] 《最高人民法院关于适用〈中华人民共和国民事诉讼法〉的解释》第 369 条。
[46] 《最高人民法院关于适用〈中华人民共和国民事诉讼法〉的解释》第 371 条。
[47] 《最高人民法院关于适用〈中华人民共和国民事诉讼法〉的解释》第 372 条。

"Civil Procedure Law" to 2015's "interpretation on the application of the Civil Procedure Law", a security interest in procedural mechanisms to achieve the gradual shift in the different legislative provisions, and constantly improve. Implementation Mechanism of Security Interest Legislation Evolution shows that the implementation mechanism of the security interest has undergone a transition to a non-litigation procedure from the proceedings, efficient, fast, low cost security interest legislation has been pursuing. In our security interest in the implementation mechanism of the legislative changes, legislation has a leading role in promoting the realization of a security interest to give full play to the people and the people of the legislative purpose of the legislation and the concept can be fully reflected.

Key words: Collateral Rights; Implementation Mechanism; Litigation Procedure; Non-litigation Procedure

（曹亚雅　郭　京）

我国民法典主体制度的立法设计

——兼论国家的民事主体地位

扈　艳*

摘　要:我国应借鉴德国模式并结合中国实际编纂民法典。我国民法典应设立总则,以法律关系为中心轴展开编纂。我国民事主体制度在现行立法中呈分散不明的状态,对于民法典编纂存在的主要障碍有:民事主体的外延不明确、各民事主体的权利能力界定不明以及权利能力不同的民事主体在民法典中不知如何组合。在我国,国家应该且已经逐步被立法确认为民事主体,其作为民事主体可能产生的隐患应求治于社会法治程度的提高。国家权利能力主要集中在物权(国家所有权)、合同(国债)、知识产权和继承领域。我国民法典主体制度应选择四元双层结构,在总则中体现民事主体的并集,在分则中再用单独条文明确在该领域具备权利能力的主体类型。

关键词:民法典　结构模式　民事主体　国家　四元双层

回顾历史不难发现,新中国成立以来的四次民法法典化运动均与中国共

---

* **作者简介:**扈艳(1992—),女,山东济南人,中国人民大学法学院硕士研究生,研究方向为民商法学。

产党的重要会议紧密关联①,这是坚持党的领导、使党的主张通过法定程序成为国家意志的重要体现。2014 年 10 月中国共产党十八届四中全会通过了《中共中央关于全面推进依法治国若干重大问题的决定》,该决定明确指出要"加强市场法律制度建设,编纂民法典",这对我国民法典的编纂工作无疑是极大的促进。本文拟基于目前学界关于民法典编纂基本形成的主要观点,对我国民法典制定过程中主体制度出现的问题进行分析,结合我国现有民法典立法建议和学说观点,尝试给出相应的立法建议。

一、讨论之前提

我国民法典的编纂是一个综合、复杂的系统工程,自近代"民法典"的概念传入中国以来,事实上立法机构基本没有停止过对民法典的追求。② 相较于实践中立法部门的坚定态度,学界对于我国民法典的编纂却一直存在质疑

① 第一次为 1954 年至 1956 年年底,在中共八大上刘少奇同志在政治报告中明确要"健全社会主义法制",这在一定程度上短时期内促进了新中国第一次民法典的起草;第二次为 1962 年至 1964 年,毛泽东同志 1962 年指出:"不仅刑法需要,民法也需要",1963 年指出:"我们还没有制定民法典和刑法典,经验不足,我们也要搞",根据其谈话指示精神,全国人大常委会的办事机构于 1962 年 9 月重新成立了民法研究小组;第三次为 1979 年至 1982 年,十一届三中全会的召开是该次民法典起草工作的重要背景;第四次为 1998 年至 2002 年,1997 年党的"十五大"把"健全社会主义法制,依法治国,建设社会主义法治国家"写入报告,并提出"到 2010 年形成有中国特色社会主义法律体系"的立法目标,为落实"十五大"精神,第四次民法典的起草工作得以恢复。参见易清:《新中国民法法典化历程考论》,知识产权出版社 2010 年版。

② 从最初 1908 年的《大清民律草案》到 1926 年民国北京政府未正式通过的《民国民律草案》再到 1929 年民国南京政府分编公布的作为《六法全书》之一的《中华民国民法典》,解放前较大规模的民法法典化运动就有三次。1949 年新中国成立之后更是经历了四次民法法典化运动。

的声音。③ 目前学界的大多数学者对于民法典编纂的态度还是乐观积极的④,经过了几十年的理论研究和立法实践,编纂民法典的必要性已然得到充分论证⑤,随着时代的发展,更多学者关注的已经不再是我国应不应该编纂民法典的问题,而是如何编纂的问题,而且我国民法典的编纂工作已然有序展开,"在当下一味否定法典编纂的作用或过多地谈论所谓'非法典编纂'显然不合时宜"⑥。

编纂民法典,首先要解决是结构模式的选择问题。德国民法典凭借立法思路上与我国传统更为接近、立法技术上具有巨大的优势等特点,已然成为我国学界的主流意见。当然,我们也必须注意到"民法典的编纂,是一个民族共

---

③ 其质疑的核心理由可以归结为两个:一是法典化本身存在一定问题,二是中国编纂民法典的条件尚未成熟。在反对中国当下编纂民法典的学者的论文、专著以及学术讲座中有详细论述。其中2014年12月11日西南政法大学金开名家论坛《中国民法典编纂三人谈》,其中刘凯湘教授认为中国在政治环境、经济环境和学术准备上均不具备编纂民法典的条件,这是反对编纂民法典的支持者中比较有代表性的意见。然而文中提及的两个理由并不能让笔者信服:第一,任何一种立法形式必然存在其局限性,我们的目标是对现有优势较大的立法形式进行改进,使之尽可能克服原有局限,而且,我国目前尚未编纂民法典,法典化的优势并未完全展现;第二,条件成熟永远是一个相对的概念,"所谓民法典是千秋大业,不必急于一时的说法,恐怕只是为欠缺整体理念,或者贯彻整体理念的意志找借口"(参见苏永钦:《现代民法典的体系定位与构建——为中国大陆的民法典工程进一言》,载《交大法学》2011年第1期),而且条件是否成熟的标准并未达成共识,同时法典化是一个过程,并不要求一蹴而就,所以条件不成熟这个理由并不成立。

④ 参见《民法典:建设社会主义法治国家的基础——专家学者谈中国民法典的制定》,载《法律科学·西北政法学院学报》1998年第3期。本文是关于民法典制定的笔谈合编,其中汇集了江平、马俊驹、王利明、寇志新、郑成思、李开国、崔建远、郭明瑞、张新宝、孔祥俊、刘士国11名学者对民法典编纂的积极态度。

⑤ 编纂民法典的必要性主要体现在:第一,防止立法碎片化,有利于民法体系形成,促使民法体系从内在到形式完整统一、逻辑自洽;第二,民法典是法官依法公证裁判案件的保障,其权威性与体系性保证法官正确适用法律并有助于法律适用的一致;第三,民法典具有时代意义,体现我国法治水平的进步,有利于推动改革;第四,民法典有利于保护权利、捍卫人权;第五,民法典反映了民族对某些特定类型的生活方式的诉求。以上参见王利明:《论中国民法典的制定》,载《政法论坛》1998年第5期;王利明:《民法典体系研究》,中国人民大学出版社2012年版;孙宪忠:《防止立法碎片化、尽快出台民法典》,载《中国政法大学学报》2013年第1期;苏永钦:《现代民法典的体系定位与构建——为中国大陆的民法典工程进一言》,载《交大法学》2011年第1期;凌斌:《编纂民法典:民族生活的法律归宿》,载《中国法律评论》2014年第12期。

⑥ 陈卫佐:《现代民法典编纂的沿革、困境与出路》,载《中国法学》2014年第5期。

识的形成和表达过程,提供的是一个民族现代生活的法律归宿"⑦,必须符合本国国情,所以我国民法典的结构模式应以德国模式为基础,结合中国社会现实进行设计。

总则的设立是德国模式的设计亮点,"其避免和减少了重复规定,达到立法简洁的目的"⑧,实现了整个民法典价值和内容的一致性,保持了法典的抽象性和开放性,是民法体系结构完整的重要体现。在很大程度上选择德国模式就意味选择设立总则,在这一点上选择德国模式的学者基本达成共识。⑨

"法典化的灵魂在于体系化"⑩,体系化要求民法典可以根据某"中心轴"富有逻辑地展开各项具体制度和规范⑪。法律关系作为社会生活现象的高度抽象和全面概括、作为构建民法规范的逻辑性和体系性基础,适应了民法的发展需要,揭示了民法调整社会关系的基本方法,⑫应成为我国民法典编纂的中心轴,笔者对其观点表示赞同。

综上可知,本文讨论的前提是:当下我国应制定民法典,并选择以德国模式为基础结合中国国情与理论实践经验加以改良的结构模式,在该结构模式下应设立总则,并以法律关系为民法典编纂的中心轴。在以上前提的共识之上,我们便可以展开对于我国民法典主体制度的立法设计讨论。

---

⑦ 凌斌:《编纂民法典:民族生活的法律归宿》,载《中国法律评论》2014年第12期。

⑧ 王利明:《中国民法典学者建议稿及立法理由·总则编》,法律出版社2005年版。

⑨ 目前我国学者对于我国民法典总则设计的主张有设立"大总则"与"小总则"之分。所谓大总则是指,王利明、梁慧星、杨立新等教授坚持的,以德国潘德克顿法学的总则体系为模式,他们主张规定基本原则、自然人、法人、权利客体、法律行为、代理、消灭时效、期日、期间等内容。小总则就是相对传统的以德国潘德克顿法学的总则结构抽取部分内容,形成序编或小总则,主要主张为徐国栋教授、陈小君教授,实际上他们选择的是荷兰民法典模式,而荷兰民法典没有设立德国模式意义上的总则,基本可以归为人法—物法的法国模式。可参见韩松:《论我国未来民法典总则编结构》,载《当代法学》2012年第4期。

⑩ 王利明:《法律体系形成后的民法典制定》,载《广东社会科学》2012年第1期。

⑪ 根据学者整理,关于民法"中心轴"有三种学说,其一为意思表示说,该说认为意思表示和意思自治贯穿民法的各个领域和环节,民法典应以此作为核心加以构建;其二是民事权利说,赞同该说的我国学者认为民法应以人为本、以权利为中心、以责任为手段对社会关系进行调整,所以民法典应构建人—权利—责任的结构;其三为法律关系说,该说以法律关系为基础构建民法典体系,又被称为"萨维尼编排法",潘德克顿学派将其运用到了法典之中,构建了潘德克顿体系结构。王利明:《中国民法典学者建议稿及立法理由·总则编》,法律出版社2005年版。

⑫ 王利明:《民法典体系研究》,中国人民大学出版社2012年版,第245-247页。

二、问题之提出

（一）我国民事主体制度的立法现状

从上可知，以法律关系作为中心轴构建民法典要求民法典设立总则，并在总则中体现法律关系的基本要素：主体、客体、法律行为和责任。民事主体是民事法律关系主体的简称，是指“参与民事法律关系、享有民事权利、负有民事义务和承担民事责任的人”⑬。我国民事主体制度在现行立法中呈分散不明的状态，主要有以下体现：

1.《民法通则》中的民事主体

1986 年《中华人民共和国民法通则》（简称《民法通则》）第 2 条规定：“中华人民共和国民法调整平等主体的公民之间、法人之间、公民和法人之间的财产关系和人身关系。”虽然当时对于自然人的表述还不规范，但自然人、法人的二元主体结构已然明朗。这是对传统大陆法系主体制度的继受，而大陆法系主体制度的设计前提是区分公法与私法，民法是典型的私法。

2.《合同法》中的民事主体

1999 年《中华人民共和国合同法》（简称《合同法》）第 2 条规定：“本法所称合同是平等主体的自然人、法人、其他组织之间设立、变更、终止民事权利义务关系的协议。”由此可见，我国《合同法》赋予了自然人、法人和其他组织三类主体以自己名义设立、变更、终止合同的权利能力，“其他组织”似乎也被纳入了民事主体的范畴⑭。与此相呼应的是，《中华人民共和国民事诉讼法》（以下简称《民事诉讼法》）也设计了相同的三元民事诉讼主体⑮，这就有效解决了我国民事主体与民事诉讼主体有限分离⑯带来的问题，在实现全力保障、解决民事纠纷和维护社会稳定方面起到积极作用。然而，也有学者对此持反对意见，认为“其他组织”能够以自己的名义签订合同或者参加诉讼并意味着

---

⑬ 魏振瀛：《民法（第 5 版）》，北京大学出版社 2013 年版，第 32 页。

⑭ 此处要说明的是，其他组织、非法人组织和非法人团体等概念在内涵外延上大致相似，有区别之处学界仍无通说定论，故笔者在本文中将其视为同一概念。

⑮ 《中华人民共和国民事诉讼法》第 3 条规定：“人民法院受理公民之间、法人之间、其他组织之间以及他们相互之间因财产关系和人身关系提起的民事诉讼，适用本法的规定。”

⑯ 谭启平：《民事主体与民事诉讼主体有限分离论之反思》，载《现代法学》2007 年第 9 期。

其具有民事主体地位,并强调民事主体必须拥有独立财产的"实质意义上的民事主体"的概念⑰。但是笔者认为,该观点有循环论证之嫌疑:其他组织不具备独立财产,是《民法通则》持二元主体论的结果,即因为其他组织不是法定的民事主体所以不具备独立财产;如此再用其不具备独立财产试图来论证其不是民事主体显然是不科学的。随着社会经济的发展,其他组织在组织、行为、财产各个方面的独立性日益增强,法律已然不能忽略对这类社会存在行为的调整,这也是《合同法》将其与自然人、法人并列的重要原因。所以笔者认为,我国《合同法》已然确立了自然人、法人和其他组织的三元民事主体结构。

3.《物权法》中的民事主体

2007 年《中华人民共和国物权法》(简称《物权法》)第 4 条规定:"国家、集体、私人的物权和其他权利人的物权受法律保护,任何单位和个人不得侵犯。"该条在问世以来便因模糊、非法律化的分类饱受非议。《物权法》企图将所有制类型主体与民法主体进行对应的做法,必然会带来民法主体制度的混乱。其他组织和集体是何关系?私人是否仅仅指代自然人和法人?这些都是该种做法带来的又存在很大争议的问题。同时,《物权法》第 1 条使用了"权利人"概念⑱,但未对该概念的具体范围和类型进行明确,这被学者称为"中国物权法最为敏感的一根重要神经"、《物权法》"触之必痛的软肋"⑲。对于"权利人"的理解,在《物权法》的起草过程中并未达成一致,"自然人、法人","自然人、法人、其他组织","国家、集体、私人"等建议均有一定道理但也有其不足,所以全国人大法工委认为该问题可以在制定民法典总则的时候再予以明确⑳,于是立法逃逸就此促成。所以我们可以认为目前我国《物权法》中的民事主体尚未明确,这个问题在民法典编纂的过程中必须予以解决。

---

⑰ 尹田教授在《物权主体论纲》(载《现代法学》2006 年第 3 期)中表明:民事主体必须是权利义务的独立承受者,其他组织因为不具有独立财产(法人分支机构的财产是法人财产的一部分,合伙组织的财产则为合伙人共有),所以其他组织并不是实质意义上的民事主体,其作为合同主体所获得债权债务以及因诉讼所获得之权利义务实质归属于他人。

⑱ 《中华人民共和国物权法》第 1 条规定:"为了维护国家基本经济制度,维护社会主义市场经济秩序,明确物的归属,发挥物的效用,保护权利人的物权,根据宪法,制定本法。"

⑲ 尹田:《物权主体论纲》,载《现代法学》2006 年第 3 期。

⑳ 尹田教授在《物权主体论纲》(载《现代法学》2006 年第 3 期)中表明可参见《全国人大法律委员会关于〈中华人民共和国物权法(草案)〉修改情况的汇报》,十届全国人大常委会第十八次会议文件(十二)。

4.《婚姻法》《继承法》和《侵权责任法》中的民事主体

1981 年《中华人民共和国婚姻法》(简称《婚姻法》)第 2 条规定:“保护妇女、儿童和老人的合法权益。”由此可以确定《婚姻法》以自然人为民事主体。1985 年《中华人民共和国继承法》(简称《继承法》)第 1 条规定:“根据《中华人民共和国宪法》规定,为保护公民的私有财产的继承权,制定本法。”看似也是以自然人为单一民事主体,但该法第 32 条规定了国家和集体的继承㉑,如上所述,“集体”的民事主体地位尚存争议,所以《继承法》相当于确立了自然人和国家二元民事主体结构。而 2009 年《中华人民共和国侵权责任法》(简称《侵权责任法》)则适用于所有民事主体㉒。

(二)立法现状之于民法典编纂的障碍

通过对我国现有立法的梳理不难发现,我国现有民事主体立法对于民法典的编纂主要有三层障碍:

1. 民事主体的外延不明确。所谓民事主体的外延,讨论的是民事主体有哪些问题,具体到每一个社会存在则是在讨论该社会存在是否有资格成为法律上的民事主体问题。这里必须要明确的是,要成为民事主体并不要求该社会存在被法律赋予全面的权利能力,只要其被赋予某一个方面的权利能力即可。根据我国现行立法,自然人和法人的民事主体地位自不待言,其他组织的主体地位也通过《合同法》得以确认(但其他组织本身的内涵还未明确),只有国家的民事主体地位尚未明确。㉓

2. 各民事主体的权利能力界定不明。除了自然人有较为全面的权利能力外,法人、其他组织和国家的权利能力都有一定程度上的模糊性。

3. 权利能力不同的民事主体在民法典中如何组合。首先,有学者认为现

㉑ 《中华人民共和国继承法》第 32 条规定:“无人继承又无人受遗赠的遗产,归国家所有;死者生前是集体所有制组织成员的,归所在集体所有制组织所有。”

㉒ 《中华人民共和国侵权责任法》第 1 条规定:“为保护民事主体的合法权益,明确侵权责任,预防并制裁侵权行为,促进社会和谐稳定,制定本法。”

㉓ 江平教授在 2014 年 11 月北京航空航天大学法学院和台湾政治大学法学院联合举办的第四届两岸民商法前言论坛上曾指出:“明眼人一眼就可以看出来,在《物权法》的体系中,物权的主体和我们《民法通则》或者说和我们(未来)整个民法典的主体不一致。《民法通则》讲的是自然人、法人,而《物权法》讲的是国家、集体和私人。国家、集体和私人怎样把它纳入自然人与法人的范畴呢?国家作为一个特殊的主体,我们也没有法律的规定。”

行立法中民事主体存在的差异是民法典制定工作中存在的比较突出的矛盾。㉔

三、国家作为民事主体

上述三个问题在逻辑上层层递进,要讨论我国民事主体制度的立法设计,首先要解决我国民事主体的外延问题。国家作为一个特殊的社会组织,一方面,目前我国对于国家的民事主体地位尚未有系统的立法确认,更遑论对国家民事权利能力的清晰界分;另一方面,随着市场经济的发展与社会治理方式的改进,加之我国的国体政体性质,国家已然作为民事主体行走于我国民法社会多年,这样的立法滞后显然应该引起我们的足够重视。

(一)分析思路之确定

谈及国家作为民事主体的问题,目前学界的分析思路一般有两种:

一种是标准分析型。其基本思路是:首先,梳理国内外关于主体制度的相关学说,其次,作者根据自己的认识判断整理出一个民事主体的确立标准,然后再以此作为尺子去衡量国家是否符合这个标准,从而得出国家是否是民事主体的结论。这种思路总体上较为清晰,逻辑严谨。其弊端在于:第一,学说梳理无法保证全面准确,因为学说梳理的质量和作者检索的文献范围与作者自身水平等因素密切相关,不易量化。第二,即使相关学说梳理相对全面准确,但从学说到标准的形成是一个信息筛选取舍的过程,主观性很强,所以这样形成的标准有很强的个人色彩,科学性较难保证。

另一种是利益衡量型。其基本思路是:首先假设国家作为民事主体,然后从权利保护、社会发展、理论架构等方面考察国家作为民事主体的优势和劣势,最后比较优劣得出国家是否该成为民事主体的结论。该思路相较于第一种而言考察得更加全面,但是其弊端在于:第一,逻辑性不如前者;第二,一个社会存在成为民事主体应该考察哪些方面没有定论;第三,优劣的判断标准很多时候是价值判断。

笔者认为,上述两种论证方法已然较为科学,但除上述问题之外,仍存在两个重要问题:其一,这两种思路的论证顺序与现实事物发展的顺序是不一致

㉔ 江平:《关于中国民法典编纂的几点思考》,载公众号"蓟门决策",http://mp.weixin.qq.com/s?__biz=MzA5OTE3NjEwMw==&mid=211236877&idx=3&sn=b1a52ae8ef10ac4a2aafec3aa1907be5#rd,2014年11月25日访问。

的。从本质上讲，社会存在成为法律上的民事主体，是法律对其进行确认的结果。所以一般顺序应该是先有行为后进行法律确认。㉕ 其二，这两种正向的思维容易不自觉地陷入先有结论再进行论证的陷阱，对现实情况进行有取舍的评价考察。国家的民事主体地位确定是现实倒逼立法的结果，所以笔者认为分析国家的民事主体地位问题，应运用逆向思维，先立足我国立法现状全面梳理事实后再作进一步分析。

（二）国家作为民事主体的立法现状

早在十年前，学界就有学者对国家作为民事主体的现实情况做过较为详尽科学的梳理㉖，以下笔者结合现行立法再次予以明确。

1. 物权领域中的国家

在物权领域，国家所有权制度的明确，是国家在物权法律关系中享有权利负担义务的重要体现。我国《民法通则》第 73 条、第 79 至 81 条，《物权法》第 4 条、第 41 至 57 条，《煤炭法》第 3 条，《海岛保护法》第 4 条和《企业国有资产法》第 1 至 4 条等都明确了国家所有权。在我国，国家所有权的范围主要有：国有土地、自然资源和其他财产利益三类，国家所有权由国务院代表行使。

2. 合同领域中的国家

目前我国对国家在合同领域的主体地位并未有法律进行确认，但有学者认为，国家在合同领域作为民事主体主要在国债、政府采购、工程招标和为实现公共职能签订的合同方面得以显示㉗。国债是国家公债的简称，是国家直接作为合同主体的体现，而我国在国债方面的立法仍处于滞后状态，只有部分行政法规、规章对其具体实施进行规制，且多属经济法领域。㉘ 而政府采购、招标、行政合同是否能作为国家作为民事主体的佐证，学界意见不同。其中反对者的理由主要有二：一是，该类合同属于行政合同，与民事合同性质上有明显差别，故不能说明其具备民事主体地位，只能说明其具备行政主体地位；二是，即使行政合同仍在合同的框架之内，合同当事人是有关政府，而政府是独

㉕ 当然，立法机关也可以出于某种特定目的先用法律确认某类社会存在的主体身份，该类社会存在再开展行为。

㉖ 马俊驹，宋刚：《民事主体功能论——兼论国家作为民事主体》，载《法学家》2003 年第 6 期。

㉗ 马俊驹，宋刚：《民事主体功能论——兼论国家作为民事主体》，载《法学家》2003 年第 6 期。

㉘ 李泽华：《国债法律制度研究》，中国政法大学博士论文，2011 年。.

立的机关法人，与国家相对独立。而支持者认为政府是在签订该类合同，是其行使国家赋予的权力的必然要求，政府只是名义上的民事主体，本质上的民事主体还是国家，根据笔者理解这种观点认为其关系类似代理。然而笔者更为认同前者的观点：第一，法治的不断深入让我们对于国家与政府二者的区分更为明确，我国现行法律确定政府为机关法人，是独立的民事主体㉙，政府订立合同与国家订立合同不具有等同性；第二，政府的权力来源并不同于民法中的委托，其行政的独立程度也不同于代理人的独立性，所以笔者认为，在合同领域，国家作为民事主体主要表现在国债方面，该观点也被部分教材所认同㉚。

3. 其他法律领域中的国家

我国《著作权法》第19条、《继承法》第32条分别规定了国家作为主体对著作权和遗产的获得，在某种程度上这是国家所有权在知识产权和继承领域的延伸。

我国《侵权责任法》适用于所有民事主体，2012年修正后的《国家赔偿法》第2条贯彻了《侵权责任法》的精神㉛，这似乎成为国家作为民事主体承担侵权责任的有力证明。对此，部分学者与笔者存在质疑㉜。

讨论该问题应分两步：第一步，辨析国家赔偿与民法上的侵权赔偿有无差别。对于该问题大陆法系与英美法系有认识差异，在主张公私法分野明晰的

㉙ 行政机关是否应该作为独立法人存在争议。有学者认为国家行政机关等公共机构不应具有民事主体地位，其主要原因正如上文“支持者”所述，行政机关签订该类合同，本质上是为了行使行政权力，源头上是国家授权，所以行为效果应该归属于国家，而非机关本身。其次，从比较法的角度，当前除了我国大陆和俄罗斯通过民法规定了公共机构的法人化之外，没有更多立法例支持。（参见张建文：《作为法主体之国家：理论、实践与批判——以国家的民事主体地位为中心》，载《经济法基础理论》2010年下刊）笔者认为，国家与其他机关民事主体地位的确定应该在统一的国家理论下展开论证，且二者应该有配套关系。如果按照行政机关本质行使国家权力的理论，那么在行政合同领域，国家作为独立主体则行政机关不应享有独立人格，反之亦然。然而，我国现行法已然确定了行政机关的独立法人地位，所以在该领域，国家并非民事主体。

㉚ 魏振瀛：《民法（第5版）》，北京大学出版社2013年版，第32页。

㉛ 《中华人民共和国国家赔偿法》第2条规定：“国家机关和国家机关工作人员行使职权，有本法规定的侵犯公民、法人和其他组织合法权益的情形，造成损害的，受害人有依照本法取得国家赔偿的权利。”

㉜ 欧林武：《宪政视野下国家赔偿主体分析》，载《湘潭师范学院学报（社会科学版）》2007年第3期；石晨阳：《国家作为民事主体的问题探讨》，西南政法大学硕士论文2007年。

大陆法,主张国家国家赔偿是公法性质;而在更注重实用主义的英美法系,则认为二者不应有性质的差别;我国学者则提出"兼容说"的观点㉝。对此笔者更赞同英美法系的观点,随着社会法治程度的提升,公私法分野的日益模糊已逐步成为两大法系的共识㉞;即使有公私法的分别,也应该区分行政行为和损害赔偿,前者是公法意义上的行为,而因行政行为侵权造成的后果与一般主体侵权造成的后果在民法意义上别无二致,人为因主体具备一定的公法上的属性就将损害赔偿的性质作特殊规定并无意义。第二步,辨析即使国家赔偿是民法意义上的赔偿,是自己责任还是替代责任㉟。替代责任是指:"责任人为他人的行为和为人的行为以外的自己管领下的物件所致损害承担的侵权赔偿责任形态。"㊱其一般适用于特殊侵权领域,表现为侵权人与责任人的分离,且侵权人的一般行为能力有限或人格会被责任人吸收。但是在我国,国家机关作为独立的机关法人,具有完全行为能力,而且对我国《国家赔偿法》赔偿义务机关部分进行文义解释,可以得出我国的国家赔偿实际是国家机关的赔偿。㊲

通过以上分析,笔者认为,由于我国国家机关为独立机关法人,所以国家赔偿并不能成为国家作为民事主体承担民事责任的依据。当然,这与传统国家赔偿理论和相关行政法理论有所背离,但确实是我国立法现状下能得出的

㉝ 石晨阳:《国家作为民事主体的问题探讨》,西南政法大学硕士论文 2007 年,转引肖峋:《论国家赔偿法的法律地位》,载《行政法学研究》1993 年第 1 期。

㉞ 张建文:《作为法主体之国家:理论、实践与批判——以国家的民事主体地位为中心》,载《经济法论丛》2010 年第 2 期。

㉟ 有学者指出,此处的替代和自己是相对于国家而言的,即替代责任是国家替代公务机关或公务员承担侵权责任;自己责任是国家为自己的过失承担责任。对此日本主流学说认为是替代责任,我国台湾地区也有学者支持此观点;而法国、英国主流以及日本、我国台湾地区少数观点,认为是国家的自己责任。(可参见石晨阳:《国家作为民事主体的问题探讨》,西南政法大学硕士论文 2007 年)但这与我国现行的《国家赔偿法》内在要求并不协调。

㊱ 杨立新:《侵权责任法》,法律出版社 2011 版,第 139 页。

㊲ 《中华人民共和国国家赔偿法》第 7 条规定:"行政机关及其工作人员行使行政职权侵犯公民、法人和其他组织的合法权益造成损害的,该行政机关为赔偿义务机关。两个以上行政机关共同行使行政职权时侵犯公民、法人和其他组织的合法权益造成损害的,共同行使行政职权的行政机关为共同赔偿义务机关。法律、法规授权的组织在行使授予的行政权力时侵犯公民、法人和其他组织的合法权益造成损害的,被授权的组织为赔偿义务机关。受行政机关委托的组织或者个人在行使受委托的行政权力时侵犯公民、法人和其他组织的合法权益造成损害的,委托的行政机关为赔偿义务机关。"

恳切结论。

(三)国家民事主体地位之确定

经过上述分析,我们可以确定,我国已经通过立法逐步确立了国家的主体地位,只是尚未系统明确。

就此需要说明的是,作者得出此结论,绝非建立在因为国家在社会现实中已然在物权、合同(国债)、知识产权和继承领域客观扮演着权利义务的承担者的角色,所以可以当然地获得民事主体的资格的逻辑上。因为法律是统治阶级意志的反映,通过赋予社会关系参加者(社会存在)权利义务的方式实现对社会关系的调整㊳。“它比其他社会科学的高明之处在于:它能使人非人,也能使非人成人。”㊴所以,即使国家已然在某些领域事实上承担权利、履行义务,也要经过法律认定才会获得民事主体资格。然而,上述立法例正是我国法律对于国家作为民事主体的逐步确认的表现。

是否将国家确认为法律上的民事主体,总体上是综合分析、利益衡量的过程。在此过程中,必然会对国家的性质、主体的确立方式以及将国家作为民事主体的利弊进行考察。

1. 国家的性质。国家实质上是符合特定条件的组织形式,其性质即国家的本质㊵,一般被政权的阶级本质、经济基础和精神文明所影响。我国是人民民主专政的社会主义国家,国家所有权制度㊶很大程度上保证了某些具有公共性的自然资源得以被每个公民公平、平等地掌控㊷,这是社会主义的优势,也是是否将国家确认为民事主体必须考虑的因素。

2. 民事主体的确立方式。民事主体的确定方式解决的是一个社会存在因为何种原因达到何种标准可以被法律确定为民事主体的问题。当下笔者比较赞同的学说有两种:第一种是民事主体功能论㊸,即将“特定功能的实现”作为

㊳ 朱景文:《法理学(第3版)》,中国人民大学出版社2015年版,第26页。

㊴ 彭诚信:《论民事主体》,载《法制与社会发展》1997年第3期。

㊵ 焦洪昌:《宪法学(第5版)》,北京大学出版社2013年版,第161-162页。

㊶ 国家所有权的性质问题已被学者充分讨论,对其公法私法性质的界定已然确立在公法私法明晰二分的基础上,而公法私法的交互发展日益密切,所以用“国家所有权时公法性质的支配权”来证明国家不是民事主体的逻辑,笔者不予认同。

㊷ 肖泽晟:《宪法意义上的国家所有权》,载《法学》2014年第5期。

㊸ 马俊驹,宋刚:《民事主体功能论——兼论国家作为民事主体》,载《法学家》2003年第6期。

赋予某一类社会存在民事主体地位的衡量依据。第二种,笔者将其称之为民事主体价值论[44],即探求赋予某一社会存在民事主体资格的价值追求在何处。在这两点上国家作为民事主体已然符合。

3. 国家作为民事主体的利弊分析。目前,学界对于国家作为民事主体持反对意见的学者的主要担忧在于国家具备公私法双重身份,具有立法权的国家可以"既当运动员又当裁判员"[45],从而侵害公民利益。对此我们感到疑虑,已经有学者从国家二元身份之质疑、公私法的界分不足、国家民事主体价值追求分析以及主体平等的内涵理解等角度进行了充分论证,基本可以消除[46]。在此笔者想要强调的是,在分权制衡的现代国家,肆意立法已然不像想象中的那般简单。全国人民代表大会及其常务委员会的立法权限、程序、内容均在我国《立法法》中作出了明确规定,并随着国家法治水平的提高得到越来越严格的落实,明确的权限、严格的程序、充分的论证都使国家企图肆意立法显得困难。而且即使我国现在在这方面还存在一些不足和隐患,那么也应该求治于社会法治程度的提高而非因噎废食地否定国家的主体地位。

通过上述分析,我们可知在我国国家应该而且已经逐步被立法确认为民事主体,且并非传统意义上的公法人地位[47],其权利能力主要体现在物权(国家所有权)、合同(国债)、知识产权和继承领域。

四、权利能力差异下的四元双层模式

如上文论证,我国民事主体外延应包括自然人、法人、其他组织和国家四元。

(一)现有建议稿对民事主体制度的设计方案[48]

1. 王利明教授版设计模式

㊹ 张建文:《作为法主体之国家:理论、实践与批判——以国家的民事主体地位为中心》,载《经济法论丛》2010年第2期。

㊺ 石晨阳:《国家作为民事主体的问题探讨》,西南政法大学硕士论文2007年。

㊻ 张建文:《作为法主体之国家:理论、实践与批判——以国家的民事主体地位为中心》,载《经济法论丛》2010年第2期。

㊼ 传统上对于法人民事主体地位的界定有法人说和特殊主体说两种。前人之述备矣,在此不多赘述。学者对于其非法人地位的论证也较为充分。(可参见尹田:《民法典总则之理论与立法研究》,法律出版社2010年版)

㊽ 鉴于本文讨论的前提是选择德国模式为基础,所以在此仅总结在德国模式下展开的两版较有影响的建议稿。

王利明教授版[49]的总则编共有一般规定、自然人、法人、合伙、民事权利客体、法律行为、代理、诉讼时效、期间与期日和民事权利的行使和保护十章。民事主体制度除第2条在调整对象中予以明确之外[50]，具体规则集中体现在第二章自然人（第15条至第63条）、第三章法人（第64条至第112条）和第四章合伙（第113至127条）之中。如上文所述，该版建议稿认为国家应该作为一种公法人而存在，坚持法人实在说中的组织体说，持三元民事主体观点。在分则部分，每一编的开头基本保持了现有立法的原貌，并没有统一规定该领域的民事主体为何，部分民事主体权利能力界定不明的问题依然存在。在人格权部分，该版建议稿对民事主体运用了“权利人”的模糊概念[51]；在婚姻法部分，该版建议稿仍然没有明确单一的自然人主体地位[52]；在继承法部分，该版建议稿中国家成为继承主体的问题仍然没有得到明确[53]；在物权法部分，该版建议稿同样运用了“权利人”的模糊概念[54]；在债权部分，该版建议稿运用了更具债法特色的“特定当事人”概念，并未揭示其内涵[55]。

2. 梁慧星教授版设计模式

梁慧星教授版[56]的总则编共有一般规定，自然人，法人、非法人团体，权利客体，法律行为，代理，消灭时效和期日、期间八章。民事主体制度除第2条在调整对象中予以明确之外[57]，具体规则集中体现在第二章自然人（第11条至

---

[49] 该版是指王利明主编，《中国民法典学者建议稿及立法理由》，法律出版社2005年版。

[50] 该版建议稿第2条规定：“中华人民共和国民法调整平等主体的自然人、法人和其他组织之间的人身关系和财产关系。”

[51] 该版建议稿第291条规定：“人格权，是指权利人依法固有的、以自身的人格利益为客体、为维护主体的独立人格所必备的权利。”

[52] 该版建议稿第391条规定：“夫妻间、父母子女间、其他家庭成员间，各依其亲属身份，按照本编的规定互享法定的权利，互负法定的义务。”

[53] 该版建议稿第530条规定：“本法所称的继承，指按照法律规定或者遗嘱指定将自然人死亡时遗留的个人合法财产转移给其近亲属承受的法律制度。”

[54] 该版建议稿第667条规定：“物权，是权利人直接支配并排除他人干涉的权利。”

[55] 该版建议稿第1148条规定：“债是因法律行为或法律的直接规定，在特定当事人之间产生的请求为特定给付的权利义务关系。”

[56] 该版是指梁慧星主编，《中国民法典草案建议稿附理由》，法律出版社2013年11月版。

[57] 该版建议稿第2条规定：“本法调整自然人、法人和非法人团体之间的人身关系和财产关系。”

第59条)和第三章法人、非法人团体(第60条至第98条)中。如上文所述,该版除了第2条进行了总括性的说明以外,对于国家的民事主体地位作了回避处理。在分则部分,该版建议稿同样没有完全明确各编的民事主体。由于该建议稿人格权内容涵盖在了自然之部分没有独立成编,故从亲属部分开始梳理。在婚姻法部分,该建议稿也没有直接明确自然人的单一主体地位[58];在继承法部分,该建议稿也没有明确国家作为继承主体的存在[59];在物权法部分,该版建议稿直接对民事主体的范围采取回避态度,连"权利人"的模糊概念也未使用[60];在债权部分,合同法部分直接没有民事主体的规定,在侵权责任部分,直接使用了"民事主体"的表述[61]。

(二)我国民事主体的权利能力

1. 权利能力差异属正常现象

"权利能力"这一概念学界通说来源于德国民法,是指一个人作为法律关系主体的能力,也即作为权利享有者和义务承担者的能力(或称资格),[62]是德国民法为了将法人纳入人法体系而创设的与"人格"概念基本等同的法律概念。[63] 本质是法律赋予某一社会存在得以在某些领域成为民事主体的资格。由于主体本身特点不同、各领域法律关系的性质不同,无论从主观还是客观,无论从主体功能论的角度,还是从主体价值论的角度,不同民事主体之间存在权利能力的差异是都是必然且正常的。最典型确定无疑的例子就是法人不具备在婚姻法领域的权利能力。

---

[58] 该版建议稿第1716条规定:"本编调整夫妻之间、父母子女之间及其他近亲属之间的人身关系和财产关系。"

[59] 该版建议稿第1933条规定:"本法所称的继承,是指自然人死亡时其法律规定范围内的亲属按照死者生前所立的合法有效的遗嘱或者法律的规定取得死者所遗留的个人合法财产。"

[60] 该版建议稿第234条规定:"物权是指直接支配特定的物并排除他人干涉的权利。"

[61] 该版建议稿第1605条规定:"民事主体的人身或者财产受到损害的,有权依据本编的规定请求可规则的加害人或者对损害富有赔偿或者其他义务的人承担民事责任。"

[62] 江平:《民法(第2版)》中国政法大学出版社2011年版,第46页,转引[德]卡尔·拉伦茨:《德国民法通论》,王晓晔等译,法律出版社2003年版,第119-120页;[德]迪特尔·梅迪库斯《德国民法总论》,邵建东译,法律出版社2000版,第781页;王泽鉴:《民法概要》,中国政法大学出版社2003版,第47-48页。

[63] 付翠英:《人格·权利能力·民事主体辨思——我国民法典的选择》,载《法学》2006年第8期。

2. 我国民事主体的权利能力差异

在国家作为独立民事主体的前提下，根据我国现有立法和学界观点（括号中为学界观点），我国民事主体权利能力的差异如下表所述：

	人格权	婚姻	继承	物权	合同	侵权责任
自然人	有	有	有	有	有	有
法人	无定论	无	无	有	有	有
其他组织	无定论	无	无	无定论	有	应该有
国家	无定论	无	无	有	有（国债）	无定论

（三）“四元双层”模式的设计与解读

再次强调，只要某一社会存在被法律赋予了某一特定领域的权利能力，便可成为民事主体，正所谓“民事主体，就是民事权利能力的主体。”[64]如上所述，目前我国民法中的民事主体有自然人、法人、其他组织和国家四元。

所谓双层模式是指，在民法典的总则部分明确我国确立四元民事主体结构，在分则部分每一编的开头部分再用单独条文在该领域具备权利能力的主体类型。

这样设计的原因在于：首先，总则中应该体现民事主体的并集。虽然有学者提出总则中应该体现“各种法律关系中有共性的内容”[65]，但是笔者认为，这是民事主体要素得以立足于总则的原因，而具体到民事主体的内容设计则应该明确，总则中应该体现的是民事主体的并集，即所有具备民事主体资格的社会存在都应该在总则中予以明确，否则总则中的民事主体就只剩下了“自然人”一个。其次，必须正确对待各民事主体在权利能力上的差异。这是必然正常的社会现象，应将其现实情况在法律上进行客观真实的反映，不应为了过分追求所谓的体系严密人为地以某些社会存在在某些领域缺乏权利能力为理由而否定其民事主体的地位。因为，即使在《民法通则》二元主体的结构下，民事主体权利能力差异的现实依然存在（法人在亲属法领域依然不具备权利能力），所以将民事主体权利能力差异视为民法典制定过程中的内在矛盾是没有理由的，民法典没有必要强求主体权利能力的统一，更不应该以此为由否定国家或其他组织的主体地位。再次，双层的结构设计更符合人们的一般认

---

[64] 王利明：《中国民法典学者建议稿及立法理由·总则编》，法律出版社2005年版，第120页。

[65] 王利明：《民法典体系研究》，中国人民大学出版社2012年版，第250页。

知过程。社会发展过程中行业性领域性的加强、民法典分则按照权利类型进行编排和人们对于事物易进行类型化的分析的习惯共同促成了当法律关系形成、变动或消灭时，人们更容易对特定领域的有关法律进行纵向认知。以国家所有权为例，当发生此种物权法律关系时，如非经过特殊训练，人们会更倾向于在物权编相关部分寻求相关法律支持，而非对抽象的总则部分进行检索。所以无论是民众全面准确地学习民事主体制度还是法官在法律适用的过程中，双层的设计都更符合人们的认知习惯，更利于法律的普及。

综上，“四元双层”的主体制度设计，明确了民事主体的外延及权利能力，并秉持实事求是的精神面对民事主体权利能力存在的差异，逻辑清晰，层次明确，有利于提升法律的现实调整功能和公民的权利保护。

The Legislative Design of the Civil Subject System of China's Civil Code

——State as Civil Subject

Abstract: The Civil Code of China is required, which should draw lessons from the German model and improve with China's actual situations. Our civil code should establish general rules and be compiled regarding legal relations as the center axis. From the point of current legislation ,our system of civil subject is decentralized and not clear. That extension of the civil subject is not clear, legal capacity of different civil subject is not clear and how those civil subjects harmonize each other in the civil code blocked the civil codification . Gradually, the state has been established as the civil subject in civil legislation in our country. The possible risks from the state which has been established as the civil subject should be solved by seeking treatment from the improvement of the rule of law. Legal capacity of the state mainly concentrated in Property (State Ownership), Contract (National Debt), Intellectual Property and Inheritance. Civil subject system in China should choose 4bodies –2layers structure, which lists all the subjects in the general rules and lists the subjects that have legal capacity in special field again with separate articles in the specific provisions.

Key words: Civil Code; Structure Mode; Civil Subject; The State; 4 bodies –2layers

（段　明）

环境侵权行为构成要件之解析

夏江皓*

摘　要：2015年6月实施的《最高人民法院关于审理环境侵权责任纠纷案件适用法律若干问题的解释》第1条第1款关于环境侵权行为构成要件的规定有待商榷。在环境侵权领域，应当为权利保护与行为自由划定一定界限，"国家保护环境防止污染的规定"可以作为这一界限。据此，违法性应当作为环境侵权责任的构成要件，这是立法的合理选择。对我国现行法的相关规定也可以作出相应的合理解释。此外，在环境侵权中，《侵权责任法》第24条、《物权法》第92条也有适用的空间。

关键词：环境侵权　权利保护　行为自由　立法论　解释论

引　言

基于我国环境污染和生态破坏日益严重，环境侵权纠纷案件日益增加，2015年2月9日最高人民法院审判委员会第1644次会议通过了《最高人民法院关于审理环境侵权责任纠纷案件适用法律若干问题的解释》（以下简称《解释》），2015年6月3日起《解释》正式施行。该《解释》的目的在于，结合《民法通则》《侵权责任法》《环境保护法》等法律的相关规定，正确审理环境侵权责任纠纷案件。

但基于环境侵权责任纠纷案件的特殊性和复杂性，对于环境侵权行为构成要件的认定及责任的承担，法律规定不尽统一，学界争议较大，不同法院对此问题作出的判决也大相径庭。《解释》的规定是否具有正当性？是否符合相关法律的目的和原则？能否起到统一司法实践中相关法律适用问题的作

---

* **作者简介：**夏江皓（1991—），女，云南人，北京大学法学院民商法学硕士研究生。

用？这些问题都有待我们进一步深入分析和讨论。

本文拟从《解释》的相关规定①出发，以是否将"违反国家保护环境防止污染的规定"作为环境侵权责任的构成要件为主线，讨论与之相关的环境侵权责任的构成要件、归责原则和责任承担方式。本文的逻辑顺序是：首先从立法论的角度出发，从应然层面讨论环境侵权责任应当如何设计才能更加公正合理；再从解释论的角度出发，回到我国现行法的相关规定，从实然层面讨论在立法不能达到最理想状态时，应如何对现行法进行解释与适用，才能得到一个相对合理的结论以解决我国环境侵权的责任问题；最后又回到立法论，对环境侵权相关制度的设计提出一些适当的建议。

一、环境侵权行为的界定

依据《民法通则》《侵权责任法》《环境保护法》及《解释》的相关规定，我们这里所说的"环境侵权"主要是指"环境污染侵权"。环境污染有广义、狭义之分：狭义的环境污染即"公害"，是指因产业活动或其他人为活动而破坏大气、水、土壤、海洋、安静稳定等自然环境，从而给不特定多数人的生命、身体、健康、财产或者其他民事权益造成损害的行为。② 除狭义的环境污染外，广义的环境污染还包括"私害"，"私害"是指环境污染行为，例如相邻关系人之间的环境污染行为，一方从事违反国家规定弃置固定废弃物，排放大气污染物、水污染物、噪声、光、电磁波辐射等有害物质等污染环境的行为，给他方造成损害的情形。③ 公害和私害的主要区别在于：受害人特定与否不同。公害是指环境污染造成了不特定多数人的损害，使公共利益受到损害，受害人不是特定的某一个或几个特定的人，而是大范围、不特定的人；私害是指环境污染造成了特定受害人的权益，例如生命权、健康权、财产所有权等的损害。

本文所讨论的环境污染造成的损害应当限定于特定民事主体的损害，即私害。因为从《侵权责任法》的一般原理来看，在环境侵权责任中，损害应当

① 最高人民法院关于审理环境侵权责任纠纷案件适用法律若干问题的解释》第1条第1款规定："因污染环境造成损害，不论污染者有无过错，污染者应当承担侵权责任。污染者以排污符合国家或者地方污染物排放标准为由主张不承担责任的，人民法院不予支持。"

② [日]原田尚彦：《环境法》，法律出版社1999年版，第3页。

③ 参见程啸：《侵权责任法教程》，中国人民大学出版社2014年版，第217页；许明月等：《公民环境权的民事法律保护》，西南师范大学出版社2005年版，第111页。

是对特定民事主体造成的损害，环境只是起到了媒介作用，环境污染行为人承担侵权责任的原因是其污染环境而使得特定人的民事权益受到了损害。环境污染直接对环境产生不良影响，不良影响又影响到了受害人的利益，并最终造成对受害人的损害。[④] 私害主要由《侵权责任法》《物权法》调整，受害人可依据《侵权责任法》《物权法》的规定要求加害人承担停止侵害、排除妨害、损害赔偿等责任；而就公害而言，基于保护人类生存环境、维持生态平衡的要求，迫切需要国家公权力的介入，进行事先的预防与事后的惩罚，全方位治理环境污染问题，正是由于这样的原因，环境保护法成为一个独立法律部门的呼声才越来越高。而本文的探讨则是基于环境污染造成私害的情况下，对环境侵权行为的分析。

二、立法论角度的考量

立法论角度主要关注的是应然的问题，即不受我国现行法律的制约，从应然的层面讨论：环境污染侵权行为是否应当包括"违反国家保护环境防止污染的规定"这一违法性要件？是否应当为行为人的行为自由与权利人的权利保护划定一定的界限？对上述问题，笔者的答案是肯定的，环境侵权行为应当包括"违反保护环境防止污染的规定"这一违法性要件。主要从以下几点进行论证：

（一）从对"反对违法性要件"观点的反思角度展开

环境侵权中适用无过错责任的归责原则有以下理论基础：第一，利益说。根据民法的公平正义精神，企业因生产而获得利益，应赔偿在获取利益的过程中因此对他人合法权益所造成的损害。第二，风险费分担说。当环境污染事故发生时，由污染者承担责任，相对于受害人处于更为有利的地位，可以利用其运营过程将损失计入经营成本中，转嫁给社会。[⑤] 第三，预防污染说。适用无过错责任有利于强化污染环境者的法律责任，促进其履行环保法律义务，严格控制和积极治理污染。第四，减轻受害人举证责任说。无过错责任有利于保护受害人的合法权益，减轻受害人证明加害人过错的举证责任，因为在污染

---

④ 张梓太：《环境法律责任研究》，商务印书馆2004年版，第67页。

⑤ 奚晓明：《最高人民法院法官阐释侵权法疑难问题》，中国法制出版社2010年版，第210页。

环境的案件中,受害人对加害人过错的举证通常是十分困难的。⑥

1. 对“利益说”的反思

反对违法性要件的一个理由是“利益说”,即企业因生产而获得利益,应赔偿在获取利益的过程中对他人合法权益所造成的损害,因此让合规排污的企业承担侵权责任符合所谓“利之所生,损之所归”的公平原理。

但仔细推敲下来,我们会发现“利益说”并不像我们想象的那么简单,它因为涉及对象过于宽泛而无法执行。表面上看,排污企业是因生产而获得利益的主体,但再往下走一步,我们会发现因生产而获利的并不仅仅是企业本身或者说是企业的投资者,按照企业链的理论,企业的员工、消费者、供货商以及当地经济形势,都是企业生产的获利者,若单单着眼于企业承担侵权责任则无法将企业生产的其他获利者考虑进来,而只让企业在合规排污的情况下也要承担责任,未免对企业过于苛责,有失公平。

2. 对“风险分担说“的反思

一种甚为流行的否认违法性要件的理由是“风险费分担说”,当环境污染事故发生时,由于相对于受害人来说,污染者处于更为有利的地位,其可以利用运营过程将损失计入经营成本中,从而转嫁给社会,因此污染者应当承担更严格的责任。

但问题在于,从经营实践来看,首先,就污染者个体来说,其无法预知污染给受害人带来的损害及相应的赔偿金额,因而要求其将该部分损失准确地计入经营成本中是根本无法实现的;其次,即使污染者作出了大体的估算或者在进行了实际的赔偿后,将该部分损失计入到了经营成本中,但经营成本转嫁给社会的过程是十分困难的,因为成本的提高意味着产品的价格随之增加,在市场化的竞争中造成的后果是企业的竞争力下降,盈利减少;最后,要求企业将环境污染的损失转嫁给社会,似有“拆东墙补西墙”之意,显失公平,制度设计的最终目的是推动社会的发展与运行,因“风险分担”而否认违法性要件的做法,有违此意。

3. 对“预防污染说”的反思

反对违法性要件的另一个“有力”理由是严格的责任有利于强化污染环境者的法律责任,促进其履行环保法律义务,从而严格控制和积极预防污染。第一,已经有实证调查数据显示,这一主张所假定的侵权法威慑效果在防范过

---

⑥ 张新宝:《侵权责任法原理》,中国人民大学出版社2005年版,第379页。

失行为和意外事故方面是很可疑的。[⑦] 第二，侵权责任领域具有突发性与不可预见性的特点，在产生侵权责任的场合，加害行为的危害后果很难被行为人事先预见而采取措施加以避免，这一现实不会因为行为人的注意程度提高而改变，因而不可能通过加重行为人的责任而预防这类风险的发生。第三，再进一步说，即使企业能够预见其污染行为的危害后果，但现实中很多企业的生产加工不可避免地会进行一定的排污行为，出于企业生存运营的需要，企业不可能停止排污，企业所能做的最大努力就是将排污限定在国家保护环境防止污染的标准和规定的范围内，以尽可能地减少对环境的污染，由此说来，违法性构成要件就显得相当重要了。

4. 对“减轻受害人举证责任说“的反思

由于受害人证明加害人具有过错或违法性是十分困难的，为减轻受害人的举证责任，而否认违法性要件的理由显然具有因噎废食之嫌。举证违法性可以通过专业的鉴定机构对加害人的污染行为进行鉴定，即可得出其是否符合排污标准的结论，我们在此尚且不论加害人举证的困难性，即使加害人的举证确如所言般困难，我们也可以通过举证责任倒置等规则设计加以解决，而不能让举证规则越俎代庖，否认作为衡量侵权行为构成要件的违法性要素，这将给环境侵权责任体系带来更大的危险。

(二)从侵权责任法基本范畴的角度展开

侵权法的基本范畴在于权利人的权利救济和他人的行为自由之间的冲突与协调，这是侵权法最基本的问题，是处理侵权法案件最根本的思考，整个侵权法都围绕其基本范畴展开。

在同一范畴内，权利保护与行为自由属于此消彼长的关系，所以在用侵权法的这一基本范畴视角解决问题时，最根本的就是要给权利保护和行为自由划定一定的界限。界限一边属于行为自由的范围，行为人可以自由行使自己的合法权益，获得财富的增加与生活的愉悦，由此造成的损害属于相对人需要容忍的范围；而超过界限就属于权利人权利保护的范围，法律认为给权利人造成的损害超过了其应当合理容忍的范围，因此行为人的行为将受到法律的制裁与负面评价。界限起到了规制和调节的作用，使得权利保护与行为自由存在于合理范围内，相互影响、相互补充。

---

⑦ 金自宁:《风险社会背景下的合规抗辩——从一起换进污染损害案例切入》，载《北大法律评论》2012 年第 2 期。

福克斯教授认为,德国法所基于的价值观是:当利益的维护与行为的自由发生冲突的时候,行为自由优先。行为自由对于个人发展其人格,特别是从事其职业来说是必要的。一个人因为他人的原因而发生损害,即使得不到补偿,却可以从行为自由的方面得到弥补。⑧

在社会生活中,每个人(包括自然人和法人)的行为都必然会涉及行为自由与权利保护两个方面,即使在某一事项上一个人因为他人的行为受到损害,而这种损害又恰好属于他人行为自由的范畴内,其不得不予以容忍而无法得到赔偿,但他可以从另一事项上自己同样获得法律保护的行为自由上得到弥补。在此意义上,行为自由有着极其重要的价值。

如果按照《解释》第1条第1款的规定,认为无论污染者有无过错,只要污染行为造成了损害,就应当承担侵权责任,即使排污符合国家或者地方排污标准也不能免责。这样的规定模糊了行为自由和权利保护的界限,明显压缩了行为人合法行使自己权利而他人需要合理容忍的空间,这将给行为人的行为自由造成极大的限制。

日常经验告诉我们,或大或小的损害时有发生,但并不是所有的损害都能归因于他人的行为,也并不是所有在损害可以归因于他人行为的时候,该原因行为都具有可指责性。如果由于机动车辆尾气排放造成空气污染而损害了道路邻近居民的健康权,就由此追究开车司机的侵权责任,而禁止其开车的行为,明显不具合理性,也不符合我们对于法律的预期,只会造成社会生活不必要的混乱与恐慌。

此外,不可忽视的是,应用现代科技的产业活动本身具有风险,有些重大财产甚至人身损害发生时,仅从过错程度而言,风险行为人往往和受害人一样"无辜",如果单纯只是站在受害人的立场,则对加害人明显有失公平。⑨ 况且,在处理环境污染侵权案件时,我们往往会有一个定式的思维误区,即认为污染者都是实力雄厚的大企业,而现实生活中,不是只有企业才是污染者,每个人都有可能成为污染者,污染是现代社会生活所不能避免的。如果只要出现污染造成的损害就要求污染者承担责任,那么许多合规经营、勤恳敬业的小

---

⑧ [德]马克西米利安·福克斯:《侵权行为法》,齐晓琨译,法律出版社2006年版,第2页。

⑨ 金自宁:《风险社会背景下的合规抗辩——从一起换进污染损害案例切入》,载《北大法律评论》2012年第2期。

企业可能因为对受害人的巨额赔偿而破产，许多在社会生活中行为合法的公民将承担不必要的民事责任。要彻底根除污染，就要放弃现代生活[10]，就要放弃经济的合理发展，就要限制公民的合法行为，这并非我们所追求的合理结果。

（三）从公私法衔接——合规抗辩角度展开

有观点认为，国家或地方规定的排污标准只是判定污染行为是否会受到行政处罚的标准，而与行为人是否承担侵权责任无关，在公法上受到积极评价的合规行为，却可能在侵权法上受到否定性的评价。正如原国家环境保护局在批复中所指出的：承担污染赔偿责任的法定条件，就是排污单位造成环境污染危害，并使其他单位或者个人遭受损失，至于国家或者地方规定的污染物排放标准，只是环保部门决定排污单位是否需要缴纳超标排污费和进行环境管理的依据，而不是确定排污单位是否承担赔偿责任的界限。[11] 笔者认为，这样的观点有待商榷。

首先，按照该理论，达到排污标准的行为一定不会受到行政处罚，却有可能需要承担民事责任，那么意味着比起承担民事责任来说，承担承担行政责任的界限更高。换句话说，就是行政法上对公民的行为要求更低，其设定的环境管制标准是一种“最低限度的门槛性标准”，达到此标准就可以免于行政法上的苛责。但问题在于，行政管制机关为何只能设定最低限度的标准，该理论的支持者并没有系统论证。批评者认为，将行政管制视为最低限度的标准，是“未经验证的前提”。[12]

其次，有学者提出：在常态下，管制规范所确立的公法上的行为规范试图保护的私人利益的范围与侵权行为法试图保护的私人利益范围大致吻合；而在常态下管制规范所确立的行为规范与社会生活上的注意义务基本吻合。通过该理论可以推断出：如果一个违反防止侵害型管制法规的加害行为给他人造成了损害，且加害行为与损害之间存在事实上的因果关系，就大致可以推断过错要件及（或者）违法性要件的充足；反之，如果一个加害行为给他人造成

---

⑩ 王成：《环境侵权行为构成的解释论及立法论之考察》，载《法学评论》2008年第6期。

⑪ 参见《国家环境保护局关于确定环境污染损害赔偿责任问题的复函》，[91]，环法函字第104号。

⑫ See Lars Noah, *Rewarding Regulatory Compliance: The pursuit of Symmetry in Products Liability*, 88 Geo. L. J. 2147, 2152(2000)

损害,且加害行为与损害之间成立事实上的因果关系,但该加害行为并未违反相关的防止侵害型管制规范,则大致可以推断侵权行为不成立。[13] 由此,公法上的管制与私法上的责任归责并无太大差距,否则将导致公私法的割裂,从而使得行为人的行为预期产生极大的不确定性。

最后,基于公私法的衔接,笔者认为对于环境污染侵权排污标准的合理性论证可以借鉴行政法上的比例原则。根据比例原则的要求,在设计环境侵权责任时,需要注意法律所保护的目的和所采取的手段之间应当符合一个适当的比例,如果一味地为追求权利保护而不当限制了行为人行为自由的空间,则明显超过了适当的比例,从整体效应上看是弊大于利的。

三、解释论角度的考量

解释论角度主要关注的是实然的问题,即我国现行法的相关规定。在此我们需要关注的问题是:我国现行法律对于环境侵权行为的构成要件及归责原则是如何规定的?是否规定了环境侵权的违法性构成要件?再进一步,在无法控制立法处于理想状态的情况下,应如何对现行法进行适当的解释以得出一个相对合理的结论?

(一)观点综述

要从解释论的角度进行考量,第一步即是梳理我国理论和实务界对于此问题的观点,为文章的讨论积基树本。关于环境污染侵权适用何种归责原则,存在颇多争议,主要集中于以下几种观点:

1. 过错责任和无过错责任结合说

根据不同的污染源,适用不同的归责原则。居民之间生活污染适用过错责任,主要由《物权法》规定的相邻关系解决,不属于《侵权责任法》第 8 章调整,因为在相邻关系人之间出现环境污染时,受害人要证明加害人的过错并不困难。企业生产污染等污染环境则适用无过错责任,主要由《侵权责任法》《环境保护法》《大气污染法》等相关法律调整,因为造成损害的污染物来源于现代生产中形成的废水、废气等污染物,受害人不具有专业知识,很难证明加害人的过错,只有适用无过错责任才能有效保护受害人的合法权益。[14] 此种

⑬ 解亘:《论管制规范在侵权行为法上的意义》,载《中国法学》2009 年第 2 期。

⑭ 参见王胜明:《中华人民共和国侵权责任法释义》,法律出版社 2010 年版,第 326 页。

观点有一定的启发性,但从现有的法律中,很难解释出这样的结论。

2. 无过错责任

这是我国大多数学者的观点。

有学者认为,从文义解释来看,《侵权责任法》第 65 条⑮没有使用过错的表述,甚至排斥了违法的表述,也没有类似违反排污标准等规定,可见其采用的是严格责任。采用严格责任也是与我国长期以来的立法经验一脉相承的,我国许多单行法都规定了环境侵权的无过错责任,例如《海洋环境保护法》第 90 条第 1 款、《水污染防治法》第 85 条第 1 款、《大气污染防治法》第 62 条第 1 款等。⑯

还有学者提出,我国《民法通则》第 124 条与《环境保护法》(1989 年施行,现已修改)第 41 条的规定是相矛盾的,对此可以进行如下解释:第一,对《民法通则》第 124 条进行重新解释。该条所称的"国家保护环境、防止污染"的规定是指我国《环境保护法》及相关法律法规所确认的基本原则、规则和制度,而不是具体的某项排污标准。第二,《民法通则》第 124 条解决的是法律适用问题而不是行为标准问题,即凡污染环境致人损害的案件,应首先适用《环境保护法》等专门法律法规。第三,排污是否超过标准,与民事责任之构成无关,污染环境的行为可能直接违反也可能不违反环境保护方面的法律法规,但是该行为指向他人受到法律保护的生命健康权,因此它是违反《民法通则》第 98 条规定的。⑰

3. 过错责任

有学者认为,从解释论的角度出发,《民法通则》第 124 条⑱要求承担环境污染责任要以违反国家保护环境防止污染的规定作为前提。违反国家保护环境防止污染的规定,本身就存在过错。这种认定正是过失客观化的体现。《环境保护法》(1989 年施行版)第 41 条第 1 款规定的是环境污染责任的后

---

⑮ 《侵权责任法》第 65 条规定:"因污染环境造成损害的,污染者应当承担侵权责任。"

⑯ 王利明:《侵权责任法研究(下卷)》,中国人民大学出版社 2011 年版,第 476 – 479 页。

⑰ 张新宝:《侵权责任法原理》,中国人民大学出版社 2005 年版,第 375 – 376 页。

⑱ 《民法通则》第 124 条规定:"违反国家保护环境防止污染的规定,污染环境造成他人损害的,应当依法承担民事责任。"

果,而不是规定的归责原则。⑲

(二)从解释论的角度支持违法性要件

笔者赞同上述第三种观点。我国《民法通则》第124条中的"违反国家保护环境防止污染的规定"属于环境侵权的违法性要件,《侵权责任法》第65条删除了该规定,《解释》第1条第1款遵循《侵权责任法》,也未提及违法性要件,并且进一步明确规定:"污染者以排污符合国家或者地方污染物排放标准为由主张不承担责任的,人民法院不予支持。"笔者认为,对我国现行法进行合理的运用与解释,可以从中得出认定环境侵权行为需要"违反国家保护环境防止污染的规定"这一构成要件。

在这里,首先需明确一个重要问题,即违法性要件与过错的关系,对此问题,一个很好的阐述是:违法性要件属于环境侵权责任的客观构成要件,但也可以认为"违反国家保护环境防止污染的规定",本身就存在过错,这种认定正是过失客观化的体现。所谓过失客观化是指采取客观化的统一标准来设置注意义务的具体内容,从而使得过失有无的认定标准趋于统一。过失客观化有利于减少过失认定的成本,减轻受害人的举证责任有利于受害人的救济,同时提供了一般的社会行为标准有利于预防损害的发生。⑳ 通过过失客观化理论我们可以将环境侵权责任中的违法性要件与过错要件进行很好的融合与衔接。

下面笔者将从以下几个方面论述对现行法中环境污染侵权违法性要件可能进行的合理解释:

1. 案例统计支持

"法律的生命不在逻辑,而在经验。"讨论现行法是否承认环境侵权的违法性构成要件,一个重要的方法是考察我国司法实践中法院在处理此问题时的态度。为了对我国法院相关实践有所了解,笔者利用"北大法宝"数据库,在判决书全文项下检索到14项相关判决书㉑。从这些判决书中可以发现:被诉行为是否"违反国家保护环境防止污染的规定"都被提出,并得到了法院的回应。各法院认定被诉行为是否应当承担环境侵权责任与其是否"违反国家

⑲ 王成:《侵权责任法》,北京大学出版社2011年版,第210页

⑳ 王成:《侵权责任法》,北京大学出版社2011年版,第87-89及210页。

㉑ 以(2010)渝五中法民终字第3407号判决书,(2006)庐民一初字第116号判决书,(2006)沪二中民一(民)终字第3160号判决书,(2005)桂民四终字第54号判决书,(2005)二中民终字第4567号判决书等。

保护环境防止污染的规定”密切相关,环境保护的规定和标准是判定加害人是否应当承担侵权责任的关键。虽然此种检索方法不能涵盖所有范围,不具有普遍代表性,但其毕竟为我们的研究提供了一些实证支撑。㉒

2. 法条理论分析

司法实践中适用法律时,我们首先要解决的是法律的效力与位阶问题,也就是说,面对同一问题,如果存在多条不同的法律规范,特别是当不同法律的规定出现矛盾时,我们应当如何判断协调它们之间的关系,如何运用法律规范的解释方法,得出相对正当化的解决办法,以弥补立法的漏洞。

(1)对《解释》的分析

对于司法解释的规定,可以运用效力位阶的理论处理。就《解释》第1条第1款的规定而言,其明显超出了司法解释的权限。我国《立法法》第104条第1款规定:“最高人民法院、最高人民检察院作出的属于审判、检察工作中具体应用法律的解释,应当主要针对具体的法律条文,并符合立法的目的、原则和原意。遇有本法第四十五条第二款规定情况的,应当向全国人民代表大会常务委员会提出法律解释的要求或者提出制定、修改有关法律的议案。”《人民法院组织法》第32条规定:“最高人民法院对于在审判过程中如何具体应用法律、法令的问题,进行解释。”《最高人民法院关于司法解释工作的规定》第2条规定:“人民法院在审判工作中具体应用法律的问题,由最高人民法院作出司法解释。”第3条规定:“司法解释应当根据法律和有关立法精神,结合审判工作实际需要制定。”

由此可见,司法解释的功能在于针对具体的法律条文,对审判工作中具体应用法律的问题进行解释,解释应当符合立法的目的和原则,不能超出有关立

㉒ 以(2010)渝五中法民终字第3407号民事判决书为例。原告吴昌尤等居民向法院提出起诉称重庆市綦和竹木制品有限公司2007年年底建厂,2008年7月初便投入运行,排放出大量煤气烟尘以及有毒有害的刺激性废气,影响周围居民的身体健康,因此请求法院判令綦和竹木制品有限公司撤离居民社区,并承担经济赔偿。二审法院认为,被上诉人重庆市綦和竹木制品有限公司在一审中已举证证实了重庆市质量技术监督局出具的特种设备使用证证实其生产所使用DZH4－1.25－AⅡ锅炉系水风除尘过滤式环保型锅炉以及重庆市计量质量检测研究院出具的检验报告证实其生产的胶合板符合GB/T17656－2008标准要求、生产所用的化工原料脲醛胶符合GB/T14732－2006标准要求,均不会产生煤气烟尘及污染周围环境,据此,一审法院判决驳回吴昌尤等13人的诉讼请求并无不当。本案中,法院认为行为人的排污符合国家规定的标准要求,因此不应承担环境污染侵权责任。

法的规定及立法精神对法律进行扩张解释，司法解释的效力明显低于法律。

《解释》第 1 款第 1 句规定：“因污染环境造成损害，无论污染者有无过错，污染者应当承担侵权责任，”此规定在《民法通则》与《侵权责任法》的相关规定存在模糊、具有争议的情况下，直接明确了环境污染侵权责任的归责原则为无过错责任，实际是在创设环境侵权责任的归责原则，明显超出了司法解释的权限范围。《解释》第 1 款第 2 句规定：“污染者以排污符合国家或者地方污染物排放标准为由主张不承担责任的，人民法院不予支持，”该规定与《民法通则》第 124 条规定的违法性构成要件明显矛盾。最高人民法院在行使司法解释权制定《解释》的过程中，对现行立法的内容进行了更改，司法解释权有异化为法律制定权之嫌，因此，笔者认为《解释》第 1 条第 1 款的效力合法性有待商榷。

（2）对《民法通则》《侵权责任法》《环境保护法》的分析

2015 年 1 月 1 日起施行的《环境保护法》删除了广泛讨论的原《环境保护法》第 41 条第 1 款“造成环境污染危害的，有责任排除危害，并对直接受到损害的单位或者个人赔偿损失”的规定，因此本文对此不再进行讨论。

在明确环境侵权行为应当具备违法性要件的前提下，我们需要对《民法通则》和《侵权责任法》的相关规定进行一定的合理化解释，笔者认为有以下两种解释路径：（1）认为《民法通则》第 124 条和《侵权责任法》第 65 条是相互配合与补充的关系，第 124 条重点在于规定了侵权行为的构成要件，即违反国家保护环境防止污染的规定，污染环境造成他人损害；第 65 条重点在于规定了侵权行为的责任形式，即符合环境侵权行为构成要件的行为，应当承担侵权责任，而侵权责任的具体责任形式在《侵权责任法》第 15 条中有明确规定。（2）《侵权责任法》第 65 条规定：“因污染环境造成损害的，污染者应当承担侵权责任。”由此，承担环境侵权责任的构成要件为：第一，有污染环境的行为；第二，有损害事实；第三，行为人污染环境与损害事实之间存在因果关系。其中，污染环境的行为需要具备客观上的违法性，即将是否违反国家保护环境防止污染的规定作为判断行为是否构成环境污染行为的标准，虽然该标准没有在《侵权责任法》中明确规定，但在《民法通则》中有具体规定，可以通过法律的体系解释得出。由此，可以解决《民法通则》与《侵权责任法》规定的不一致之处。

此外，我国《物权法》第 90 条规定：“不动产权利人不得违反国家规定弃置固体废物，排放大气污染物、水污染物、噪声、光、电磁波辐射等有害物质。”

其中明确规定了“违反国家规定”是制约不动产权利人的前提条件，由此也可以为环境污染侵权中的违法性构成要件提供佐证。

3. 现行法中可行路径的探讨

若认为环境污染侵权需要具备违法性要件，那么当符合国家保护环境标准的行为给他人造成损害时，在现行法的体系下应当如何对受害人的权益进行救济呢？笔者认为，《物权法》第 92 条关于相邻人的赔偿及《侵权责任法》第 24 条公平责任的规定，也许是可以探讨和尝试的合理路径。

(1)《物权法》第 92 条的适用

本文探讨的环境污染侵权责任主要是指环境污染造成私害，即特定人的生命权、健康权、财产权等因环境污染受到损害，由此环境污染侵权多发生于相邻人之间。在环境污染发生于相邻人之间，符合相邻关系的构成要件时，《物权法》第 92 条[23]的适用未尝不是一条值得探讨的合理路径。

按此路径，若行为人用水、排水等行为符合“国家保护环境防止污染的规定”，但给相邻的受害人造成了损害，受害人不能依据《侵权责任法》要求其承担停止侵害、排除妨害、消除危险等侵权责任，需要对此进行合理的忍受，但可以依据《物权法》第 92 条的规定，要求行为人进行一定的赔偿。[24]

这条路径也得到了比较法上的有力支持。《德国民法典》第 906 条规定：在干涉不损害或者较轻微损害土地的使用范围内，土地所有权人不得禁止煤气、蒸气、臭气、烟气、噪声、震动和其他来自他人土地的类似干涉的侵入。轻微损害是指，根据规定查明和估算的干涉未超出法律或者法令确定的极限数值或者标准数值。在按当地通行的使用方法使用他人土地引起重大损害时，所有权人也不得请求排除妨害，而应容许此种干涉，但可以向另一块土地的使用人要求适当的金钱赔偿。《联邦公害防治法》第 14 条也作出了类似规定，当邻地对自己的土地产生不利影响时，可以要求采取防护措施，当采取防护措施有技术障碍或经济上不可行时，权利人只能忍受，但可以要求赔偿损失。

(2)《侵权责任法》第 24 条的适用

正如上文所论述，侵权责任法的基本范畴在于对行为人行为自由与权利

---

[23] 《物权法》第 92 条规定：“不动产权利人因用水、排水、通行、铺设管线等利用相邻不动产的，应当尽量避免对相邻的不动产权利人造成损害；造成损害的，应当给予赔偿。”

[24] 此赔偿的性质并不是侵权的损害赔偿责任，而是法律基于一定的公平权衡与利益考量后，规定行为人对受害人进行的损害补偿。

人权利行使之间进行平衡,在环境污染中也是如此,任何只偏向于一方的法律都是有失偏颇的,因此我们应当给行为人的环境污染与权利人的权利保护划定一定的界限。如果行为人的行为超出了界限,在这里主要是指"国家保护环境防止污染的规定",就应当受到法律的禁止,承担相应的侵权责任,受害人可以要求其停止侵害、排除妨害、恢复原状、赔偿损失等;如果行为人的行为在界限范围内,即符合"国家保护环境防止污染的规定",则应当认为其是在行使自己的合法权利,相对人应当进行容忍,行为人既不会因此受到行政处罚,也不应受到民事侵权责任的责难。

但对此提出的质疑是,行为人合法行使自己的权利,给他人造成了损害,若对行为人不给予任何救济未免显失公平;但若要求行为人承担侵权责任,则行为人的行为自由将受到明显不合理的限制。由此,为《侵权责任法》第 24 条公平责任的规定提供了一定的适用可能性。虽然造成了一定的损害事实,但由于行为人排放污染的行为没有违反"国家保护环境防止污染的规定",因此行为人没有过错,在受害人和行为人都没有过错的情况下,出于权利救济、分担损失、平衡双方当事人利益的考虑,可以适用公平责任,根据具体情形判决行为人对受害人进行一定的经济补偿,以在一定程度上弥补受害人的损失,同时也不至给行为人造成过大的不合理限制。

四、回到立法论——对立法的若干建议

最后,我们又回到立法论上,为使环境污染侵权责任符合一个相对合理的制度安排而对立法提出若干建议。

通过上文论述,笔者认为,在环境侵权领域,《侵权责任法》同样需要为行为自由与权利救济划定一个合理的界限,而"国家保护环境防止污染的规定"或者说"国家或者地方污染物排放标准"不失为一种合理的选择。

依此逻辑,对于环境污染侵权行为,《民法通则》第 124 条的规定更为合理,而最新出台的《解释》有很大讨论余地。环境侵权的构成要件除符合污染者有污染环境的行为、受害人有损害、污染者的污染行为与受害人的损害之间有因果关系外,还需要满足"污染行为违反国家或地区规定的排污标准或保护环境的规定"这一构成要件。若认为污染者超出标准污染环境的本身就具有过错(即过失认定客观化),则应当认为环境侵权责任的归责原则为过错责任原则。在该构成要件下,还有一些问题尚待解决和完善:

第一,在有的环境污染领域,可能并不存在国家或地区规定的排污标准,

在此情况下，应当如何认定行为人的侵权行为呢？对此，有学者提出了很好的建议：在没有国家保护环境防止污染的相关规定时，应采用一般过失的认定方法，此时可以借鉴忍受限度理论所参考的各项指标。㉕ 即判断污染行为是否应当承担损害赔偿责任，决定性因素是该行为是否超过了受害人的容忍限度，而认定容忍限度时应当根据侵害利益的种类、性质和加害行为的形态之间的相关关系来判断。具体考量因素涉及：原因行为的公益性、地域区别、时间先后、防范努力等。值得注意的是，所有这些都不能成为单独的免责事由，而只是权衡因素之一。㉖

第二，现代社会工业高速发展，有的发展甚至不惜污染环境，以牺牲环境利益为代价。在不同的社会发展时期，立法者需要基于社会整体利益的考量，在经济发展与环境保护之间进行协调，必要时还需要有所倾斜。在当今社会发展的情况下，若需要对环境保护有所倾斜，有关机关可以将认定行为违反保护环境防止污染的规定或超标排污的标准有意降低，即行为人的行为受到更为严格的控制，一旦行为人对其污染行为没有严格把关，就可能造成超标排污，应当承担相应的环境侵权责任。但需要注意的是：降低标准和没有标准截然不同，标准的存在意味着立法者对权利保护和行为自由存在合理的把控。

第三，如果出现行为人的污染行为符合国家规定的排污标准，但却给受害人造成了重大的损失，在此情况下，不能认为行为人构成环境侵权责任，但出于社会公平与对受害人权益保护的考虑，可以借鉴《侵权责任法》第 24 条规定的公平责任，要求污染者对受害人进行适当的补偿，该补偿并不存在法律上的可非难性，而仅仅是基于公平观念及对当事人利益的平衡。在适用公平责任时，需综合考量行为人污染行为的性质、给受害人造成的损害程度、行为与损害的关联程度、双方当事人的经济情况、行为的公共效应等。

第四，为更好地控制环境风险，解决环境污染中的损失弥补问题，在环境侵权责任之外构建环境污染的社会救济制度，即建立环境责任的保险制度或设立专门的环境污染社会救济基金，是一种有益的制度选择。通过保险制度或社会救济基金的建立，以重新分配损失，补充市场力的不足，同时与环境侵

㉕ 王成：《环境侵权行为构成的解释论及立法论之考察》，载《法学评论》2008 年第 6 期。

㉖ 金自宁：《风险社会背景下的合规抗辩——从一起换进污染损害案例切入》，载《北大法律评论》2012 年第 2 期。

权的法律法规相互配合，以使环境污染问题得到有效解决。其不仅有利于受害人及时得到赔偿，以弥补其遭受的损害，同时也有利于免除污染者支付巨额的赔偿金，避免因赔偿污染环境的损失而导致破产的情况。保险一般分为强制保险与非强制保险，强制保险主要针对高度危险物质的排放，譬如剧毒或放射性物质的排放。我国环境污染保险制度尚不发达，但已逐步发展。2013 年环保部、保监会联合印发了《关于开展环境污染强制责任保险试点工作的指导意见》，其中提出在“涉重金属企业”等高危行业启动“环境污染强制责任保险”，企业是否投保直接关系到其建设项目环境影响评价文件审批、建设项目竣工环保验收、排污许可证核发等。

结　语

现代社会在科技与经济高速发展的同时，环境污染问题也日益突出，保护环境防治污染是现代人必须面临并解决的重要问题。保护环境是我国的基本国策，而《民法通则》《侵权责任法》《环境保护法》等法律也承担着环境保护的重要功能。

对于环境污染侵权责任的构成要件、归责原则等问题历来存在争议，最高人民法院在最新颁布的《关于审理环境侵权责任纠纷案件适用法律若干问题的解释》中对此问题似乎表明了立场。强调保护环境的出发点固然应当肯定，但任何过于极端的做法都值得商榷，如果为了权利保护而不适当地压缩行为人行为自由的空间，会形成极大的打击范围，同时人们的行为将没有一个预期标准的指引，结果是造成不必要的社会恐慌与混乱，难免存在以偏概全之嫌。

在处理环境污染侵权问题时，仍要以侵权法的基本范畴为起点，为权利人的权利保护与行为人的行为自由划定合理的界限，至少在笔者能考虑到的范围内，国家保护环境防止污染的规定或者说国家或地方规定的排污标准，可以作为一个不错的选择。

The Analysis of Elements of Environmental Tort

Abstract: Interpretations of The Supreme People´s Court on Certain Issues Concerning the Application of Law for the Environmental Tort Dispute Cases enforced on June,2015. Article 1 par. 1 of this instrument,which concerns about the elements of environments tort, is worth discussing. In the field of environmental tort, there ought to be a dividing line between protection of rights and freedom of actions, and the national regulation of protecting environment and preventing pollution can be regarded as this dividing line.. Thus, illegality shall be an element of liability for environmental tort, which is a reasonable choice of legislation. Reasonable explanations can also be made pursuant to current laws in China. Besides, Article 24 of Tort Liability Law of the People's Republic of China and Article 92 of Real Right Law of the People's Republic of China are also applicable in the field of environmental tort.

Key words: Environmental Tort; Protection of Rights; Freedom of Actions; Legislative Theory; Interpretative Theory

（曹亚雅　郭　京）

思想源流

Thinking Origination

联治民主制:陈炯明的联邦建国方略

肖洪泳*

摘　要:作为中国近代重要的政治人物,陈炯明坚信建立在自治思想基础上的民主政治,赋予自治以人民自治、地方自治、军民分治与权力分治四大内涵。以此为出发点,陈炯明提出了“联乡治区、联区治县、联县治省、联省治国”的联邦建国方略,深刻认识到联邦制与民主政治之间的内在关系,创造性地擘画了联治民主制的宏伟蓝图。这一自下而上的联邦宪政理论,颇与孙中山自上而下的“军政、训政、宪政”三阶段理论相龃龉,深刻呈现出中国近代宪政实践的历史命运。

关键词:陈炯明　联治民主制　联邦制　孙中山

一、民初中央与地方关系的困境

中央与地方的关系问题根植于一个国家的政治、经济和社会生活之中,一个国家在不同的历史时期,中央与地方的关系各不相同。中国自古以来,作为一个地域广阔、人口众多的超级大国,任何时代都无法回避中央与地方的关系问题。古代中国的政治传统,自三代邦国分封制的瓦解、秦始皇在全国推行郡县制以降,都是“大一统”的中央集权,地方的军政大权,都掌控在中央的手中。而且“秦创郡县制,汉因之;隋创科举制,唐因之;宋创文官制,明因之;明创阁臣制,清因之”①,中央集权随帝国制度的逐步成熟也不断得到加强。更麻烦的是,这种中央集权并不是一般的集权于中央,而是集天下所有大权于一

---

* **作者简介:**肖洪泳(1972—),男,湖南洞口人,湖南大学法学院助理教授、法学博士。

① 易中天:《帝国的终结——中国古代政治制度批判》,浙江文艺出版社2014年版,第102页。

人,即皇帝。所以这种"一人政治"的中央集权,其实就是皇权制度不断得到强化。意欲以皇帝一人驾驭和控制偌大的帝国,实在是强人所难,总不会如想象中那样长远。所以一旦皇帝或中央势力式微,地方政治便会重新回复到尾大不掉的割据状态,甚至直接取代中央而改朝换代。这种《三国演义》中"分久必合,合久必分"的天下大势,几乎成了帝国政治的历史宿命。延至近代中国,清朝政府的土崩瓦解,民国政治的无端纷争,更是贯穿了中央与地方之间、地方割据势力与地方割据势力之间的冲突和战争,其所造成的历史灾难,可谓不可胜数。

就民初政治来看,中央与地方之间的权力关系主要体现在中央政府与省级政府之间权力的消长上,省制问题始终是这一时期中央与地方关系的核心。省原为行中书省的简称,是元代中央政府派出处理地方政务的行政机构。明初亦沿袭元代在各地设置行中书省,后改为承宣布政使司、都指挥使司、提刑按察使司。明中期后,因形势发展需要,在三司之外逐步形成了一套督抚体制,总督、巡抚辖区遂大致形同于省。清代继续沿袭元明之制,以省作为高层政区,并逐渐将督抚辖区调整到与明代的省界相一致,总督辖一省或数省,巡抚辖一省,使总督、巡抚成为各省最高军政长官,至清末已共设22个省。1907年清政府颁布《各省官制通则》,将省正式定为高级地方政区,至1910年使督抚成为完全的地方官员。民国初期的省区基本与清代无异,但在政治、经济、军事等方面具备的自主能力日益得以强化。民国的创建是通过各省独立的方式完成的,各省独立几乎成省国两极局面。待袁世凯着手集权,打击异己,尤其是在军事上压服赣宁之役的二次革命后,省区势力开始衰退,中央集权得以加强。然而护国运动兴起,洪宪帝制土崩瓦解,各省势力再度崛起,形成各省与中央的对立局面。尤其当孙中山树起护法旗帜组建广州军政府后,各省势力遂纷纷走向与中央抗衡的道路,其中作为护法运动大本营的西南各省当为最典型的代表。

面对此种政治局面,孙中山在《临时大总统宣言书》中明确提出:"今者各省联合,互谋自治,此后行政,期于中央政府与各省之关系,调剂得宜。②"这样的论调,似乎已经透露出联省自治的苗头。戴季陶则在袁世凯加强中央集权打击地方势力之际,专门著文《中华民国与联邦组织》,首次明确提出"联省"

② 孙中山:《中华民国临时大总统宣言书》,载《孙中山全集(第2卷)》,中华书局1982年版,第2页。

一词,并讨论了联省与自治的关系,认为联省"既可以统一,复可以自治"③,力图澄清中央与地方之间恰当的权力关系,寻找到一条中央与地方关系的规范化或制度化的有效途径。可以说,在中国长期以来的政治实践中,中央与地方尤其是中央与各省之间的关系,向来在法律上都是个非常模糊的问题。若说省类似于组成联邦制国家的邦,则自元代建省以来,从无自主可守之事权,省之地方政府实与中央分驻机构无异。但若说省就是中央政府的地方行政机构,则在很多特殊时期,中央政府对于地方军政事务,几无过问之余地。这种完全视具体情况以确定中央与各省之权限的混沌现象,实在是导致中央与地方政治纷争的深刻根源。所以民初中央与地方之间反复争夺权力的政治现实,使得很多国人已经或多或少地意识到,若没有一种宪法制度上的创建,中央与地方各省之间的关系,便不可能获得真正的解决。在袁世凯、段祺瑞凭借武力诉诸中央集权的政治策略相继失败之后,许多人便将思考的重心从中央集权层面转向地方分权层面,而西方国家的联邦制坚持在宪法上划分联邦政府与邦(州)政府之间的权限,遂引起国人强烈的关注,一时间联邦制成为解决中央与地方关系的重要思考方向。章太炎就曾旗帜鲜明地指出,近世之所以纷乱不堪,皆因中央政府权位过高,致使总统、总理二职,为众多军阀或强权者所攘夺,所以要打倒军阀,就必须结束中央集权制,而"要免除中央的专制,非行联邦制不可"④。可见,这时对于联邦制的讨论,已不太同于清末注重中央权力的建构,而是侧重从地方分权的角度以抵制中央集权,或是寻求中央权力衰落后地方自治问题的解决,讨论的重心基本上从中央转向了地方,从自上而下的中央权力的建构转向了自下而上的地方制度的建构。因此,讨论已不再是单纯注重学理上的介绍,而是提出了联邦制具体实行的步骤,即从自各省自治做起,然后再联合各自治省,组成联省的中央政府,最终实现联邦统一的崇高目标。

二、陈炯明联邦建国思想的提出背景

在风起云涌的联邦主义思潮之中,有一个人的联邦建国思想颇为引人瞩目,然而时至今日,反而归于沉寂与淹没。这个人就是一直以来被视为军阀或

---

③ 戴季陶:《中华民国与联邦组织》,载《戴季陶集(1909—1920)》,华中师范大学出版社1990年版,第759页。

④ 王无为:《湖南自治运动史(上)》,泰东图书局1920年版,第101页。

叛徒的陈炯明。陈幼年入私塾，1897年入县学，1906年入广东法政学堂，1908年7月以最优等毕业于该校。陈炯明早年即富有强烈民族革命意识，尤其赞赏自治之精神，在法政学堂读书时，就在故乡提倡"自治会""戒烟局""育婴堂"及"县仓"等社会福利政策。毕业后，于1909年在海丰筹办《海丰自治报》，自任主笔，对社会的根本病源有着强烈的关注。1909年6月，陈炯明当选为广东咨议局议员，积极投身于广东地方自治。同年11月，陈炯明即向咨议局提出《筹办城镇乡地方自治议草》，提议在设立广东地方自治筹办处、地方自治研究所的基础上，为切实推进地方自治，考虑：(1)设办理城镇乡地方自治研究所，专门研究城镇乡自治办法，选通晓法政人员入所研究；(2)通饬各属城镇乡公局一律改设筹办地方自治公所，或筹办镇乡自治公所、城自治公所，设自治督办员一名，协同地方官筹办全属城镇乡自治事宜；(3)自治督办员即以办理城镇乡自治研究所毕业学员派充。⑤ 陈还就该项议草专门回答了其他议员的质询，并对"官办自治""自治事小"之类的论调进行反驳，认为："自治为立宪之意图，此而谓之小事，恐不知何事为大？"⑥于此可见陈炯明此时已充分首肯地方自治之精神，并对地方自治有着比较深刻的认识。

1909年冬，陈炯明与丘逢甲乘赴沪参加各省咨议局联合会之便，秘密加入同盟会，开始走向革命党人的救国道路。此后陈炯明先后组织、策划、参加广东新军起义、黄花岗起义，亲任敢死队队长，事败后又与刘师复等组织"东方暗杀团"，策划革命暗杀活动。1911年武昌起义爆发，陈炯明得清军管带洪兆麟为内应，进占惠州，并得清军八营，采"井"字旗号，寓古代井田之意，以示重视中国社会的土地问题，自此步入统军率兵的军旅生涯。其后不久粤督张鸣歧出走，广东宣布独立，推举胡汉民为都督，陈炯明为副都督，陈曾力辞职务。同年12月，陈炯明率其部队进驻广州，因胡汉民随孙中山赴南京，广东省议会公推陈氏为"代理"都督，并兼任广东北伐军总司令。在此期间，陈炯明认为广东不能建立一个纯粹的军政府，而"应谋政治进行，须先定一省制，各部行政官方有统系；又须组织临时议会，诸事经议会议决，由都督执行，然后乃有司法、立法、行政三机关，始符共和政体"⑦，同时依据此原则，陈进一步发表

---

⑤ 参见陈炯明：《筹办城镇乡地方自治议草》，载段云章，倪俊明编：《陈炯明集(增订本)(上卷)》，中山大学出版社2007年版，第8－9页。

⑥ 《广东咨议局第一期会议速记录》，"第四次议事情形"。

⑦ 《粤都督召集临时大会详情》，载上海《申报》1911年12月13日。

“治粤政见书”,对广东省制的初步建立提出了宝贵的设想。革命党人以武力推翻清朝政府,因受孙中山“军政”“训政”与“宪政”三阶段理论之影响,大多革命党领袖皆倾向于建立军政府维持时局,而陈炯明在广东刚刚宣布独立之际,即已意识到纯粹的军政府所存在的集权问题,从而主张谋政治上之解决,厘定省制,建立三权分立的共和政体,足见陈炯明对权力集中之反感,及对地方自治之决心。待南京临时政府以及北京政府组建后,陈炯明亦曾屡辞都督一职,先请汪精卫赴粤署理未成,再待胡汉民回粤而留印走避香港。1913 年 3 月,宋教仁被刺后,袁世凯免广东胡汉民都督职,并命陈炯明继任。但陈亦旋于 7 月 18 日宣布讨袁,终为袁军龙济光部所逐,陈始亡命于新加坡,并赴欧美游历,其间屡次参与海外革命策划活动。1916 年袁世凯复辟帝制,陈炯明由香港潜回东江,并于 1 月 6 日在惠州举义讨袁, 战事结束后,力请广东省省长朱庆澜出面维持大局。同年冬,陈炯明入北京,黎元洪继袁世凯为总统,授其为“定威将军”。1917 年 5 月,段祺瑞“督军团”变起,陈炯明与孙中山等乘兵舰抵广州,组织军政府,开始护法历程,逐渐形成南北两个“中央政府”之间的对峙。其时,省长朱庆澜与督军陈炳焜不合,朱为埋一报复伏线,拨警卫二十营予陈,任命陈为“省长公署亲军司令”,不久陈炳焜去职,继任粤督莫荣新仍以警卫队二十营交陈接管,但附带条件是不得在粤驻防而去福建谋取发展。

其时北洋军阀龙济光在粤遭受桂粤联军挤压而败走闽南,与福建都督李厚基相互借重,为推进护法事业,同时亦为奠定民党自身的军事基础,孙中山于同年 12 月 2 日,任命陈炯明为“援闽粤军总司令”,并以邓铿为参谋长,于次年 1 月 12 日分三路向福建进军,所向披靡,进驻漳州,开始了所谓的“模范建设”。陈炯明为筹备回师广东以及民党活动所需经费,结合自身当初担任广东省咨议局议员所坚持的地方自治思想,“在漳州一带积极训练士卒,改良市政,开辟公路,整理教育,发扬文化,派遣留美留日男女学生八十三名”⑧。陈还在漳州创办《闽星》报刊,亲撰发刊词,提倡社会主义,推进新文化运动。经卧薪尝胆三年,顿使漳州发生巨变,英美等西方国家侨民均对其称赞,甚至苏俄亦派代表至漳州秘密访问,表示愿意资助陈完成中国统一大业,但前提是要求中国放弃外蒙古。陈炯明力主自治,在国际关系上亦坚持民族自治,不愿借用外国武力干涉中国内政,故对苏俄援助予以婉拒,并致书列宁。适值此时南北和议破裂,北洋军阀之间派系斗争加剧,吴佩孚自衡阳撤防北上,湖南迅

---

⑧ 吴相湘:《民国百人传》,传记文学社 1971 年版,第 117 页。

速发起驱逐张敬尧的运动和战争。湖南驱张战争取得胜利后,全省人民要求自治的呼声不绝于耳,谭延闿在各方压力下,经深思熟虑,乃于1920年7月22日公开发布关于湖南自治的"祃电",认为民国肇建以来之政治动乱,主要在于中央凌压地方所致,故而"民国之实际,纯在民治之实行。民治之实际,尤在各省人民组织地方政府,施行地方自治,而后权分事举,和平进步,治安乃有可期",因此湖南人"本湘人救湘,湘人治湘一致决心",推行地方自治。⑨

湖南的驱张战争与宣言自治,大大激发了全国各省驱逐客军、推行自治的决心,并迅速引发波及全国的联省自治运动。广东自南北对峙之势日渐明朗始,便成为桂系军阀占据之地盘,故莫荣新明令陈炯明带兵离开粤境而去闽南。所以湖南发起驱逐北洋军阀张敬尧的战争,对于陈炯明率军回粤刺激颇大,陈即于同年5月致电莫荣新,指责桂系将广东作为征服地,搜刮掠夺,且重兵逼迫闽南粤军,实难相忍。8月,陈炯明发布讨伐桂系通电,决定率粤军回粤驱逐桂系军队。经三个月之浴血奋战,陈炯明率粤军于10月29日进入广州,旋后数日发表"告粤父老兄弟书",明确宣称"广东者,广东人民共有之,广东人民共治之,广东人民共享之"⑩,吹响了广东自治的号角,并日臻完善自己的地方自治思想,使其结合联省自治宏大的时代背景,朝着联治民主制这一联邦建国方略的目标前进。

三、陈炯明的地方自治实践

作为清末预备立宪内容之一的咨议局,其目的在于使其"为各省采取舆论之地,以指陈通省利病、筹计地方治安"⑪为宗旨,具有打破中央集权、谋取地方自治的地方议会性质。陈炯明早年当选为广东咨议局议员,对于地方自治具有极高热情,并身体力行获得了一定地方自治的经验。在南北两个"中央政府"相互对峙的数年,陈炯明率领粤军进入闽南,在漳州励精图治,写下了地方自治的美丽诗篇,更加坚定了其地方自治的理想。1920年湖南驱张成功,率先宣布自治,可谓深深拨动了陈炯明地方自治的心弦,所以他立即复电谭延闿,积极响应其省自治的主张,表示"近日各省自治已成潮流,炯明但得

---

⑨ 参见前引④,《湖南自治运动史(上)》,第20-22页。

⑩ 陈炯明:《告父老兄弟书》,载段云章,倪俊明编:《陈炯明集(增订本)(上卷)》,中山大学出版社2007年版,第491页。

⑪ 《咨议局章程》第1条,载北京政学社编:《大清法规大全·宪政部(卷二)》。

一雪亡省之痛，借树自治之基，他事当不深求也”⑫。此时的陈炯明，对于自治的理解，不仅仅是地方自治，而是相当全面的。在他看来，自治的第一层意思便是人民自治，便是推行民主政治，而且民主政治“当以民之所有、民之所治、民之所享为归”⑬，故自治必须伸民权，伸民权则必须废督裁兵，推行省长、县长民选制，因为“省长不由民选，故其发号施令为无根，仅依军阀之余威以行其职务，坐是太阿倒持，民治不举”⑭。陈炯明尤其注重推行县长民选制度，1920 年 12 月他在一次关于行政制度改革的谈话中深刻指出，县知事委任制已属黔驴技穷，因为“广东有九十多县，无论哪一个做省长，都没法自己想出这九十多个县知事来。如果不负责任的胡乱委任，一定要弄得一塌糊涂。民选这一个制度，无论如何，总比由一个省长去委任是要安全得多”⑮。

既然要实行人民自治，而人民的集体可大可小，当然就得以一地之人治一地之事，故而地方自治当为自治的第二层意思。陈炯明曾于 1913 年 2 月在广东省议会发表演说，根据自己以前当谘议员之经验，专门谈到议员的责任在于随时推求地方利弊，因为“利弊各省情形不同，即各府亦异”⑯，唯有从地方利弊出发悉心研究，推行自治，方才有所成就。陈炯明甚至认为省议员作为全省各地利益的代表，理所当然应为自己所属地方谋取幸福，即使存在党派之争，亦为不妨，“盖有党派，方有竞争，有竞争然后正义乃见”⑰，此种见识在当时可谓深得地方自治以及民主政治之精蕴。陈炯明还曾引用英哲名言“人必先爱其乡，而后始能爱国”⑱，以明地方自治之真谛。正因为如此，陈炯明十分尊重地方自治。当陈炯明率师援闽取得长足之胜利后，请其出任福建省长的呼声日高，他以“以闽治闽，以民治民”之主张予以婉辞，并认为此主张为“地方分治之基，国家统一之法”。⑲

欲要地方自治切实推行，其首务在于排除武人染指政权，排除军队对于地

---

⑫ 《陈炯明赞成谭督鱼电》，载长沙《大公报》1920 年 10 月 24 日。

⑬ 《陈炯明之废督主张》，载北京《晨报》1920 年 7 月 3 日。

⑭ 《陈总司令复刘显世电》，载上海《民国日报》1920 年 7 月 11 日。

⑮ 《改革期中的广东》，载上海《民国日报》1920 年 12 月 23 日。

⑯ 《正式省会之第一日》（续），载上海《民立报》1913 年 2 月 19 日。

⑰ 《省议会开临时会纪》，载广州《广东群报》1921 年 1 月 14 日。

⑱ 《声讨莫荣新电》，载段云章，倪俊明编：《陈炯明集（增订本）（上卷）》，中山大学出版社 2007 年版，第 460 页。

⑲ 参见《陈竞存坚持初志》，载上海《民国日报》1919 年 1 月 14 日。

方行政之干预,所以军民分治应为自治的第三层意思。民国肇建以来,各种武装力量层出不穷,以军干政实成一大祸乱,武人颐指气使,人民浑浑噩噩,民治徒托空言。陈炯明虽曾统兵十万,然对军事武力一直保持一种相当谨慎而克制的态度,他曾痛心陈斥:“世界武人本系捣乱世界平和之一大毒物,然若我中国的武人,则并此捣乱的能力不具,只能于国内荼毒生灵,相争相夺,斗得天翻地覆,必使国家危亡而已。”⑳陈认为绝不能由这一班武人随意捣乱,而应实行军民分治,发扬平民教育精神,促进国民自觉、自决,以图国家根本之改造。欲图避免武人干政以推行军民分治,则当务之急在于废督裁兵,所以当唐继尧于 1920 年 6 月 1 日发表废督之通电,陈炯明随即于 22 日通电赞和,而且认为废除都督一事,虽为大计,但终属治标之举,欲要治本,则必须全面推进民主政治。陈炯明曾对自己的军队开诚布公谈心,认为“值此军阀破产时期,国人视军队甚于蛇蝎。吾人与其尚鸡鹜之争,取罪父老,何如自图改造,为社会造福”㉑,足见其武力克制的自觉和推行军民分治的决心。

人民权利之行使,地方自治之推行,除避免武人干政而外,还必须防止政府权力的集中,因此权力分立或分治应为自治之第四层意思。武昌首义,广东宣布独立后,陈炯明即在粤省临时大会上宣布“治粤政纲”,认为广东政府既系民政府之性质,则在省制安排上应“取三权分立之制,分为立法、行政、司法三大纲”㉒。陈炯明还认为自治之精神,在于反对权力集中于一人,必须实行权力之分立,方可避免专制之发生。基于此种理念,陈炯明坚决反对一人集权政治。1914 年冬,孙中山改国民党为中华革命党,要求党员必须“打指模”表示绝对服从党的领袖,陈即表示有损人格,与黄兴、李烈钧一起拒绝办理。

如此可见,陈炯明对于自治的思考日臻成熟而完善,其对自治的信心也日发坚定。尤其是此时南北和议彻底失败后,南北两个“中央政府”均失去其正统地位,湖南率先倡言自治,各省自治接踵而起,“湘人治湘”“赣人治赣”“皖人治皖”“浙人治浙”之类的口号响彻云霄。这时的各省自治,已远不是清末民初的地方自治可比,而是要求先以省自治为基础,制定省宪法,然后再联合各自治省,组织联省自治会议,建设一个联邦制的联省政府,最终实现国家的真正统一。1921 年 6 月 4 日,作为皖系残存不多的干将浙督卢永祥亦公开发

⑳ 《漳州归客谈》,载上海《申报》1919 年 9 月 2 日。

㉑ 《陈炯明态度之一说》,载上海《申报》1920 年 7 月 12 日。

㉒ 《陈副督宣布治粤政纲》,载上海《申报》1911 年 12 月 13 日。

表“豪电”，认为中国自有史以来，就注重集权于中央，故而野心家往往以保中央集权之名，行盗国肥己之便，而自民国肇建以来之混乱，正是犯了中央集权之病，所以与其骛中央集权之虚名，酿尾大不掉之实祸，还不如分权于地方，“先以省宪定自治之基础，继以国宪保统一之旧规，改弦更张，斯乃正本清源之道”㉓。陈炯明顺应此种思潮，将自己关于自治的思考进一步拓展到中央与地方之间的关系上，由自治而向联治发展，朝着联邦主义的道路日臻完善。

四、陈炯明的联省自治方略

谭延闿关于湖南自治的通电一经发表，陈炯明便立即通电予以赞同，并说“一雪亡省之痛，借树自治之基”㉔当为自己唯一深求要务，开始坚定自己广东自治的决心。陈炯明此时也在努力琢磨革命方式或政治治理的真谛，逐渐认识到“兵权、政权非可以统一中国”，必须寻找到另一方式，“使人民得有全权，由人民发展其权力以统一之”㉕。这一方式在陈炯明的心中越来越清晰，那就是建立在民主政治基础之上的联邦分治。至卢永祥“豪电”发表，陈炯明亦认为中国地大人众，各地风气不一，欲求得民治发达，国家统一，唯有予以自由，实行分治，舍此别无他途。他还在致电卢永祥时专门指出，多数国人往往认为主张分治，即为破坏统一，其实分治本为与集权相对立的名词，与统一无关，将集权误解为统一，遂使许多野心家假借统一之名，以行集权之实。民国建立十年以来，祸乱相寻，皆由此因。故而“先定省宪以树民治之基，进议国宪以图统一之效”之主张，可谓“宏谋伟画，诚为今日救国良方”㉖。尤其在南北对峙、统一无望之际，强行组织所谓的“中央政府”，无异于扰乱地方，还不如实行联省自治，各省办各省的事。

如何实行联省自治，当时亦有相当宏富之议论。陈炯明则日渐认为，既为采用联邦制的联省自治，当然应该自下而上逐一建立地方自治制度，直至组建联邦国家。所以，他认为当前各省皆言自治，但自治仍然无法实现，其原因在于不知联邦制所立足的自治起点，“须知自治起点，先由各区始，各区能自治，

㉓ 《浙江卢督豪电建议之由来》，载夏新华，胡旭晟等整理：《近代中国宪政历程：史料荟萃》，中国政法大学出版社2004年版，第648页。

㉔ 《陈炯明赞成谭督鱼电》，载长沙《大公报》1920年10月24日。

㉕ 参见《纪陈竞存在国民党本部办事处演词》，载上海《民国日报》1921年3月14日。

㉖ 参见《陈省长赞许卢永祥豪电》，载广州《广东群报》1921年6月16日。

而县无不治；各县能自治，而省无不治；各省能自治，而国无不治”㉗，自治不是空谈，而要靠自下而上每一点滴事业所累积而成。至 1922 年夏，陈炯明进一步肯定联省自治运动当为“建设方略”或“建国计划”，撰写专文以阐明自己对于联省自治的设想。陈炯明认为民国肇造以来祸变迭起的根本原因，在于政治组织不符合实际，而政治组织的根本，在于规定中央与地方之间的权限。规定权限的方式，不外中央集权与地方分权两种。大抵小国寡民者，间或可采集权之制，否则无不采用分权之制。中华民国本由宣布独立的各省组建而成，采用地方分权制本属自然，然而因为中央与地方之间的权限没有从宪法上加以规定，故而造成纷扰，惹起分裂。中央视各省为异己，力图以武力予以制服；各省亦担心中央之专制，而力图以武力加以抵抗，于是烽火四起，政治混乱，一发不可收拾。陈炯明进一步认为，规定中央与地方之间的权限，不只是消除民国以来的混乱，更重要的还在于随着社会的发展，国家与人民之间的关系越来越密切，政事越来越繁杂，不可能像古代的循吏一样可以宽简为治，唯有将与人民有直接利害关系的一切政事交由人民自为谋划，方才应付得来，“若事事受成于中央，与中央愈近，则与人民愈远，不但使人民永处于被动之地位，民治未由养成。中央即有为人民谋幸福之诚意，亦未由实现也”㉘。所以陈炯明认为，中央与地方之间的权限关系，应采地方分权主义，中央政府的职权取列举主义，地方政府的职权取概括主义。

如何实现地方分权这一要图，陈炯明认为必须从四个方面着手。第一是组织中华民国联省政府，以实现统一。联省政府设执政一人，对内对外代表中华民国联省政府，为全国行政首长，任命各部部长，另设副执政一人，共同组成行政机关。联省政府设参议院代表各省，设众议院代表国民，共同组成立法机关。联省政府设大理院为全国司法独立机关，同时设审计院为中央财政监督机关。第二是各省组织省政府以处理本省之政事。省宪法在不与国宪法相抵触的前提下自定，省长民选，省议会为省立法机关，明晰省与中央的权限关系以及省与省之间的关系，中央不得干预省官吏的任免。第三是蒙古、西藏、青海以及其他特别区域，得准行省制度。第四是实行军事与民治分途，军政与民政分开，“以各省之政事，完全还之各省人民；而军事则超然于各省之外，由中

㉗ 《陈竞存在桂议会演说》，载上海《民国日报》1921 年 8 月 26 日。

㉘ 陈炯明：《联省自治运动》，载段云章，倪俊明编：《陈炯明集（增订本）（下卷）》，中山大学出版社 2007 年版，第 947 页。

央执掌之”,这样就可以做到“中央无滥用武力之虑,各省无拥兵自卫之嫌”。㉙ 至于这些建设方略在当时如何能够真正实施,陈炯明亦提出了四条实行方法。一是将这些建设方略征求各省加以讨论,取得共识;二是取得共识之各省选派代表,组织联省会议,根据建设方略制定联省大纲,以此产生参议院,由参议院选举第一次执政、副执政;三是摒除南北成见,由孙中山、段祺瑞出任中华民国联省政府执政、副执政;四是联省宪法亦以联省大纲为基础而构成。

陈炯明这一联省自治的建国方略,可谓深得美国联邦制之肯綮。托克维尔在考察美国的民主时就曾指出,乡镇是自由人民的力量所在,“在没有乡镇组织的条件下,一个国家虽然可以建立一个自由的政府,但它没有自由的精神。片刻的激情、暂时的利益或偶然的机会可以创造出独立的外表,但潜伏于社会机体内部的专制也迟早会重新冒出于表面”㉚,只有乡镇独立而自治,才能得到具有爱国心且服从于国家的公民而不是顺民,美国的联邦制正是建立在乡镇自治这一基点之上的。陈炯明在乡区自治的基础上,要求自下而上逐步确立县自治、省自治,直至建立联邦制的民主政体,即使当时联邦主义思想的急先锋章太炎、李剑农等也是望尘莫及的。其后不久,陈炯明谈到统一中国的两大原则时非常明确指出,必须仿照美国联邦制度,成立中华合众国(United States of China)。㉛ 此后因陈之联省自治的联邦方略与孙中山武力统一的革命政策相悖,遂导致二人之间的冲突,陈被迫下野,但益发坚定了陈对联省自治的决心。1924 年冬,冯玉祥发动北京政变,囚禁曹锟,陈炯明认为联治主义实现的机会较大,立即致电冯玉祥说:“请段入京,主持大计,立联治之制,迅合全国,召集联省会议,建设联省政府,议定联省宪法。”㉜冯接受建议,力请段祺瑞以民国临时执政名义入京主持政制。在陈炯明的多方努力下,段祺瑞执政政府倾向于联治主义的姿态日益明显,并草就了一个联邦制色彩极浓的《中华民国宪法案》,惜执政政府不久亦垮台,北京政府联治主义的一缕曙光遂告消亡。

㉙ 参见前引㉘,《联省自治运动》,第 949 页。

㉚ [法]托克维尔:《论美国的民主(上卷)》,董果良译,商务印书馆 1989 年版,第 67 页。

㉛ 参见陈定炎:《陈竞存(炯明)先生年谱(上卷)》,李敖出版社 1995 年版,第 521 页。

㉜ 《香港电》,载上海《申报》1924 年 11 月 10 日。

五、陈炯明的中国统一方案

陈炯明欲借冯玉祥北京政变的机会将联治主义推向北京,惜未成功,而此时蒋介石决意东征,陈最终兵败下野,自此长期隐居香港。陈在香港隐居期间,更加潜心思考中国的联邦制问题,于 1927 年冬着手撰写《中国统一刍议》一书,开始将联治与民主结合起来,形成了自己比较全面而成熟的联邦建国方略——联治民主制。当时坚持联邦主义思想甚健的社会名流章太炎亦为该书题词,足见此书联邦建国方略之引人瞩目。

陈炯明认为中国经五千年历史之演进,国家统一的基础早已巩固,民国肇建打破了这一基础,却因一时成功之速,使得"民权不能监督政权,政权不能统辖军权"㉝,政治颇多混乱。之所以如此,陈炯明认为其原因有六:一是约法规定的弊端,如立法权与司法权不能平衡、责任内阁权限不明、中央与各省之间的权限缺乏规定;二是国会不能克制,专门制造政变;三是总统地位过高,致使贿选或武力拥戴层出不穷;四是政府组织染有分赃恶习;五是军制不明,军队私有;六是党派无主义与政策,仅为利益而勾结,故无政党而有党派。这些原因背后更深层次的根源在于,民生太穷与外力太压。民生太穷,故举国才俊奔走乱门;外力太压,故急进青年向往革命。面对这些混乱,民国肇建十余年来无所良策,不是鼓吹和平解决,就是张扬武力解决,循环为用,不得收拾之效。和平与武力的确可以弭乱,然而民主政治的原则不在于单纯运用这样的手段,而在于必须分配权利于全体国民,否则"谬欲集权于一军,而以军治国;集权于一党,而以党治国"㉞,民主立国的基础则被信手抛弃。陈炯明认为当前南北两个中央政府已成对峙之局,北方宣扬武力统一,南方鼓吹国民革命,其实都无非采取武力征服而已,无论何方战胜,不过延长一时内乱,最终都必将与民主政治相去甚远,因为"北之军治,南之党治,皆违反共和原则,压抑全民公意,殊与民主立国根本不得相容,终必为民治主义抨击以去"㉟。

陈炯明认为要走出这种困境,其前提在于了解统一的意义。首先,统一属立国问题,而非息争问题。真正的统一必须建筑于真共和的基础之上,而不是

㉝ 陈炯明:《中国统一刍议》,载段云章,倪俊明编:《陈炯明集(增订本)(下卷)》,中山大学出版社 2007 年版,第 1063 页。

㉞ 参见前引㉝,《中国统一刍议》,第 1067 页。

㉟ 参见前引㉝,《中国统一刍议》,第 1069 页。

南北媾和或各省拥护中央,有真共和才有真统一,否则无共和之实,统一之局随时都会打破。其次,统一属事实问题,而非法律问题。所以统一必须从事实的势力出发,而非单纯谋取于宪法条文。最后,统一乃属永久问题,而非暂时问题。永久问题,则必须从根本上解决,而不能局限于一时之协调或结束当前之混乱。基于这样的统一意义,陈炯明认为欲达统一目的,必须注重四个手段:一是确立统一必要的基础,而这必须本民主的精神而确立统一方案;二是集中统一必要的实力,而这必须采取妥协的手段以谋南北实力派为统一同盟之结合;三是兼收统一必要的助力,而这必须顾及当前的环境以旁求外交友谊上之赞助;四是寻求统一必要的舆论一致,而这必须顾及推行之尽利,以舆论一致为保障。陈炯明除了充分阐明后面三个手段(即南北妥协运动、外交赞助运动与舆论一致运动)外,尤其注重第一个手段即统一方案的阐发。陈认为统一方案约有三事,即纲领、程序与协约大纲。统一纲领在于确立统一基础,涉及军事、政治、财政、外交四大事项。陈认为军事上在于统一国军,政治上在于建立联治,财政上在于划分两税(中央税与地方税),外交上在于恢复主权。

陈炯明认为在这四大纲领中,建立联治是最为关键的问题,军事上统一国军仅为拨乱之事,是消极的、一时的,只有制治之事同时并举,才能从政治上根本解决问题,因为制治之事是积极的、永久的,而当前最大的制治之事莫过于国家组织。中国自古以来未经过近代法治国之组织,故进入民国,流为政弊,酿成内乱。所以在陈炯明看来,"严格以论,中国至今,谓为一个民族则可,谓为一个国家,尚有待政治组织之条件也"㊱。国家组织采取何种形式,陈认为理所当然应采取民主政治的组织,而北京政府沿袭军治,广州政府倡言党治,皆与民主政治的组织背道而驰,因为"民国主权,在民而不在军,尤不在党"㊲。要有效建立起民主政治的组织,就必须努力打破军治、党治,建设民权无限下的良民政治。㊳ 良民政治的建立,首先在于明了中国国家的目的:第一是完成

㊱ 参见前引㉝,《中国统一刍议》,第1080页。

㊲ 参见前引㉝,《中国统一刍议》,第1080页。

㊳ 陈炯明所言的良民政治不是道德意义上的,也不是人才意义上的,更不是贤人政治意义上的,而是指一般民众,如何选出,纯粹视选举制度如何改良、政治组织如何改善以及评断,因为选举制度、政治制度如有去莠择良之可能性,则良民自出,即使或有暴民、流氓、地痞、土豪、劣绅、政客、党棍卷入国家组织之范围,亦不能发挥个人之恶劣。详细参见前引㉝,第1081页。

中华一族的国家,中华民国应为中华民族所共有、共治、共享;第二是在完成亚洲主人翁一员的国家,准备联亚运动,使亚洲成为世界大组织的一大柱石;第三是贡献世界,协谋国际和平运动。要实现这些目的,国家组织自身必须具备四个条件或工具:一是自治主义。一切政治问题,当以人民自治为准则。分配于地方而活动,谓之地方自治;集中于中央而活动,谓之一国统治;推展至联亚联世界,则当谓之民族自治。二是自给主义。国家组织应着眼于职业团体,使其为构成分子,享有充分职权,以谋一国经济之发展,并达到自给之程度,实即为推行经济自由。三是联合主义。当前中国由君主而为民主,自当以全民组织国家,然全民涣散,缺乏政治训练,任由一党一派包办或强使无知无识之人负责,不是不可则是不能,故而必使团体为构成分子,因团体始有政治训练,是以联合主义应运而生。四是分职主义,即在权力分配的基础上,注重公务员职务的分配,以此促进效率的增加。

在这四个条件或工具中,陈炯明尤其看重联治主义,因为其牵涉到中央与地方之间的关系这一特别重要的政治问题。此时的陈炯明,对于单纯的单一制与联邦制都有所指责,认为单一制虽然利于中央集权,但是由于大省作梗,集权恐非有效,即使缩小省权,中央亦有鞭长莫及之虞,况且省长不由民选,就难以与省会合作,中央一经改选,各省势必更调,其纷扰祸于全国。联邦制虽然可顺全国分裂之国情,然由分裂而谋统一,削夺中央之权而造二重政府,必然造成自为风气,庶政难收整齐划一之效,一有矛盾,纷争立起,难收欧美联邦之利。陈炯明认为,究竟采用何种政制,既要考虑到政制本身的精神所在,也要顾及政制所能适应的历史国情、周围环境、社会经济状况等现实因素。就中国当前而言,应从地方自治的基础逐步做起,拾级而上,创成中国式的联治,以成一国之大治。

六、陈炯明的联治民主制

陈炯明首先肯定自治乃是民主国的基础,认为民主的精义就是分配政治权力于国民全体,而国民也必须善于行使这样的权力,才不失为民主的国民。要达此目的,必须组织相当普遍的政治小单位,以供国民训练。国民在此地方自治的小单位内都不能实行自治,而欲在国家大规模运用宪政进行统治,则几无可能。自治一旦畅行,就能一面避免他人干涉,一面管理好自己的事务,因而自治是自由民主的保障,地方自治是免受他治侵入的保障。自治虽起于中小区域,但却在此基础上可随民主政治的发展而不断扩大范围。自治组织最初虽以区域为限制，然随社会分工之发展，职业自治亦成为一大潮流。区域自治、职业自治为地方自治之基础，地方自治又为民主国家之保障，若层垒而上，推进各级自治，而成一国大治，其理不言自明。这一建立于民主基础之上、自下而上层级推进自治的方略，陈炯明认为此乃中国达到共和目最切实之唯一途径，并称该方略为“联治民主制”。

什么是联治民主制？陈炯明认为简单而言就是“联乡治区、联区治县、联县治省、联省治国”，析而言之则是“全国政治组织，以业治为经，域治为纬，组成五级政制。自乡治以上，各级构成分子均以区域、职业两种团体为基本单位，其顺序则以乡自治为基础。由此基础，层建而上之，则为区、为县、为省、为国是也”。㊴ 自乡自治、区自治、县自治、省自治而至中央政府，均以选举组成各式机关，实行自治或政务管理。陈炯明还进而认为，民主政治当以增加国民直接管理权为基本原则，因此应赋予国民以选举权、罢免权、创制权、复决权等。凡管理事项，依其属于何种自治层次，而由该层次之相应组织常设机关予以施行。陈炯明认为此种联治民主制，实为中国统一的柱石，并且适合中国历史国情、社会状况，而又不违背世界发展趋势。为了使此自治能够自下而上逐步推进，陈炯明还认为应相应设立监政机关，中央设立联治监督院，各省设立分院，各县设立分所，以之作为筹办联治机关，分阶段、有步骤、依程序促成全国联治的实现。

根据当时南北政府均无宪法根据的事实，陈炯明认为应本实事求是之精神，南北实力派各自放弃武力征服之手段，采取妥协办法，以国事为前提，先行协定统一方案，以之为国是决定之基础，双方息争，平等媾和，即由全国实力派平均分配，推出领袖，联立事实上的统一政府。此政府之组织暂时采取委员制，依据方案切实举办统一国军、建立联治、解决财政、恢复主权各大纲领。待此任务完成，民选政府则可依期产生，共和与统一的基础也就能够次第建设。为了将那些手中握有枪杆子的大小军阀均纳入此种联治程序，陈炯明指出各种力量必须缔结统一同盟，然后商定统一方案，以期全国共同行动。陈还专门起草了《统一同盟协约大纲草案》与《中央统一政府组织大纲草案》，为统一同盟以及从事实政府至合法政府之转变提供了政府组织上的参考依据。一旦中央统一政府达成，则立即着手组织联治民主制，成立民选的中央联治政府。

但是当时大小军阀横行，南北两个政府对峙，他们是否能够达成如陈所言

㊴ 参见前引㉝，《中国统一刍议》，第 1087 页。

的妥协而坐到一起讨论联治之实行问题?陈炯明坚信,妥协不仅必要,而且可能。他认为目前南北双方均企图以克服敌方为其统一全国之捷径,故而陷入军治、党治之泥潭,在此恶势力支配之下欲谋联治之实现,不外乎两种手段:一是以革命扫除恶势力,二是以协调改正恶势力。前者难免走入历史循环的怪圈,后者则适合民治运用,并使各种军事势力归于国防地位,各得其所,故而妥协当为理想上的最佳选择。就事实而论,南北之间的确存在差异,知其差异而不允许调协,必欲铲除而后快,不仅有专制之嫌,而且势无可能,此乃妥协之必要一。自民国肇建以来,武力统一、和平会议、制宪运动、联省自治运动、国民大会运动层出不穷,均因某些条件不具备而失败或无从实施,故而统一非有合作之势力,绝不可能成功,欲谋势力合作,则非实行妥协不可,此为必要二。南北双方战端四起,莫不以国事为号召,既皆言国事,与其仰仗武力制造混乱,何不如谋之妥协,或有互让共济之可能,此为必要三。人心厌乱已极,国家危险之极,倘不及早收拾,势必同归于尽,此乃妥协之必要四。南北之间,上至领袖,下至将士,无不皆有息战之念想,如双方能假以对等地位,各保其势力,各消其隐患,而于国家又有绝大利益,何患妥协之不可能!

出于此种妥协之必要与可能之判断,陈炯明最后向全体国民发出谆谆忠告,尤其强烈指斥南北政府之党治、军治之不是。陈认为国民党既然发起所谓的国民革命,就不应该由一党包办,并接受苏俄等西方国家之接济,否则冒国民之名,行党人私通外国之实。而且既曰革命,当有革命对象,如对象为北方军阀,则南方军阀又如何?如以全国军阀为对象,则自身军阀又如何?陈炯明认为打倒军阀乃属军制改革的问题,殊无革命的价值,况且以一种武力打倒另外一种武力,战胜者亦难保自身不成为军阀。可见国民党无非打着国民革命的幌子,其实却是"偏以专政、训政、党化教育、党外无党等等标语,发其狂呓"㊵而已。陈炯明断然认为,此种一党专政,与民主政治根本不能相容。譬如训政说法,完全系君主时代之口吻,国民党反以其作为宪政之前之准备,实乃阻碍民治之进行,因为"民主政治以人民自治为极则,人民不能自治,或不予以自治机会,专靠官僚为之代治,并且为之教训,此种官僚政治、文告政治,中国行之数千年,而未有长足之进步"㊶。至于党化教育,以一党之主义与政纲,向全体国民作宗教式宣传,岂不属精神压制!何况国民党之"三民主义及

㊵ 参见前引㉝,《中国统一刍议》,第1141页。

㊶ 参见前引㉝,《中国统一刍议》,第1141页。

其发表之政纲,类皆东抄西袭,绝少独立之思想,一贯之理论,而于国情亦未适合”㊷,为何强行青年向学,僵化其思想?党外无党之主张,则不仅蛮横,而且愚昧。政党实为集合同方向之民意而为有组织的表现,而民意总是多方向的,强以一党行之,绝不能综合各方向之民意,强而为之,则党内必将分裂,是以党外无党,则党内有派是也!即使真有一党与众不同,此一独尊之党恐怕也并非国民党莫属!与国民党人相信建立在党治基础之上的军治不同,北洋军人完全只笃信武力,互争雄长,实为军阀自杀,如不改弦更张,覆亡之日翘首可待。至于在南北两大势力之外的第三大势力,如不察知党治、军治之非,趋于民治之途,亦将无所贡献于国家之统一。陈炯明最后正告国人:“顾为国致力之事,必先认清其对象,审择其手段,而后救国之事业,乃不陷于误国之途径。”㊸

七、陈炯明的共和理想

陈炯明清末即进入广东咨议局担任议员之职,对于地方自治颇多留意,积极投入,逐渐对中央集权制度产生反感。其加入同盟会从事革命活动后,又先后周游日本、欧美,西方的自由主义政治思想尤其是欧美自治思想对其影响颇深。辛亥革命期间,陈炯明针对各省宣布独立的事实,提出要从政治上着力解决省制问题,尤其要注重采取立法、行政、司法三权分立的原则,的确已与那些拥兵争权的党人或政客不可同日而语。陈所谓从政治上解决问题,颇为注重以选举制度为中心的民主政治,并以法治主义为基础。广东宣布独立后,胡汉民出任都督不久即随孙中山赴南京,陈炯明出任代理都督,他向广东临时省议会建言召集正式选举,并推荐汪精卫来粤参选出任都督一职。此后无论是在漳州着手模范建设,还是在广东创建“模范省”的努力,陈炯明始终贯彻地方自治的精神,并高度注意通过法律以规范政府的言行举动,为政府寻求合法性的基础。适南北分裂之际,湖南率先宣布省自治,制定省宪法,以谋求联省自治之进行,陈炯明顺应这一潮流,进一步完善自己的自治思想,使其朝着联治的目标前进,从而在自己一贯坚持的民主政治之基础上,提出了比较成熟的联治民主制这一联邦建国方略,可谓是20世纪上半叶对于中国政治命运之深层次思考。

㊷ 参见前引㉝,《中国统一刍议》,第1141页。

㊸ 参见前引㉝,《中国统一刍议》,第1145页。

中国古代政治本为中央集权政治,中央与地方之间的关系一直视中央的控制能力而言,实无法律上之巩固。延至民国初建,各省以独立形式宣布脱离满清政府而组建中华民国政府,约法亦对中央与地方之关系予以回避。待袁世凯掌握全权,以国民党为核心的议员遂强烈要求于宪法采择地方制度,然以“二次革命”的失败而告终,《天坛宪草》遂胎死腹中。此后推翻洪宪帝制,段祺瑞欲以武力统一中国,孙中山率部分议员南下广东,遂成两个中央政府鼎立之势,各省亦尾大不掉,也不知服从何种中央政府,中央与地方之关系完全成为一个相当混乱的问题。面对此种危局,北方政府思以武力统一,南方政府则力图以革命扫荡旧势力,其实都是颇为看重武力的表现,仍然不能跳出中国古代“骑在马上打天下”的思维窠臼。以武力结束专制或分裂,如果不假以法律之基础,则这种结束又会成为专制或分裂的开始,“因为谁有足够力量,能够把一个国家的专制君主驱逐掉,也就有足够的力量使自己成为专制君主”㊹。陈炯明正是看到了武力革命所导致的此种历史循环,始终对武力保持一种相当谨慎而克制的态度,当吴佩孚所控制的直系势力如日中天、力邀陈炯明联合以实行武力统一之际,陈专门复电指出:“请勿迷信武力,须知炯明与君,即以武力联合,亦不能解决时局。”㊺所以陈炯明不仅对吴佩孚等直系势力主张“召集旧国会,实行联省自治,则可免于战争”㊻,而且对孙中山所倡导的建设新式军队以打倒军阀的北伐策略也逐渐保持一种怀疑直至反对的态度,尤其是孙中山不顾约法精神而召集非常国会、选举自己为非常大总统之行动,陈炯明完全视其为非法之举,甚不以为然。㊼ 但陈出于对孙中山的尊重,还是接受了孙中山陆军部长兼内务部长的任命,自此两人之间的隔阂日益加深。

孙中山虽然也认为集权专制,乃为中国历来之秕政,但他对于中央与地方关系的解决方案仍然带有根深蒂固的集权主义思想,他认为:“欲解决中央与

㊹ [法]孟德斯鸠:《论法的精神(上册)》,张雁深译,商务印书馆1959年版,第322页。

㊺ 《北京电》,载上海《申报》1922年6月22日。

㊻ 香港《华字日报》1922年5月16日。

㊼ 此时孙中山召集的非常国会,在粤之旧国会议员不过两百人,距离通常开会的法定人数甚远,选举总统的法定人数更是不够,因为依据总统选举法,必须有两院议员总数三分之二出席,计五百八十人,方能召开总统选举会。而孙中山于1921年4月7日,不顾约法精神与选举法规定,悍然召集仅有的两百余议员参加非常国会,议决《中华民国临时政府组织大纲》,依该大纲第2条选举自己为非常大总统,其实没有任何法理上之依据。

地方永久之纠纷,惟有使各省人民完成自治,自定省宪,自选省长,中央分权于各省,各省分权于各县[48]。"这种"中央分权于各省,各省分权于各县"的论调,表面上看似与陈炯明的自治精神一样,实则有着本质的区别,乃属自上而下的逐级授权。换句话说,陈炯明之自治,是自下而上的,上级之权力恰恰来源于下级之赋予;孙中山之分权,是自上而下的,下级之权力恰恰来源于上级之授予。况且孙中山的分权自治,也是着重于县自治这一层次,而陈的自治则是自乡自治而上无所不在的,省自治恰是其中一个最为关键之环节。这样,两人势如水火,必将走向相互对立的道路。当 1921 年夏陈炯明率领粤军讨伐桂系取得胜利后,孙中山要求趁此机会继续北伐事业,而陈则认为将广西交给广西人实行自治后,粤军应回广东休整,着手广东自身的省自治事业。最终孙自率军队在桂林筹建大本营,陈回广东整理省务,因各种原由,遂导致二人关系最终彻底破裂。结果当然是陈炯明在国民党所打造之黄埔学生军的新势力之冲击下,黯然归于失败,并自此背上国民党正统意识形态所认定的"叛徒"之黑锅。

从军事较量来说,陈炯明是失败了,但他所断言的集权政治之军治、党治都不可能实现真正的统一,是国民党后来无法摆脱的宿命。1928 年张学良宣布东北易帜,蒋介石在形式上统一了中国,但此后中央与地方之间的关系一直处于跌宕起伏的混乱之中,始终纠缠着国民党一党集权政治之头脑。即使蒋介石败退到台湾,这一噩梦仍然挥之不去。直至 20 世纪 80 年代蒋经国开放党禁、实施军队非党化、取消学生三民主义的政治考试、剥离政府部门的专职党职人员等举措之陆续出台,国民党才很不容易缓过一口气来。可是像这样的举措,肯定不是来自孙中山甚或蒋介石的思想,倒是与国民党的"叛徒"陈炯明有着某些阴差阳错的"相似"。只是陈炯明所倡言的联治民主制这一联邦建国方略,不知还有没有机会能够遭遇类似的"相似"。但不管怎样,作为民国卓有声望的"军阀",居然临终之时没有经费购买棺椁,只能向自己的母亲"挪用",其临终前对同人连呼"共和! 共和!"[49],恐怕永远会在我们的耳畔萦绕、回响……

---

[48] 李剑农:《中国近百年政治史(1840—1926)》,复旦大学出版社 2007 年版,第 507 页。

[49] 参见《陈炯明已入殓》,载上海《申报》1933 年 9 月 24 日,以及《陈竞存昨晨在港逝世》,载香港《循环日报》1933 年 9 月 23 日。

The Democracy by the United Governance: Chen Jiongming's Strategy of Founding a State through Federalism

Abstract: As an important politician in modern China, Chen Jiongming believes in democracy based on the idea of autonomy, and gives autonomy four major meanings, such as the autonomy of the people, local autonomy, the separation of military and civil administration, and the separation of powers. Taking it as starting point, Chen Jiongming raises the strategy to establish a state through federalism, which he describes it as four steps as follows, governing the district by the union of townships, the county by the union of districts, the province by the union of counties, and the state by the union of provinces. He has a profound understanding for an intrinsic relationship between federalism and democracy and a creative plan for the blueprint of the democracy by the united governance. This federal constitutional theory from below is contrary to Sun Yat Sen's theory depicted as three stages for the military administration, the political tutelage and the constitutional government, which profoundly shows the historical destiny of the practice of constitutionalism in modern China.

Key Words: Chen Jiongming; the Democracy by the United Governance; Federalism; Sun Yat Sen

(梁振文　龙乙方)

借鉴与移植:议会制在近代中国的传播及影响*

张小虎**

摘　要:通过西方传教士和启蒙思想家,英国的议会制宪政思潮在17世纪30年代涌入中国。这种宪政思想被开明官绅和进步人士所认识,引发对改良主义议会制的争鸣。随后,颁布《钦定宪法大纲》,这是移植议会制的首次尝试,根据相关法律,中央和地方分别设立了资政院和咨议局。从议会制在中国的影响实践来看,其在立法权、预算权和监督权的职能行使上,仍受到了一些干扰与阻碍,这些现象间接导致了近代中国的工具性立宪和宪政探索困局。

关键词:议会制　咨议局　资政院　《钦定宪法大纲》

近代中国,西法东渐,域外宪政文化在中国广泛传播与移植。在这条筚路蓝缕的宪政探索之路上,议会制、责任内阁制、总统制以及联邦制等宪政制度在晚清政府"仿行宪政"中反复地实践与改良。然而,无论上述哪一种宪政模式,其影响与传播的路径不外乎如下模式:首先,在西方传教士与国内启蒙思想家的相互作用下,宪政思潮开始涌入中国;其次,经过对不同宪政思潮的讨论与改良后,用法典编纂的方式将其确定为国家的政治制度;再次,通过立法和颁布章程,让宪政机关得以设置并正式运行;最后,移植西方的宪政制度开始在近代中国实践,并在实践中受到争议、出现反复,最终走向衰亡。因此,英国议会制的近代中国之旅也不例外。在议会思潮涌入中国并产生强烈的争鸣之后,《钦定宪法大纲》首次对议会制进行了尝试。随后,根据《咨议局章程》和《资政院章程》等规定,晚清政府又在地方和中央启动了"过渡性"议会

---

* **基金项目:**本文系笔者参与的教育部规划项目"借鉴与移植:外国宪政文化对中国的影响"(项目编号:11YJA820086)之阶段性成果。

** **作者简介:**张小虎(1986—),男,湖南衡阳人,湘潭大学法学院博士研究生。

(院)的试验。至此,对英国议会制的借鉴与移植走向了高潮,同时,也带着晚清政府"皇位永固、外患减轻、内乱可弥"的虚假设想而日渐衰落。议会制在近代中国"工具性"移植的历史教训颇具启发性,值得关注。

一、思潮涌入:议会制思潮在近代中国的兴起与发展

在近代中国,议会制的引入对这个延续了两千多年封建专制统治的国家产生了一系列影响,而这种影响首先来源于英国议会制思潮的传播及其引发的理论争鸣。按照议会制思潮的传播历程,学界大致将其划分为四个时期。① 其一,介绍期(1840 年—1870 年),议会制经由西方传教士和中国启蒙思想家而被国人所熟知;其二,形成期(1870 年—1895 年),经过开明人士的争论进而形成了"君民共主"的议会观;其三,初试期(1895 年—1905 年),"民权主义"议会观出现并进行了首次尝试;其四,实行期(1905 年以后),根据宪法与章程中央及地方的议会开始陆续建立。至此之后,英国议会制思潮渐渐退出近代中国的宪政实践。

(一)传教士的推广与启蒙思想家的译著

最初,议会制思潮的传播始于赴华传教士对西方政治制度的推广,而近代中国启蒙思想家们的著书译文则是这些宪政制度得以被国人认知的主要途径。从 1844 年至 1868 年,《望厦条约》《黄埔条约》《天津条约》《北京条约》以及《蒲安臣条约》等不平等条约让西方传教士得以顺利离开通商口岸赴内地传教办学、推广西方政治文化。于是,带着对议会制的推崇,麦都思、裨治文、慕威廉、伟烈亚力、卫道生、艾约瑟、威廉臣等西方传教士开始推广议会制度。早在 1833 年至 1838 年间,由传教士裨治文与郭实腊共同编写的《东西洋考每月统记传》中就大量涉及对英国议会制度的介绍。如,1835 年 6 月的《东西洋考每月统记传》之"新闻言"栏目中就有对英国议会制度的简要介绍:"英吉利之公会,甚推自主之理,开诸阻挡,自操权焉。五爵不悦,争论不止,倘国要旺相,必有自主之理,不然,民人无力,百工废,而士农商工,未知尽心竭力矣。是以英吉利良民不安,必须固执自主之利也。"②又如,1838 年 3 月《东西

---

① 参见张朋园:《议会思想之进入中国》,载《华东师范大学学报(哲学社会科学版)》2004 年第 6 期。

② [普鲁士]郭实腊,[美]裨治文:《东西洋考每月统记传》,1835 年 6 月刊,第 186 页。

洋考每月统记传》再次介绍了英国的议会宪政制度:“上年八月理国事公会散,良民选择乡绅为兼摄。于是百姓眉开眼笑蜂集,候补相公多嘴多舌甘言应承,即供职伸民之冤,而推各人之利。倘民悦意随抡选之,届期入公会论道、办理,以副国政。愈英姿敏慧,愈名垂百世,万民景仰,且开升迁职务之路也。”③此外,在《英吉利国政公会》一文中,裨治文解读了英国国政公会(议会),以及国王与议会的权力关系,对英国议会上院与下院(“爵房”与“乡绅房”,亦称“贵族院”与“平民院”)的基本构成、英国议会的基本权限与运行程序乃至议会的选举与换届等问题进行了详细概括:“国会(即,国政公会、议会)冬聚夏散,不会之时国之大臣办政务,责任尤重……公会总摄之务,为英国自主之理。”④可见,他认为英国议会的成立基础来源于其“自主之理”,即人民主权原则。

在对英国议会制及其内涵进行概述之后,又有西方传教士更进一步建议近代中国开设议会,走英国式的议会制宪政道路。如,传教士卫道生在《论中国保民至要之法》中推荐中国开议院、纳贤才:“议事设以堂,去留定以宪……上以备官府之咨,下以慰黎元之愿,吏治之廉弊于以知,民情之优乐于以见,赋税辨轻重,出入有权变。”⑤在他的笔下,议院就是一个表达民意、监督政府、管理财税的权力机构。可见,以上这些内容都是西方传教士群体对英国议会和宪政制度的最早描述。虽然这些有关英国议会制度的早期论述,其文字晦涩、理论深奥,让普通民众难以理解,但这些内容还是引起了一些开明官僚、维新人士和革命党人的关注。

于是,以林则徐、魏源、徐继畲等为代表的启蒙思想家和开明官绅开始从上述西方传教士的著作和对议会制的推荐中得到了反馈,他们或翻译西方政治与地理著作,或著书办刊,由此开启了国人对议会制宪政思潮的理解并推动了其进程。如,林则徐是近代中国最早注意到西方议会制度的官员之一。他在《四洲志》中对英国、美国和法国的议会组织、权力关系、选举制度和议事规则等作出了相当篇幅的考察。他在书中将英国的上院(House of Lords)音译

③ [普鲁士]郭实腊,[美]裨治文:《东西洋考每月统记传》,1838年3月刊,第347－348页。

④ [普鲁士]郭实腊,[美]裨治文:《东西洋考每月统记传》,1838年5月刊,第377页。

⑤ [美]卫道生:《论中国保民至要之法》,载《万国公报》1896年8月第91卷,第4页。

为“律好司”,将下院(House of Commons)音译为“甘文号司”。随后,介绍英国上院议员多为王公贵胄,全院426人;下院议员来自地方,由各部落议举殷实老成者充之,共658人。而议会拥有两项基本权力,“国王虽有权裁夺,但必由‘巴里满(Parliament)’议允”;“国王行事有失,承办官要交‘巴里满’议处”。⑥ 此外,魏源也在《海国图志》中表达了对英国议会这种理想的、先进的制度之关注和赞扬,英国“设有大事会议(议院),各抒己见。其国中尊贵者曰五爵,如中国之公、侯、伯、子、男,为议会之主,且城邑居民,各选忠义之士一二,赴京会议。国主若欲征税纳饷,则必绅士(议员)允从,倘绅士不允,即不得令国民纳钱粮。若绅士执私见,则暂散其会,而别择贤士。如有按时变通之事,则庶民择其要者,敬禀五爵、乡绅之会,大众可则可之,大众否则否之”。⑦ 当然,如前文所述,林则徐、魏源、徐继畬等开明官绅对英国议会思潮的关注和宪政制度的了解,均得益于西方传教士对欧洲宪政文化和政治制度的译介。如,英国传教士麦都思(Walter H. Medhurst,1796年—1857年)在其著作科普读物《地理便童传略》中,提及了英国的上议院,“国内有两大会,一是世代公侯之会,一是百姓间凡乡绅世家大族者之会。”⑧正是麦都思对英国上下议院的介绍,成为了徐继畬在《瀛寰志略》中将上下议院分别翻译成“爵房”和“乡绅房”的重要依据。

(二)议会观思潮在近代中国的争论

通过西方传教士对议会制度的介绍以及近代中国启蒙思想家们的译介,议会思潮从最初传入时的陌生,步入了为国人熟知并争相关注与讨论的阶段。于是,在1870年至1895年间,中国先后出现了“君民共主”和“民权”等不同的议会观,它们对清朝末年的“仿行宪政”有着深刻的影响,对资政院和咨议局的创设甚至是辛亥革命后的国会运动起到了特殊的理论贡献。这些带着批判与争鸣眼光的启蒙思想家们出版了一批有关议会制度的代表作,如:冯桂芬,《校邠庐抗议》(1861年);王韬,《弢园文录外编》(1882年);汤震,《危言》(1898年);陈炽,《庸书》(1892年);陈虬,《治平通议》(1891年);郑观应,《盛世危言》(1893年)。早期维新派通过对英国议院制的了解和介绍,提出

⑥ 参见王锡祺:《小方壶斋舆地丛钞再补编(卷12)》,文海出版社1964年影印版,第12,30页。

⑦ 魏源:《英吉利广述上》,载《海国图志》,李巨澜评注,中州古籍出版社1999年版,第327页。

⑧ 熊月之:《西学东渐与晚清社会》,上海人民出版社1994年版,第96页。

了各具特色的议院观,并设计了形式各样的中国式的议院方案。[9] 可见,"君民共主"的议会观主要来源于早期的维新派对西方议院制度和政治法律的认识。其中,王韬便是"君民共主"理论的创立者之一,其著作《弢园文录外编》提出了以西方议会为中心的论旨:"泰西之立国有三:一曰君主之国,一曰民主之国,一曰君民共主之国。"[10]他进一步指出英国宪政的特色就在于"君民共主",他认为:"英国之所恃者,在上下情通,君民之分亲;本固邦宁,虽久不变。"[11]"朝廷有兵、刑、礼、乐、赏、罚诸大政,必集众于上下议院,君可而民否不能行,民可而君否亦不能行,必君民意见相同,而后可颁之于远近。此君民共主也。"[12]王韬这种"君民共主"的议会观影响广泛,成为了戊戌维新思潮的理论基础之一。此外,陈炽的方案则是把议院制和乡官制结合在一起,他认为,所谓"下议院",仅有县一级,由百姓公举、朝廷认可的乡官所组成。乡官对地方的"大政疑狱"提供咨询,协助地方官吏"兴利除弊"。对乡官,"大吏可警以刑诛,小民可加以责备"。乡官的政绩由县官"核其功过"上达,良者由朝廷"授以亲民之官",劣者"官得随时撤之"。[13] 事实上,纵观20世纪前的中国议会观,在宪政探索和制度构建中,启蒙思想家们都强调的是一种"限制君权"和"君民共主"的议会思想。诚如郑观应在《盛世危言》中所言:"故欲行公法,莫要于张国势;欲张国势,莫要于得民心;欲得民心,莫要于通下情;欲通下情,莫要于设议院。中国而终自安卑弱,不欲富国强兵为天下之望国也则亦已耳,苟欲安内攘外,君国子民持公法以永保太平之局,其必自设议院始矣。"[14]亦如王韬在《弢园文录外编》的观点:"唯君民共治,上下相通,民隐得以上达,君惠亦得以下递。"至此,"君民共主""民权主义""议会中心"等多种议院观念开始在近代中国的开明官绅与进步人士中反复地探讨。这不仅宣传了议会宪政观念,也促使了"改良主义"议会观的形成,为其后《钦定宪法大纲》对议会制的移植奠定了理论基础。

---

⑨ 叶秋华,王云霞,夏新华主编:《借鉴与移植:外国法律文化对中国的影响(中国传统法律文化研究·第9卷)》,中国人民大学出版社2012年版,第169页。

⑩ 王韬:《弢园文录外编(卷1)》,中华书局1947年版,第19页。

⑪ 王韬:《弢园文录外编(卷4)》,中华书局1947年版,第15-16页。

⑫ 参见前引⑩,《弢园文录外编(卷1)》,第19页。

⑬ 参见前引⑨,《借鉴与移植:外国法律文化对中国的影响(中国传统法律文化研究·第9卷)》,第171页。

⑭ 郑观应:《盛世危言·议院上》,李俊玲评注,华夏出版社2002年版,第22,24页。

(三)改良主义议会观念的形成

经历了议会制思潮由传教士的引入,到启蒙思想家的译著传播,再到进步人士对多种宪政观念的探讨与争论。最终,“改良主义”议会观逐渐被统治者和开明官绅所接受,成为了“预备立宪”的备选方案。首次明确提出在地方设立议会的改良派思想家是陈虬,他在上书山东巡抚张曜的《东游条议》中要求“创设议院以通下情”,他认为:“泰西各有议院,以通上下之情,顾其制繁重,中国猝难仿行。宜变通其法,令各直省札饬州县,一例创设议院,可即就所有书院或寺观归并改设,大榜其座。国家地方遇有兴革事宜,任官依事出题,限五日议缴,但陈利害,不取文理……择尤以行。”⑮陈虬的文章也是近代中国思想家对地方议会制度的最早描述之一。随着1895年中日甲午战争的爆发,目睹了晚清政府的腐朽无能,广东进步思想家何启和胡礼垣相互配合,用中英文合作发表了《中国宜改革新政论议》,以地方自治为主张,对创设地方议会提出了具体的设想:从省至府、县皆设立地方议会;省议会由举人在进士中“公举”六十名组成,府议员由秀才在举人中“公举”六十名组成,县议会则由平民在秀才中“公举”六十名组成;“凡男子二十岁以上,除喑、哑、盲、聋,以及残疾者外,其人能读书明理,则予以公举之权”;县一级的选举先将秀才们的名字标于县署,有“公举之权”者,从中“取其平日最心悦诚服者,书其名以献于有司”,“多人书名者”当选;各级“公举之议员,以几年为期,随时酌定,遇有缺出,则以公举法择人补之”;凡“兴革之事,官有所欲为,则谋之于议员;议员有所欲为,亦谋之以官,皆以叙议之法为之”。“官与议员意合,然后定其从违也”,“若事有不能衷于一是者,则视议员中可之者、否之者之人数多寡,而以人多者为是,所谓从众也”。⑯ 随后,思想家陈炽在综合了汤震、陈虬等人的观点上,于论著《庸书》中进一步提出了地方议会的制度设计方案,他认为:“各府州县,则仿外洋议院之制,由百姓公举乡官,每乡二人,一正一副。”其当选条件有三:一,年龄必须“足三十岁”;二,资产必须“及一千金”;三,张榜公布于通衢大街三个月间“保人多者”。其所界定的“百姓公举”即民选的乡官职权为:“邑中有大政疑狱,则聚而咨之;兴养立教,兴利除蔽,有益国计民生之事,则分而任之”,如果官方任命的“县官贪虐,大失民心,合邑乡官,亦可会同

---

⑮ 陈虬:《治平通议·救时要义(卷5)》,瓯雅堂1893年版,第11页。

⑯ 何启,胡礼垣:《新政真诠》,辽宁人民出版社1994年版,第115页。

赴省,白之太府,查有实迹,照例撤参"。⑰ 可见,陈炽提出了在府州县一律创设议院的主张,议员也必须由选举产生,而且议事规则以"举主多者为准"。

在多种议会观思潮的交锋以及"改良主义"议会观得到认可后,国人终于将议会政治与救亡图存联系起来,提出:"中国今日救亡之手段,惟在开国会,以改造责任政府。"⑱于是,启蒙思想家们开始将英国的议会政治思想与中国传统学说相结合,为实现议会制寻找文化支持。康有为将议会思想与儒家传统结合论述:"是故黄帝清问下民,则有合宫;尧舜询于刍荛,则有总章;盘庚命众至庭,《周礼》询国危疑,《洪范》称谋及卿士,谋及庶人;孟子称大夫皆曰,国人皆曰,盖皆为国会之前型,而分上下议院之意焉。"⑲可见,士大夫阶层借用西方议会政治等宪政学说,将其杂糅进中国社会的传统文化,最终让清政府接受议会制思想,使之成为推行议会政治的两大保障。即,"一是在政治上采用君主立宪制,保留皇权在现实中的统治地位;二是在思想上以中学为体,以儒家思想为根基推演西方议会民主政制思想。"⑳此外,梁启超还通过对西方议院的考察,又提出用议会制来抑制君权的说法,他在1896年发表的《古议院考》中反复发问:"问泰西各国何以强?曰:议院哉!议院哉!问议院之立,其意何在?曰:君权与民权合,则情易通;议法与行法分,则事易就,二者斯强矣。"㉑

综上,议会制宪政思潮在1840年前后经由西方传教士及其介绍各国政治地理的科普读物而引入中国,在被启蒙思想家认识并以译著和专著的方式向社会推广后,议会制逐渐被国人所了解。于是,这股思潮开始成为开明官绅和进步人士讨论的热门话题。从"君民共主",到"民权主义",从"议会中心"到"改良主义",有关议会制的建议和设想最终成为一种改良的宪政制度而被晚清政府认可。至此,议会制思潮的涌入成为了英国议会制在近代中国移植的开门之举,随之而来的是以法典编纂的形式在宪法性纲领文件中尝试确立议

---

⑰ 陈炽:《乡官》,载《戊戌变法(一)》,上海人民出版社1957年版,第234-235页。

⑱ 张枬,王忍之:《辛亥革命前十年间时论选集(第3卷)》,三联书店1977年版,第132页。

⑲ 康有为:《请定立宪开国会折》,载《戊戌变法(二)》,上海人民出版社1957年版,第236页。

⑳ 张睿丽:《议会政治与近代中国政治变迁》,中国社会科学出版社2009年版,第108页。

㉑ 梁启超:《饮冰室文集点校》,吴松等点校,云南教育出版社2001年版,第2页。

会制度,并以相关章程的规定开启中央和地方“过渡性”议院(会)的机构设置。

二、法典编纂:《钦定宪法大纲》对议会制的初尝

光绪三十四年八月初一(1908 年 8 月 27 日)中国法制史上第一部近代宪法意义上的法律文件《钦定宪法大纲》颁布,它以资产阶级宪法的形式为君主专制披上了合法的外衣。经过了议会制思潮的涌入和“改良主义”议会观的学术争鸣,在清政府“预备立宪”的历史进程中,议会制宪政模式被晚清统治者以宪法性文件的形式确立。

(一)以“宪法”之名构筑议会制政体

《钦定宪法大纲》共 23 条,由正文“君上大权”和附录“臣民权利义务”两部分组成。其中,“君上大权”共 14 条,“臣民权利义务”共 9 条。在《钦定宪法大纲》中可以寻找到英国式议会政治与君主立宪的有关内容:第一,在条文的结构上,《大纲》由名称、正文和附则三部分构成,其主体就是单一的宪法条文,这一点虽与美国宪法的结构相似,但在君主的君权上,《大纲》却吸收了英国君主立宪的内容。“君主统治,万世一系……军权神圣不可侵犯”等规定,在英国宪法性文件中也能找到类似的内容,只不过英国的君主是国家的象征,无实际统治权力。而相同是,不论近代中国还是英国,君主及其家族均享有尊贵的地位和特权。第二,在君权的限制上,在《大纲》中“君上大权”给予统治者以立法权否决权和议院开闭权等,但也从另一个侧面反映,君主的直接立法权和司法权将会受到一些机构的制约,即以往君主独揽大权的做法将会受制于法律和议院。如《大纲》第 11 条规定:“惟已定之法律,非交议院协赞奏经钦定时,不以命令更改废止。”这种机关牵制与限权思想显然吸收了英美宪政文化中权力制衡的理念,具有一定的民主进步意义。第三,在君主与议院的问题上,《大纲》第 4 条规定君主享有“召集、开闭、停展及解散议院之权”。事实上,君主与议院权力的此消彼长最早始于“议会母国”的英国,从 10 世纪的“贤人会议”至 1265 年的贵族、骑士与僧侣、市民的共同会议,再到爱德华一世的“模范国会”,最后到 1688 年“光荣革命”后所建立的英国议会,君权与议会权力经历相互制约、互相限制的反复过程,这种精神被近代中国制宪所借鉴。过渡议院性质机构资政院的建立就表明了这点。虽然在《大纲》中君主享有绝对权威,但通过立宪凸显出的议院机关,其权力还是对封建皇权产生了一定的制约,具有积极效益。第四,在君权与司法权上,虽然《大纲》第 9 条规

定君主能够总揽司法大权,但“委任审判衙门,遵钦定法律行之,不以诏令随时更改”。这表明,相比完全被君权所制的行政权和部分为君主掌握的立法权,司法权作为三权中的另一环,已经慢慢从君上大权中分离出来,并放权于审判衙门,这种做法应当来自于英美宪政文化之精神。第五,在公民的权利与义务上,《大纲》以“附”的形式将“臣民权利义务”附在“君上大权”之后,“大纲用6个条文规定了臣民的权利,这些权利涉及臣民的政治权利,包括选举权和言论、著作、出版、集会、结社的自由,以及臣民的人身权、诉讼权、财产权等,这些权利的规定在中国法制史上是前所未有的”。[22] 由此可见,这些公民权利可能会被称为“附属物”或“装饰品”,但能够被附录在《大纲》末尾,还是说明在清末立宪过程中,其对英美宪政民权思想的关注与继承,对近代中国开民权、促觉醒具有重要的意义。虽然《大纲》没能赋予公民真正的民主权利,但在其附属条例中还是展现了议会思想,附录中的《议院法要领》和《选举法要领》是议会制度首次以最高法律的形式在近代中国出现的。这些宪法性文件与附属条例以及相关章程一并成为晚清政府借鉴英国议会制而实行“仿行宪政”的法律依据,是构建议会宪政制度的保障。

(二)赋权议会立法并规范选举程序

在《钦定宪法大纲》的附属条例中,《议院法要领》和《选举法要领》分别确定了议会的立法建议权和议会的选举程序等内容,这些附录让清末立宪得以在制度躯壳上更加接近效仿国。

一方面,《议院法要领》共11条,虽其细目当于厘定议院法时之酌定,但该要领还是初步确认了未来议院享有的建议权、弹劾权及财政审议权等。其一,建议权,“议院只有建议之权,并无行政之责,所有议决事件,应恭候钦定后,政府方得奉行”;其二,弹劾权,“行政大臣,如有违法情事,议院只可指实弹劾。其用舍之权,仍操之君上。不得干预朝廷黜陟之权”;其三,审议财政权,“国家之岁入岁出,每年预算,应由议院之协赞”。[23] 虽然,从法条上看,议院的权力依旧受制于君主,议会的活动必须以钦定确认其效力,但是从《议院法要领》的初衷来看,它还是赋予了议院一定的立法权、监督权和审议权,初

---

[22] 周叶中,江国华:《博弈与妥协——晚清预备立宪评论》,武汉大学出版社2010年版,第390页。

[23] 夏新华,胡旭晟等整理:《近代中国宪政历程:史料荟萃》,中国政法大学出版社2004年版,第128页。

步形成了西方议会制度的雏形,是所谓“立宪政体取决公议,上下议院实为行政之本”。㉔

另一方面,《选举法要领》共6条,该要领对未来议院选举之事宜,议员选举的资格、期限及投票方式等也作出了初步规定:其一,选举监督,“议院举行选举事宜,俱由府厅州县各官实行监督”,“举行选举之期,应设管理员、监察员于投票开票时,严加省视,以防舞弊”;其二,资格认定,“不合于选举资格者,不得有选举权及被选举权。如品行悖谬营私武断者,曾处监禁以上之刑者,营业不正者,失财产上之信用被人控实尚未清结者,吸食鸦片者,有心疾者,身家不清白者,不识文义者等项。违者立即撤销”。其三,选举方式,“选举用投票之法,以得票多数而合例者方准当选。向来地方公举绅董之事,名为公举,或由官长授意,或由三数有力之绅推荐,不免有瞻徇情面不孚众望之处,今用投票法层层节制,期于力矫前项情弊”。㉕ 综上,附录的《选举法要领》已用简短的条文基本规定了有关议员选举的资格认定、选举方式等内容,还对议员的选举设立了监督程序,这些条款虽有不完善之处,但毕竟为近代中国议会制度的尝试奠定了基础,具有开创性意义。

除此之外,在其后1911年的《宪法重大信条十九条》中,统治者迫于形势压力,又再次将近代西方的议会主权理论写入条文之中,通过效仿英国的议会制度从而赋予了议会充分的权力,用国会的权力制约皇帝的权力,在形式上构建了一套君主立宪模式下的议会政治制度。对此,后世有较高的评价:“《十九信条》深得英宪之精神,以代议机关为全国政治之中枢,苟其施行,民治之功可期,独惜其出之太晚耳。倘能早十年宣布实行,清祚或因以不斩,未可知也”。㉖ 可见,在晚清政府“仿行宪政”的过程中,一系列法典的编纂,用改良的方式将议会制用法律条文的形式规定并确立下来。虽然,这些内容没有从根本上移植并构建起议会制宪政模式,但在议会机关设置、议员选举程序、国家政治体制以及议会基本权力等方面,仍借鉴了英国议会制宪政模式的有关内容,具有一定的进步意义。同时,通过宪法性文件及其附属条例的方式效仿议会制度,这是以最高法律位阶的形式进行的宣示,随后引发了《咨议局章

㉔ 故宫博物院明清档案部编:《清末筹备立宪档案史料(下册)》,中华书局1979年版,第606页。

㉕ 参见前引㉓,《近代中国宪政历程:史料荟萃》,第129页。

㉖ 尚秉和:《辛壬春秋·辛壬大政记》。转引自陈茹玄:《中国宪法史》,世界书局1933年版,第15页。

程》和《资政院章程》对地方与中央"过渡"议会（院）的进一步思考与尝试。

三、中央机构设置：《资政院章程》及"过渡议院"

在1905年和1907年两次出洋考察宪政活动结束后，议会政治正式进入实施阶段。1906年9月1日，《仿行立宪上谕》颁布，清政府的"预备立宪"正式开启。在议会思想的影响下，速开国会成为了共识。其中，戴鸿慈、载泽、汪大燮等考察过英国宪政和议会政治的官员对英国的议会模式极力推崇。戴鸿慈在《出使九国日记》中对英国的上下议院权力和党派对立进行了考察：其一，下议院的权力大于上议院，"凡立一法，在下院议案已成者，贵族院（上院）对之虽有修正之权，而无反抗之力"；其二，议院中有政府党和非政府党的对立情况，"政府党与政府同意，非政府党则每事指驳，务使折衷至当，而彼此不得争执"。[27] 按照议会思想，清政府预期在中央设立资政院，以实现"过渡议院"的作用。

（一）《资政院章程》与资政院的性质

中央资政院的设立时间略早于地方咨议局，光绪三十三年八月十三日（1907年9月20日）慈禧直接懿旨命设立资政院，派遣皇族溥伦和大学士孙家鼐为资政院总裁，随即指定由资政院和军机大臣共同起草资政院章程。于是，1908年7月8日一个由粗略的"总纲"与"议员选举"两章，共十五条内容所组成的《资政院章程》公布。翌年，1909年8月23日，第二个《资政院章程》颁布，它改订了前一年公布的《资政院章程》前两章并续订了后八章内容，成为资政院运作的正式法律依据。最终，1909年10月26日《资政院议员选举章程》颁布，他与早先的《资政院章程》合并，共同组成了"过渡议院"性质的资政院的组织依据。

其中，1909年8月23日颁布的第二个《资政院章程》对原章程进行了修改与续订，在保留并修改"总纲"和"议员"这两章后，继续增加了"第三章职掌""资政院与行政衙门之关系""资政院与各省咨议局之关系""资政院与人民之关系""会议""纪律""秘书厅官制"和"经费"这八章内容，使得《资政院章程》最终形成了主体十章共六十五条加附条二条所组成的体例格式。其主要内容有如下几个方面：第一，确定资政院的宗旨与性质，既不是真正的国会，

---

[27] 戴鸿慈：《出使九国日记》，陈四益校点，湖南人民出版社1982年版，第378－379页。

也不是真正的上下议院,而是为将来成立议院奠定组织基础,具有“过渡议院”的性质,“钦遵谕旨,以取决公论,预立上下议院基础为宗旨。”第二,确定资政院总裁的人选由钦定之,将立宪派和国民党排出资政院。“资政院总裁二人,总理全院事务,以王公大臣著有勋劳、通达治体者,由特旨简充。”“资政院副总裁二人,佐理全院事务,以三品以上大员著有才望学识者,由特旨简充。”第三,确立议员的担任资格、来源和人数,对钦选议员和民选议员的选举办法作出规定,“资政院议员,由下列各项人员,年满三十岁以上者选充。一,宗室王、公世爵;二,满、汉世爵;三,外藩王、公世爵;四,宗室、觉罗;五,各部、院四品以下、七品以上官,惟审判、检察、巡警官不与;六,硕学通儒;七,纳税多额者;八,各省咨议局议员。定额:宗室王、公世爵十六人,满、汉世爵十二人,外藩王、公世爵十四人,宗室、觉罗六人,各部、院官三十二人,硕学通儒十人,纳税多额者十人。各省咨议局议员一百人。类别为钦选、互选。宗室王、公世爵,满、汉世爵,外藩王、公世爵,宗室、觉罗,各部、院官,硕学通儒,纳税多额者,钦选。各省咨议局议员互选。任期三年,任满一律改选。”㉘第四,确立资政院的议决事项和权力职能,“一、国家岁出入预算事件;二、国家岁出入决算事件;三、税法及公债事件;四、新定法典及嗣后修改事件,但宪法不在此限;五、其余奉特旨交议事件。”㉙可见,资政院失去了议决人民陈请事项的权力,而且也没有起草或修改宪法的职能,行政主管也不必对资政院负信任的责任,这与西方议会制度的初衷有所违背,导致缺失了立法权的资政院既非议院又非国会,而只能成为“过渡议会”性质的机构。

(二)《资政院章程》修改与资政院改革

但是,在三次大型的开国会请愿声中,清廷被迫缩短预备立宪的时限,颁布内阁官制,设立“皇族内阁”。此举让资政院成为了资产阶级立宪派和民选议员发表进步思想、商讨民主宪政的主要场所。在言论自由的精神下,资政院沦为了守旧派与立宪派的理论斗争机构。由于“速开国会案”和“弹劾军机案”等提议,清政府突然对资政院作出限权,在1911年7月3日对《资政院章程》再次进行修改。一方面改变资政院会议的召集方式和法定效力,以防止民选议员抵制会议对抗行政衙门,另一方面改变资政院与内阁形成的对峙关系,形成议会对行政机关负责的混乱局面。好景不长,随着武昌起义的爆发和

㉘ 赵尔巽等编:《清史稿》卷一百十三,志八十八·选举八·新选举。

㉙ 参见前引㉓,《近代中国宪政历程:史料荟萃》,第85页。

选民对“皇族内阁”的批评，清政府只得积极筹备第二届资政院常年会以迎合资产阶级开国会、立宪法的呼声，清廷的国务大臣甚至宣称：“除共和政体及排满主权，凡夫请求于宪政者，都可照准。”㉚于是，《资政院章程》在辛亥革命的浪潮中进行了第三次修改，使得资政院得以基本掌握立法权，并初具资产阶级议会制度的雏形。其一，从修改程序上看，资政院的权力得到扩大，地位得到提升，英式议院政治特征初现，议员可以预闻议决案件，资政院还可以自拟案件，赋予其立法机关的职能；其二，从资政院副议长的任命上看，其基本具备了民选的要求和特点，由原来的钦选副议长修改为“在本议员中投票选举，奏请特旨批准”，这使得副议长的选举符合了议员的“民意”，让资政院议员的自主权扩大，符合代议机关的特征。其三，从资政院的职权范围来看，它已经基本拥有立法权和监督权，在新的章程下，资政院拥有宪法起草决议权、宪法修改提案权、议决国际条约权、批准预决算权等，并将其议决事项的效力由过去的“请奏裁夺”修改为“请旨颁布”，从而让资政院具备了较为独立的立法权。其四，从资政院在国家的地位来看，它基本取得了与行政衙门和国务大臣相对等的地位，体现了宪政分权制衡体制下立法机关对行政机关的监督以及行政机关向立法机关负责的关系，“国务大臣如有侵夺资政院权限或违背法律等事，经资政院决议弹劾，由议长据实奏陈，请旨裁夺，非解散资政院即国务大臣辞职”。这样的规定具有进步意义。㉛ 可见最后一次对《资政院章程》的修改已经让资政院在法律依据、组织设置和职能范围上向英美的议会制度靠拢，初步具备了资产阶级议院的特征，奠定了近代国会的雏形。

（三）资政院权力的扩大及其主要特征

从附表“资政院讨论与议决的主要议案”中可以看出，从第一届到第二届常年会，资政院的讨论和议决的事件日益触及清王朝的统治利益。从“速开国会案”到“弹劾军机大臣案”再到“开放党禁案”最后到“通过宪法重大信条案”，资政院的职能越来越广泛，其享有的实质权力也越来越大。在完成了第二届常年会之后，资政院的职能已经趋向于资产阶级立宪派梦寐以求的英国式议会政治。在借鉴和改造资政院的道路上，封建皇权被逐渐地削弱，而资政院的权力则日趋扩大，这让近代中国的宪政探索得以向英式君主立宪制政体迈出一大步。

㉚ 参见《盛京时报》，1911 年 11 月 3 日。

㉛ 参见前引㉒，《博弈与妥协——晚清预备立宪评论》，第 281－282 页。

表 1:第一届资政院讨论和议决的主要议案一览表(1910.10.4 – 1911.1.11)㉜

会议	时间	议案名称	涉及范围
资政院第一届常年会	1910 年 10 月 4 日至 1911 年 1 月 11 日	(1)速开国会案	关系国家体制前途
		(2)建设责任内阁案	
		(3)弹劾军机案	
		(4)昭雪戊戌冤狱案(开党禁案)	党禁等重大政治问题
		(5)宣统三年预算案	整顿国家财政金融
		(6)统一国库章程案	
		(7)收回开平矿产案	发展资本主义工商业
		(8)浙江铁路公司仍照商律办理案	
		(9)裁厘加税案	减轻人民负担
		(10)新刑律案	加强发展建设扩大民主权利
		还有其他议案共计 70 宗	

表 2:第二届资政院讨论和议决的主要议案一览表(1911.10.22 – 1911.2.9)㉝

会议	时间	议案名称	涉及范围
资政院第二届常年会	1911 年 10 月 22 日至 1912 年 2 月上旬	(1)罢免亲贵内阁案	缓解统治危机
		(2)本标兼治以救亡具奏案	
		(3)提议编定宪法宜使人民协赞具奏案	制度宪法 追求完全责任内阁 追求立宪政治的目标
		(4)通过宪法重大信条(19 条)	
		(5)组织完全责任内阁案	
		(6)募集短期公债案	筹集钱款以扶持朝廷
		(7)剪发、改用阳历案	革新社会风气
		还有其他议案共计 39 宗	

于是,在完成了相关章程和法律规定的起草后,宣统二年九月初一(1910 年 10 月 3 日)资政院开始正式运行。《宪政月刊》第 1 号对资政院的开设评价极高:“匪特为本朝三百年未有之创举,亦为中国二千年来历史上所未有之创举。”虽然,资政院是西方议会思想下的产物,但从它的机构性质来看,它还

㉜ 参见前引㉒,《博弈与妥协——晚清预备立宪评论》,第 284 页。

㉝ 参见前引㉒,《博弈与妥协——晚清预备立宪评论》,第 285 页。

不是真正意义上的议会,它只是从无议会到有议会之间的一个过渡性机构。从资政院设立的指导思想"立宪政体取决于公论……设资政院以立议院基础"来看,就像咨议局一样,不论在运行章程还是在实际操作上,资政院都充满着各式各样的矛盾,无法真正实现英美国家议会政治的价值。在实践中,资政院呈现出以下特征:

第一,资政院不能拥有完整的立法权。资政院一共召开过两届,在第一届资政院召开期间它只是清政府设立的能够在一定程度上代表民意或绅意的"过渡议会"的机构,它是咨询机构和议会机关,因而只能行使协赞的立法权,没有完全独立的立法权。在《资政院章程》中所列举的资政院的五项议决权力中,不论是国家预决算、税法公债,还是新法的制定与修改,抑或是其余奉特旨交议事件,均必须奏请皇帝裁准。因为清政府对设立议院的事宜一直持非常谨慎的态度,他们害怕议会政治动摇清廷的封建统治根基,于是在第一次资政院活动中,清政府始终没能赋予资政院全部的立法权。但是,到了第二届资政院开会的时候,国家形势已经发生了扭转,武昌起义的爆发让革命的火种蔓延全国。此时的清政府认识到革命党人对民主宪政的呼吁,他们只能将资政院的立法权扩大,就如资政院第一次上奏院章的奏折中所说:"窃维立宪国之有议院,所以代表民情,其议员多由人民公举,凡立法及预算、决算。必经议院协赞,方足启国人信服之心。"㉞因此,在第二届资政院会议中,晚清政府对资政院的要求只能是有求必应。故,宪法性文件《宪法重大信条十九条》才能交由其起草和通过。此时的立法、预决算等事项若不经资政院议决或赞同,其本身也将难以实行。所以,从成立的那一刻起,资政院与清政府就处于对立法权无休止的争议和斗争之中,使资政院和地方咨议局一样成为了革命派与立宪派同清政府争夺立法权的第二个合法阵地。

第二,资政院由钦选议员和选民议员共200人组成。从资政院的机构设置和人员组成来看,它借鉴了英国议院的模式,分为上议院(或称贵族院)和下议院两院。在钦选议员的名额分配上,由宗室王公世爵16人、满汉世爵12人、外藩王公世爵14人、宗室觉罗6人、各部院衙门官32人、硕学通儒10人、纳税多者10人,共100名议员组成;在民选议员上,由各省咨议局议员相互选举共100人组成。从性质上,这就形成了中央的钦选议员和地方的咨议局互选议员的划分机制,从而出现了类似英国议院中的上下议院之"两院制"

㉞ 参见前引㉔,《清末筹备立宪档案史料(下册)》,第627页。

模式。

第三,资政院和行政部门地位对等,皇帝拥有最终裁决权。与地方咨议局的权限运行非常类似,资政院的议决事项必须交由皇帝审核,封建皇帝才拥有最终的裁决权,而资政院和政府行政部门虽在某种程度处于对等地位,但它们都从属于封建皇权之下。如,《资政院章程》第4章第17条和第18条分别规定:“资政院议决事件,若军机大臣或各部行政大臣不以为然,得声叙原委事由,咨送资政院复议”,“资政院于军机大臣或各部行政大臣咨送复议事件,若仍执前议,应由行政院资政院总裁、副总裁及军机大臣或各部行政大臣分别具奏,各陈所见,恭候圣裁”。由此可见,资政院的“过渡议院”之性质,它仍然不是一个独立行使立法权的议会机关,其真实的宪政价值因此大打折扣。这就是根据《资政院章程》在中央设置的“过渡议院”,而在地方《咨议局章程》则对“地方议会”作出了详细的规定。

四、地方机构设置:《咨议局章程》及“地方议会”

依据“大权统于朝廷、庶政公诸舆论”的方针,《资政院章程》《咨议局章程》和《议员选举章程》相继颁布,中央的资政院、各省的咨议局和基层的议事会纷纷设立。于是,光绪三十三年九月十三日(1907年10月19日),慈禧太后命令各省成立类似地方议会的机构“咨议局”。随后,宪政编查馆开始拟定咨议局的运行章程,在1908年7月22日,宪政编查馆和资政院共同起草的《咨议局章程》与《咨议局议员选举章程》㉟获得慈禧太后的批准,各省督抚按照相关章程,除新疆外,均在一年内完成了咨议局的建设。终于,在宣统元年九月初一(1909年10月14日)各省咨议局同时开幕,它在实践中发挥着代理地方议会的职能。

(一)《咨议局章程》与咨议局的性质

光绪三十四年六月二十四日(1908年7月22日)《咨议局章程》颁行,从体例格式来看,《章程》由12章共62条组成。其中,第1章“总纲”规定了咨议局的成立宗旨和设置地区;第2章“议员”规定了各省议员的名额和产生条

㉟ 《咨议局议员选举章程》由8章115条组成,其中,第1章“总纲”规定了选举资格、选举区域、办理选举人员和选举年票;第2章“初选举”规定了投票区、人名册、当选人额数、选举告示、投票所、投票簿及投票匦、投票方法、开票所、检票方法、当选票额、当选知会及执照;第3章“复选举”;第4章“选举变更”规定了选举无效、当选无效、改选及补选;第5章“选举诉讼”;第6章“罚则”;第7章“专额议员选举办法”;第8章“附条”。

件;第 3 章“议长、副议长及常驻议员”规定了议会机关的组成人员;第 4 章“任期及补缺”规定了议员的任期以三年为限;第 5 章“改选及辞职”规定了议员在改选和辞职时的法定程序;第 6 章“职任权限”规定了咨议局议员的具体权力;第 7 章“会议”规定了咨议局常年会和临时会议的两种情况;第 8 章“监督”规定了咨议局活动的监督程序以及各省督抚对议案的干预情况;第 9 章“办事处”规定了咨议局办事机构的设置;第 10 章“经费”规定咨议局的费用由督抚专款拨用;第 11 章“罚则”规定了议员履行职权不当的处罚情况;第 12 章“附条”规定了章程的实施日期等内容。[36] 从具体内容上看,《咨议局章程》至少包涵了如下几层含义:第一,咨议局的性质。“在督抚所在之地,为各省采取舆论之地,以指陈通省利病、筹计地方治安为宗旨”。可见,咨议局的性质是一种按照“地方议会”思想所构建的地方咨询机构,并无真正的立法权和监督权。第二,议员的名额和资格。规定咨议局议员由各州县选举产生,用复选举法按照奉天五十名、吉林三十名、湖南八十二名等人数定额进行选举,在选举人资格上,“凡属本省籍贯之男子,年满二十五岁以上,具下列资格之一者,有选举咨议局议员之权:一,曾在本省地方办理学务及其他公益事务满三年以上著有成绩者;二,曾在本国或外国中学堂及与中学同等或中学以上之学堂毕业得有文凭者;三,有举贡生员以上之出身者;四,曾任实缺职官文七品武五品以上未被参革者;五,在本省地方有五千元以上之营业资本或不动产者。”虽然《章程》对选举人和被选举人的资格作出了性别、年龄、财产、学历、职业等各方面的限制,但这也使得享有选举权和被选举权的群体只能为地主、官僚和资产阶级上层人士,而广大劳动人民和妇女被排斥在外。第三,议员的任期。“凡议员之任期以三年为限。议长、副议长之任期亦同。但常驻议员之任期以一年为限。任期以每届选举后第一次开会之日起算。”第四,咨议局的权限。《章程》第 21 条规定了咨议局应办理的十二项事件,即“一,议决本省应兴应革事件;二,议决本省岁出入预算事件;三,议决本省支出入决算事件;四,议决本省税法及公债事件;五,议决本省担任义务之增加事件;六,议决本省单行章程规则之增删修改事件;七,议决本省权利之废存事件;八,选举资政院议员事件;九,申复资政院咨询事件;十,申复督抚咨询事件;十一,公断和解本省自治会之争议事件;十二,收受本省自治会或人民陈请建议事件。”第五,各省督抚与咨议局的关系。第 46 条至第 48 条规定各省督抚对“咨议局之

---

[36] 参见前引㉓,《近代中国宪政历程:史料荟萃》,第 106－112 页。

议案有裁夺施行之权”，对“咨议局有监督、勒令停会和奏请解散之权”。但是，“本省督抚如有侵夺咨议局权限或违背法律等事，咨议局得呈请资政院该办。”即“若咨议局与督抚的意见不统一，如督抚不同意，可以令咨议局复议；咨议局否决的事情，也可以请督抚更正。双方若各执己见不能统一，则将全案咨送资政院核议。如果按照后面所说的，则咨议局又有相当的立法权和监督权，甚至与督抚处于同等的地位”。[37] 第六，咨议局组织职能和会议形式。从各省咨议局议员中选出十分之二作为本省咨议局常驻议员，各省咨议局设议长一人，总理全咨议局事务，设副议长二人，协理全咨议局事物。同时，咨议局会议的形式是由督抚召集下的常年会和临时会两种，“常年会每年一次，会期以四十日为率，自九月初一起至十月十一日止，其有必须接续会议之事，得延长会期十日以内”。

(二)咨议局的实践运行状况

咨议局仅仅是按照“地方议会”思想所构建的地方咨询机构，并不具备真正意义上的地方立法权的监督权。《咨议局章程》和《咨议局议员选举章程》明确了咨议局为省级准议会组织的性质，所以咨议局议员的选举无需等到厅州县议事会成立之后。这样，就使筹办咨议局一事结束了无序的状态，此后有统一章程可依，有利于各省建立统一的省级准议会组织。[38] 从实践运行来看，咨议局的设立满足了清政府在地方集思广益的初衷，同时它也是地方议会制度在近代中国的首次尝试，虽然在具体职能、机构设置与督抚的关系等方面与英国的地方议会制度还有不少差距，但对于近代中国来说，《咨议局章程》的颁布和地方咨议局的设立仍不失为历史的进步，它是地方自治思想和议会政治在中国的初次探索。然而，清末咨议局依然存在一些缺陷，议员的选举资格太过挑剔，导致普通民众无法参与，能建言献策却无实际权力的设置，让咨议局沦为地方绅民和政府冲突的主要场所。随着革命大势的发展，以咨议局为核心，革命派与清政府爆发了请愿国会、保路风潮等运动。从另一个侧面看，正是咨议局的存在加剧了清政府与革命派和人民大众的矛盾，作为反对派发表不同政见的场所，咨议局成为了培育地方分离主义的温床。除此之外，地方咨议局的性质决定了它仅仅是“地方议会”思想下的政策咨询机构，所以咨议局和各省督抚的关系难以平衡，督抚由中央任命并对中央负责，而不是由地方

---

[37] 迟云飞：《清末预备立宪研究》，中国社会科学出版社2013年版，第308页。

[38] 彭剑：《清季宪政编查馆研究》，北京大学出版社2011年版，第94页。

民选更不是对咨议局或后期的省议会负责，这种权限关系决定了各省长官与咨议局将会形成一种特殊的关系。一旦督抚脱离咨议局，则处理政务会异常困难，若督抚联系咨议局，则能够形成一支对抗中央的地方力量，从而加剧了地方割据，也加速了清王朝地方政权的覆灭。最终，我们看到，各省咨议局及其议长大多投入了辛亥革命对抗清廷的阵营，奉天的吴景濂、江苏的张謇、湖南的谭延闿、湖北的汤化龙、四川的蒲殿俊等都是曾经地方咨议局的议长，随着辛亥革命的爆发和清王朝的覆灭，"地方议会"思潮下的咨议局大多改革为中华民国各省的省议会，延续着议会政治思潮在中国的实践与发展。

五、教训与启示：近代中国移植议会制的历史反思

在清末民初的特殊岁月中，一切有关西方的器物文明与政治文明都成为救亡图存的重要工具。在西法东渐过程中，带着"中体西用"的法律移植观，英美宪政制度常常徒留于"形式"而缺失了真正的"内涵"。"宪法工具主义"下的工具性立宪在这一时期成为怪相，对英国议会制宪政模式的借鉴也不例外。由于中国国民自上而下饱受着封建君权专制文化的熏陶，个人权利往往成为国家权力的附庸，并且以服从和服务于皇权、国权为根本目标，故"积民权能成国权"的改良主义观念渐入人心。因此，"作为宪政制度的一个核心——议会制度，自引进中国以来，就出现'淮橘成枳'的局面。"[39]议会制度作为西方宪政文化中权力制约的成果，它以保障个人权利自由并抗衡国家权力的滥用为目标，以二元化的权力划分体系为特征。然而，在君权至上、皇权独大的一元化权力体系下，英国的议会制宪政模式不可能在近代中国真正地移植并落地生根。所以，议会制宪政改革只能带着它限制王权、保障民权的虚假口号而沦落为清末民初独裁者维护统治的工具。这便是议会制宪政模式在近代中国移植失败的历史教训。至少，在清末国会（议会）的三大职能方面，我们没能通过借鉴议会制而真正改变国家的宪政与法制状况。

（一）议会"立法权"的反复，让近代中国陷入工具性立宪的怪圈

从《议院法要领》到《资政院章程》，议院的立法建议权日趋成型。最初，"议院有建议之权，并无行政之责，所有议决事件，应恭候钦定后，政府方得奉行。"随后，在两届资政院的议题讨论中，新章程的修改让资政院拥有了宪法

[39] 袁兵喜：《军权干政下近代议会政治的蜕变与失败》，载《湖南社会科学》2012年第5期。

起草决议权、宪法修改提案权、议决国际条约等权力,并且其议决事项的效力也由过去的"请奏裁夺"修改为"请旨颁布"。但是,民权意识的匮乏以及法治精神的缺失,让统治者对议会的放权囿于皇权至上而变得背离了立法追求正义与自由的初衷。取而代之的是利用议会对立法的参考建议权进而积极促进各种法典与法律的制定和颁布,以求苟延残喘其统治时间。于是,议院的"立法权"被沦落为政治形势的背书,也变相成为了各派政治势力的统治工具。议会(国会)立法的权能被反复地修改与变更,游戏规则的破坏,让议会、宪法、立法权等彻底被冠以"工具性"的称号,从议会制在《钦定宪法大纲》中确立以来,伴随着议会开闭和立法权的反复,近代中国陷入了"工具性立宪"的怪圈。于是,从1908年《钦定宪法大纲》到1911年《宪法重大信条十九条》,君主立宪制与议会制在宪法性文件中得到确认。而1911年的《中华民国临时政府组织大纲》和1912年的《中华民国临时约法》却又来了个总统制与责任内阁制的大翻身。随后,"天坛宪草""袁记约法""国会开闭"和"联省自治",近代中国可谓成为了宪政制度探索的万花筒。工具性立宪的闹剧等一切,均始于最早借鉴的议会制宪政模式。统治者对立法权的反复与控制,这是造成清末民初宪政困局的关键要因。因此,"议会以及议会所制定的宪法成为了特定利益集团的政策工具,而不是全社会解决政治、经济、文化冲突时共同遵守的行为规范,以至于在国内的政治斗争中,谁拥有了议会和宪法上的依据,谁就占据了政治话语的制高点。"㊵

(二)议会"预算权"的阻碍,让近代中国陷入宪政实施的困境

考察英国议会制度的发展史可以发现,议会其本身就起源于国家征税的管理活动之中。为了限制国家税收权力并且使税款的使用经得人民的授权同意,因此人民选举代表组成议会,进而行使民意控制和管理国家的税收活动。故在《议院法要领》中规定了议会的财政预决算权,"国家之岁入岁出,每年预算,应由议院之协赞",由此,议会对财政和税收的预算权与审议权是其工作的重点内容。可是,从清末民初具有"过渡议院"性质的资政院的财政审议工作来看,其对国家财政的预算决议时常呈现出无果而终的结局。仅有的几次对清政府中央部门及各省削减财政预算的议决活动被相关机构强烈抵制,使得议会的预算权只得流于形式。这种权力行使的局限从清末君主立宪的议会

㊵ 李云霖:《近代中国议会制度的历程、特质与启示》,载《政治与法律》2011年第3期。

制宪政模式一直延续至民国以来三权分立的宪政模式之中。特别是在北洋军阀统治时期,从1916年至1919年有至少两年的国家财政预算虽征得议会的同意,但仍然实施受阻。此后的北京政府和南京国民政府时期,虽然成立了更多的财政监理和预算机构以协助议会(国会)行使财政的预算权,但是效果依旧不好。议会的预算权多次受到干预并时常出现实施受阻的状况。可见,议会对财政和税收的预算权与议决权从议会制开始移植至近代中国时就面临着实施的困境,这也是议会制宪政模式无法最终实现的又一重要原因。

(三)议会"监督权"的困惑,让近代中国陷入权力的分野

在议会制宪政模式下,根据《议院法要领》和《资政院章程》,资政院作为过渡性质的议会,除了具备立法权和预算权之外,另一个重要的职能就是监督权。这种监督权以维护国会(议会)的权威、保障宪法的最高地位以及人民的根本利益为出发点。通过议会制下的宪法规定,用检察、监督、弹劾、纠正等方式施行议会的强制性监督权。按照规定:"国务大臣如有侵夺资政院权限或违背法律等事,经资政院决议弹劾,由议长根据陈奏,请旨裁夺,非解散资政院即国务大臣辞职。"从资政院监督权和弹劾权来看,它基本取得了与行政衙门和国务大臣相对等的地位,体现了宪政分权制衡下立法机关对行政机关的监督。但是,在中国传统专制社会中,监督权的理解似乎不同于西方宪政主义。因为,受千年封建专制统治传统浸淫的近代中国,根据儒家正统思想,行使监督权必须建立在对皇帝的遵从之上,即代表皇帝监督百官与百姓。而西方宪政文化要求的议会行使监督权,其建立在代表广大公民对执政者和统治者政治活动的监督之上。这样一来,中西传统法律政治文化的差异势必导致在借鉴议会监督权的过程中,出现事前监督与事后监督的区别。那么,以近代中国移植的"改良主义"议会制度,其事后监督过程中的弹劾权、罢免权、质询权等内容又怎能撼动通过立宪而巩固的皇权呢?不仅如此,在清王朝灭亡之后革命政府的宪政探索过程中,议会或曰国会的监督权与弹劾权亦无法真正地实施,而寄希望起到限制执政者和国家机关行政权的初衷更是难上加难。综上,从近代中国议会制宪政模式的探索和实施过程中可以发现,这样的议会在立法权、监督权和预算权等基本权能的行使上遭受了来自传统儒家君权思想与封建人治的影响。英国议会制在近代中国的移植并未收到预期的效果,反而加剧了其后在宪政探索中的权力分野,军阀欺凌国会,立宪与宪政闹剧频发。当然,从根本上说,以"皇位永固、外患减轻、内乱可弥"作为仿行宪政的出发点,它缺失了宪政精神,宪法权威得不到真正的树立,这也正是英国议会制在

近代中国宪政探索的实践中走向了衰亡的根本原因之一。

Reference and Transplantation: the Spread and Influence of Parliamentary in Modern China

Abstracts: The British parliamentary constitutional thoughts were introduced to modern China, by western missionaries and enlightenment thinkers in the 1930s. This kind of constitutional thoughts are known by enlightened officials and the progressives led to a discussion of Reformism Parliamentary. Then the Constitutional Outline Made by the Imperial Order is the first attempt to Parliamentary. According to the laws and regulations, the State Council for Political Consultation and Provincial Assembly are established in central and local. From the practice of Parliamentary in modern China, it is disrupted by authority in legislative power, budgetary power and supervision power. These phenomena are indirectly led to the Instrumental Constitutional and constitutional dilemma.

Key words: Parliamentary; the State Council for Political Consultation; Provincial Assembly; Constitutional Outline Made by the Imperial Order

(聂辛东　林　舒)

治理格局与法律秩序:澳门法的历史变迁

何志辉*

摘　要:澳门是中国领土不可分割的一部分,其法律发展有着自身的历程及特点。本文从澳门法自早期治理格局形成之始至回归祖国前夕的法律多元结构入手,依据不同时期这些成分在澳门社会内部的比重和互动关系,探究它们在澳门社会与生活中的运作与影响,由此,分别介绍中华法系主导下的早期澳门法(1553 年—1845 年)、澳葡殖民管制下的近代澳门法(1846 年—1976 年)、双轨立法体制下的现代澳门法(1976 年—1987 年)、过渡期与本地化的当代澳门法(1987 年—1999 年)之基本情况,借此勾画社会变迁下的澳门法制文明演进史。

关键词:澳门法　治理格局　法律秩序　历史变迁

一、引言:澳门法的历史存在与分期

马克思曾就历史科学作出论断:"我们仅仅知道一门唯一的科学,即历史科学。历史可以从两方面来考察,可以把它划分为自然史和人类史。"①这里所指的是就世界与社会的认识途径而言。作为认识对象的人类史的法,亦是一种历史科学意义上的存在。有人类的地方必有人类行为,因行为而须规范所衍化的规则,以及由规则制订与执行所形成的秩序,即构成人类社会赖以维系的制度基础。法在各类规则体系中最具规范意义和强制效力,相对而言也

---

* **作者简介:**何志辉(1975—),男,湖南益阳人,澳门科技大学法学博士,日本关西大学文化交涉学博士,澳门科技大学法学院副教授,西南政法大学法学研究所、中国人民大学法律文化研究中心研究员。

① [德]马克思,恩格斯:《德意志意识形态(节选本)》,人民出版社 2003 年版,第 10 页。

最能保障人类文明在特定时间和空间内繁衍生息。

借此理据审视澳门历史,它正是马克思历史科学意义所指涉的人类史的微观部分。澳门历来是中国领土不可分割的一部分,属广东省香山县管辖的一个海滨小渔村。在1553年葡萄牙人进入澳门之前已有悠久的历史。② 随着葡人东来与中外贸易的发展,这一在早期世界贸易体系中似乎难有作为的弹丸之地,一跃而成广州对外贸易的外港和东西方国家进行国际贸易的中转港,以其特殊的地理位置逐渐令世人瞩目。③ 迭经4个多世纪的演变,作为历史存在的澳门法,既是澳门治理形态的依凭,也是澳门社会秩序的基础。回顾澳门治理形态与社会秩序变迁下的法制文明,便是本文致力探讨的主题。④

澳门法作为历史科学意义上的存在,这一点在法理逻辑上毋庸置疑。依据法理学关于法的生成原理,有人类行为的地方即有社会规范,有社会规范的地方即有内在秩序,内在秩序既是呼吁法的因素,也是见证法的存在。以此检视澳门法的发生史,正是明清时期澳门华洋共处与分治局面的形成酿就了中华法系与葡式西方法律文明杂糅一体的早期澳门法;而鸦片战争以来澳葡实行殖民管治和推行葡式法制的做法,则使之逐渐转向形式上葡式化的近代澳门法;在双轨立法体制确立之后,澳门法才逐步走出葡式化的樊篱,开始顺应本地实际的社会需求;至中葡建交和澳门问题谈判以来,这种沾染着近代殖民气息的澳门法,便开始卷入声势浩大的三大问题即本地化运动(法律本地化、中文官方化和公务员本地化),以此推进和实现它的现代化。正如历史法学派主张法是民族精神的体现之所言,⑤作为华洋共处长达四百多年的历史产物,澳门法在最深层意义上凝聚着不同民族栖息于此的文化精神。

但作为澳门法范畴的澳门法制史,是否也能视为历史的存在,以及有否探究的必要,则仍需要先行辨正。实际上,迄今或许仍有人质问:真的存在"澳

---

② 黄启臣:《澳门通史》,广东教育出版社1999年版,第22页。

③ 费成康:《澳门:葡萄牙人逐步占领的历史回顾》,上海社会科学院出版社2004年版,第7页。

④ 关于澳门治理格局与社会秩序的变迁,参见何志辉:《治理与秩序:全球化进程中的澳门法(1553—1999)》,社会科学文献出版社2013年版。

⑤ 关于历史法学派及其主张的法是民族精神之产物,参见[德]萨维尼:《论立法与法学的当代使命》,许章润译,中国法制出版社2001年版。对此作出的系统评价及延伸分析,参见谢鸿飞:《法律与历史——体系化法史学与法律历史社会学》,北京大学出版社2012年版。

门(的)”法制史么?这种困惑来自对于澳门之主体性的存疑,即认为澳门在中国历史上既属“王土”,则普天之下的王法所及,使这里不可能生出别样的法律秩序;在葡萄牙历史上既属“属地/殖民地”,则宗主国法制的海外延伸,也使这里不可能再有其他的法律秩序。另外也仍有人存在这类困惑,即认为迈入“一国两制”的当代澳门早已与中国传统法和葡式殖民法断绝关联,因而探究已成陈迹的澳门法制史,只有知性的价值而无研究的必要。显然,如果不将其也视为历史的存在,意味着“澳门法制史”根本不具有主体性,进而意味着对它的探究也变成无本之木。

然而,历史上的澳门从来就没有缺少“法”的踪影,历史上的澳门法从来就是澳门历史与文化的有机组成部分。即使历史存在的“澳门法”从来没有像今天这样发展为真正属于“澳门”地区独有的一套规则体系和秩序架构,而是始终杂糅着不同民族对于规则体系和秩序架构的不同理解,区别仅在不同时期它们所占比重、所起作用和所具意义有所不同,但作为凝聚着深厚文化精神的历史存在,它的客观性和真实性毋庸置疑,绝不是后世人们的主观虚构。迄今为止中外学界关于历史上的澳门法研究,也都从不同层面验证了它的历史性、客观性和真实性。上述两类(实际还不止)认识既无视法作为历史产物和历史存在的事实,也割裂法的现代性与传统有着似断实连的关系,从而既不可能对澳门历史及其中作为澳门法之源流的澳门法制史有所认识,同样也不可能真正深入了解正在鲜活生长的当代澳门法及其未来的基本走向。本文的使命之一即在于澄清类似的质疑和减少类似的误解。

理解这一前提之后,便是如何分析作为历史存在之澳门法制的演进状态。这个问题涉及学理层面上的历史分期问题。历史分期是对历史的连续性和断裂性的主观认定,虽然这种连续或断裂都是客观的历史存在,但由于人们所秉的历史感不同,所处的观测点有异,所具的判断力不一,历史分期往往见仁见智。在澳门史尤其是参照政治发展而对法律发展所作的历史分期上,已有足够的例证可资证明分歧的程度。有的将其简单分为两阶段,即以 1974 年葡萄牙“四・二五革命”为界而进行分期。有的将其分为三阶段,即混合管辖权时期(1557 年—1849 年)、殖民时期(1822 年—1974 年)与葡萄牙管辖的中国领土时期(1974 年以来)。有的将其分为四阶段,即租地时期(1553 年—1849 年)、殖民时期(1849 年—1976 年)、管治时期(1976 年—1987 年)和过渡时期(1987 年—1999 年)。相对而言,以下两种观点具有重要参考价值:一种是从法制的发展与演变分为四阶段,[⑥]即封建法制阶段(1553 年—1845 年)、殖民法制阶段(1845 年—1976 年)、双重法制阶段(1976 年—1987 年)与过渡法制阶段(1987 年—1999 年)。另一种将其细化为六个阶段,[⑦]分别是中葡早期交往时期(1514 年—1583 年)、议事会时期(1583 年—1783 年)、议事会衰落期(1783 年—1849 年)、殖民管治时期(1849 年—1976 年)、葡管中国领土下地区自治时期(1976 年—1988 年)和过渡时期(1988 年—1999 年)。

综观上述关于澳门历史分期的观点,共同之处是都以中葡两国与澳门发展的关系为主要参数,使澳门法的历史演进打下鲜明的政治烙印。这些划分固然各有相对合理的成分,作为政治发展史的伴生物,澳门法在整体上与前者保持基本的协调性,但由于任何时代和任何地方的"法"自身的演变总会有着相对的独立性和滞后性,尤其是当"法"由制度逐渐蔓延成文化状态时,这种独立性和滞后性更加突出,以致单纯套用通常所见的中国史分期难免失之偏颇,套用上述政治学与法学领域研究者的任一分期也不过是削足适履。由是观之,对澳门法进行历史分期,参照澳门政治发展史的变迁是必要的,但不是唯一的;更重要的是寻找和辨析不同阶段二元乃至多元法律文明在此变迁中的位置。

鉴于法在社会与生活诸领域历史演进中的相对独立性,从澳门法自早期格局形成之始至回归祖国前夕的法律多元结构入手,依据不同时期这些成分在澳门社会内部的比重和互动关系,探究它们在澳门社会与生活中的运作与影响,或许有助于重新理解作为历史存在的澳门法制史。据此大致可作如下四阶段的历史分期:

一是中华法系主导下的早期澳门法(1553 年—1845 年)。该阶段是明清政府对澳门享有完全的主权,尽管此时中国并未产生类似西欧文艺复兴以来近代国际法意义上的"主权"观念或意识,但明清政府通过各种立法、司法和其他治理手段,对澳门行使包括行政、军事、商贸、海关诸领域在内的管理权,从而在规则体系与秩序架构的层面,体现中华法系的主导性。但这种状态并非铁板一块,居澳葡人最初谋求社区内部自治的心愿因缘际会得以实现,后来

---

⑥ 刘高龙,赵国强:《澳门法律新论》(上卷),社会科学文献出版社 2011 年版,第 3 - 12 页。

⑦ 吴志良:《生存之道——论澳门政治制度与政治发展》,澳门成人教育学会 1998 年版,第 12 - 16 页。

则在葡萄牙王室对华政策的敦促和支持下得寸进尺，借助东西方一时难以打破的文化区隔状态，不断动摇中华法系在澳门社会生活中的主导地位。直至鸦片战争爆发后，澳葡政府利用清政府面对欧美列强懦弱无能而无暇多顾澳门之际，试图将事先于葡国宪法中向西方世界单方宣布澳门为其“海外殖民地”转化为既成事实，于是才有趁火打劫软硬兼施的谈判要求。但清政府并未让其彻底如愿，使葡萄牙政府不得不再度调整对华外交政策，并开始对澳门采取进一步的殖民主义管治行动。

二是澳葡殖民管制下的近代澳门法（1846 年—1976 年）。该阶段是葡萄牙调整对华外交政策后逐步推行全面葡萄牙化的殖民主义管治时期，具有标志性意义的起点是 1846 年澳门总督亚马留上任。在谋求类似于中英、中美、中法不平等条约而终告失败后，葡国王室一面向西方世界单方宣布澳门为“自由港”，另一面派出在葡国被奉为“独臂将军”的亚马留出任澳门总督。从此开始对澳门进行强硬的殖民主义管治，早期澳门法之中华法系的主导地位随之受到前所未有的挑衅和颠覆。自 1849 年亚马留遇刺后，中葡交涉逐渐卷入欧美列强联袂而来置中国于半殖民地半封建社会之境的历史洪流。其间葡方围绕澳门主权问题处心积虑谋求谈判而不得，直至 1887 年借助英法等国的幕后力量得以“如愿”谋得一纸《中葡和好通商条约》。葡方对澳门地位条款所涉“永驻管理”及“属澳之地”等问题罔顾实义，在加紧侵夺澳门地界和不断扩展殖民管治范围的同时，将葡萄牙本土追随欧陆国家的法典法体系全面延伸适用于澳门。即使这套体系与澳门华人社会对规则与秩序的实际要求几乎格格不入，也无法扭转葡式法在澳门实行全面殖民化趋势，直至因 1974 年葡萄牙政变与推行非殖民化运动后诞生 1976 年《澳门组织章程》时才转向下一发展阶段。

三是双轨立法体制下的现代澳门法（1976 年—1987 年）。该阶段源于 1976 年，因葡国新宪法规定“葡萄牙管理下的澳门地区，依适合其特殊情况的章程进行管理”，同年 2 月 17 日葡萄牙总统以第 1/76 号法律颁布由当时的葡萄牙革命委员会制定的《澳门组织章程》，赋予新成立的澳门立法会以本地立法自主权。在与澳督通过颁行法令分享对澳门社会生活诸领域的立法权后，立法会顺应澳门本地实际需求进行立法，使长期以来纯粹由葡国延伸适用的殖民法制全面掌控澳门社会生活的局面得到很大程度的改观。在此期间，中葡建交与澳门问题谈判的顺利展开，“一国两制”方针的构想及其付诸实践的努力，都使人们意识到澳门法必须逐步摆脱近代葡萄牙法律体系的全面掌控，转向真正顺应澳门本地实际需求的现代形态。正是在此阶段,真正适合澳门本地实际需求的一系列重要法律陆续出台,尤其是关于社会经济、对外贸易和劳工等方面的本地立法,对澳门社会与经济发展起到了极大的推进作用。

四是过渡期与本地化的当代澳门法(1987 年—1999 年)。该阶段以 1987 年 4 月 17 日中葡两国在北京正式签署《中葡联合声明》为标志,使葡萄牙人在澳门长达一百多年的殖民管治转入历史性的过渡期。中葡双方在此期间协力合作,作为"三化"任务之一的法律本地化由此展开。澳门法的本地化不仅是对殖民管治时期近代葡式法的全面改造,也是对这种近代性质法律体系的现代化。期间不仅于 1990 年依据葡国新修宪法对《澳门组织章程》予以修订颁行,于 1991 年颁行《澳门司法组织纲要法》,更重要的是 1993 年《澳门特别行政区基本法》的颁行,标志着澳门法进入以之为据建设特别行政区自治型法制的准备期。随着五大法典和其他法律法规紧锣密鼓地本地化,澳门法不仅基本消退了近代澳门法的殖民色彩,还在力所能及的限度内全面实现转型,成为当代澳门法中占据重要地位的有机组成部分。

二、中华法系主导下的早期澳门法(1553 年—1845 年)

中华法系主导下的早期澳门法,在澳门史上延续时间最为长久,其基质与结构也相对最为稳定。随着明清以来中国政府与葡萄牙对澳门进行治理的政治角力和法律适用,澳门社会也逐渐形成一种非常特殊且特色鲜明的华洋共处的社会结构,⑧中国政府对澳门长期进行的主导治理和澳门葡人内部实行的有限自治,构成了澳门自开埠允准葡萄牙人居留至鸦片战争前后的共处分治状态,其时,澳门社会的法制文明所呈现的便是主次分明而特色鲜明的法律多元格局。⑨

根据历史文献记载,澳门开埠及允准葡人入居之前,中葡之间已在东南沿海有过初步的接触。1513 年(正德八年),葡国商人欧维治自马六甲来华贸易。1517 年—1521 年,葡人安特拉德、皮莱资使华通商未遂。1521 年—1522 年,沿海官兵相继与流窜闽浙一带的葡人及倭寇发生屯门之战与西草湾之战。

---

⑧ 关于"华洋共处"及其衍生的"共处分治"概念,参见吴志良:《澳门政制》,中国友谊出版公司 1996 年版,第 23 页。又见前引⑦,《生存之道——论澳门政治制度与政治发展》,第 9 页。

⑨ 关于法律多元的一般理论,参见[日]千叶正士:《法律多元——从日本法律文化迈向一般理论》,范愉等译,中国政法大学出版社 1997 年版。

1529年,广东巡抚林富上奏主张解除广东海禁,使中外之间的商贸往来在东南沿海重新获得合法性。1535年,香山县明前山都指挥黄庆纳贿,将广州市舶司舶口由电白移至澳门,让葡人混迹于往来各路商贸人士之间。1553年,葡萄牙远征日本舰队司令官索萨贿赂广东海道副使汪柏,获允在澳门搭棚暂住和自由贸易,不经意之间开启了澳门从此华洋共处的长轴画卷。1557年,葡人大举入居澳门而"筑室建城,雄踞海畔若一国",则使居澳葡人内部开始萌生族群自治的意图。此后近三百年之因缘际会,澳门社会终于形成了中国政府主导治理和澳门葡人有限自治的特殊治理形态。

以全球史之大视野观之,葡人逐浪东来有中世纪以来西欧传教士和殖民主义者鼓吹殖民的国际法观念支撑。葡使来华求通商欲打破中国朝贡制度,涉及明代内敛性的海外贸易政策与法制。而中葡东南沿海冲突事涉倭寇,与当时海禁政策和法制息息相关。至于澳门最终得以开埠,则与明代地方海防、吏治与商贸问题亦有深刻而复杂的历史关联。⑩ 申言之,澳门开埠使中华法系内敛的农耕文化开始接纳开放的海洋文化,预示着中华法系的封闭性在外力作用下终于有了第一道无法愈合的裂缝。

葡人入居澳门至明帝国崩溃之前,明政府对澳门全权行使主权。⑪,这表现在以下几点:行政管理方面,包括设香山县与海道副使机构,设提调、备倭、巡缉行署等专门机构等举措;军事管理方面,包括设军营、将海防同知移驻雍陌以就近弹压,尤其是建关闸使"民人不得擅出,夷人不得擅入";土地管理方面,每年定期向澳葡征收地租银,立法禁止葡人擅自兴作(尤其是修筑防御工事);海关管理方面,设市舶提举司负责海外商贸管理,安排市舶司官员与香山官员共同管理海上贸易,对来澳贸易的各国商船征收进口关税和出口关税,并采取防范措施遏制各国商船偷税漏税;商贸管理方面,设相应的商贸管理机构管理澳门进出口贸易,针对澳葡特殊情况开展关闸贸易和广州贸易,严厉打击澳葡与内地的走私贸易活动。明政府对澳葡还有特别的立法和司法制度。特别立法方面,一是香山知县蔡善继的《治澳十则》(1608年);二是海道副使俞安性与两广总督张鸣冈的《海道禁约》五款(1614年),主张对澳人加强防范。申明约束的五款禁例,分别是禁畜养倭奴、禁买人口、禁兵船编饷、禁接买

⑩ 何志辉:《论明末葡人居留澳门之历史反思》,载《澳门科技大学学报》2008年第2期。

⑪ 何志辉:《论明代澳门的特别立法与司法》,载《岳麓法学评论(第7卷)》,湖南大学出版社2012年版。

私货、禁擅自兴作。至于对澳门特别适用的司法制度,亦可分别从香山知县与其他机构的司法职能和明政府对澳门讼案的管辖权进行探究。⑫

据此可见,这一阶段是否有“澳门法”的问题已经很明确。其一,虽然在此阶段并没有现代法治意义的澳门法,但澳门地区存在对华洋民众、社会生活、经济生活与政治秩序的法律规制,故必然存在混沌状态的“澳门法”。其二,明政府对澳门的全权治理,不仅依据因时而异的政策,更有具有规范性、可执行性、强制性的法律法规,故事实上确实存在混沌状态的“澳门法”。其三,明政府治理澳门,不仅有全国性法律在澳门的特殊适用,更有特别针对澳门情况的立法和司法,故“澳门法”不同于中华法系在内地其他地区的法。循此思路,我们需要仔细审视明政府治理澳门的政策和法律——它们构成了所谓“澳门法”的形态、内容和渊源,借此才能辨识它们深深浸染着的中华法系的诸多特质。

明朝末年,澳葡内部的有限自治也日趋明朗,这在某种意义上正是中华法系对葡式法律的包容的体现。我们先来了解澳葡有限自治机构——议事会(Senado)的形成与发展。议事会的成立有复杂的国际背景,葡萄牙在1580年被西班牙王室兼并,万里之外的澳门葡人失去故国之后,唯有通过形成自治组织机构来维系自身的生存和发展。此前澳葡的所作所为也逐渐引起朝野一些人士的警觉和不满,遂有1582年两广总督陈瑞召见葡人,幸得耶稣会士利玛窦、罗明坚等人从中斡旋,最终以卑辞厚礼化解了这场危机。1583年,澳门葡人终于正式组建了作为澳葡内部自治机构的议事会。1586年,葡印总督梅内塞斯写信赐名澳门为“中国圣名之城”(Cidade do Nome de Deus na China),被升格为拥有和埃武拉同等自由、荣誉和显著地位的城市。随着议事会的逐步发展,澳葡自治机构也开始受到葡萄牙及被兼并后的西葡联合王国力量的制度性干预,一股力量是始于1580年的王室法官制度,另一股力量是从早期“加比丹末”(巡航舰队司令)演化而成的总督制度。议事会、王室法官、澳门总督这三股力量并未拧成一股绳,终明之世虽在整体上以议事会居于主导,但王室法官,尤其是总督争权的影响有增无减,表现在三者围绕澳门葡人内部民刑事案件的司法管辖,形成一种畸形和特殊的多元司法格局,直至1783年《王室制诰》颁行之后才有较为重大的转型。

---

⑫ 参见刘景莲:《明清澳门涉外案件司法审判制度研究(1553—1848)》,广东人民出版社2007年版;另可参见何志辉:《明清澳门的司法变迁》,澳门学者同盟2009年版。

我们究竟应怎样看待此阶段澳门葡人有限自治的状况呢？略而言之，有如下几点值得展开分析：其一，澳葡议事会的成立有欧洲中世纪以来葡式法律文化的因素。最初澳葡尝试自治是在隐瞒中国官府的情况下进行的，在缴纳地租与陈瑞默许后改为公开进行，对中华法系的封闭性和自足性构成了挑战/挑衅。其二，澳葡顺应时势（尤其是在葡国被并入西班牙时期），以“双重效忠”的策略软化或化解了这种挑战/挑衅的烈度，通过获取朝廷的认同而谋求生存。其三，朝廷与地方以中华法系的博大，而对这种挑战/挑衅未足够重视，反而各有所图，接受并迁就澳葡的内部自治。其四，明政府与地方最终形成“建城设官”治澳模式，不能仅仅看作是中华法系对异域文化逐渐渗透的无奈接受/迁就，更应视为中华法系对以葡式法律为代表的西式文化的积极包容，并在这种包容过程中蕴藏同化“化外人”以使“远人归顺”的心机。

清前期治理澳门的状况，仍呈现出中华法系主导的延续性。这主要表现在治理澳门力度的加强：一是行政管理体制方面，包括将澳门“改归县属”由香山县掌管，定期征收地租银，适时监督管理澳葡，形成委派官员的巡视制度，设香山县丞和澳门同知，推行保甲制度等；二是军事管理体制方面，包括设军把守加强防范，在前山寨改设副将，增设左右营都司等；三是贸易管理体制方面，包括禁海之颁行及废止，准允澳门与内地的陆路贸易，加强对关闸贸易的管理，对澳葡商船进行限额管理等；四是海关管理体制方面，包括设粤海关及下属澳门关部行台，开放广州港口为对外贸易口岸，终止粤澳陆路贸易，强化外商船货征税管理制度，增设海关稽查口等。澳门的特别立法和司法，亦呈现出这种主导性。在特别立法方面，主要有如下几份文本值得重视：一是首任澳门同知印光任拟订的《管理澳夷章程》（1744 年），因上年发生华洋命案引发交涉，遂制定七项条例以加强对澳门葡人的约束；二是接任澳门同知张汝霖等拟订的《澳夷善后事宜条议》（1749 年），因上年发生华洋命案引发交涉，最终出台专事管理澳门葡人的十二款法令；三是两广总督李侍尧拟订的《防范外夷规条》（1759 年），因该年发生英商洪任辉控粤海关监督案引发交涉，其中规定外商在粤交易完毕须回澳门等内容。至于清前期对澳门讼案的司法治理体制，以及“乾隆九年定例”的出台及其在华洋命案交涉中的适用，亦各有其复杂的历史背景值得深究。⑬

---

⑬ 参见何志辉：《华洋共处与法律多元：文化视角下的澳门法变迁》，法律出版社 2014 年版，第 61 – 97 页。

在此期间,澳葡内部自治权限也不断扩展,终于开始形成对中华法系主导地位的挑衅。一方面,澳葡议事会经历着盛极而衰的历程,转折点则是1783年《王室制诰》的颁行,使澳葡机构内部权力发生急剧变化的总督领导下的澳葡政府也不断加强对清政府治理措施的对抗。如,1784年澳门葡人遵照国王指示设立海关,与中国"关部"对抗。1822年葡萄牙颁布公告,把澳门纳入君主立宪政制之内。继中英《南京条约》《中美望厦条约》《中法黄埔条约》签署之后,葡萄牙也趁势调整对华外交政策,并试图迫使朝廷签订同样性质的不平等条约。1844年宣布成立"海外省澳门政府",将原议事会降为市政厅。1845年葡女王宣布澳门为"自由港",向其他国家开放贸易。另一方面,澳葡在扩展司法自治方面的举措也日趋强硬,从最初争取扩展司法管辖权的试探,以及澳葡政府在华洋交涉中的态度变化,再到谋求司法权的一再主张及其实质上篡夺司法权的行动,均可看出澳葡自治的不断扩展,实质是对中华法系的挑衅和威胁。⑭

总的来说,从清政府前期治理澳门力度看,体现了中华法系在清前期的盛极而衰,故有不断强化臻于顶峰之势,作为中华法系的特质在特别立法中更为鲜明地呈现出来。但由于明清政府无法清醒地认识澳葡谋求自治的本质,更无法防御和抵抗澳葡通过寻求自治扩展势力的努力,从而客观上纵容了葡萄牙对澳门推行殖民化的进程,使异域法文化的基因得以植入,使自身的法律传统及文化基因有了突变的可能。从澳葡方面来看,澳葡自治的扩展方式得益于"双重效忠"策略,这种进行灵活处理谋求生存与发展的做法具有极大的历史启发性。但要指出的是,澳葡在鸦片战争前后拓展自治权限范围的根本目的,是在国际时势变动下顺应葡国殖民主义的用心,试图将澳门地位纳入殖民体系之中。而正是通过澳葡的自治化努力,客观上使得中华法系主导的"澳门法"开始发生变异,且因葡国法律基因的植入而埋下了鸦片战争以来迅速转向葡国殖民化的契因。

三、澳葡殖民管制下的近代澳门法(1846年—1976年)

明至清前期澳门华洋共处分治的格局,是以中方主导治理为基本特征。但随着鸦片战争后国际局势的变化,葡萄牙趁清政府面临乱局惊慌失措之际

⑭ 何志辉:《从殖民宪制到高度自治——澳门二百年来宪制演进述评》,澳门理工学院一国两制研究中心2009年版,第24-27页。

调整对华外交政策，并通过殖民宪制及指示亚马留政府强制推行殖民管治措施，再通过谈判方式与清政府签订《中葡和好通商条约》(1887)来确立葡萄牙"永驻管理"澳门的权力，使近代以来葡萄牙对澳门的殖民管治措施从事实状态转向法律状态。在此层面上可以说，1846年—1887年是葡萄牙为侵夺主权寻找法理根据与葡式法律的强硬推行的关键时期。澳门社会虽仍保持着华洋共处的社会结构，治理形态上却由往昔的分治状态转向了葡萄牙借助澳葡政府对澳门实行的殖民管治状态，法律秩序则呈现出葡国法制全面移植或延伸适用的大陆法系文化特征。

就历史表面因素而言，澳门被纳入殖民管治状态始于澳门总督亚马留(Amaral)任职期间(1846年—1849年)，因其对中国政府治理权力的肆意破坏，华洋共处分治中的既有格局被全盘打破。⑮ 1846年，就任澳门总督的葡国海军上校亚马留遵照葡国王室指令而竭力推行殖民政策，上任伊始就规定所有驳船(客货两用的中国船)须注册登记，减少香山县官府的权力、扩大澳门检察官署管辖权(澳门唯一可审理中国人案件的法院)；随后还命令在澳华人进行户籍登记，擅自设立葡萄牙驻广州领事，彻底破坏中国海关的管辖权，最终在1849年8月被望厦村民沈志亮等青年义士刺杀。此事引发一场严重的中葡政治交涉，但结果仍以清政府的妥协而告终。此后，澳葡方面试图通过缔结条约的方式骗取对澳门的主权，并于1862年在法国公使协助下一度达成《中葡通商互换条约》的谈判。然因葡国使者操之过切的换约举措引致清政府官员疑虑，该条约第9条骗取澳门主权的阴谋败露，此事遂在1864年以葡方使者悻悻而去，条约成为废纸而收尾。此后，葡方多次寻找机会试图重新缔约，但都未能成功。

在此期间，澳葡政府在葡萄牙对华外交政策强势化的背景下，强硬推行葡式法律的方式与手段，如1851年以来澳门开始实行赌博专营；通过《政府公报》规定只许在指定区域开设"妓寨"以规范娼妓业；1853年澳葡政府颁布法令规范劳工输出等。不仅如此，近代以来的葡国法律体系也陆续延伸并覆盖到了澳门地区。一方面是葡国宪法的延伸，其中值得注意的是葡方一厢情愿地将澳门列入葡国"海外属地"，而清政府对此毫不知情。另一方面则是葡国五大法典的逐步延伸，例如1854年葡萄牙把1852年刑法典延伸于澳门，开始全面推进澳门法

⑮ 黎晓平，何志辉：《澳门法制史研究：明清时期的澳门法制政治》，二十一世纪科技研究中心2008年版，第151－173页。

的葡国化;1869 年葡国民法典也延伸于澳门;1881 年葡国民事诉讼法典延伸于澳门。至于葡式司法制度在澳门的推行,则晚至 19 世纪末期通过葡萄牙统一司法改革才实现,其标志则是 1894 年澳门设立"法区法院",作为澳门地区处理民刑案件的第一审机构。[16] 不过要指出的是,澳葡在澳门推行葡式法是缺乏法理根据的,故只能借助文化隔阂和语言障碍,进行单方的强硬推行。至于澳葡政府强行推行的葡式法律体系,是欧洲大陆法系文化的弱小分支,是葡国充分继受法国法典法体系并适当融贯南欧社会文化的产物。

葡萄牙政府仍然需要从国际公法和法理层面确认其对澳门拥有的"主权",以便真正兑现其在欧洲世界以宪法方式对澳门"属地"作出的权利宣示,进而为它们在远东世界推行葡式法律制度奠定政治合法性基础,故始终致力于寻求谈判的契机。19 世纪 80 年代初期国际形势尤其是中法战争带来的影响,以及港英政府基于鸦片税厘并征之需求所带来的契机,澳葡政府获得了所谓千载难逢的谈判机会。1887 年 3 月,在大清海关总税务司赫德的全盘操纵之下,清政府与葡萄牙代表在里斯本草拟《中葡会议草约》。以此为据而达成 54 款《中葡和好通商条约》,主要内容包括中国仍然允许葡萄牙永驻管理澳门以及所属之地;葡萄牙得派公使驻北京,并在通商口岸设领事;葡萄牙取得领事裁判权;葡萄牙人可以享受中国已给或将给其他国家的通商特权,在通商口岸有居住、租买土地、建造房屋及设立教堂等权利。条约签订后遭到中国朝野的普遍反对,一致谴责出卖中国主权的赫德。这份条约中尤其值得注意的是第二条。中国承认葡萄牙对澳门的占领和管理,而葡萄牙承诺未经中国同意不得转让澳门,葡人据此获得所谓"永驻管理"之权。这里需要辨识的问题是,不少西方的历史学家和政治人士出于歪曲历史事实和政治偏见,或言"葡萄牙自始就拥有澳门主权",或称"久占之地,即有主权"。国内也有一些人士以为从公元 1553 年算起葡萄牙殖民者即已"入侵和统治",甚至有人认为中国政府将澳门列入"割地"让给葡萄牙。诸如此类的错误或偏颇,反映出对澳门历史缺乏深入了解的想当然。《中葡和好通商条约》签订并于次年换约生效之后,中国政府对澳门行使主权的状态遭到了彻底的破坏。[17]

---

⑯ 何志辉:《近代澳门司法:制度与实践》,中国民主法制出版社 2012 年版,第 94 - 108 页。

⑰ 参见何志辉:《〈中葡和好通商条约〉与澳门地位条款》,载《澳门研究》2009 年总第 54 期。

此后一段时期澳门治理问题的嬗变，主要围绕澳门地位条款、勘界谈判与葡式法律全面延伸适用而展开。由于条约对澳门地界仅有非常含糊的规定，澳葡得以趁势大肆侵吞中国地界、扩充澳门。“庚子事变”之后，清政府迫于国内外压力及“雪耻自强”意识的驱动，展开了一场旨在收回“治外法权”借以挽救统治危机的新政改革。[18] 在此期间（1902 年—1904 年），澳葡政府与清政府也展开了一场修约谈判，随后便有 1909 年—1911 年在香港举办的关于澳门勘界的谈判。[19] 不过，这场谈判尚未结束，葡萄牙和清政府就各自在 1910 年和 1911 年被新兴资产阶级革命力量所推翻，前者的君主立宪制和后者的封建帝制不复存在。但在随后的国际局势下，民国政府难以顾及澳门问题，葡萄牙则有乘虚而入的更大空间。

在此期间，葡式法律在澳门开始了更大规模的扩张，不仅五大法典陆续进入澳门并开始适用，其他形态的法律规范也纷纷在澳门延伸适用。不过，鉴于澳门毕竟是华人占绝对多数的独特地区，澳葡政府对中国传统法律不得不有适度的认可和接受。这方面的例证是葡萄牙特别颁行的《华人风俗习惯法典》，借此顺应澳门华人对民事法律的实际需求。1909 年 6 月 17 日，葡萄牙海军暨海外事务部为澳门颁布了这部法典，用于规范澳门华人在婚姻继承方面的风俗习惯。例如，华人依照中国宗教或传统仪式缔结的婚姻，与葡萄牙法律所承认的天主教婚姻和民事婚姻具有完全同等的效力；丈夫可以纳妾；妻子犯有通奸罪时，丈夫只能通过司法程序要求解除婚姻；丈夫可以妻子婚后不育、严重虐待和中伤、麻风病、搬弄是非、小偷小摸或醋性十足中的任何一个理由，向法院提出离异或分产；离婚时儿女归男方，财产分配亦对男方有利。总之，该法典以两广地区（特别是广东沿海）华人风俗习惯及传统法律规范为依据，对澳门华人的婚姻、继承和收养等问题作了较为详尽的规定。

总之，在此阶段葡国法律的大肆扩张，既是葡国自认侵夺澳门主权后推行殖民化的举措，也在客观上加剧了澳门的殖民地化。但葡国法律的大肆扩张，仅在形式上试图全面覆盖澳门社会，仅在形式上满足于澳门占极少数的澳葡的法律需要，如同油浮于澳门这潭水之上。而由于语言文化隔阂，尤其是政治

---

[18] 关于“治外法权”问题及由此展开的清末新政，参见何志辉：《外来法与近代中国诉讼法制转型》，中国法制出版社 2013 年版。

[19] 这场谈判的葡方代表有日记详述其中细节，参见［葡］马楂度：《勘界大臣马楂度：葡中香港澳门勘界谈判日记（1909—1910）》，舒建平等译，澳门基金会 1999 年版。

与民族情感上的隔离,澳门本地华人并不能真正接受这些外来的强硬塞入的欧式法律文化,仍以各种方式接受和适用中国传统法律文化。

1911 年—1949 年间,葡萄牙对澳门进行殖民管治日趋深化,澳门法继续葡萄牙化且达到了历史新阶段。中葡各自爆发资产阶级革命后,中国民间一度强烈呼吁收回澳门,但围绕勘界的澳门谈判问题未有下文。1913 年—1914 年间,葡萄牙公使照会北洋政府,请划定澳门界址。北洋政府时期,澳门问题的交涉也曾有过,如 1921 年葡萄牙就澳门界址问题请美国在太平洋和平会议上提出公断,不过这一提请国际公断的企图归于破产。南京国民政府时期,双方围绕澳门问题也有过几次关注。1928 年,中国政府通知葡萄牙政府,称《中葡和好通商条约》第四次期满作废。同年 12 月 19 日,中国外交部长王正廷与葡公使毕安祺签署《中葡友好通商条约》及 6 个附件,从 1929 年 3 月 27 日起生效,但澳门地位问题未被提及。抗战胜利后,中国民间再度呼吁收回澳门。1945 年,中国驻布鲁塞尔使馆参赞在涉及"澳门问题"时宣称,必须按二战后确立的主权原则重新确认葡在澳门的主权。但随着国共内战的全面爆发,此事再度搁浅。

在此阶段,葡国针对澳门进行殖民管治的宪制性法律陆续出台。例如 1947 年《葡萄牙政治宪法》及《殖民地宪章》等文件的颁布,实际是为葡萄牙法律在澳门全盘延伸奠定宪制基础。[20] 至于 19 世纪以来的葡国法典法和司法制度,则进一步在澳门延伸适用,对于事涉华人且根深蒂固的中国传统法律则予以适度的保留。如 1917 年成立澳门华民诉讼所,同时设立一个上诉法院;华民诉讼所到 1927 年被废止。[21] 至于前述《澳门华人风俗习惯法典》,则延至 1948 年 7 月 24 日才被葡国政府第 36987 号法令废止。

概言之,葡国资产阶级革命后,葡萄牙的法典法体系更趋详备,且逐步顺应 20 世纪欧洲大陆法系的发展潮流。近代化的葡式法延伸适用对澳门法律传统进行了极大程度的改造。但澳门社会对葡式法律的认同并不强烈,澳葡政府对葡式法律的执行也因此受限,且多流于形式和表面,是体现澳门作为"殖民地"而应"归属于葡国"的一种政治态度。故它更多地考虑对葡国政治的迁就和顺应,而非关注它们是否真正适用于澳门本地情形,更不可能真正关

⑳ 参见前引⑭,《从殖民宪制到高度自治——澳门二百年来宪制演进述评》,第 65－70 页。

㉑ 参见前引⑯,《近代澳门司法:制度与实践》,第 149－155 页。

注它理应关注的绝大多数的澳门华人。故葡国法在澳门的延伸适用，长期形成与真正需要法律的华人之间的隔膜以及与整个澳门社会的隔膜的状态。因此，虽然它在形式上不断趋于完备，但在功能上相对薄弱，这是比较法与法社会学研究的绝好题材。

1949 年—1976 年间，是葡萄牙海外殖民帝国的终结、澳门在世界范围"非殖民化"浪潮影响下通往地区自治以及由此带来的澳门法之全盘葡化时期。新中国建国之初，对澳门问题的态度受制于其时错综复杂的国际局势。1951 年，葡萄牙宣告终结殖民帝国，其海外殖民地一概改称"海外省"，澳门亦被其纳入"海外省"之列。建国初期的中葡关系则插曲连连，澳门先后发生过"开埠庆典风波""关闸事件"及其他大大小小冲突的严重交涉。随着新中国在世界舞台影响力的看涨，澳门应否纳入"非殖民化"之列的问题也终于引起国际社会的关注。至 1974 年葡萄牙发生"四 · 二五革命"（俗称"鲜花革命"），葡国新政府实行"非殖民化政策"，宣布澳门不是葡萄牙的海外属地/殖民地，而是葡萄牙管理下的中国领土。从而正式在其宪制体系中承认了澳门是中国的领土，并向中华人民共和国表明态度，即承认"只有一个中国"，且于 1975 年 1 月宣布与"台湾"政府断交；颁布法律 7/74 号，开始了澳门归还中国的路程。1975 年底，澳葡当局也在澳门进行一系列行政改革，葡萄牙撤走了驻澳门的军队，解散了陆军司令部与海防司令部。为加强内部治安力量，另组织包括治安水警、水警稽查队等在内的治安部队。这些措施改善了澳门与内地，葡萄牙政府与中国政府的关系。

客观而论，葡萄牙殖民帝国的终结是世界历史发展的必然，也是葡国自身历史发展的必然，殖民帝国的终结必然深刻影响长期归附于殖民化进程的澳门法。对此，不妨从如下方面展开理解：首先，澳葡政府对葡国宪制性法律的延伸适用，是为确立对澳门殖民管治的合法性根据，但这种"合法性"来源并不明确（1887 年《中葡和好通商条约》对此没有明示），故这些葡国宪制性法律本身也不得不因时而动（如果早有明示澳门"割让"，葡国绝不会在宪制性法律上煞费苦心和颇费周折）。其次，澳葡对葡国其他法律的延伸适用，仅在形式上不断趋于葡国化。这种趋同虽然节省立法成本，顺应澳葡内部对于法律的需求，但完全忽略澳门占绝对主导地位的华人社会生活及其对法律的实际需求。听任葡式法在澳门华人社会中的游离，使葡式法在澳门徒有其表。第三，澳督的有限立法，针对澳门实际情况而作，但由于澳督制度本身，这类立法缺乏系统性、根本性和长远性，甚至有时也缺乏合理性。对葡式法虽然起到了一定的补充或弥补作用,但在根本上不可能彻底契合澳门本地的实际需要,因而澳门法仍然仅仅是一种形式上的大陆法系文化缩影。因此,葡式法在澳门的历史宿命,是随着主权问题的解决,必然要同时进行法律改革的。

四、双轨立法体制下的现代澳门法(1976 年—1987 年)

上述殖民管治状态延续到《澳门组织章程》(1976 年)颁行之后再次变化,因应其时的国际形势及葡萄牙国内民主化发展而使澳门打开通往地区自治之门。此后经由中葡建交与澳门主权问题谈判而形成的《中葡联合声明》(1987 年),明确了澳门回归中国之后成立特别行政区并全面实施"一国两制"方针。由此衍生出一场规模浩大的法律本地化运动,最终形成的便是以大陆法系法制秩序为基础的澳门特别行政区法律体系。

《澳门组织章程》确立了"双轨立法体制"内容,对澳门法发展的影响极大,其背景则是葡国革命后的"非殖民化"运动,是 1974 年葡萄牙国内"四·二五革命"后产生新型秩序的宪制性成果。该章程草案曾于 1975 年 8 月 16 日公布,以便澳门市民研究、讨论和参与。章程由 1976 年 2 月 17 日颁布的第 1/17 号法律通过,并由第 53/79 号法律、第 13/90 号法律与第 23 - A/96 号法律作出修订。章程通过后,澳门本地的首届立法会也正式成立并投入运作,首任立法会主席是澳门史上声名显赫的土生葡人法律家宋玉生先生。1976 年 8 月 9 日,澳门立法会首次会议隆重举行。一方面,李安道总督强调取得本地区财政自主、维持与葡萄牙行政联系的重要性,并呼吁市民参与本地区的政治生活。另一方面,立法会临时主席何贤提出优先促进"和平共存",改善社会条件,加速经济发展,呼吁澳门政府与立法会合作。

《澳门组织章程》作为回归前澳门法律体系中最基本和最高的法律,是澳门政治、行政、财政和立法组织的基本依据。章程共 72 条,6 章依次为"总则""本身管理机关""司法行政""财政""当地行政"和"补充及过渡规定"。其中规定了澳门的地域范围与政治地位;葡萄牙总统对澳门的权限;澳门总督的政治地位、任免程序、行政级别、代表权限、行政权限与立法权限,行使立法权与行政权的形式,其政治、刑事与民事责任;立法会的组成、任期、运作与权限;总督与立法会之间立法权限的划分,两者之间的制衡机制;澳门的违宪审查制度。章程还规定了澳门的司法、财政与公共行政制度。由于该法律的生效,澳门逐步成为一个拥有相对自治权限的特殊地区。

《澳门组织章程》建立的政治制度,差不多将所有权力集中于总督,立法会不过是半民主的协作机关;它所设立的“双轨立法体制”,更对澳门葡式法的本地化产生了深远的影响。从该章程本身的内容看,它所展示的是20世纪世界范围非殖民化的潮流所在,可谓非殖民化运动的法制化的体现。至于其内容方面,它对于澳门被赋予地区立法权,是对葡式法在澳门积弊丛生的救疗,是顺应澳门社会生活对于法律实际需求的必然,也酝酿了一区两法/制的政治可能性。这为后来“一国两制”的实施奠定了一定的历史基础。1999年12月20日,随着《澳门基本法》的正式生效,该章程才自行失效,退出了澳门政治舞台。

中葡建交与澳门问题的谈判,为“一国两制”蓝图下的澳门法作出了良好的铺垫。中葡正式建交,可谓解决澳门问题的第一线曙光。1979年2月8日,中国政府与葡萄牙政府在法国巴黎签署了两国正式建立外交关系的《联合公报》,宣称:“两国政府将根据互相尊重主权和领土完整、互不干涉内政和平等互利的原则维持其外交关系。”并决定自当日起建立大使级外交关系,在3个月内互派大使。正式建立外交关系后,双方重申澳门是中国领土,目前由葡萄牙政府管理,澳门问题是历史遗留下来的问题,在适当的时期,中葡两国政府将通过友好协商来解决。

中葡建交在澳门法制发展史上有着重要意义,它为“一国两制”蓝图中的澳门法前景提供了政治基础。所谓“一国两制”,是对“一个国家,两种制度”的简称,即在统一的中华人民共和国的前提下,国家的主体——大陆地区实行社会主义制度,同时允许香港、澳门和台湾保持原有的资本主义制度长期不变。始于1979年元旦全国人民代表大会常务委员会发表的《告台湾同胞书》。[22] 1981年9月30日,全国人大常委会委员长叶剑英就台湾问题发表声明,提出实现祖国和平统一的九条方针,明确表述“一国两制”的构想。1982年9月,邓小平在会见英国首相撒切尔夫人时,正式提出可用“一个国家,两种制度”的方案来解决历史遗留的香港问题。同年秋,正在起草的《中华人民共和国宪法》草案增加第31条:“国家在必要时得设立特别行政区。在特别行政区内实行的制度按照具体情况由全国人民代表大会以法律规定。”根据这个规定,在1997年和1999年中国政府恢复对香港和澳门行使主权后,将设立特别行政区,实行与大陆地区不同的社会制度,50年不变。香港和澳门享有包括行政管理权、立法权、独立的司法权和终审权在内的高度自治权。

---

[22] 《告台湾同胞书》,载《人民日报》1979年1月1日。

至于中葡围绕澳门问题的谈判,则在解决澳门主权问题的同时抛出了新制度的构想。从1986年开始,为解决历史遗留的澳门问题,中葡经历了四轮谈判,㉓为期近9个月。中方代表团团长是周南,团员有柯正平、邵天任等人;葡方代表团团长是梅迪纳,团员有贾斯柏尔等人。1986年6月30日至7月1日,首次会谈在北京钓鱼台国宾馆举行。双方除商定会谈的全部议程外,并就一些实质性问题交换意见。9月9日—10日,在北京举行第二轮会谈,中方正式向葡方提出中国政府对澳门问题的基本政策(即后来《中葡联合声明》附件一中所述的内容),并作了必要的解释。10月21日—22日,在北京举行第三轮会谈,继续就各种实质性问题进行深入讨论,并取得广泛的一致意见。双方代表团就澳门过渡期的安排,在讨论的基础上达成了一致(即后来《中葡联合声明》附件二中所列的内容)。1987年3月18日—23日,第四轮会谈在北京举行,集中讨论联合声明本身及两国政府互相交换的备忘录。

中葡建交为和平谈判、解决澳门问题奠定了政治基础,这种正式的外交关系是历次中国政府无法实现的,因而惟有新中国政府才有实力和能力收回澳门主权。至于澳门回归的谈判,本质是澳门主权问题的归属认定。澳门主权问题关涉澳门法的根本路径和方向,确认澳门归属中国,使得澳门法成为新中国法域之中独具特色的成分。澳门回归是以"一国两制"蓝图为构想的,它确立了一种全新的宪政结构,即在一个主权国家内容许两种互不兼容性质的法律体系存在。这种兼容可视为中国固有传统文化的包容兼蓄精神在澳门法上的体现,也可视为新中国在和平解决历史遗留问题上顺应时势要求的一种政治智慧的表达。

需要指出的是,澳门长期以来的葡式法,势必在这种新政治格局下难以胜任澳门社会生活的实际需求,难以担负一国两制新形势下的时代重任,故它们迟早面临需要变革乃至彻底变革的问题,此即后来的"法律本地化"运动的根本任务。澳门在《澳门组织章程》授权下的地区自治立法,使澳门法由长期占绝对支配地位的葡式法开始转向适量的本地立法,这些本地立法的经验和缺陷,都成为后来法律本地化运动中的宝贵财富和经验。因此,双轨立法体制在新形势下必然产生重大影响,对澳门法的新形态和新发展起到深远而深刻的影响。

㉓ 关于此次中葡谈判,周南回忆录透露了诸多细节,参见宗道一等编著:《周南口述:遥想当年羽扇纶巾》,齐鲁书社2007年版。

五、过渡期与本地化的现代澳门法(1987 年—1999 年)

《中葡联合声明》与《澳门基本法》的相继出台,为现代澳门法全面实践“一国两制”奠定了政策依据和法理根据。

1987 年 4 月 13 日,《中葡联合声明》由中国国务院总理赵紫阳与葡萄牙总理施华高在北京共同签署。经中葡两国各自按法律程序完成审批手续后,于 1988 年 1 月 15 日由中葡两国政府在北京互换批准书开始生效,同时建立了中葡联合联络小组和中葡土地小组。《中葡联合声明》正文由 7 条组成,另有两个附件:即附件一《中华人民共和国政府对澳门的基本政策的具体说明》;附件二《关于过渡时期的安排》,以及双方准备交换的备忘录。正文第一条正式宣布:“澳门地区(包括澳门半岛、凼仔岛和路环岛)是中国的领土,中华人民共和国政府将于 1999 年 12 月 20 日对澳门恢复行使主权。”第二条和附件一全面阐明了中华人民共和国政府对澳门的基本方针政策。第三条则规定,在《中葡联合声明》生效之日起至 1999 年 12 月 19 日止的过渡期内,葡萄牙共和国政府负责澳门的行政管理,继续促进澳门的经济发展和保持其社会稳定。

1993 年 3 月 31 日,澳门基本法起草委员会历时四年五个月完成的《澳门基本法》,在第八届全国人民代表大会第一次会议审议通过并正式颁布,于 1999 年 12 月 20 日生效实施。《澳门基本法》由序言、9 章共 145 条组成,另有 3 个附件,规定了未来澳门特别行政区的地位及与中央政府的关系;确立了其政治体制、经济制度、文化和社会事务方面的政策;规定了其在对外事务中的权限;明确了澳门基本法的解释与修改权限;确定了未来澳门特别行政区行政长官与立法会的产生办法和行政长官、主要官员、立法会议员、司法官员、行政会委员的任职资格;明确了行政、立法、司法与市政机关的职能与权限;列明了在澳门特别行政区实施的全国性法律。基本法以《中华人民共和国宪法》第 31 条为依据,体现了“一国两制”“高度自治”和“澳人治澳”,保障澳门现行社会、经济制度不变,生活方式不变,现行法律基本不变的原则,在未来的澳门特别行政区具有最高的法律地位。

综合而论,《中葡联合声明》为澳门主权归属确立了“一国两制”的法理根据,使得澳门法从全盘葡式法开始向真正本地化的法律体系过渡。这份文件的伟大意义,对澳门法之发展而言是奠定澳门法全新的本地化发展方向。《澳门基本法》为回归后的澳门特别行政区法制构建了宏大的框架,使原有的葡式澳门法必须顺应《澳门基本法》的要求,即必须完成和实现法律本地化,以适应“一国两制”的根本需求。

随后展开的便是一场规模浩大的法律本地化运动。[24] 法律的本地化基本要求可概括为16字:“法律过户,法律修订,法律翻译,法律清理。”依据《澳门基本法》相关规定,澳门特别行政区成立后“法律基本不变”,亦即澳门原有的法律、法令、行政法规和其他规范性文件,除与基本法相抵触或澳门特别行政区立法机关和其他有关机关依法作出修改以外,均予以保留。其时,澳门现行法律包括两部分,第一部分是从葡国引申到澳门的葡国法律,包括现行的刑法、刑事诉讼法、民法、民事诉讼法、商法等;第二部分是澳门立法机构根据葡国宪法和《澳门组织章程》制定的法律和澳门总督制定的法令和法规,此外,还有一些照顾华人习俗的法律。在过渡期,需将这些现存的法律清理、分类和修订,然后翻译为规范的中文,使其能反映澳门的特点,满足澳门的政治、经济、社会、文化等各方面发展的需要。

法律的本地化进展,以葡萄牙五大法典的本地化为核心任务。1988年澳门政府成立了法律翻译办公室,集中中葡法律和语言方面的专家,进行清理、分类工作,并将重要的法律译为中文。此外,还开始培训中葡双语法律人才。与此同时,澳门大学设立法学院及设置葡语翻译课程,政府亦派遣学员到葡国进修法律。从1990年开始的适用于澳门法律的编列和系统化工作,已于1995年完成。此类法律共30088件,其中1910年—1994年由葡国和本地立法机关制定的有28035件,加上在1870年—1910年制定的法律共有30088件。在已整理和分析的1700件葡国制定的法律中进行筛选,其中适用于延伸至1999年后的有255件。率先实现本地化的是《澳门刑法典》,其次是第二年颁行的《澳门刑事诉讼法典》,它们分别于1996年1月1日和1997年4月1日生效;至于《澳门民法典》《澳门民事诉讼法典》《澳门商法典》迟至1999年11月1日同一批颁行生效。司法的本地化任务则包括司法机构、司法人员的本地化,在此方面的进展同样可观:[25]一是现代型的法院体系得以建成,于1993年诞生了澳门高等法院作为法区法院的上诉审机构,并在普通法院体系之外设置了特殊管辖的法院机构;二是司法人员的本地养成,尤其是培养中葡双语法律人士等积极措施取得了相当可观的进展。当然,司法领域的本地化并未彻底实现,时至今日仍有需要推进和改革的地方。1999年12月19日午

[24] 参见华荔:《澳门法律本地化历程》,澳门基金会2000年版。

[25] 参见前引①,《近代澳门司法:制度与实践》,第189-210页。

夜,中国与葡萄牙在澳门文化中心花园馆隆重举行澳门政权交接仪式,这标志着澳门法从此全面迈入了"一国两制"的新时期。

结语

以上简要介绍了澳门法制史之历史分期,大致可以透视 4 个多世纪以来澳门治理格局与法律秩序的面貌。但关于澳门法制史的研究其实不应仅仅只是对历史的还原描摹,还应肩负另一种警示后人和启迪当下的学术使命。前者属于描述性的法史学工作,需要通过严密的考证和审慎的逻辑,对这一去不返的历史本原进行重构;后者属于阐释性的法史学工作,赋予人们足够的理解自由和想象空间,但这种理解和想象必须立足于客观存在。㉖

由于一切历史遗留物都已是碎片化的东西,因此,任何时候的史学研究者都只能做他所处时代力所能及的"还原",而不能确保这种"还原"绝对真实可靠,有时还会因为新资料的发掘导致既往定论的全盘推翻;由此所做的一切阐释也因之变得风险重重,则必须时刻面对和接受历史真实的检验。这是我们在研究一切法史问题时都应当注意的,在澳门法制史研究领域,这一情形同样如此。

Governance Pattern and Legal Order: Historical Changes of Macao Law

Abstract: Macao is an inalienable part of China's territory, its legal development has its own course and characteristics. In this paper, the relationship and Interactive situation between governance pattern and legal order in Macao is analyzed, and then divided the historical stage of the development of Macao law: Early Macao law under Chinese law (1553 - 1845); Modern Macao law under the rule of Portugal (1846 - 1976); modern Macao law of the double track legislative system (1976 - 1987); Transition and localization of contemporary Macao (1987 - 1999). The above is about the basic situation of the historical changes of Macao law.

Key words: Macao Law; Governance Pattern; Legal Order; Historical Change

(张小虎　刘海玲)

㉖ 关于描述性和阐释性的法史学视角,参见胡旭晟:《解释性的法史学:以中国传统法律文化的研究为侧重点》,中国政法大学出版社 2005 年版。

《资治新书·判语部》法学理论价值研究

许宇超*

摘　要:李渔的《资治新书·判语部》汇编了明清各级各地官员的判词700余则,较为全面地反映了明清法律实践的状态。法学理论价值是支配法律实际运行的、可以通过法律实践归纳总结的相关理论研究。从《资治新书·判语部》所辑选的判词中可以归纳明清法学犯罪论理论、刑罚学理论和泛刑法化理论三个方面的研究价值。以现代法学为参照,具体可见明清法律实践中有关犯罪主观方面的认定、排除犯罪的事由、因果关系的认定、刑罚的目的、刑罚的功能、民事行政类案件的泛刑法化的理论价值。对当时的理论研究成果,应认识到其与现代法学理论有着内核上的根本区别,借鉴吸收传统法制文化价值时不应盲目。

关键词:《资治新书·判语部》　因果关系　排除犯罪的事由　刑罚的功能　泛刑法化

引言

明末清初文人李渔①汇编《资治新书》初集和二集②,搜集明清官吏的案牍文章一千四百余篇,并按照文移、文告、条议、判语四部对其进行分类。其中,"判语部"主要以官吏的审判谳词为主,间杂一些上下级官府之间的关于刑名案件的请示和批复。其所辑选的判词,从案件本身性质和制作主体来说,均涵盖面广泛且具有代表性。在案件性质上,李渔将判语部所收录判词细分

---

* **作者简介:**许宇超(1990—),男,山西临汾人,湘潭大学法学院硕士研究生。

① 李渔,生于明万历三十九年(1611),卒于清康熙十九年(1680),初名仙侣,字笠翁、谪凡,号天徒、湖上笠翁、随庵主人、笠道人、觉道人、觉世稗官。明末清初文学家、戏曲家。

② 初集刻于康熙二年(1663),二集成书不迟于康熙六年(1667)。

为人命、盗情、判案、奸情等三十余门类(初集与二集略有不同),每一门类之下的判词有详有略,可以认为其囊括了法典所规范的大多数犯罪和刑罚问题。在制作主体上,这些判词的作者在明清时期担任着区域、性质、级别不同的官职;在区域上,两广、江浙、陕甘、川渝等各地的判词均有涉及;官员的官职性质和级别上,包含巡抚、司李(理)、巡按、守宪、太守、县令等职务。因此,以《资治新书·判语部》(下文简称《判语部》)为研究中心,对法律实践中的判语、案例进行考察,是可以真实探明古代司法原貌的。

探究《判语部》的法学③理论价值,是通过考察其所选录的判词,运用现代(或者说西方)法学的研究方法,揭示支配法律实际运行的理论依据。在这一过程中,由于研究采用现代法学理论对判词进行审视,考虑到中西法律文化的差异以及法学理论的不断发展,我们首先不应轻视或者否定中国古代法学理论的客观成就,同时也不能简单地将彼时粗浅朴素的法学理论与现代相对完善发达的理论等同视之。在此基础上,本文将从犯罪论、刑罚学以及“泛刑法化”三个方面探讨判词所反映的法学理论价值。

一、犯罪论理论价值

犯罪论属于西方刑法学的下位概念,它着重研究犯罪的本质、构成和形态等方面的问题,自近代传入中国以来深刻影响着中国的近现代刑法理论体系。显然明清时期的中国并不存在这一学科,律学著作属于法律注释,自然也不会出现研究犯罪现象的理论。然而,在《判语部》所收录的判词中,包含“犯罪主观方面的认定”“排除犯罪的事由”“因果关系的认定”等犯罪论理论内容的判例俯拾皆是。

(一)犯罪主观方面的认定

犯罪主观方面是我国当前刑法“犯罪构成理论四要件”④之一,是指“犯罪人实施犯罪行为时,对其引起的危害结果所持的心理态度,包括罪过和动

---

③ 中国古代是否有“法学”在学界尚有争议:持否定观点的学者以古代罗马法学和近现代法学为参照系,认为“法学”是西方文化的产物,中国古代并不存在法学;持肯定观点的学者认为应对“法学”一词作扩大解释,法学应是一个有机的整体,具有多种模式和形态,中国古代的“律学”是中国文化背景下的中国古代法学。详见何勤华:《中国法学史纲》,商务印书馆2012年版,第1-13页。笔者采用后一种观点,认为中国古代存在法学。

④ 具体包括犯罪主体、犯罪主观方面、犯罪客体、犯罪客观方面四个要件。

机”⑤。在认定犯罪主观方面时,应当“坚持犯罪行为等客观事实的检验标准”⑥,这就是说,在确定罪与非罪、此罪与彼罪时应从犯罪行为上认定罪犯的犯罪主观方面。

首先来看,明清司法实践是如何在认定行为人犯罪主观方面的基础上区分“罪与非罪”的。湖西守宪赵韫退所作判词《劫杀兄命事》即为一例,据该案记载:首犯祥福系被害人王承祚的佃仆,其伙同从犯小忠、信文等人内外勾结,入室杀害王承祚并掠其资财而逃。赵守宪在对从犯小忠、信文二人进行定罪量刑时道:“至于小忠、信文,供系祥福纠合前来,小忠虽执棍旁立,杀时并未下手;信文虽持扁袋物,事后亦未分赃。然试问执棍旁立,意欲何为?不因杀主而至,将为救主而来乎?”⑦在他看来,此二人持械出现在犯罪现场,则说明他们具有实施杀人、抢劫行为的故意,赵氏即是通过行为人的具体行为来认定其具有主观罪过,从而确认其构成犯罪。

扬州司理王贻上《打死母命事》一词是重审罪犯朱世璧涉嫌弑母一案的判决,该案由于初审官员草率处理而使主犯朱世璧多年未受应得的法律制裁。王贻上到职后重新调阅爰书,“吊阅周氏尸图……庭鞫时……转诘袁文……逐一讯诸里邻,取口供十有馀则”,根据相关证据进行说理分析,“袁大一门六口到家闹喊,声闻于外。世璧以劝不得家务事一语喝止庄邻。黎明哄传毕命,庄邻往视,先已钉棺,何迅也……中途变计,凶手尸亲同伙分捏,自云在田不在家。幻矣哉!世有平日游手不耕,而中夜赴田戽水者乎?有见人杀母而不喊救者乎?有统众殴人,先为舆榇者乎?”⑧如此根据证据显示的客观事实认定罪犯朱世璧具有弑杀其母的主观故意,继而对其定罪量刑,使罪犯受到应有的法律制裁。

此外,平阳太守程质夫所作《稽查人命事》同样是审慎认定行为人的主观方面的判词。殴死人命之案事关生死,程太守认为:“刘大定之通同与否,疑信难凭,不得不详求再四。”故而他根据原审官府的爰书再次细鞫案情,“大定既无指使取银之言,又无木棍交与之迹,则非造意主谋者比;与黑子同行之首

⑤ 马克昌:《犯罪通论》,武汉大学出版社2006年版,第304页。

⑥ 同上引,《犯罪通论》,第308页。

⑦ [清]李渔撰:《资治新书(初集)》,张道勤点校,浙江古籍出版社1991年版,第278页。

⑧ 同上引《资治新书(初集)》,第275-277页。

不实,月下埋赃之供又虚,则并非先事同谋者比。”⑨据此认为刘大定并无谋财取命的故意,更未实施相关犯罪行为,为犯罪嫌疑人进行“出罪”。

除确定“罪与非罪”之外,认定犯罪主观要件还是正确区分罪犯触犯何种罪名的依据。明清法律承袭唐律,将杀人罪大致划分为谋杀、故杀、殴杀、斗杀、戏杀和过失杀等细类,对人命案件,依据罪犯主观方面和客观方面的不同予以定罪量刑。《判语部》中涉及认定犯罪主观方面以确定何种杀人罪的判词并不鲜见,体现当时司法官员对犯罪主观方面的理论研究,诚如严州司李嵇尔遐在判词《活杀人命事》中所言:“抵有缳首、骈首之分,引律不可不正;而杀有殴杀、故杀之辨,核情尤不可不真。”⑩

汝宁司李翟静生《报单事》一词所载案件由于“事涉故杀”而“致烦驳批”。司李官根据律法注语“临时有意欲杀,非人所知,曰故”调查案情,判词直言:“李黑当殴(刘)孟晓之后,即回家告知伊嫂,着孟晓家遣人往看……则是(李)黑在当时但有殴(刘)孟晓之心,而未有死(刘)孟晓之心也……孟晓尚能自言。若黑果有意欲杀,何难立毙当场,而顾留呼吸未绝之气,以为保辜之左券,意何为者?”⑪由此认定李黑只是具有殴打的故意,其行为属于殴杀而非故杀。兖州司李赵五弦判词《群谋打死等事》与前一例较为类似,判词中虽道“折其腿复剜其目,残暴已极,不可谓无杀人之心矣”,即从“折腿剜目”的残忍手段一般可以推测罪犯具有谋杀或者故杀的主观罪过,但赵五弦细心推敲,认为罪犯并不具有谋、故杀的主观故意,“以文弱之子衿,而遇宿仇之群恶,使有心必杀,即立刻毙之亦复何难,而仍得延喘于三日之后哉?”⑫依此认定罪犯孙坤亨等人虽然犯罪手段极其残忍恶毒,但只构成殴杀之罪。衢州司李吴幼洪因处理上级驳回再审案件而作判词《劫杀剧变事》,他在认定殴杀与故杀时说:“(余)有庚携锤而往,指麾二子奋力交击,必欲灭此而后朝食,及提赴县审,尚自命为义士焉。有义士杀人而出于无心偶试者乎?是其杀(余一)品之心已自标榜于口矣。细加参核,实与斗者有间,改以故杀,”⑬区分故杀与殴杀

⑨ [清]李渔:《资治新书(二集)》,张道勤点校,浙江古籍出版社1991年版,第518-519页。

⑩ 参见前引⑦,《资治新书(初集)》,第315页。

⑪ 参见前引⑨,《资治新书(二集)》,第516页。引文括号内文字为笔者注,以便理解文意,下文同。

⑫ 参见前引⑦,《资治新书(初集)》,第309页。

⑬ 参见前引⑨,《资治新书(二集)》,第517页。

两罪的犯罪主观要件。甘肃巡抚刘耀薇在《接报事·驳语》中道:"绳栓毒殴,是明怀一必杀之心矣,非斗殴可比,"⑭然后根据死者的验伤记录认定案件涉及故杀,要求下级重审。

此外,"狗四抱持,许大鼓刃。腹脐乱搠,有甘心必死之志。法当以谋律并论"⑮之语从伤人部位确定杀人故意;"夫弓矢非耰锄也,设无毙人之心,(尹)叆之挟此何为?是故杀岂殴杀哉"⑯的判语是依据凶器性质认定罪犯尹叆具有故杀的罪过;判词"今查(刘进)忠与(余越)椿无积怨深怒,先事因无谋杀之情,乃以索夫价不遂而遑忿鼓刀,则临时已具必杀之念,拟以故杀"⑰则是先从行为人与被害人的平日关系否定罪犯具有谋杀故意,再从争殴起因判定行为人故杀的罪过;"细鞫情形,事起仓卒,诚非谋杀故杀者比"⑱是还原行为人作案的客观情形,认定杀人行为出于殴杀的主观罪过。此类判语均是通过研究犯罪主观方面来区分此罪与彼罪的实例。

据上述分析可知,虽然明清法律没有也不可能有严格意义上的犯罪构成理论,更不可能产生系统的犯罪主观要件的研究理论,但是从《判语部》收录的判词可以看出,法律的动态实践十分重视对于犯罪主观方面的认定,司法官在审案断狱时会详细认定罪犯的主观罪过而后确定其是否构成犯罪及构成何罪。

(二)排除犯罪的事由

现代刑法学犯罪构成理论研究了排除犯罪的事由,一般认为其包括正当防卫、紧急避险等方面。⑲ 在《判语部》中可以觅得有关此类事由的判词,兹举数例以供研究。

---

⑭ 参见前引⑨,《资治新书(二集)》,第528页。

⑮ 参见前引⑦,《资治新书(初集)》,第285页,秦瑞寰:《斩抵事》。

⑯ 参见前引⑦,《资治新书(初集)》,第301页,陈卧子:《地方奇变事》。

⑰ 参见前引⑦,《资治新书(初集)》,第315页,嵇尔遐:《活杀人命事》。

⑱ 参见前引⑨,《资治新书(二集)》,第524-525页,毛锦来:《杀死人命事》。

⑲ 大陆法系国家刑法犯罪论称之为"违法阻却事由",其主张形式的犯罪构成,认为此类行为不具有犯罪构成中的违法性要件。我国刑法强调实质性的犯罪构成,认为此类行为没有刑事违法性,也就没有犯罪构成形式的存在。对排除犯罪的事由,行为人不因此承担刑事责任。

赵五弦《解审事》[20]一词提到了"夜无故入人家"[21]的法律规定。根据判词叙述,初审官员基于"登时杀死勿论"的律文宽以处理案犯刘华,"盖无故而来,恐为奸人刺客,少一缓纵,则祸反及己"。由于被害人遍体鳞伤,不像是被猝然杀死,刘华杀人行为似乎难以符合"登时"的时间要求,因此案件被御史要求重新审理。赵司李仔细审阅口供并通过分析认为案情涉及奸事,被害人罗八与刘华之妻存有奸情,当晚奸情败露,刘华愤而杀人,后为保持名誉借盗以掩奸情。在赵氏看来,"夜无故入人家"之律并未具体规定入家为盗或奸,以此要求行为人辨别不符合法律原意,刘华杀人的行为符合该条文规定,因其殴打罗八致死,伤害行为具有持续性,拟"就拘执而擅杀之律"。另有杭州太守王鼎臣《号抵兄命事》[22]一词,该案由被害人金伯明之弟金伯华向官府提出,指控戴振宇、戴其章叔侄殴打金伯明致其在逃脱中不慎落水身亡。审案的王太守查明案情获知妇人冯氏为戴瑞甫(戴振宇之侄、戴其章之堂兄)之妻,由于瑞甫外出,她寄居在振宇家中。当晚金伯明与冯氏在家中通奸被发现,戴氏叔侄遂纠集宗族四邻当场抓获奸夫奸妇二人进行殴打,伯明仓皇逃跑不慎落入水中,被人救起后次日身亡。王太守认为戴振宇、戴其章二人与戴瑞甫"系同居之兄弟叔侄"关系,应对其捉奸行为予以肯定,况且金伯明属于"夤夜入人家之徒",故而对戴氏叔侄应"按登时杀死之律,皆所勿论",案件其余细节,此处不赘。

可见,明清法律"夜无故入人家"的规定与现代刑法的"正当防卫"存在一定程度的相似[23]:"登时杀死,勿论"的规定可以视作一种排除犯罪的事由;对"已就拘执而擅杀者"进行刑事处罚与"防卫过当"也具有某种契合。除此类

[20] 参见前引⑦,《资治新书(初集)》,第 437 – 438 页。判词中行为人的姓名前为"刘华",后为"刘荣",疑为错误,引文统一作"刘华"。

[21] 《大清律例(卷二十五)》——《刑律·贼盗下·夜无故入人家》规定:"凡夜无故入人家内者,杖八十。主家登时杀死者,勿论。其已就拘执而擅杀伤者,减斗杀伤罪二等;至死者,杖一百徒三年。"

[22] 参见前引⑨,《资治新书(二集)》,第 648 页。

[23] 学者张全民先生认为,唐律中"夜无故入人家"之条即可称作古代刑法的"正当防卫",参见张全民:《〈周礼〉所见法制研究(刑法篇)》,法律出版社 2004 年版,第 187 – 188 页。

情形外，当时法律另有关于“杀死奸夫”类的“勿论”规定[24]。

钱塘邑宰梁冶湄《申报事》[25]一文是典型的杀奸勿论类判词，据该判词载：“姜龙……有妻夏氏，妖冶成性，狐媚为容。某月某日，窥夫上班守宿，潜约奸夫朱明岐移云就雨，共为长夜之欢……迨姜龙回家，连呼不应，毁门而入……姜龙初举床前木头打入，明岐扑出避之。龙复持利斧将明岐砍死，而并刃其妻。”审案的梁邑宰首先盛赞姜龙“夫纲虽失，血性犹存”，然后根据讯问和邻里口供确认姜龙于“奸所”亲获并“登时杀死”，最后将案件具结上呈。另外平阳司李毛锦来复审一起殴死妻命的杀奸案件所作的《人命事》[26]也谈到了认定“奸所”的问题。该案件的行为人王国忠发现其妻董氏与邻居在窑内通奸，因其身贫且性格怯懦，不敢当场捉奸，无奈只能“束其妻而挞之”，以致董氏死亡。毛锦来认定王国忠的行为并不构成“在奸所”“登时杀死”的严格要件，但他主张行为人是基于激愤而鞭打其妻，应宽其罪，“是杀淫也，非杀妻也。杀淫者何罪？况曰无心，实难重坐，过失似足蔽辜”，最后又因“系已妻，姑念有子”，只令王国忠“备棺殓埋可也”。至于东莱县令文太青更是通过判词《自首杀奸事》对愤而杀奸的行为人予以嘉奖，“本县锡红迎示境内”[27]。“登时杀奸”成为法定排除犯罪的事由自不待言。

除上述两种法定排除犯罪的事由之外，判词中还可见一些法外事由，如江南恤部王平子所拟的《投见正法事》[28]。该案记载：时人朱希儒因为坟地之争殴杀朱永贵的祖父，之后担心对方报仇继而杀死永贵的父亲，永贵盛怒之下杀死朱希儒然后自行投官领罪。该案涉及复仇，经州参初审和漕抚二审之后仍不能达成明确判决。转由王恤部审理后，他从情理出发认为“永贵之事，仇复两世，自首甘罪，亦千古来不少概见之事，非臣等所敢议也”，将案件呈上级处理。本案争议之处在于：朱永贵的复仇行为虽是针对已经犯罪的朱希儒作出的，但法律并没有复仇赦宥之条，似乎应判永贵故杀之罪；从情理的角度来看，

---

[24] 《大清律例（卷二十六）》——《刑律·人命·杀死奸夫》规定：“凡妻妾与人奸通，而于奸所亲获奸夫、奸妇，登时杀死者，勿论。若止杀死奸夫者，奸妇依律处断，当官嫁卖，身价入官。其妻妾因奸同谋杀死亲夫者，凌迟处死。奸夫处斩。若奸夫自杀其夫者，奸妇虽不知情，绞。”

[25] 参见前引⑨，《资治新书（二集）》，第 649 页。

[26] 参见前引⑨，《资治新书（二集）》，第 656－657 页。

[27] 参见前引⑦，《资治新书（初集）》，第 436 页。

[28] 参见前引⑦，《资治新书（初集）》，第 328－329 页。

永贵祖父、父亲二人惨死于希儒之手,他的复仇行为从道德上很容易获得同情和理解。虽无法知晓该案的最终处理结果,但从判词可知血亲复仇有着成为排除犯罪事由的可能。

由此可以看出,明清法律规定了许多法定排除犯罪的事由,法律实践中还存在着其他一些违法阻却事由。这使得许多表面上似乎构成犯罪的行为因为符合封建国家统治秩序、封建伦理纲常的要求,而被认可甚至鼓励。

(三)因果关系的认定

根据现代刑法学理论,所谓"因果关系是指犯罪实行行为与对定罪量刑有价值的危害结果之间引起与被引起的合乎规律的联系……行为与结果之间存在着因果关系,是行为人承担刑事责任的客观依据"。[29] 也就是说,如果行为人的行为同危害结果之间不存在刑法上的因果关系,那么他不应对该结果负刑事责任。研究《判语部》中的判词会发现,明清法律实践存在因果关系方面的认定和研究。

如南昌司李李映碧《人命事》[30]一词。时人童应凤的叔父生前将一处房产契卖与买受人周龙,李爱与周敬二人应童应凤的请托,向周龙请求补足钱款。双方在具体数额上产生分歧,多次协商后勉强达成一致。心有不甘的童应凤到县衙控告以求官府支持他提高价款,结果这一举动激怒周龙致使其拒绝支付已定的银两。李爱与周敬只得再到周龙家中索要,在此过程中斥责其言而无信,从而导致周龙不胜其愤、气绝身亡。审案官李映碧直言:"伯仁由我而死,讵非两人之罪案欤?"认定周龙之死与李、周二人的行为具有因果关系,判处杖刑并征埋葬银。与之类似,淳安邑宰张梅庵也在其判词《活杀父命事》[31]中用"责以伯仁由我之言,尚恕词也"之语来认定生员胡某讪笑其佃户洪继贤的行为与洪继贤羞愧难当、服毒毕命的结果之间存在因果联系。张梅庵另有《人命事》[32]一词认定船户吴寿拒绝士兵张起凤乘舟的行为与张起凤不慎落水的结果之间存在因果联系,据此判处吴寿杖刑。此外,张氏《围擒逼杀事》[33]还记叙了这样一个案例:吴甲雇佣方顺为其砍柴,方顺贪图小利窃柴四担却被吴甲搜获,吴甲一时愤怒便向官府告发,方顺得知后受到惊吓乃至卧病不起,于

㉙ 参见前引⑤,《犯罪通论》,第214页。

㉚ 参见前引⑦,《资治新书(初集)》,第321-322页。

㉛ 参见前引⑦,《资治新书(初集)》,第323页。

㉜ 参见前引⑦,《资治新书(初集)》,第327页。

㉝ 参见前引⑦,《资治新书(初集)》,第324页。

当晚死亡。张梅庵怒斥吴甲“奸人动以越控逞技”，认为方顺之死与吴甲的控告逼迫行为具有引起和被引起的关系，吴甲承担相应的刑事责任。

由上述案例可见，明清时期的判词不乏涉及刑法因果关系的内容，且因果关系是罪犯承担刑事责任的客观依据。不难发现，彼时因果关系的确认在今天看来是牵强乃至荒诞的。无论是催促还款的斥责之语、恶意的讥讽之言还是基于事实的告发行为，实在难以跟危害结果产生现代意义的因果联系[34]。此处简述两个原因：第一，明清封建社会的“无讼”观念使法律对引起争端诉讼的行为人持贬抑态度，无论是法律规定还是实践，均会对行为人作出消极评价；第二，“泛刑法化”的明清法律文化使社会中的各种问题均由刑事手段解决，因此彼时法律将民事侵权的因果关系与刑法因果关系混同。

二、刑罚学理论价值

“刑罚学”一词由刑法学者林山田于20世纪70年代首次在国内提出[35]，其是以“刑罚”的概念、目的、功能、体系、裁量和执行等方面为研究对象的一门科学，是刑法学的一个分支。《判语部》所收录的判词从性质上来说，主要是司法官员就具体案件进行审理并进行裁量的公文。作为法律动态运行的载体，判词蕴含着司法者运用刑罚处断罪犯所体现出的刑罚的目的和功能，本部分论述的刑罚学理论价值即着重于此。

(一)刑罚的目的

刑罚的目的是指国家刑事立法采用刑罚作为对付犯罪对象的强制措施及其具体适用和执行所预期实现的效果。从根本上来说，现代刑罚的目的着眼于预防犯罪，具体包括预防犯罪人重新犯罪的特殊预防和预防尚未犯罪的人实施犯罪的一般预防两个方面。[36] 封建国家注重犯罪的客观责任，主张刑罚威吓主义和报应主义，即通过严刑峻法报应罪犯同时用以威吓其他人也不敢

---

[34] 现代刑法学认为：若认定因果关系的成立，一方面，作为原因的实行行为，必须具有引起危害结果发生的实在可能性；另一方面，作为原因的危害行为，必须合乎规律地引起危害结果。由此可知，本部分所引判词中认定因果关系的理由在现代是无法成立的。

[35] 林山田认为：“刑罚学乃就刑事法学、刑事政策学与犯罪论等之观点，探讨刑事刑法理论与保安处分理论以及刑事刑罚制度与保安处分制度之规范的与经验的科学”，“刑罚学应包括刑罚理论、刑罚制度、保安处分理论和保安处分制度四个范畴”。参见林山田：《刑罚学》，台湾商务印书馆股份有限公司1983年版，第2,5页。

[36] 张明楷：《刑法学》，法律出版社2011年版，第457,459,460页。

犯罪。[37] 因此无论古代还是现代,刑罚的目的在消弭犯罪、保护社会秩序上是契合一致的。从《判语部》所汇辑的判词来看,拟定明确刑罚的判词一般都作出了一定的期望之语,体现通过刑罚实现特定的价值追求。

文太青在《席卷事》一词中对犯盗窃的罪犯拟杖刑并枷示后用"庶绿林知敛迹乎"[38]之语直接表达通过刑罚儆戒其他人的目的;南昌节推李少文在《纠劾不职官员事》一词中对玩忽职守的官员拟判城旦[39]之刑,并提出"用肃官常"[40]的期望,体现刑罚的一般预防目的;南昌司李李映碧《宪斩事》"亦足以惩其后矣"[41]之语实为借对罪犯进行刑罚来实现儆戒社会上借赌博勒诈之徒的目的。"杖而逐之,以为赝乱真之戒"[42]"杖赎以儆其后"[43]"杖……为犯上者戒"[44]"姑从薄罚,以待自新"[45]"使人惕然于祸之胎也"[46]等判词也都显示了明清时期刑罚的目的,实与现代刑法预防犯罪的目的相通。

(二)刑罚的功能

刑罚的功能是刑罚在其适用过程中所能产生的影响和发挥的作用,[47]其是一种客观存在,是刑罚目的得以实现的基础。具体来说,刑罚的功能在于威慑、安抚补偿和教育感化等方面。由于教育感化功能与刑罚预防犯罪的目的紧密联系,此部分不再赘述,而是根据明清刑罚的严酷属性分析其威吓和安抚补偿的功能。

苏州司理倪伯屏在判词《戮主惨变事》中对弑杀恩主的罪犯拟以凌迟之酷刑,怒言"犹觉罪浮于律,但恨法无可加耳"[48];倪氏的《盘获妇女事》一词以凌迟之刑惩处淫烝主母的罪犯,另加"即存斩……不足谢诸人,恨法无可加

---

[37] 赵秉志主编:《刑罚总论问题探索》,法律出版社2003年版,第9页。
[38] 参见前引⑦,《资治新书(初集)》,第395页。
[39] 秦汉刑罚名。《判语部》收录判词中多见此种古称,是司法官员行文的一种习惯。
[40] 参见前引⑦,《资治新书(初集)》,第449页。
[41] 参见前引⑦,《资治新书(初集)》,第466页。
[42] 参见前引⑦,《资治新书(初集)》,第486页,赵松涛:《烧丹惑众事》。
[43] 参见前引⑦,《资治新书(初集)》,第487页,李映碧:《忤杀事》。
[44] 参见前引⑦,《资治新书(初集)》,第489页,张梅庵:《逆祖杀兄灭伦大变事》。
[45] 参见前引⑦,《资治新书(初集)》,第532页,夏彝仲:《宪剪叛抄事》。
[46] 参见前引⑨,《资治新书(二集)》,第706页,文灯岩:《冒死登闻事》。
[47] 参见前引㊲,《刑罚总论问题探索》,第6页。
[48] 参见前引⑦,《资治新书(初集)》,第279页。

耳”[49]之语；南昌节推李少文《法究二命事》一词以“即立绞宗六，吾犹恨贼命之不足偿人命也”[50]之语抒发对触犯谋杀法律的罪犯的痛恨；李节推《地方打劫事》一词对严重的劫杀犯罪拟斩刑，犹言“尚有馀恨”[51]。此外，“即立斩犹恨其迟也”[52]“立枭三孽，差快人心”[53]“逃磔就绞，尚有馀憾”[54]“速决为快”[55]“即寸磔……当不为过，而法止一斩，恨无可加耳！速之为快”[56]之类的记述不绝于书。我们可以从中分析：司法官在查明案情后依照法律规定适用刑罚对罪犯予以惩治，他们在判词中使用此类表示痛恨犯罪的词句说明其希冀刑罚报应和威慑功能得到更好实现。也就是说，对犯罪的痛恶使官员主张以刑罚（通常是比较严酷的）对犯罪进行报应，同时对罪犯本身以及其他民众产生威慑的功用。

再来看刑罚的安抚、补偿功能。由于犯罪会给被害人及其亲属带来极大的痛苦和伤害，因此如果失去公力救济或者公力救济无法安抚被害人及亲属的痛苦，那么他们将会自行寻求私力解决的方式，从而破坏国家试图通过法律建立起来的稳定统治秩序。司法官深知这一利害关系，基于此他们会在审案断狱的过程中对被害人及其亲属予以关照，例如：

溆水县令盛柯亭《急典男命事》一词对触犯殴杀的罪犯拟以绞刑，盛柯亭在判词结尾道：“按律绞抵，庶慰幽魂”[57]；赵五弦在判词《恤刑事》结尾用“各照原拟，以慰幽魂”[58]之句表明通过刑罚抚慰被害人亲属；李少文《活杀男命事》一词中亦有“亟斩以酬冤魄”[59]之语抚慰惨遭盗贼杀害的被害人父亲；歙县令倪三澜《强奸杀命事》“斩抵以慰贞魂，断断非枉”[60]之句同样如此。

判词中向罪犯“征烧埋银”的刑罚方式直接体现了刑罚的补偿功能，司法

[49] 参见前引⑦，《资治新书（初集）》，第412页。
[50] 参见前引⑦，《资治新书（初集）》，第289页。
[51] 参见前引⑦，《资治新书（初集）》，第363页。
[52] 参见前引⑦，《资治新书（初集）》，第291页，李少文：《杀死官兵事》。
[53] 参见前引⑦，《资治新书（初集）》，第371页，孙沂水：《缉拿强盗事》。
[54] 参见前引⑦，《资治新书（初集）》，第424页，傅野倩：《打死叔命事》。
[55] 参见前引⑦，《资治新书（初集）》，第425页，秦瑞寰：《人命事》。
[56] 参见前引⑦，《资治新书（初集）》，第428页，张樵民：《活杀祖母事》。
[57] 参见前引⑦，《资治新书（初集）》，第304页。
[58] 参见前引⑦，《资治新书（初集）》，第309页。
[59] 参见前引⑦，《资治新书（初集）》，第363页。
[60] 参见前引⑦，《资治新书（初集）》，第427页。

官通过这一刑罚弥补被害人亲属遭受的损失。李少文《奸杀二命事》[61]、李映碧《人命事》[62]、张梅庵《围擒逼杀事》[63]、杭州司李纪子湘《吴若稽案》[64]等判词中均有类似的词句。

三、泛刑法化的法学价值分析

法律史学界关于中华法系有“诸法合体,民刑不分”的特征归纳,这一观点多遭质疑与修正。[65] 笔者无意对这种特征进行分析论证,但从《判语部》中700余则判词来看,明清法律作为古代法律的一部分或者说集大成部分,其在实践中的法学价值取向以“泛刑法化”归纳应为允当。所谓泛刑法化,即是将社会中各种法律关系均纳入刑法的调整范围,运用刑事手段解决社会中的各种问题。前文所论述的法学价值集中在刑法领域,其原因就在于:所有在现代法学视野下属于民事、行政法调整的法律对象均是以刑法处理的。

首先,婚姻、坟墓、钱债等民事类案件的泛刑法化。《判语部》的“婚姻”“继嗣”“抚孤”“坟墓”“田产”“争殴”等门类收录了具有民事性质的案件,法律史研究者一般将此称之为户婚田土类案件。对这类民事纠纷,司法官很多作出了刑事处罚以定分止争,例如:

丽水县尹方部村用杖刑处断罗孚中强娶民女阿绣一案[66];建昌邑宰米子来对民间赖婚案件的当事人处以杖刑[67];太平二守沈惠孺针对刁民蒋文如争夺宗祧遗产的行为处以杖刑仍觉较轻[68];绍兴太守纪光甫对庠士郭凤仪阻挠平民徐寿葬妻选坟一案“重杖示惩”[69];金华司李李郸园对蒋氏兄弟争祖产一杖以断葛藤[70]。

诚然,《判语部》所见判词并非均对户婚田土案件以刑罚处理,还有很多

---

[61] 参见前引⑦,《资治新书(初集)》,第320-321页。

[62] 参见前引⑦,《资治新书(初集)》,第321-322页。

[63] 参见前引⑦,《资治新书(初集)》,第324页。

[64] 参见前引⑨,《资治新书(二集)》,第552页。

[65] 详见杨一凡:《中华法系研究中的一个重大误区:“诸法合体、民刑不分”说质疑》,载《中国社会科学》2002年第6期。

[66] 参见前引⑨,《资治新书(二集)》,第744页,《劫女奇变事》。

[67] 参见前引⑨,《资治新书(二集)》,第749页,《谋割大变事》。

[68] 参见前引⑦,《资治新书(初集)》,第511页,《亲剿烙诈事》。

[69] 参见前引⑨,《资治新书(二集)》,第768-769页,《法斩大患事》。

[70] 参见前引⑨,《资治新书(二集)》,第779页,《屠儒事》。

是通过劝谕教导手段解决的。所谓“民间户婚、田土、斗殴相争一切小事，须要经本里老人里甲断决，若系奸盗、诈伪、人命重事，方许赴官陈告”[71]的规定将大部分户婚田土案件交由家族法管辖，其余的一般初审衙门都可以判结。

其次，民事侵权类案件的泛刑法化。这类案件集中在《判语部》“人命·威逼”类目中出现，其实质是以刑事手段处理民事侵权引起的纠纷。如浙江臬宪毛圣临《惨杀兄命事》[72]一词所载即是明证：郑于田因桑文郎辱骂愤而自尽，文郎因此被重杖且被征埋葬银二十两。淳安邑宰张梅庵《急究人命事》[73]所涉案情为：乡民周其山与族人纠举窃麦行为，搜查到村民洪充家里时产生怀疑，致使洪充幼女惊慌疾跑，不慎坠入池塘毕命，周其山因此被判杖刑且须支付洪充埋葬银。这也是“混淆”民事侵权与刑事犯罪的典型判词。此外，前文论述“因果关系的认定”一节中所引的四则案例亦能说明这个问题。

最后，“类行政案件”的泛刑法化。《判语部》之下“舞文”“误公”等门类所收录的是官员违反职责乃至严重危害社会的案件，其与现代行政案件仍有一定区别，故称“类行政案件”。举两例以供说明：南昌节推李少文《纠劾不职署官事》[74]对昏庸无为的抚州通判程某予以“拟徒褫职”的刑处；平阳司李毛锦来《截夺公文马匹事》[75]对驿站失职马夫李逢春处以杖刑。

考虑古代法律的精神实质，明清法律泛刑法化的法学价值取向并不难理解，其实为封建统治阶级意图通过法律手段全面控制社会每一方面的方式和途径。

综上，本文研究《判语部》所体现的犯罪论、刑罚学和泛刑法化的法学理论价值，所采用的是现代法学的研究维度和方法论，故而以现代法学的视角所窥见的古代法律的理论价值必然充满着不足和缺陷，我们自不必苛求太多。在这一认识的基础上还应当注意的是，对传统法制文化的借鉴吸收不应盲目地生搬硬套，而应注意到中西、古今法律文化的巨大差异。

---

[71] [明]朱元璋：《颁行〈教民榜文〉令》，载《皇明制书(卷九)》。

[72] 参见前引⑨，《资治新书(二集)》，第536－537页。

[73] 参见前引⑦，《资治新书(初集)》，第322－323页。

[74] 参见前引⑦，《资治新书(初集)》，第451－452页。

[75] 参见前引⑦，《资治新书(二集)》，第695－696页。

Study on Theoretical Value in New Book of Reference for Governance · the Part about Court Verdict

Abstract: Li Yu's New Book of Reference for Governance · the Part about Court Verdict is a compilation which includes more than 700 verdicts made by officers in Ming and Qing Dynasties, it fully reflects the state of the Ming and Qing legal practice. Theoretical value law administrates the actual operation of the law, the theory can be summarized by study concluded legal practice. From the verdicts in New Book of Reference for Governance · the Part about Court Verdict, the criminology theory and the penology theory and the theory of Criminalization can be summarized. Analysis by modern law system, we can get theoretical value about the practice of law in Ming and Qing Dynasties such as: Crime Subjective Assumption, exclude the subject of crime, identify causality in Criminal Law, the purpose of punishment, the penalty function, Criminalization of civil and administrative cases. The theoretical research results in that period should be recognized soberly. It has a fundamental difference between the modern legal theory. The traditional cultural values of the rule of law should be referenced wisely.

Key words: New Book of Reference for Governance · the Part about Court Verdict; Causality in Criminal Law; Exclusion of the Subject of Crime; Penalty Function; Criminalization

（梁振文　刘海玲）

论欧盟加入《欧洲人权公约》的历史流变与制度前景

陆 平*

摘 要:《欧洲人权公约》和欧盟建立起了两套不同的人权保护机制。《欧洲人权公约》依托公约的成员国所赋予的强制管辖权,在欧洲人权保护方面发挥了强大的作用。在欧盟体系内部,欧盟法院出于维护权威的需要而将人权保护纳入其管辖的范围。在欧洲人权法院与欧盟法院的关系上,欧盟法院有对欧洲人权法院观点的援引与《欧洲人权公约》条款的参照,但也发生过法律解释的冲突。在制度设计上,随着《里斯本条约》的生效以及欧盟显示出加入《欧洲人权公约》的强烈意愿,欧盟加入《欧洲人权公约》缺乏法律依据这一根本制度障碍已经排除。至此,欧洲的两套不同人权保护机制在近些年的司法实践中使得人权保护趋于一体化与标准化。

关键词:人权保护机制 《欧洲人权公约》 欧洲人权法院 欧盟法院

一、《欧洲人权公约》建立起的人权保护机制

欧洲人权保护体系是欧洲委员会①的主要组成部分及其存在的主要原因。委员会由十个致力于保护个人自由和民主的西欧国家于1949年成立,属于区域性政府间组织。委员会的人权体系始于1950年11月4日通过的《欧洲保护人权和基本自由公约》(简称《欧洲人权公约》)。公约保障某些核心的

---

* **作者简介**:陆平(1993—),女,吉林长春人,南京大学法学院暨南京大学—德国哥廷根大学中德法学研究所硕士研究生。

① "欧洲委员会"(Council of Europe),也有著译者译为"欧洲理事会"。但《辞海》(上海辞书出版社1999年版)和《不列颠百科全书国际中文版》(中国大百科全书出版社1999年版)均采用"欧洲委员会"的名称。

公民和政治权利并创设了监督机构。公约的十五项议定书②扩充了公约所保障的权利目录的内容,同时还修改了体制框架以监督缔约国对公约的执行和遵守情况。委员会在1961年的《欧洲社会宪章》和后来的议定书中宣告了经济和社会权利。其他具体的人权问题则是通过另外的条约来处理的③。

《欧洲人权公约》于1953年9月3日生效。只有欧洲委员会的成员国方能成为《欧洲人权公约》的缔约国(第59条第1款)。虽然《欧洲委员会章程》并没有要求其成员国批准欧洲公约,但是当时所有欧洲委员会的成员国在冷战结束前都已批准了《欧洲人权公约》。所以,欧洲委员会决定新加入的国家也必须批准公约,以此作为入会的前提条件。截至2008年年底,四十七个成员④都加入了《欧洲人权公约》。

《欧洲人权公约》所保障的权利在国内和国际层面均可得到落实⑤。对于

---

② 2013年是《欧洲人权公约》生效的第60周年,截至2013年6月,第15号议定书已经开放签署。而这些议定书主要可以分为两个种类:一种是变更公约中所规定之机关的议定书,另一种是增加公约所保护之权利范围的议定书。就前者而言,其必须要经过所有成员国一致性的批准后才能生效并开始施行;而后者则无此要求,其仅在批准该议定书的成员国中生效施行。1998年11月1日生效的第11号议定书取代第2、3、8、9以及10号议定书,同时《第11号议定书》成为欧洲人权公约改革的转折点,欧洲人权保护机制开始转向人权保护实施机制的改革。第11号议定书废止了欧洲人权委员会,允许个人可以直接向欧洲人权法院提起诉讼,同时赋予欧洲人权法院强制管辖权并且改变了欧洲人权法院的结构,同时也废止了部长委员会。2010年2月18日,俄罗斯批准本议定书之后,欧洲人权公约修订的要件——欧洲委员会的全体成员国批准已达成,第14号议定书于2010年6月1日生效。

③ 这些条约有:《防止酷刑和不人道或有辱人格的待遇或处罚的欧洲公约》(1987年)、《欧洲地区性语言或少数民族语言宪章》(1992年)、《欧洲保护少数民族框架公约》(1995年)、《欧洲人权与生物医学公约》(1997年)、《关于禁止克隆人的附加议定书》(1998年)以及《打击人口贩运行动公约》(2005年)。

④ 它们分别是:阿尔巴尼亚、安道尔、亚美尼亚、奥地利、阿塞拜疆、比利时、波斯尼亚、黑塞哥维那、保加利亚、克罗地亚、塞浦路斯、捷克共和国、丹麦、爱沙尼亚、芬兰、法国、格鲁吉亚、德国、希腊、匈牙利、冰岛、爱尔兰、意大利、拉脱维亚、列支敦士登、立陶宛、卢森堡、马耳他、摩尔多瓦、荷兰、挪威、波兰、葡萄牙、罗马尼亚、俄罗斯联邦、圣马利诺、斯洛伐克、斯洛文尼亚、西班牙、瑞典、瑞士、前南斯拉夫马其顿共和国、土耳其、乌克兰、英国等。

⑤ 关于国际法与国内法关系的传统理论,即一元论与二元论。一元论主张国际法和国内法是同一法律体系的组成部分;二元论主张国际法和国内法是两个独立的法律体系,一个独立于另一个而存在。但在实践中,这种区分是相对的。主张一元论的国家对国际条约的适用也不都是绝对采用纳入或采纳的方式;而主张二元论的国家也并不是不加区别地仅采用转化的方式来处理国际法与国内法的关系。

一部分缔约国来说,公约享有国内法的地位⑥。在这些国家里,国内法院可以将《欧洲人权公约》当作法律来援引,而公约则创设了可由个人直接行使的各种权利。在公约不享有国内法地位的国家中,除非现有的国内法已经确保了对类似权利的保护⑦,否则需要有实施性的法律去落实公约所保障的权利。在这些国家,为了尽可能地避免违反《欧洲人权公约》,国内法院也常常会依赖公约来解释和适用国内法⑧。只有当国内法没有对侵犯《欧洲人权公约》的事件提供足够的救济时,人们才会求助于欧洲法院。这条原则源于包含《欧洲人权公约》在内的所有人权条约的要求,即:在援引国际救济之前,必须先用尽现有的国内救济措施(公约第 35 条第 1 款)。从更广泛的意义上讲,它也可以说源自于辅助性原则⑨。

欧洲人权公约建立了一个完善的监督和保护人权的机制,不论是国家还是个人,只要认为其由公约保障的权利受到侵害,如果用尽了国内的法律补偿程序,均可提出申诉。通过法院的判决,欧洲人权公约效力高于代表国家主权的法律,成为真正的欧洲人权宪法。除了公约制度范围之外,法院的判例法具有重大影响。欧盟法院借鉴和援引《欧洲人权公约》和欧洲人权法院的判例;美洲人权法院在判决中也经常援引欧洲人权法院的判例。

二、欧盟(欧共体)建立起的人权保护机制

欧盟内部对人权保护的发展历程有非常详细的文件纪录⑩。由于欧洲联盟的经济本质,人权起初并不是其关注的领域。设立欧洲三个共同体的条约,创设了一系列的机构,其中包括欧洲法院;这三个共同体后来合并成为欧洲共同体(即:现在的欧盟)。欧盟是区别于欧洲委员会的超国家组织,而欧洲法院则被赋予了确保解释和适用这些作为基础条约的法律得到遵守的职责。然

---

⑥ See generally, *A. Drzemczewaki*, *European human rights convention in domestic law: A Comparative study*(1983).

⑦ See J. P. Gardner(ed.), *Aspects of incorporation of the european convention of human rights into domestic law*(1993).

⑧ See Buergenthal, *Self – Executing and Non – Self – Executing Treaties in national and international law*, 234 Recueil des Cours303, 359(1992).

⑨ See Petzold, *The Convention and the Principle of subsidiarity*, in Macdonald et al., supra, at 41; Shelton, *Subsidiarity, democracy and human rights*, in Broadening the Frontiers of human rights.

⑩ 见 P. Alston, the EU and Human Right(Oxford, 1999).

而,这些条约仅包含了极少的人权保障条款。随着欧洲三个共同体(尤其是欧洲经济共同体)的作用和权力的扩大,立法和行政活动日益影响到个人和公司的权利。虽然欧洲经济共同体成员国的国内宪法和《欧洲人权公约》规定了保护这些权利不受国家行为的干涉,但是创设欧洲三个共同体的条约并没有设立防止共同体机构侵犯这些权利的一个平行的保护制度。由于此类机构的超国家性质,它们也就不受成员国国内宪法的约束,所以就存在这样一个风险,即:它们可能剥夺个人和公司的那些受其国内法和《欧洲人权公约》保障的人权,而缺乏针对这类行为的任何补救措施。

1964 年,欧洲法院在一个案件中阐明了共同体法律较成员国的国内法处于至上的地位⑪,但这一"至上主义"受到了某些成员国以宪法为由的抵制。在受到来自不同国内法院的挑战之后,欧洲法院通过一系列的案件作出裁定,认为:个人的基本权利记载于受法院保护的共同体法律的一般原则当中,而这些基本权利构成了受益于成员国宪法传统的共同体法律的一部分⑫。

"Nold" 案⑬是直接参考了各成员国所签订的国际条约或者各成员国所共同参与的法律框架内沿用的一些指导原则的第一案。参考各成员国所参与的国际协定而并不明确参考《欧洲人权公约》的必要性在于当时法国尚未批准《欧洲人权公约》。在"Rutili"案⑭中,欧洲法院下结论说:共同体法律的某项个别规定是对《欧洲人权公约》中所规定的"更为一般性的原则的一种具体体现"。"这是一番有意义的陈述,因为严格说来,对《欧洲人权公约》规定的

⑪ Case 6/64, Costa v. ENEL, [1964] ECR585.

⑫ Case29/69, Stauder v. Ulm, [1969] ECR419. Case11/70, Internationale Handelsgesellschaft [1970] ECR1125.

⑬ Case4/73, Nord v. Commission, [1974] ECR491. 在该案中,煤炭批发商诺尔德公司请求宣告委员会关于授权鲁尔(Ruhr)煤炭经销处通过某些煤炭供应限制性标准的决议无效。诺尔德公司称,这项决定影响了诺尔德公司作为直接批发商的地位,损害了企业利益及其商业活动的自由发展,危及它的生存;并且,委员会的决定是对它的歧视,侵犯了其基本权利。诺尔德公司认为,欧洲委员会的决定违反了类似于财产权的权利,以及它自由追求商业活动的权利。而这些权利受联邦德国基本法、其他成员国宪法及各种国际条约保护,尤其是受《欧洲人权公约》及该公约 1952 年 3 月 20 日议定书(即公约第一议定书)的保护。

⑭ Case36/75, Rutili, [1975] ECR1219.

承认并不是为其作出判决所必须的。”⑮在“Hauer”案⑯中，共同体法院具体引用了德国、爱尔兰和意大利的宪法规定以及欧洲人权公约，并且下结论说：该案中有争议的财产使用控制并没有超越在任何此类体制下所允许的限制条件。

1987 年的《单一欧洲文件》⑰接纳了上述观点，并明确提及了《欧洲人权公约》。1992 年的《欧洲联盟条约》（即《马斯特赫里特条约》）将人权变成了欧盟的一项义务⑱。1999 年的《阿姆斯特丹条约》正式将人权纳入其中，要求“联盟应当尊重《欧洲人权公约》所保障的那些基本权利，并将它们作为共同体法律的一般原则看待”。⑲ 所有欧盟的成员国都批准加入了《欧洲人权公约》并接受了欧洲人权法院的管辖权。

2000 年 12 月 18 日，欧盟理事会于尼斯举行的会议上颁布了《欧盟基本权利宪章》，由于成员国之间意见不一，该宪章最后并不是以条约的形式被通过的。然而，欧洲议会建议将该宪章纳入《欧洲联盟条约》，欧洲委员会同意了这个建议。《欧盟基本权利宪章》最初并无法律约束力，但是欧洲法院和欧洲初审法院在 2006 年和 2007 年的判决书中开始引述该宪章的内容⑳。为了指导宪章的解释和适用问题，允许英国和波兰对第四章（社会权利）的解释附加特殊限制，欧盟于 2007 年对宪章作出了修订，并起草了一份解释报告对此次修改作了详细的说明。《里斯本条约》吸收了修订后的《欧盟基本权利宪章》。

三、欧盟加入《欧洲人权公约》的根本制度障碍已经清除

（一）欧盟加入《欧洲人权公约》的根本制度障碍

为了加强欧洲联盟对人权的保护，并同时弥补欧洲联盟缺乏人权法律的不足，以欧洲联盟作为一个整体加入《欧洲人权公约》的对策被提了出来。

---

⑮ ［英］克莱尔·奥维等：《欧洲人权法——原则与判例》，何志鹏等译，北京大学出版社 2006 年版，第 599 页。

⑯ Case44/79，Hauer，[1979]ECR3727.

⑰ The single European Act of 1987，O. J. L. 169/1(1987).

⑱ Consolidated version of the treaty on the European union，O. J. C 321E/1(2006).

⑲ Treaty of Amsterdam，O. J. C 340/1(1997)，Art. 6.

⑳ see Unibet (London) Ltd. &Unibet(International) Ltd. V. Justiekanslern，Case C－432/05E. C. R. I－2271，para. 37.

1979年初,欧洲委员会提出该项加入建议,同时请求部长理事会在1990年发布一项正式命令,以便欧洲共同体各机构的行为受《欧洲人权公约》监督机构的控制。这项建议得到了欧洲议会的支持。㉑ 可以说这是弥补欧盟人权法律机制缺失的一条捷径。但这条路障碍重重。除了因英国等为数很少的成员国提出异议外,其根本原因在于缺乏欧洲联盟加入《欧洲人权公约》的法律依据。在当时的法律框架下,欧洲联盟不同于欧洲共同体。根据《欧洲共同体条约》第281条(原第210条)的规定,欧洲共同体具有法律人格。据此,欧共体在两个领域拥有对外缔结条约的权利。第113条(原第113条)规定,欧共体在共同商业政策领域具有缔结国际协定的权利。第310条(原第238条)规定,共同体有权缔结"联系协定"。

通过ERTA案㉒,欧共体拥有了在共同商业政策之外的领域缔结国际协定的权利。在ERTA案中,欧洲法院认为,共同体除条约赋予的权利,即制定共同体内措施的内部权能外,还具有外部权能,它有权在条约规定的与共同体内部权能相对的全部领域缔结国际协定。但是共同体的权力仍是受条约限制的。

1996年4月欧洲法院在关于共同体加入《欧洲人权公约》的意见㉓中强调,依据《欧洲共同体条约》第5条(原第3b条)的规定,共同体应在条约赋予它的权力与制定其的目标行事,共同体仅具有条约所赋予的权力。法院指出,基本权利构成法院确保应遵行的一般法律原则的组成部分。为此,法院应从成员国的宪法传统,以及成员国合作签署或它们作为签署者签署的国际人权保护条约所提供的准则中汲取启发。在这一点上,《欧洲人权公约》有着特殊的意义。因而尊重人权是共同体法令合法的条件。但是,加入《欧洲人权公约》将使共同体进入一个性质截然不同的制度体系中,该公约的全部条款也将并入共同体法律制度中,因此,将导致现存的共同体人权保护体制的实质改变。而共同体人权保护体制的这种变化只可能通过《欧洲共同体条约》的修改才能达到。由于共同体法律现依然有效,因此,共同体没有加入《欧洲人权

㉑ Peter R. Baehr, The Role of Human Right in Foreign Policy, p. 110.

㉒ Case22/70, Commission v. Council[1971]ECR263.

㉓ Opinion2/94, Accession by the Community to the European Convention on Human Right, [1996]ECRI-1795.

公约》的权能。[24] 据此，具有法律人格的欧共体，并无作为一个整体对外缔结国际人权条约的权力。与欧共体不同，欧盟是否具有法律人格在《里斯本条约》修订以前一直处于争论的状态，它的对外关系权能界定也相对模糊。如果要改变这种状况，必须修改《欧洲联盟条约》，明确赋予欧盟法律人格，否则欧盟加入《欧洲人权公约》将是对欧盟基础条约的违反。

（二）《里斯本条约》赋予明确的法律依据

《里斯本条约》明确规定欧盟享有法律人格[25]，从而结束了此等人格长期处于模棱两可的状态，同时，欧盟法学界和国际法学界由此引起的争论可以休矣。[26] 值得注意和观察的是，《欧盟运行条约》第335条继续保留了原《欧洲共同体条约》第282条关于法律人格的规定，所不同的是此等人格的主体由原来的"欧共体"改为现在的"欧盟"。据此可以推定，自《里斯本条约》生效之日起，欧共体的法律人格由欧盟取代。这可以从经《里斯本条约》修订的《欧洲联盟条约》第1条的规定中得到进一步证明："本联盟应取代和继承欧洲共同体。"

欧盟加入《欧洲人权公约》的问题在经历了长期的争议后，《欧洲宪法条约》和《里斯本条约》先后给予了肯定答复。《里斯本条约》生效后的新《欧洲联盟条约》第6(2)条明确规定："欧盟应加入《欧洲人权公约》。此加入不应影响基础条约所界定之欧盟权能。"[27]同时，相关的第8号议定书特别就欧盟加入《欧洲人权公约》的问题作了进一步规定[28]。此外，《欧洲联盟运行条约》

㉔ Elspeth guild & guillaume lesieur, *the European court of justice on the European convention on human right*, Kluwer law international, 1998, pp. 88－90. 还可参见 john tillotson, *European community law: taxt, case&materials (2nd edition)*, cavendish publishing limited, 1996, p. 210.

㉕ See 2008 consolidated version of the treaty on the European union, art. 47; consolidated version of the treaty on the functioning of the European union, art. 335.

㉖ 曾令良：《〈里斯本条约〉后欧盟对外关系权能的变化——以法律为视角》，载《湘潭大学学报(哲学社会科学版)》2001年第2期。

㉗ See consolidated version of the treaty on European union [2008] OJ C115/13, Art. 6 (2).

㉘ See protocol (no 8) relating to article 6(2) of the treaty on european union on the accession of the union to the European convention on the protection of human rights and fundamental freedoms [2008] OJ C115/47, Art. 218(6), (8).

第218条特别就未来欧盟加入《欧洲人权公约》的缔约程序作了单独规定㉙。在欧洲委员会方面,为了迎接欧盟的加入,2004年通过的第14号议定书㉚对《欧洲人权公约》进行了修改。其新增的第59条第2款规定:"欧盟可以加入《欧洲人权公约》。"随着第14号议定书在2010年6月1日的生效,欧洲委员会从法律上正式向欧盟敞开了大门。至于欧盟方面,随着《里斯本条约》的生效,申请加入《欧洲人权公约》的问题也逐渐被提上日程。

在瑞典担任欧盟轮值主席国期间(2009年7月—12月)制定的"斯德哥尔摩计划"将欧盟"快速"加入《欧洲人权公约》的问题作为《里斯本条约》生效后的重点,其中要求欧盟委员会将此作为"紧急事项"提交谈判提案㉛。2010年3月,欧盟委员会向欧洲理事会提交了谈判提案㉜。欧洲议会同时开始讨论该议题,并在5月通过了一份题为《关于欧盟加入《欧洲人权公约》的制度层面》的报告㉝。2010年6月4日,由欧盟各国司法部长组成的部长理事会授权欧盟委员会谈判加入协定;在此之前的5月26日,欧洲委员会下的部长委员会也授权其人权指导委员会与欧盟展开谈判。2010年7月7日,人权指导委员会与欧盟委员会正式开启欧盟加入《欧洲人权公约》的谈判工作。

欧盟加入《欧洲人权公约》这一目标制度上的复杂性是无法否认的,但欧盟加入《欧洲人权公约》这一历史进程也是无法阻挡的。对于制度设计上的复杂性问题,有学者提出欧盟加入《欧洲人权公约》的制度障碍分别是:第一,欧盟加入《欧洲人权公约》体系的范围问题。目前《欧洲人权公约》一共有15项附加议定书,其中第1、4、6、7、12、13号议定书增加了许多《欧洲人权公约》中没有规定的公民权利和政治权利,其中1998年11月1日生效的第11号议定书已经取代了第2、3、5、8、9以及10号议定书,同时第11号议定书成为欧

㉙ See consolidated version of the treaty on the functioning of the European union [2008] OJ C115/47. Art. 218(6),(8).

㉚ Protocol No. 14 to the convention for the protection of human rights and fundamental freedoms ,amending the control system of the convention, Strasbourg,13 May 2004.

㉛ EU presidency, the Stockholm programme—an open and secure Europe serving and protrcting the citiens, 17024/09, Brussels,2 december 2009,para. 2. 1.

㉜ Honor mahony,*EU bid to join human rights convention poses tricky questions*,18 march 2010,available at:www. euobeserver. com.

㉝ European parliament, report on the institutional aspects of the European union to the European convention for the protection of human rights and fundamental freedoms(2009/2241(INI)), A 7 -0144/2010,10.5.2010.

洲人权公约改革的转折点。欧盟成员国均已加入《欧洲人权公约》。第二，欧盟如何以最佳的方式确保加入符合欧盟基础条约及议定书中规定的条件。从新《欧洲联盟条约》第6(2)条的规定来看，欧盟加入《欧洲人权公约》不能扩大欧盟在人权领域的权能。而根据《关于欧盟加入《欧洲人权公约》的第8号议定书，加入协定应“确保欧盟和欧盟法的特性”，同时不应影响成员国目前在《欧洲人权公约》系统中的状态，也不应影响欧盟或其机构权能，并且应尽力维护欧洲法院在解释欧盟法方面的权威。这些条件实际上是欧洲法院对“第2/94号咨询意见”的反映。一方面，欧盟成员国始终不愿赋予欧盟以一般性的人权权能，并对欧盟权能的扩张保持高度警惕；另一方面，欧盟更担心加入《欧洲人权公约》后会丧失欧盟法体系的独立性和自治性。第三，欧盟与成员国能否以“共同被告”的身份参与欧洲人权法院的诉讼程序。欧盟加入《欧洲人权公约》的直接效应就是，欧盟机构的行为，或者成员国实施欧盟法的行为侵犯基本权利时，个人若在欧洲法院系统中无法获得权利救济，尚可以在欧洲人权法院针对欧盟机构或成员国进一步提起申诉。当出现欧盟机构和成员国的共同责任时，个人能否同时以欧盟和成员国作为被告提起申诉？又或者在成员国作为被告的申诉中涉及欧盟法问题时，欧盟可否出于维护欧盟法的需要，主动要求以“共同被告”的身份参加诉讼？第四，欧盟参加欧洲委员会机构活动的程度。《欧洲人权公约》的部分职能是在欧洲委员会的框架下运行的。尽管欧盟加入《欧洲人权公约》并不意味着同时加入欧洲委员会，但的确需要在某些方面参加欧洲委员会机构的活动。第五，欧洲法院与欧洲人权法院的关系。欧洲人权法院和欧洲法院之间目前已经出现了管辖权的冲突和协调问题㉞。

四、欧盟加入《欧洲人权公约》的制度前景

(一)欧洲人权保护机制的一体化

在目前的体制下，即欧盟加入《欧洲人权公约》之前，欧洲实质上存在着两套并行不悖的人权保护机制，即分别为欧洲委员会和欧盟框架下的人权保护机制。前者以《欧洲人权公约》体系为核心，以其司法监督机关即欧洲人权法院为典型的代表。欧盟的人权保护在欧洲一体化发展滞后，且缺乏充分的

㉞ 对于这一点，我认为不存在管辖权的冲突问题。人权保护构成欧盟的一般法律原则，从而欧盟法院享有管辖权是具有争议的。

条约基础,但欧洲法院一直在事实上扮演者"人权法院"的职能。所有欧盟的成员国均已加入《欧洲人权公约》,而《欧洲人权公约》中设定的人权保护标准显然高于欧洲法院所保护的人权标准。这在多年来一直招致欧盟成员国的不满。

而欧盟作为整体加入欧洲人权公约后,使得"双速欧洲"的状态变为"单速欧洲"的状态,从而融合了欧洲人权保护的两大体系。在欧洲法院的意见2/13中认为,这样一种法律体系的构建是根据欧盟运行条约第2条的原则建立在一个成员国与所有其他的成员国对于同样的价值的认可的基础上的。㉟但是根据《欧洲联盟运行条约》第3条的规定,对于货物贸易,服务贸易,资本交易,迁徙自由,联盟公民资格,自由权的范围、安全以及其他如竞争政策的法律是欧盟最基础的目标。在这些领域当中属于欧盟自身事务领域的事务由欧盟随着欧洲一体化的进程来逐渐实现。㊱

(二)欧洲人权保护机制的标准化

由于在欧盟所确定的人权保护体系下,并没有明确的人权保护标准。甚至是界定颇为模糊的人权保护标准。而《欧洲人权公约》所确定的是一个详细、有具体范围和受保护人权类型的法律。因此,欧盟加入《欧洲人权公约》后,欧盟各成员国的人权保护趋于标准化。标准化还意味着一致化,即平等原则可以在人权法律领域更好地被利用。

On the Course of History and Prospect of Institution of EU's Joining in the European Convention on Human Rights

Abstract: "The European Convention on Human Rights" and the EU established two different sets of human rights protection mechanisms. "The European Convention on Human Rights," relying on the compulsory jurisdiction of the Mem-

㉟ Gutachten nach Art. 218 Abs. 11 AEUV – Entwurf eines internationalen Übereinkommens – Beitritt der Europäschen Konwention zum Schutz der Menschenrechte und Grundfreiheit – Vereinbarkeit des Entwurfs mit dem EU – Vertrag und dem AEU – Vertrag. 第168段(欧洲法院2013年第2号意见书)。

㊱ 前引欧洲法院2013年第2号意见书,第172段。

ber States conferred by the Convention, has played a powerful role in the protection of human rights in Europe. System within the EU, the authority of the European Court of need for maintenance and The human rights protection into the scope of its jurisdiction. In the relationship between the European Court of Human Rights and the European Court of Justice, the European Court of Justice has reference to the European Court of Human Rights quoted the views of "the European Convention on Human Rights" clause, but it also occurred in the legal interpretation of the conflict. In the design of the system, with the entry into force of the "Lisbon Treaty" and the EU shows that adding "the European Convention on Human Rights," the strong will to join the EU lacks "the European Convention on Human Rights," the legal basis has been ruled out of this fundamental system disorder. So far, two different sets of human rights protection mechanisms in Europe in recent years, judicial practice tends to make human rights protection Integration and Standardization.

Key words: Human Rights Protection Mechanisms the European Convention on Human Rights; European Court of Human Rights; European Court of Justice

（张小虎）

司法理论

Judicial Theory

专家辅助人意见的性质定位与效力考量

——以若干案例为分析线索

马欢欢*

摘　要:专家辅助人制度的确立与实施不仅有利于维护当事人的合法权利,而且也有助于保障法官在专门性问题上获得正确的认识与判断,但由于立法对此规定得相当简略,尤其是对家辅助人意见性质、专家辅助人诉讼地位等基础性问题未作出明确规定,一定程度上影响了专家辅助人意见价值的发挥和诉讼结果的公正。本文以司法实践中的案例为分析线索,从专家辅助人制度运行现状出发,探究其运行无序的原因所在。首先,厘清了专家辅助人意见性质认定的前提——专家辅助人独立的诉讼地位;其次,从正反两个方面论证了专家辅助人意见的性质——重要参考;最后,鉴于我国目前的诉讼制度未对专家辅助人意见的形成作出程序性或实体性要求,为防止其运行过程中出现异化,以专家辅助人参与法庭质证的效果为中心,探讨其意见对鉴定意见、法庭、当事人以及本身产生的效力,来防范专家辅助人意见出具的随意性和法官自由裁量的宽泛性。

关键词:专家辅助人意见　案例　性质　效力

一、运行异化:司法实践遭遇专业困境的解决尝试

在司法实践中,虽然出现所谓的各省市在专家辅助人适用上的"第一例",但就其真正的制度意义而言,仅具有形式上的创新意义,其在制度意义上的创新并不明显,况且专家辅助人制度运行处于无序的状态。

---

* **作者简介:**马欢欢(1987—),女,山东定陶人,泰宁县人民法院生态环境审判庭助理审判员。

(一) 专家辅助人与鉴定人的混淆

在一些专家辅助人案件中,专家辅助人出庭仅仅是对鉴定意见进行解释与说明,实质上替代了应当出庭的鉴定人。

以一起非法经营烟草制品案为例:2013 年 4 月,山东莱阳法院在审理一起非法经营烟草制品案过程中,辩护人对于检验报告提出异议和质疑:检验单位的资质、检验的方式,认定为烤烟烟丝的依据及认定的价格。针对以上情况,市检察院向法院申请烟草专卖局人员出庭就相关专业知识作出说明。从检察院作为公诉方申请专家的必要性来看,该案不需要申请什么专家辅助人,需要申请的却是鉴定人出庭对检验报告的科学性予以说明、解释或者接受询问。因为当事人对作为鉴定意见的检验报告有异议,按照《刑事诉讼法》187 条第 3 款的规定①属于申请鉴定人出庭作证的情形,这种使用专家辅助人的案例就其实质而言,是鉴定人与专家辅助人的混淆,属于对专家辅助人的误识。

(二) 专家辅助人意见不受法庭重视

在专家辅助人处于跟鉴定人完全不对等的状态下,专家辅助人尽管有机会跟鉴定人进行质证,但其意见性质及效力不明,得不到法庭的重视,不能对审判结果产生实质上的影响,势必使得整个质证过程流于形式化,这一点在一些案件的判决书中有所反映。

以“安徽黄山案”为例②:在专家辅助人的报告中,最具有分量的是“有关‘冻死’尸体现象的说明”一节。它对鉴定报告中反映的“寒冷”因素致死的几个尸体现象进行了分析和辩驳。对于鉴定意见,法官作为外行人存在理解上的困难,特别是在与专家辅助人意见不一致之时,困难更为明显。在本案中,这一点清楚地反映出来。在法院的二审判决书中,关于被害人死因的判断仅仅寥寥数字,既没有针对不同鉴定人的二次鉴定意见作证据的采纳分析,也没有针对鉴定人的意见与专家辅助人的意见之间的分歧作出采信的阐释,存在

① 《刑事诉讼法》第 187 条第 3 款规定:“公诉人、当事人或者辩护人、诉讼代理人对鉴定意见有异议,人民法院认为鉴定人有必要出庭的,鉴定人应当出庭作证。经人民法院通知,鉴定人拒不出庭作证的,鉴定意见不得作为定案的根据。”

② 2013 年 4 月 16 日,安徽黄山民警涉嫌刑讯逼供导致熊军死亡案,该案二审中,在安徽省检察院和最高检的法医曾作出前后并不一致的鉴定结果的情形下,辩护人申请专家辅助人出庭质证鉴定意见。

逃避在判决书中展示自己心证过程的嫌疑,有违审判公开的基本含义[③]。因此,很难说,法官对鉴定意见有一种正确的判断。

二、问题检视:专家辅助人制度运行无序的成因分析

新《刑事诉讼法》和《民事诉讼法》增设的"有专门知识的人"规定设立专家辅助人制度,但在整个法律中仅规定一条或一款,与鉴定制度相比,其内容不仅相当简略,而且过于原则,导致这一制度在实践运行中遇到诸多法律依据上的障碍。当事人和法官在运用专家辅助人的时候,如果缺乏明确有效的指引,无疑增加了诉讼的不规范性,不利于专家辅助人制度在我国的推行。[④]

(一)缺乏明确有效的指引

对于专家辅助人的诉讼地位与意见性质,新《刑事诉讼法》并没有作出明确的规定。在《最高人民法院关于适用〈中华人民共和国刑事诉讼法〉的解释》(以下简称《司法解释》)中,有 8 个条文将证人、鉴定人、有专门知识的人作并排列举,并规定了共同适用的大量规则。[⑤] 这既说明了专家辅助人和证人、鉴定人是不同的,也说明了这三者有共性。而对于其意见性质,《司法解释》还存在着前后矛盾之嫌:其中,第 239 条将专家辅助人意见解读为证言、意见。但最高人民法院黄尔梅副院长在介绍新司法解释时曾明确指出,专家辅助人意见是一种类似于鉴定意见的主观判断,但其不具有鉴定意见的形式要件,所以不属于鉴定意见的范畴;所发表的意见是就案件所涉及专门性问题进行评论、判断,而不是就案件的客观事实进行陈述,所以也不属于证人证言。[⑥] 由于立法规定得相当简略,尤其是新《刑事诉讼法》规定的"适用鉴定人的有关规定",极易使人们对专家辅助人诉讼地位、意见性质的认识与理解产生歧义。再加上立法机关对该条款解释为"主要是为了解决其出庭的诉讼

---

③ 详见安徽省马鞍山市中级人民法院(2013)马刑终字第 00051 号刑事判决书。

④ 肖海霞:《困境与出路:我国民事诉讼专家辅助人制度之实证分析》,全国法院第 25 届学术讨论会论文。

⑤ 分别是《司法解释》第 180、182、184、185、213、215、216、239 条。

⑥ 黄尔梅:《准确把握立法精神 确保法律正确实施——最高人民法院刑事诉讼法司法解释稿简介》,载卞建林,谭世贵:《新刑事诉讼法的理解与实施》,中国人民公安大学出版社 2013 年版,第 14 页。

地位等程序性问题，"如回避、询问等问题。⑦ 这些类似立法解释不仅加深了理论界和实践界对此不同理解与认识的程度，而且在适用上还陷入矛盾之中甚至卷入无所适从的两难境地。⑧ 此外，由于专家辅助人制度的实施集中在审判阶段，尽管《民事诉讼法》未像《刑事诉讼法》一样将其规定在审判程序中，但因民事诉讼作为法院审判的操作规程，在"证据"一章对此进行规定也是限于审判程序，是否能够扩大或者延伸其适用的空间值得探讨。

（二）法官对专家辅助人制度的认知差异

胡铭教授调查同样显示⑨，法官、律师和鉴定人对专家辅助人在法庭上的角色的认识是模糊的，专家辅助人的角色徘徊在鉴定人、证人、辩护人和其他诉讼参与人之间。同样关于专家辅助人意见的法律属性，法官们也没有形成共识，这和立法上的模糊定位是相对应的。在这里，笔者着重分析一下法官对专家辅助人诉讼地位与意见属性的看法，调查中有 48% 的法官认为专家辅助人的诉讼地位类似鉴定人，这种认知不得不说是受《司法解释》的影响（见图 1）。而关于意见属性，"仅作为一种质证方式"与"鉴定意见"分别占 33%、31%，这两者所占的比重均衡（见图 2）。

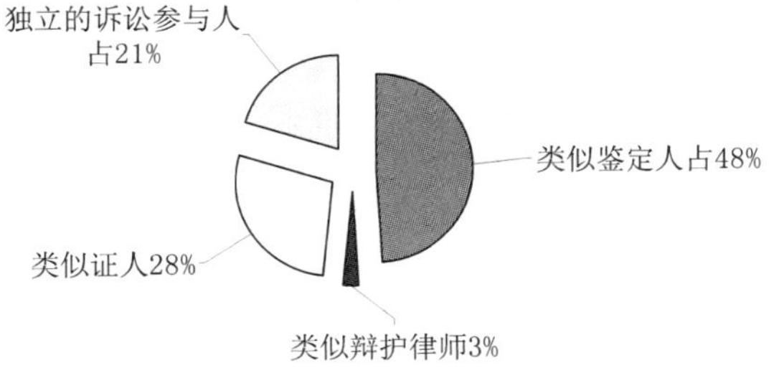

图 1　法官对专家辅助人诉讼地位的认知

---

⑦ 王尚新，李寿伟：《〈关于修改刑事诉讼法的决定〉解释与适用》，人民法院出版社 2012 年版，第 192 页。

⑧ 郎胜：《中华人民共和国刑事诉讼法释义》，法律出版社 2012 年版，第 417 页。

⑨ 胡铭（浙江大学法学院教授）于 2013 年 8 月—10 月间，针对浙江省的法官、律师、鉴定人及其他法律职业进行了一项关于鉴定人和专家辅助人制度的问卷调查，被调查人中法官 156 人，律师 211 人，鉴定人 146 人，其他 48 人，未选职业的 3 人。

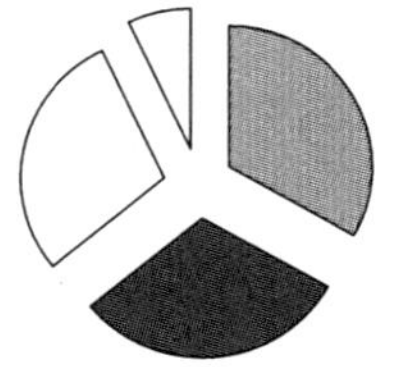

图2　法官对专家辅助人意见性质的认知

(三)法官的认知差异引起适用上的不同

由于我国法律没有明确的界定,使得专家辅助人处于一种模糊身份的状态,其意见属性更是存在证据与非证据的严重分歧,司法实践中则开始了摸着石头过河的尝试。⑩ 笔者以"专家辅助人"为关键词,审理时间设置为2013年—2015年,在中国法院裁判文书库中进行检索,最后共获得有效案例46个,其中包含刑事、民事及行政案例(见图3)。可见,专家辅助人主要出现在民事诉讼中,其中医疗纠纷占据的比重较大。

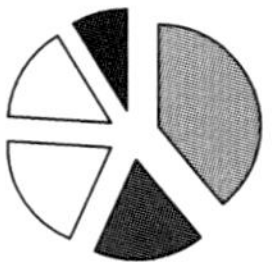

图3　案件类型

为进一步探究,专家辅助人意见在诉讼中究竟发挥了怎样的作用,笔者对上述46个案例进行统计分析,发现这46个案例中共出现了专家辅助人57人,其意见发挥作用的方式主要体现在以下方面(见图4):(1)就鉴定意见发

⑩ 胡铭:《专家辅助人:模糊身份与证据短缺——以新〈刑事诉讼法〉司法解释为中心》,载《法学论坛》2014年第1期,第47页。

表看法，占比14%；(2)就分析报告、问题说明等其他专家意见发表看法，占比23%；(3)单独就专门性问题发表意见，占比达63%。以上46个案件均在判决书中提及专家意见情况，对于定性主要存在两种意见：一是重要参考，二是证据，可见法官对专家辅助人意见的性质认定并非是统一的。另外，一半以上的专家辅助人意见的提出没有以鉴定意见为依托，这与上文反映的实践中专家咨询主要集中在民事诉讼中这一司法现象相呼应，因为有些民事案件中并不会涉及鉴定意见。

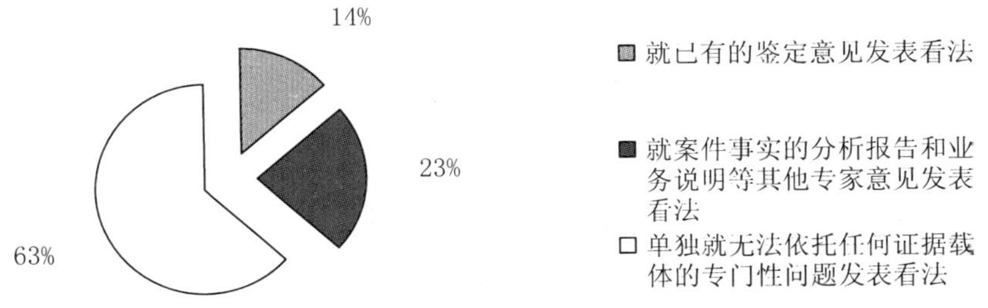

图4　专家辅助人意见发挥作用的方式

三、先决问题：专家辅助人的诉讼角色定位

对专家辅助人诉讼地位认识上的不同，必然会导致对专家辅助人意见的属性存在不同的看法。因此，对专家辅助人诉讼地位的界定是认定其意见属性的前提。然而，其诉讼地位的确立却需要在司法实践中需求与立法预设的制度功能之间保持融合，沟通其在诉讼中的实然性与立法的应然性之间的关系。[11] 因此，对专家辅助人的诉讼地位的思考还有必要从以下视角进行解读：

(一)法庭视角下的专家辅助人

基于我国诉讼法规定的专家辅助人由当事人申请和法庭决定的程序安排，需要从法庭或法官的视角来解读专家辅助人。法官在法庭上需要从司法公正与诉讼成本两个方面来考虑专家辅助人的诉讼地位问题。

1. 优先保障司法公正

司法实践中，如果专家辅助人提出的意见不是很复杂，法官可以理解且为双方当事人所接受，此时，专家辅助人的意见就是充分有效的。但不可否认，

---

⑪　郭华：《专家辅助人制度的中国模式》，经济科学出版社2015年版，第74页。

在实践中也存在专家辅助人意见支持不充分的情况。

以毛玉萍等操纵“上海地产”案为例。⑫ 在法庭上,当事人聘请的专家陈某是一位金融投资方面的公众人物。他在法庭上称,普通投资者并不会因成交量活跃而去买卖股票,因此,毛玉萍等人在多个账户之间频繁交易,由此产生的交投活跃,并不会影响到普通投资者的判断。但是,陈某曾多次在公开场合,以成交量活跃或成交量萎缩为由推荐投资者买入或卖出某只股票。因此,法官认为,陈某在此案中作出的专家意见是不适当的。⑬ 因此,在当事人所申请的专家辅助人意见存有分歧时,法官还需要从其他途径来甄别其可靠性,从而付出额外的成本,即当司法公正与诉讼成本存在冲突的时候,需要优先保障司法公正。

2. 兼顾诉讼成本

在诉讼成本问题上,职权主义诉讼模式下法官与专家辅助人是不平衡的,当事人对实体正义的诉求超过程序正义,以至于法官在诉讼中不惜牺牲中立性来保持司法的能动性,进而保障司法的实体公正。虽然法官对专家辅助人出庭具有决定权,但是当法官对专业知识不了解,而该专业知识又会影响到判决时,其理性选择是听取专家意见,借助由当事人付出成本由专家辅助人为法庭提供意见。这种获得信息的渠道是法庭应当为之付出的诉讼成本,而能够利用当事人申请的专家辅助人且费用由当事人支付,法庭更不应武断地加以限制,相反,有职责保障专家辅助人独立地提供有关专业问题上的信息资源。

基于司法公正与诉讼成本的考量,在专家辅助人能够客观、中立地提出意见,使得法官能够付出较少成本而获得较多有效信息的前提条件下,法官更希望专家辅助人拥有独立于当事人的诉讼地位。

(二)当事人视角下的专家辅助人

专家辅助人保障了当事人诉讼权利在技术上的平等,实现了程序上的有序对抗。但是,专家辅助人对案件中所涉及的鉴定意见或专业问题的质疑、解释与说明必须以科学为依据。

---

⑫ 2002年7月至2003年4月期间,毛玉萍等人涉嫌串谋亲友等12人,通过43个账户交叉买卖在港交所上市的上海地产股票,买卖股数27亿股,涉及金额达20.6亿港元。香港廉政公署认为,由于毛玉萍等“造市”,导致上海地产在香港交易所内交投活跃的虚假或具有误导性的现象。

⑬ 齐宁:《香港证监会专家证人初探》,载《证券法苑》2012年1期,第462页。

如浙江海盐法院受理的一起医疗损害责任纠纷案。⑭ 庭审中,被告方医院对鉴定报告提出异议,并申请两位临床主任医师作为专家辅助人出庭。两位专家从相对客观的专业角度对此次鉴定报告提出意见,同时对其专业性见解进行解释和说明,实现原被告双方在司法鉴定程序中地位和权利的平等。在该案中,专家辅助人意见使合议庭对于鉴定报告中所涉专业性问题的理解更加清晰化,对于案件事实有更为全面的把握,对于鉴定报告的最终采纳与否更为明确。

正如上文所言,引入专家辅助人制度的目的在于保障当事人诉讼权利在技术上的平等,实现程序上的有序对抗。但是,专家辅助人在提供专门知识的同时,也给当事人带来沉重的经济负担。如果当事人对专家辅助人费用的支付能力存在较大差距,就会造成当事人之间诉讼能力的差异,进而破坏公平对抗的格局。因此,为公平正义服务永远是法庭专家的工作指南,在这一原则下,我们构建了法庭专家的所有工作框架。⑮ 也就是说,专家辅助人作为相对独立的诉讼参与人,使之具有独立诉讼地位尤其具有中立性的立场,是架构专家辅助人制度所期盼的,也是维护当事人在诉讼权利上实质平等的希冀。

(三)专家视角下的专家辅助人

实践中,持有与当事人相同观点的专家辅助人更有可能被当事人聘请。这种专家提出的意见更倾向于满足当事人的要求,维护与当事人之间在专业问题上的“统一战线”。实质上,这种专家有可能会失去专家中立性的品行,在不同案件中对相似的鉴定意见或专业问题根据不同的当事人发表不同意见,最终必然被另外的当事人或专家辅助人揭露,造成专家辅助人之间专业对峙,出现“同室操戈”的现象。

“龚心如遗产案”⑯就是例证:该案的最大焦点之一就是“2006 年遗嘱”的

⑭ 2012 年 2 月,原告在医院进行剖官产术产下婴儿,后因官缩乏力导致产后出血不止,直至子宫被切除。原告诉至法院要求医院赔偿 30 余万元损失。医院对此次医疗损害申请鉴定,鉴定认为,医院在剖腹产的选择、剖腹产手术过程中的处置得当,在针对产后出血的后期治疗过程中未充分履行注意义务,存在不当。

⑮ [美]菲利普·坎德利斯等:《法庭伦理学与专家证人》,杨天潼译,中国法制出版社 2013 年版,第 46 页。

⑯ 2007 年 4 月 3 日龚如心病逝,按龚如心 2002 年定下的遗嘱,华懋慈善基金可认定为千亿财产继承者。数日后,风水师陈振聪自认是龚如心遗产的唯一继承人,表示龚如心在 2006 年重新立了遗嘱。至此,华懋基金和陈振聪均表示持有遗嘱,两份遗嘱大柞径庭,一场巨额遗产争夺战揭开了序幕。

真伪,其中遗嘱中的两名遗嘱见证人——王永详及吴崇武均否认曾在遗嘱上签名。陈振聪早前的笔记专家盖勒"倒戈",指"2006 年遗嘱"中龚心如及见证人王永祥的签名均非真实。陈振聪急忙撤换笔迹专家证人,申请加入笔迹专家保罗·韦斯特伍德力证"2006 年遗嘱"的真实,但因盖勒的"倒戈"而导致效果明显不佳。

因此,在考虑专家辅助人诉讼地位时,应当力求避免专家之间专业对峙,以及专家与当事人之间在专业问题上的"统一战线"。从专家的视角来看,对专家辅助人诉讼地位的确定给予专家保持中立性制度以及控制专家风险的程序,其诉讼地位的相对独立是不可缺少的,也是风险在程序上控制所需要的。

四、回归有序:专家辅助人意见的理论阐释与制度规制

基于以上司法实践有关专家辅助人制度运行中遭遇的困惑,即专家辅助人意见性质及效力如何,对异议的鉴定意见有何影响,尤其是就专业问题提出意见,是否有权偏离鉴定意见直接对专门性问题提出意见,以及对法官选择鉴定意见或当事人是否有拘束力等,这些问题不仅需要在理论上予以阐释,也需要在制度上予以规制,以免专家辅助人意见不被法庭回应。

(一)专家辅助人意见的性质

1. 正面解读:专家辅助人意见性质的四维考证

专家辅助人意见无论是作为理论上的弹劾证据或鉴定意见,还是作为专家证言以及其他证据类型,按照证据证明案件事实以及证据事实不属于证明对象的证据学理论,在理论上均无法作出满意的合理解释。其具体理由如下:

(1)从专家辅助人的诉讼地位来看

对专家辅助人诉讼地位认识上的不同,必然会导致对专家辅助人意见属性存在不同看法。如果将专家辅助人定位为诉讼代理人或辩护人,其意见就应与代理人意见或辩护人意见一样,不具有证据属性;如果将专家辅助人定位为鉴定人或专家证人,其意见就应当视为鉴定意见或证人证言,经查证属实后作为定案依据。正如上文笔者分析得出的结论一样,我国诉讼制度需要将专家辅助人纳入诉讼参与人的范围,赋予其独立的诉讼地位,其属于诉讼代理人、辩护人、证人及鉴定人之外独立的诉讼参与人。因此,将其意见归入上述哪类证据均有失范性的嫌疑。

(2)从专家辅助人意见的指向对象来看

专家辅助人针对的是鉴定意见或者专业问题,而非案件中的专门性问题。

以“复旦投毒案”为例[17]，2013年4月复旦大学研究生黄洋遭他人投毒后死亡。后确定黄洋的室友林森浩为犯罪嫌疑人。2014年2月18日，上海市二中院一审宣判，被告人林森浩犯故意杀人罪被判死刑。2015年1月8日，上海高院终审维持原判。庭审中，辩方的专家辅助人是仅限于对鉴定意见提出“现有证据没有支持黄洋是二甲基亚硝胺中毒致死”结论，还是可以对鉴定对象的死因得出“黄洋是爆发性乙型病毒性肝炎致急性肝坏死”，这是理论界值得研究和司法实践值得考虑的。即使是对专业问题提出意见仅仅是一种解释，也能帮助法庭对其获得正确认识，而非证明专业问题，换言之，其证明对象是鉴定意见这种法定证据而非案件事实。

（3）从专家辅助人意见的功能来看

在刑事诉讼中，一方面，专家辅助人可以从证伪的角度对鉴定意见进行质疑，旨在否定鉴定意见的证据能力或削弱其证明力，说服法官拒绝采纳鉴定意见；另一方面，专家辅助人也可以从证实的角度对鉴定意见作出进一步的解释、说明、巩固加强鉴定意见的证明力，说服法官采纳鉴定意见。[18] 相对质疑功能来讲，专家辅助人对鉴定意见的巩固功能仅仅具有补充性质。[19] 换言之，专家辅助人在刑事诉讼中提出的意见，主要功能是质疑，就整个庭审程序而言，不占据主导地位。

民事诉讼中，在没有鉴定意见的情况下，专家辅助人针对专业问题提出的意见在法庭上又将发挥怎样的功能？以厦门海沧区法院受理的因宠物狗引发的特殊赔偿案为例。[20] 2012年6月，原告夫妻领着拉布拉多犬散步，在过马路过程中，被车撞死，于是状告肇事司机，索赔84500元。庭审中，双方就宠物狗的价值存在争议。最终，法院委托公安部南京警犬研究所厦门科研教学实习基地警督李某某对涉案宠物狗价值进行鉴定，经综合考量该犬的价值定位为45000元。最终，法官采纳了专家的部分观点，认定该犬的价值为16000元。在该案中，李警督提出的意见显然不是鉴定意见，因为犬的价值可以通过专家咨询来解决，无需通过鉴定来认识。此外，法官对其意见没有完全采纳，这与

---

⑰ 王烨捷等：《复旦投毒案二审死因成控辩焦点》，载《中国青年报》2014年12月9日。

⑱ 左宁：《我国刑事专家辅助人制度基本问题论略》，载《法学杂志》2012年第12期。

⑲ 郭华：《刑事鉴定制度修改的背景、争议及解读》，载《证据科学》2012年第2期。

⑳ 陈捷，辽远：《狗被撞死索损失 厦门法院首次请专家证人出庭鉴定宠物价格》，载《海峡导报》2013年12月14日。

鉴定意见作为证据的性质也存在差异。

为此,我们不能武断地认为,只要对法官存在影响的就应当认定为证据。相反,专家辅助人意见不是证据,也不意味着对当事人和法官不能提供帮助。可见,对于法官的影响程度不是界定证据性质的判断标准。

(4)从设置专家辅助人制度的目的来看

专家辅助人不是为法庭提供证据,而是为了协助当事人双方从证伪或证实的角度来质疑或巩固鉴定意见的证据能力或证明力,进而帮助法官正确采信鉴定意见,防止法官轻信甚至盲从。例如,在"复旦投毒案"中,审判人员表示,"有专门知识的人"作出的书面意见和今天当庭的意见,属于对鉴定意见的质证意见,不能单独作为定案根据。专家辅助人意见对控辩双方和法官是否有帮助不在于它是否能作为证据,而在于它能否对法官正确采信鉴定意见有所帮助。[21] 并且,将专家辅助人意见视为证据,会与职权主义的诉讼制度相背离。

2. 反面论证:作为证据使用的困惑

有学者认为,专家辅助人当庭发表的意见仅仅可作为一种弹劾证据使用,而不能作为实质证据使用。[22] 很显然,这种专家证人可以起到'弹劾证据'的作用,专门对公诉方的鉴定意见发表质证和反驳意见,但不提供新的鉴定意见。[23] 而有的学者认为专家辅助人意见是对鉴定意见作为证据使用的信息解读,具有独立性,应当是证据。笔者认为,实质上任何证据基于功能均可作为弹劾证据,如将被告先前的供述作为翻供的弹劾证据等。这些观点属于一种理论上证据分类的方式,其本身无法将其设置的证据类型归纳到法定证据种类中,作为一种理论探讨是可行的,但作为一种制度上的规则,其意义并不显著,其所谓的新意也随之式微,其制度价值显得无关紧要。

此外,如果将专家辅助人意见定性为证据,还会出现以一个证据(专家辅助人意见)去证明另一个证据(鉴定意见)的问题。按照这样一个逻辑,作为证明鉴定意见的专家辅助人意见,是否还需要其他证据来证明?这种无限延伸的证明方式,不仅存在逻辑上的不周延,而且在实践中还有可能造成循环证

---

[21] 郭华:《司法鉴定制度与专家证人制度交叉共存论之质疑——与邵劭博士商榷》,载《法商研究》2012 年第 4 期,第 130 页。

[22] 孙长永:《论刑事证据法规范体系及其合理构建——评刑事诉讼法修正案关于证据制度的修改》,载《政法论坛》2012 年第 5 期,第 31 页。

[23] 陈瑞华:《刑事证据法学(第 2 版)》,北京大学出版社 2014 年,第 204 页。

明。从这个角度来说,立法没有将专家辅助人意见作为法定证据是有一定道理的,有利于避免证明上的循环与运行上的混乱。

基于以上分析论证,笔者认为,专家辅助人意见仅仅应当是法官甄别鉴定意见的重要参考,是影响法官自由心证的重要方法,其主要的功用在于为法官心证的形成和排除合理怀疑提供逻辑上的链接和路径上的支持,[24]立法不应赋予其证据属性更具有实用价值和制度意义。

(二)专家辅助人意见的效力

专家辅助人意见使法官能更好地对鉴定意见或其他专家意见加以认证,进而完成司法证明过程的最后环节。其对法庭产生的影响是显而易见的。那么,专家辅助人意见除了对法庭产生的影响,对委托的当事人或提出意见的专家辅助人是否也具有一定的约束力?

1. 专家辅助人意见对鉴定意见的效力

如果专家辅助人提出的意见能够否定鉴定意见的证据能力或导致鉴定意见存在疑问而无法作出合理解释的,则会影响鉴定意见不被法庭选择使用的效力,进而可能引发重新鉴定或补充鉴定。如果专家辅助人提出的意见不影响鉴定意见的实质内容,仅存在一些形式上的瑕疵,可通过补正或作出合理解释的方式维护其证据效力,但无法补正或者作出合理解释的,则会否定其证据效力。

如某市发生的一起交通事故保险纠纷案。[25] 交警大队认定李某酒驾,保险公司不予赔偿。李某家属认为其未饮酒,并找来法医专家华某,华某提出人死后也会产生酒精。在正常血液中,因糖代谢可检出乙醇;此外,尸体在室温存放过程中,由于微生物的作用也会产生乙醇。最终,检测机构接受了华某的专家意见。该案专家辅助人的意见尽管没有针对检测报告提出检测方法或手段不科学,但对依据检测报告得出酒驾的结论提出质疑,以致于这种结论不具有唯一性。

需要说明的是,法庭如果采信了专家辅助人针对鉴定意见提出的意见,仅代表该鉴定意见不能作为证据使用,并不代表专家辅助人意见必然替代鉴定

---

[24] 王戬:《"专家"参与诉讼问题研究》,载《华东政法大学学报》2012 年第 5 期,第 115 页。

[25] 王春芳:《交警大队:乙醇超标,酒驾 专家辅助人:人死后体内会产生酒精》,载《浙江法制报》2014 年 1 月 4 日。

意见成为定案根据。倘若法院没有采信专家辅助人反驳鉴定意见提出的意见,也不代表鉴定意见就能作为定案根据,还需要结合其他证据进行综合判断,不可采用“非此即彼”的简单思维。

2. 专家辅助人意见对当事人的效力

尽管专家辅助人与当事人存在委托关系,但提出意见不需要当事人特别授权,不同于诉讼代理人、辩护人。也就是说,专家辅助人在法庭上提出的意见和当事人的个人意志没有完全依附关系,对当事人当然也没有天然的约束力。专家辅助人是为了帮助当事人对专业问题进行说明,提高和保障当事人的质证能力,维护当事人在诉讼中的合法权利。当事人若不同意专家辅助人意见,有权在法庭上予以更改。司法实务部门也认为,如果当事人不同意专家辅助人的意见,可以撤销委托,或当庭表示不同意专家辅助人意见,此时就应当以当事人的意见为准。[26] 从一定意义上说,专家辅助人提出的意见,委托当事人不表示反对的即未明示不同意的,在以后的程序对当事人具有一定的约束力;对于当事人明示反对的,无论专家辅助人的意见科学与否,均对当事人没有拘束力,但对法庭的影响不受当事人约束力的限制,专家辅助人对法律问题提出意见的除外。

3. 专家辅助人意见对法庭的效力

专家辅助人在法庭上依靠专业知识或特殊经验就鉴定意见或专业问题提出自己的意见。法庭参考专家辅助人的意见决定重新鉴定还是采信鉴定意见,专家辅助人提出的意见对法庭没有当然的约束力,法庭对鉴定意见的认定或对专业问题的认识仍有决定性。但对于专家辅助人提出的意见,法官在判决书中应当予以说明,对其是否采纳作出回应,具体阐述采纳或者不采纳该意见的理由,使专家辅助人作为诉讼参与人的诉讼地位得以体现。

仍以“安徽黄山案”为例,该案的专家辅助人提出的观点对法医鉴定意见表示质疑,并给出一个不同于鉴定意见的肯定性专家意见即“心脏传导系统疾病所致猝死”,那么,专家辅助人是否应当给出确定性意见?笔者认为,其意见仅仅可以使鉴定意见存在疑问,起到不排除其他原因的可能性即可,而非一定是确定性的。因为专家辅助人意见认定熊某之死属自然死亡的结论,也可能存在依据不足的嫌疑,即使以此作为认定事实的依据同样存在质疑。

---

[26] 江必新:《最高人民法院关于适用〈中华人民共和国刑事诉讼法〉的解释理解与适用》,中国法制出版社2012年版,第219页。

笔者认为，在实践中，法庭对专家辅助人意见的采信不必像对证据采信那样慎重，不仅需要探索对专家辅助人提出的意见效力加以甄别的方法，还应当将专家辅助人出具的书面意见入卷归档，以备上级法院予以监督，更应当公开对专家辅助人提出意见采纳与否的心证与理由。

4. 专家辅助人意见对其本身的效力

由于专家辅助人系一方当事人聘请，不可避免地具有倾向性，那么专家辅助人意见对其自身有无约束力呢？实践中，通常存在这样的情况：因专家辅助人对鉴定意见进行质疑后，鉴定人有撤回鉴定意见的情形，那么专家辅助人的意见可以撤回吗？

以山东省发生的原告陈某与被告李某在村中住宅前后交错相邻纠纷案为例。㉗ 本案中，工程质量检测部门在给原告出具鉴定意见后，因被告组织人员多次到该单位闹事，其在不得已的情况下又向被告出具说明，废止其鉴定意见的效力。那么，专家辅助人在法庭提出的意见是否可以撤回？有观点认为，在诉讼中，司法鉴定是经当事人申请或法院依职权启动后，由法院向鉴定机构出具司法鉴定委托函，在鉴定机构出具鉴定意见后，该委托行为即已结束。既然委托行为已经结束，鉴定机构也就无权单方撤回。也就是说，鉴定意见一旦出具就对鉴定人或鉴定机构具有约束力，即使出具鉴定意见存在瑕疵或错误。㉘

笔者认为，就专家辅助人意见而言，因其不属于证据，不应当像作为证据的鉴定意见那样，按照证据的要求进行审查判断。但是，当这种意见对当事人有一定的影响时，专家辅助人是可以撤回的。当专家辅助人对自己提出的意见认为存在错误予以撤回的，而当事人不同意时，应当尊重专家辅助人的意见，其意见不应受当事人意志左右。

结语

在立法不明和司法存异的情况下，笔者认为，对专家辅助人制度问题的研

㉗ 周伟：《鉴定机构出具鉴定结论后能否撤回》，载《山东法制报》2009 年 3 月 27 日。早年，被告李某翻建住宅。后来，原告陈某居住房屋倒塌移位，无法居住。为此，原告以被告修建住宅未留足空间，因滴水、排水不畅导致其房屋倒塌为由诉至法院，并申请对其房屋倒塌的原因及损失进行鉴定。而后法院委托工程质量检测部门出具鉴定报告，认为原告房屋北侧排水沟标高过高，致使基础以上、窗台以下部分位于排水内使墙体受浸泡，是墙体倒塌的主要原因；相邻建筑物的雨水溅到该墙体上，对其倒塌起到催化作用。

㉘ 郭华：《专家辅助人制度的中国模式》，经济科学出版社 2014 年版，第 195 页。

究，可以着重从其存在的理论基础和实践基础入手，分析其产生的问题从而提出解决方案。本文从立法现状出发分析其不足，并结合司法实践中存在的差异，综合运用实证分析法、案例分析法及正反论证法等研究方法对专家辅助人意见的性质进行分析。继而结合实践探索经验，提出将专家辅助人意见性质定位为重要参考比较妥当，并且把视角拓宽至专家辅助意见的效力，以回应该制度在实践运用中出现的问题。

Nature and Consideration on the Effectiveness of the Expert's Opinion

——Taking Some Cases for Analytical Clues

Abstract: The establishment and implementation of the expert advisor system is not only beneficial to protect the legitimate rights of the parties, but also to ensure that the judges would obtain correct understanding and judgment on specific issues, which is conducive to the realization of judicial justice. (However, due to the relatively simple legislation, especially for the views of the family, and the status of the expert assistance, the basic issues of the legal status and other basic issues are not clearly defined, which to a certain extent, affect the value of expert advice and the justice of the proceedings. However, legislation on this system is quite simple, that stipulations about some fundamental issues, such as the nature of expert advisor's opinion and legal status of expert advisor, have not been determined yet, which might have impact on the effectiveness of opinions of expert advisor and justice of litigations to some extent. This article would explore the reasons for the disorder in the operation of the expert advisor system by starting from investigating on the current condition of the system and using cases in judicial practice as analytical clues. Firstly, the author will clarify the independent legal status of expert advisors, which would constitute the prerequisite to determine the nature of their opinion.) Secondly, the expert advisor's opinion shall be considered as important reference, by proving from pros and cons. Lastly, due to the lack of procedural or substantial requirements to form an expert advisor's opinions in current litigation system of China, the effect that expert advisor's opinion might impose on the expert opinion, the court, the parties, is worth discussing by the method of centering on the result of allowing expert advisor to attend the cross – examination procedure in court, in order to limit the scope of discretion of judges and enhance the strictness of the opinion, and prevent the system from dissimilation during its operation.

Key Words: Expert Advisor's Opinion; Case; Nature; Effect

（段　明　夏琛雨）

司法改革背景下的法官员额制改革

——以中部H省C市中级法院为样本的考察

陈建华*

摘　要:从应然视角来看,法官员额制改革具有多重价值。从实然视角来言,法官员额制改革存在一些问题与困难。通过对中部H省C市中级法院实证调研与认真分析,来剖析现实中存在一些难题。为了解决这些难题,迫切需要探寻国内外实践经验和对现实进行反思和审视,并试图确立五大原则和进行具体路径设计,以期对推进我国法官员额制改革有所裨益。

关键词:法官员额制　司法改革　原则　路径

如果根本不知道道路会导向何方,我们就不可能智慧地选择路径。

——卡多佐

2015年2月4日,最高人民法院发布《关于全面深化人民法院改革的意见》,并将其作为《人民法院第四个五年改革纲要(2014—2018)》贯彻实施。该意见明确提出了"建立法官员额制度"。在司法改革的顶层设计与基层探索之中,如何实施法官员额制改革,建立起高素质的法官队伍,受到法学界和实务界的广泛关注。本文以法官员额制为研究对象,旨在以司法改革的顶层设计和司法改革时代脉搏为导向,着眼于高素质法官队伍建设的目标,结合法官员额制改革试点和法院队伍现状的实然考察及域内外经验借鉴,探索一条符合司法规律、适合我国国情的法官队伍建设路径。

---

* **作者简介**:陈建华(1981—),男,湖南省宁远县人,"法治湖南建设与区域社会治理"协同创新中心研究人员,湘潭大学法学院·知识产权学院博士研究生,湖南省郴州市中级人民法院研究室副主任、法官。

一、应然图景:三重价值的解读

价值是制度的灵魂,制度是价值的载体和实现形式。[①] 法官员额制改革是司法改革的重要内容,它在制定之初就赋予了法官精英化的必然趋势,它是促进法官队伍正规化、专业化和职业化的必由之路,是提升法官职业的尊荣感的迫切需要。

(一)法官精英化的必然趋势

"没有一个令人信赖、素质过硬、管理科学的法官群体,提升法官待遇的措施将无法争取到全社会的认同与支持。"[②]法官精英化,为司法独立和公正创造条件,对司法公正和独立具有积极的意义。法官精英,是指"具有较强的公民意识和正义感,受过专门的法律训练并具有深厚的法庭经验、经过精心挑选的少数出类拔萃[③]"的法官。亚历山大·汉密尔顿认为:"社会上,有足够的法律知识并适合做法官的只能是极少数人。因为人类的本性已经普遍蜕变,所以能真正把廉政与知识结合起来的人可能更少。"要避免"使司法权落入那些能力低的不合格的人手中。他们不会靠法律与尊严进行执法"。[④] 当前,我国的法官素质虽然比较以前有较大的提高,但是整体上素质并不是很理想,并且"司法人员素质不高,实际上已经成为我国司法进一步改革的极大障碍。"[⑤]因此,要想使我国的司法体制得到进一步完善,通过法官员额制遴选出精英法官来从事审判工作,显得尤为必要。

(二)促进法官队伍正规化、专业化、职业化的必然路径

"法官职业化是法治国家对法官队伍建设的唯一选择。"[⑥]法官员额制改革,突出了法官主体地位,对于促进队伍专业化、职业化、正规化具有十分重要的意义。正如有学者指出,"法官员额制作为完善人员分类管理、优化人力资源配置、开启新一轮司法改革的重要突破口,其核心价值就在于推进正规化、

---

① 张杰:《政治制度承载的价值是多元的》,载《大众日报》2011年3月12日第7版。

② 何帆:《法官高薪的前提是什么》,载《人民法院报》2013年5月24日第8版。

③ 樊崇义:《诉讼原理(第2版)》,法律出版社2009年版,第460页。

④ 张建伟:《精英司法论》,载孙国栋主编,《律师文摘》,中国法制出版社2005年版,第2页。

⑤ 樊崇义:《诉讼原理(第2版)》,法律出版社2009年版,第461页。

⑥ 杜中杰:《法官职业化:通向法治的必然途径——法官职业化建设国际研讨会综述》,载《人民司法》2002年12期。

专业化、职业化的法官队伍建设。”⑦又如有学者认为，“改革首先呼唤法官队伍的职业化、专业化建设，其基本路径首选去芜存青、去伪存真地构建法官员额制度，以实现由合格法官行使裁判权，根本性重塑司法权主体。”⑧正如《人民法院第四个五年改革纲要（2014—2018）》明确指出，“建立中国特色社会主义审判权力运行体系，必须坚持以审判为中心、以法官为重心，全面推进法院人员的正规化、专业化、职业化建设，努力提升职业素养和专业水平。到2017年年底，初步建立分类科学、分工明确、结构合理和符合司法职业特点的法院人员管理制度。”⑨

（三）提升法官职业的尊荣感的迫切需要

“法官职业尊荣感是提升司法公信力的内在驱动力，树立神圣的职业尊荣感是一个自身的心理过程，也是一个向公众展现司法魅力的司法过程，更是一个维护司法公信的社会化过程。”⑩当前，我国法官职业的尊荣感低是众人皆知的现实，我们迫切需要提升法官职业的尊荣感。如何提升法官职业的尊荣感是一个值得思考的问题。“司法制度的许多细节，薪水、工作量、年龄以及法官晋升的可能，都会进入法官有意无意的思考，并影响法官的司法行为。”⑪当前，将法官员额制作为一种激励的手段，对进入法官员额制的法官给予加薪等多种待遇，确保法官享有与其身份、地位相符的尊荣，能够在一定程度上提升他们的物质和精神满足感，进而提升他们对法官职业的尊荣感。

二、实证观察：法官员额制改革背景下的调查研究

法官员额制改革“从某种程度上而言，改革实施的精准度还有赖于调查研究的精细度。找不准问题，掌握不了真数据、真情况，人云亦云，这是改革的

⑦ 元宗宝：《基层法院视角下法官员额制的现实思考》，载《人民法院报》2015年1月28日，第5版。

⑧ 李春刚：《关于司法体制改革的几个基础性问题——以人民法院司法体制改革实践为视角》，载《人民法院报》2014年10月15日，第5版。

⑨ 参见最高人民法院2015年2月4日发布的《关于全面深化人民法院改革的意见》。

⑩ 刘静，李捷：《打开司法公信力的内在驱动阀——透视贫困地区法官职业尊荣感对司法公信力的影响》，载《司法公平正义与刑事法律适用问题研究》，湖南师范大学出版社2012年版，第133页。

⑪ ［美］理查德·波斯纳：《法官如何思考》，苏力译，北京大学出版社2009年版，第3页。

大敌,也容易放大零和博弈的效用。要做真改革,必须要有真调实研。”⑫为此,笔者进行了一番实证调查与分析。

(一)法官员额制改革背景下的基本形态

笔者选取中部H省C市中级法院(被中部H省委深化改革领导小组确定为司法改革试点法院)作为研究样本。

表1 中部H省C市中级法院人员基本情况

(调查时间:2015年4月;调查地点:该院政治部)

该院实有人员(名)	其中,中央专项政法编制(名)	其中,法官总人数(名)
160	155	109

从表1可知,按照中央确定的中央专项政法编制39%的法官员额制,目前该院将会确定为60名法官,预计有49名现有法官不能保留法官资格。

表2 中部H省C市中级法院法官基本情况

(调查时间:2015年4月;调查地点:该院政治部)

法官总数(名)	审委会委员总数(名)	庭长总数(名)	副庭长总数(名)	审判员总数(名)	助理审判员(名)
109	15	12	17	40	25

从表2可知,参照其他试点做法,首先保留法官资格的一般为审委会委员、庭长、副庭长,三个级别的法官总数为44名,剩下的16名,最可能为综合部门的负责人。

---

⑫ 刘方勇,禹爱民:《让法官员额制改革聚人气接地气》,载《人民法院报》2015年2月9日,第2版。

表 3　中部 H 省 C 市中级法院综合部门法官基本情况

（调查时间：2015 年 4 月；调查地点：该院政治部）

部门名称	审判员总数（名）	助理审判员总数
政治部	3（均为负责人）；1（为非负责人）	0
审判管理办公室	3（均为负责人）；1（为非负责人）	0
纪检监察部门	2（均为负责人）	1
办公室	1（为负责人）	0
司法技术室	1（为负责人）	1（为负责人）
研究室	1（为负责人）	1（为负责人）
机关党委	1（为负责人）	0
工会	1（为负责人）	0
法官协会	1（为负责人）	0

从表 3 可知，根据笔者调研，倘若 16 名综合部门的负责人均想保留法官资格，到这一层基本上就将法官员额占满，其他的无任何职务的审判员、助理审判员均无法官员额。

（二）来自一线的调研

1. 访谈材料一：中部 H 省 C 市中级法院某研究室副主任访谈（时间：2015 年 4 月）

问：你认为法院内部对法官员额制改革的心态是什么？

答：我认为法官员额制这个“牵一发动全身”的改革，大家都颇为关注。面对这一改革，大家的心态是多元化的。譬如有的积极乐观，认为改革后职业尊荣感、经济待遇等都会提升，充满期待；有的处于观望，认为改革是法官的事情，与自己关系不大；有的畏难发愁，感觉自己的责任更大、办案压力更大；有的患得患失，认为自己肯定会失去法官的身份，终日寝食难安。

根据这一访谈，从法院内部来看，对于法官员额制改革对于大家的心态是复杂的。当前，法官员额制改革的文件大多是涉密文件，外界知之甚少，不仅仅是社会各界，就连法院内部对这一改革也存在一些片面解读，在法院内部也造成了一些思想波动和混乱，一些法院干警、青年法官对法官员额制改革的情绪比较复杂，有着一定的担心和忧虑。

2. 访谈材料二：中部 H 省 C 市中级法院某副庭长访谈（时间：2015 年 4 月）

问:你认为法官员额制改革会带来最大的影响是什么?

答:有的审判员、助理审判员尤其是一些年轻的法官(含预备法官),担心法官员额制的推行会让自己失去法官身份。

根据这一访谈,我们可以看到法官员额制改革对年轻法官的影响最大。当前,法官员额制的改革被法院内部的许多干警认为就是"减人",并且有着非常浓厚的"让年轻人靠边站"的思想氛围。如何不让法院内部人员误解,显得尤为重要,如不加以澄清,难免会积非成是,甚至造成"一些受过良好法律教育的年轻法官、法官助理以及书记员可能会因为被选任为法官的通道堵塞或者短期内无法晋升而选择离职。"⑬

3. 访谈材料三 :中部 H 省 C 市中级法院某政治部副主任访谈(时间:2015 年 4 月)

问:你认为当前法官员额制改革最应该做的是什么?

答:研究制定使办案骨干力量平稳过渡的可操作办法,确保人心稳定、工作稳定。

根据这一访谈,我们可以看到可操作性方案是法官员额制改革的一大瓶颈。正如有学者认为:"怎样通过实行法官员额制,科学合理配备人力资源,最大限度地让各类人才各得其所,人尽其才,才适其位,发挥正能量,这是推行法官员额制度面临的一个必须解决的现实问题。"⑭

三、他山之石:对域内外法官员额制的比较法考察

朱苏力教授说过:"不借鉴和借助相关社会科学研究方法和成果对中国司法制度的问题和发生的原因进行细致的研究,就不可能进行真正的司法改革。"⑮关于法官员额制度,可以说是一个世界性话题。笔者选取国内外法院作为分析对象。

(一)当下域外法院法官员额制的基本形态

---

⑬ 李学尧:《厘清法官员额制改革中的认识误区》,载《中国社会科学报》2014 年 10 月 8 日第 2 版。

⑭ 亓宗宝:《基层法院视角下法官员额制的现实思考》,载《人民法院报》2015 年 1 月 28 日,第 5 版。

⑮ 转引自[美]波斯纳:《联邦法院:挑战与改革》,邓海平译,中国政法大学出版社 2002 年版,代译序第 11 页。

表4 域外法官遴选机构

国家	法官遴选机构名称
美国	联邦法官评审常委会
德国	司法部
法国	最高司法委员会
日本	最高人民法院

从表4可知,为了使法官的遴选工作既富有效率又具有权威性,进而使得法官的遴选能建立在对法官的能力、资历及品行等方面综合评价的基础上,确保法官的“精英化”和“同质化”,域外一些发达国家,一般都有法官遴选机构。

表5 域外法官员额数与其人口数的比例

国家	法官总数(万名)	每万人法官数(名)
美国	3.1	1.01
德国	3.5	4.4
中国	14(实际办案)	1
世界上大多数国家	尚未统计	0.6

从表5中,我们可知,一方面,我国每万人法官数并不是世界上最多的国家。虽然我国法官总数可观,但是我国的每万人法官数并不是最高的,甚至比美国还小,更不用说德国了。当前,一谈到中国的法官总数,许多人都认为,中国法官数量太多了,并且列举一些国家的数据来佐证,譬如日本全国法官只有3000余人,英格兰和威尔士的法官只有1000余人,我国香港的法官只有190人左右等。另一方面,我国每万人1个法官,与世界上大多数国家每万人0.6个法官相比较,每万人的确又超出了0.4个,从法官数量上看,我国走的是大众化道路。

(二)当下试点法院法官员额制的基本形态

司法改革正在如火如荼地进行着,对于法官员额制的运行与操作情况,全国均在密切关注,尤其是年轻法官颇为关注,甚至可以说得上,“改革重点、关注焦点、推进难点”。这项改革成效如何,我们可以通过从广东、青海、海南、贵州、湖北、吉林6个试点法院获取的调查数据窥见一二⑯。

表6　试点法院员额控制目标(全省法院)

类别	法官	司法辅助人员	司法行政人员
占队伍总数比例	39%	46%	15%

从表6来看,6个试点法院,法官员额比例是固定的,并且比较一致,法官占队伍总数比例均为39%。

表7　试点法院灵活机动的员额配备比例(每个法院)

法院名	具体操作
广东省法院	根据不同类型地区案件数量增长情况,按照一定的比例调剂粤东、粤西、粤北地区的法官员额给珠三角地区使用
海南省法院	全省法院分类管理人员的员额由省高级法院统筹管理,在三类人员各自员额总额度内,根据全省三级司法机关的功能定位、任务安排和实际情况分别核定,保证法官的配备向基层一线倾斜
贵州省法院	全省法官员额由省法院统筹管理,在全省法院三类人员员额比例范围内,根据不同层级法院的功能定位和不同地区法院办案任务量等实际情况,合理确定各地法院三类人员的配置比例
湖北省法院	综合考虑辖区经济社会发展、区域位置、人口数量(含暂住人口)和案件数量等各种因素,按照司法辅助人员比例高于法官,基层法院法官员额比例高于上级法院的原则要求
吉林省法院	省、市(州)、县(市、区)三级法院法官员额比例分别控制在34%、37%、40%以内
青海省法院	按照因素法,采用比例制为主、定额制为辅的方法确定法官员额。根据辖区经济社会发展、人口数量(含暂住人口)、服务半径、自然环境、案件数量,考虑现有编制数量、人员和配备"双语"法官及司法辅助人员等情况进行确定,针对我省部分偏远地区基层法院人员少、案件量少的实际,以定额制确定法官员额

⑯ 由于上海法院的法官员额制改革具有很强的地域性,譬如法官员额制比例确定为33%,少于中央和其他试点法院确定的比例,不具有代表性,所以笔者认为,上海法院的改革具有不可复制、不可推广性,故不将其纳入考察范畴。

在表 7 中,从 6 个试点法院来看,虽然从每个省份的法官员额总量上来说是稳定的,但是具体到每个法院,可以根据不同层级法院的功能定位和不同地区法院办案任务量等实际情况,合理确定各地法院的配置比例。

表 8　试点法院平稳过渡方案

法院名	具体操作
广东省法院	法官员额 5 年内逐步减少到 39% 以下
海南省法院	设 3 年—5 年的过渡期,逐步推行严格的分类管理制度
贵州省法院	设置 5 年过渡期,逐步推行严格的分类管理制度。过渡期内,现任法官按照“老人老办法、新人新办法”的原则进行过渡、消化,5 年内达到国家退休年龄的法官不占法官员额
湖北省法院	设 5 年过渡期,逐步推行严格的分类管理制度
吉林省法院	依据我省地区差别、队伍现状和对改革的综合承受能力,确定 3 年—5 年为推行司法人员分类管理的过渡期。先行试点和扩大试点法院力争 3 年完成过渡,其他法院 2019 年 12 月底前完成过渡
青海省法院	实行 3 年—5 年过渡期,过渡期满后实现法官员额控制目标

在表 8 中,我们可以看到,上述 6 个试点法院,均设置了过渡期,一般为 3 年—5 年,并且对具有法官身份而不能进入员额的,在过渡期内身份不变、原有待遇不变。

表 9　试点法院法官一线办案方案

法院名	具体操作
广东省法院	进入员额的法官必须在司法一线办案
海南省法院	进入员额的法官必须在司法一线办案
贵州省法院	安排 85% 的司法人力资源直接投入办案工作
湖北省法院	安排 85% 的司法人力资源直接投入办案工作
吉林省法院	进入员额的法官必须在司法一线办案
青海省法院	安排 85% 的人员投入办案一线

在表 9 中可以看到,上述 6 个试点法院,均要求进入员额的法官,一般要求 85% 的法官到一线办案,有的甚至要求所有法官必须到一线办案。

总之，通过对上述6个试点法院的方案的比较分析研究，我们得出：苏力教授曾经预言的"一次法院内部的大改组，一次自文革结束之后空前的利益再分配⑰"的法官员额制改革，6个试点法院存在诸多相似的内容，可以说得上"大同小异"。但是在相似的基础之上，个别法院有些自己的特色。

四、现状反思：法官员额制改革的理性审视

徒法不足以自行。"制度的设计总是在既有的现实情况下进行的，离不开社会的土壤。"⑱法官员额制改革迫切需要我们对法官员额制改革面临的现状进行反思与理性审视。

（一）目标上：大众化 VS 精英化

目标上，存在大众化与精英化的冲突。由于历史、现实等诸多因素，我国法官制度一开始就坚持走大众化的道路。虽然近年来，大批高素质的法学院毕业生涌入法院，但是当前我国仍属于法官大众化。根据统计，我国目前共有19.6万法官，约占全国法院总人数的58%。目前，在法院系统存在比较明显的两派：一派是通过社招、军转途径来到法院从事审判工作的，他们学历不高，基本上未进行过正规的法学教育，一般是边干边学的，属于实践经验相对丰富的"实践派"；另一派是受过完整的法学高等教育，理论知识非常丰富，但实践经验相对不足的"学院派"。根据笔者对中部H省C市中级人民法院现有法官统计，"实践派"和"学院派"各占一半。可以说，法官员额制改革之初，我国任何一个法院的法官都会超过中央确定的员额数。法官员额制的目标是使法官走向精英化，"让更有经验更有水平的法官出来办案、办好案，优秀的法官办案质量是信得过的。"⑲法官走向精英化，这也是现代法治国家追求的目标。为了改革，必须要牺牲相当一部分现有法官的利益。譬如中部H省C市中级人民法院，现有49名法官，其中一些年纪较大的审判员及一些优秀的年经法官即将面临被排除于法官员额之外的命运。

（二）道路上：国情化 VS 西方化

道路上，存在国情化与西方化的矛盾。我国案多人少的国情，决定了我国

---

⑰ 苏力：《法官遴选制度的考察》，载苏力著：《道路通向城市——转型中国的法治》，法律出版社2004年版，第263页。

⑱ 曾光辉：《制度变迁的法学思考》，载《法学研究》2005年第2期。

⑲ 张太洲：《法官员额制的隐忧与出路》，载《人民法院报》2014年12月15日，第2版。

的法官远远不够用[20]，并且这种矛盾随着立案登记制的推行，将会愈演愈烈。当前，许多担任院领导的法官更多的是处理司法行政事务，根本无暇顾及案件的审理工作。根据笔者统计，一年内，中部H省C市中级人民法院需要院领导参加的市里各种会议有300多次。同时，在中国体制下，法院需要处理诸多的社会事务，譬如大到服务地方经济社会发展大局等事务、小到参加当地党委、人大、政府的活动等事务，当前，诸多法官不能安排在一线办案，而是安排在综合部门。根据笔者统计，中部H省C市中级人民法院有近一半的现有法官安排在综合部门。法官员额制改革是一次“西学东渐”的尝试，其道路是向西方学习，司法权意味着由少数被誉为“法界精英”的法官掌控。这样一来，必然要求减少目前的法官总数。法官员额制是否符合我国的国情，也遭到一些法官的质疑。[21]

（三）选任上：行政化VS去行政化

选任上，存在行政化与去行政化的对立。目前，在法官员额制的改革背景下，参照试点法院的做法和方案，在法官的选任上，彰显出浓厚的行政化色彩，譬如具备法官资格的院长、庭长、副庭长、综合部门的负责人被选任为法官。而无任何职务的现有法官，如审判员和助理审判员，或是优秀的年轻法官[22]，更多的是被任命为法官助理。按理来言，这些具有行政职务的法官的业务能力和水平的确比较高，但是法院的院领导大多数从外单位调入，很多院领导从来就没有办过一件案件。根据笔者统计，中部H省C市中级人民法院有13名院领导，其中法院系统产生的只有5名，来自组织部、人大、县委的有4名，来自检察院、公安的有4名，并且其中只有4名院领导真正到过一线办案。目前，庭长也很少办案，他们的主要工作是沟通协调、参加会议和处理一些疑难复杂的案件，办案的主力是副庭长和一般的法官。实行法官员额制，院领导、庭长和综合部门的负责人的数量占法官员额的三分之二，助理审判员是基层

---

[20] 倘若根据上海法院改革方案，33%的法官员额制，依照目前最高法院统计的法官数，1名法官的年审理案件将超过百件，按照年平均工作日251天计算，全国法官平均每2.5天审结1个案件。如果放在案件数庞大的基层法院，每个基层法官将平均每日审理1个案件，这将增加法官的工作压力。

[21] 笔者曾经听到诸多关于法官员额制改革不适合中国案多人少国情的声音，并且自己在审判部门工作中，对法官员额制改革也有一些困惑。

[22] 这种现象曾被最高人民法院司法改革办公室何帆老师形象的称为“就地卧倒”，详见何帆：《做好法官员额制的“加减法”》，载《人民法院报》2014年7月17日第2版。

法院办案的"中坚力量㉓"数量却极少。法官的选任,应当是去行政化,考虑法官的办案数量和质量、办案能力和水平等,而在目前的行政机制下,这些却受到了忽视,此种情形在学界遭到了一些质疑。譬如有学者认为:"在有限名额的情况下,必须从具有丰富审判经验的法官之中遴选法官,禁止没有任何审判经验的人员担任法官。"㉔又如最高人民法院党组成员、政治部主任徐家新指出:"领导干部入额必须一视同仁,对不能在一线独立承办案件的,或达不到审判绩效考核要求的,应一律按要求退出员额。"㉕

五、现实选择:科学合理的法官员额制的构想

如何构建立科学合理的法官员额制度呢?笔者进行了一番认真的思考。

(一)坚持基本原则

"法律就像旅行一样,必须为明天作准备,它必须具备成长的原则。㉖"在笔者看来,法官员额制的构建必须坚持如下五个原则:

1. 坚持正确方向原则。法官员额制改革是一项重大的司法改革措施,事关公平正义,事关法官队伍的稳定。因此,我们必须坚持党的领导,坚持遵循司法客观规律,确保法官员额制改革符合中央精神、符合中央明确的方向和原则,适应司法工作发展要求。具体改革措施和步骤要按照中央政法委和省委部署,统一进行。

2. 严格依法开展原则。中央明确提出了"凡属重大改革都要于法有据"的要求,因此,推行法官员额制这项改革必须坚持于法有据、有序推进,在法律框架内和法治轨道上推进改革,必须在贯彻中央司改框架意见的基础上,妥善解决现有法官的平稳过渡问题,尤其是解决好助理审判员这批年轻办案骨干面临的问题。

3. 立足各地实际原则。法官员额制改革坚持从各省经济社会发展不平衡、差异性较大等省情、市情、县情实际出发,统筹当前和长远,因地制宜、分类

㉓ 何帆:《做好法官员额制的"加减法"》,载《人民法院报》2014 年 7 月 17 日第 2 版。

㉔ 张太洲:《法官员额制的隐忧与出路》,载《人民法院报》2014 年 12 月 15 日,第 2 版。

㉕ 徐家新:《最高法:领导干部不在一线独立承办案件应退出员额》,载《人民法院报》2015 年 4 月 20 日,第 1 版。

㉖ [美]卡多佐:《司法过程的性质》,苏力译,商务印书馆 1988 年版,第 23 页。

指导,努力提供可复制、可推广的经验做法。

4. 积极稳妥推进原则。法官员额制改革要注意“胆子要大和步子要稳”“顶层设计和摸着石头过河”相结合,坚持整体规划、科学论证,试点先行、循序渐进,使改革力度、进度和社会可承受度相适应,确保队伍稳定、工作正常开展。

5. 坚持系统性原则。在推进法官员额制改革过程中,不能只靠着一项或者几项制度来支撑,而是要从系统性的视角上来进行整体谋划和科学部署,并且还要注重制度之间的相互联系和相互衔接。

(二)运行模式

如何让法官员额制改革落地生根呢?有学者认为:“设置一个能够有效评价法官学识、工作能力、品行的职业法官资格考评委员会,再辅之以一套相对统一、公开、透明、科学的考试、培训、科学的考试、培训与遴选程序,或许能完成在法院内部遴选出优秀职业法官的任务。”㉗笔者比较赞同,拟就前提、机构、机制和程序四个方面进行探讨。

1. 前提上:做好思想稳定和前期调研工作

马克思主义认为,人是生产力中最活跃的因素。不论进行哪项改革,最关键的是要解决好人的问题,而思想工作是解决人的问题的重头戏。正如习近平总书记所言:“思想是行动的先导,要高度重视做好思想政治工作,改革推进到哪一步,思想政治工作就要跟进到哪一步,有的放矢开展思想政治工作,引导大家争当改革促进派。”㉘当前,法官员额制的改革,事关整个改革的成败。因此,我们务必要重视法院法官的思想政治工作,让广大法官真正理解改革、支持改革和参与改革,特别是做好法院年轻法官的思想政治工作,以防止“改革未动,人心先乱”的情况发生。在做好思想稳定工作的同时,我们还需要做好如下三个方面的前期调研工作:一是通过多渠道、多手段、多方式,深入到现有的法官队伍之中,调研实际情况,掌握现有法官的心理动态,作为法官员额制改革的重要参考。二是开展法官岗位意向调研,通过了解法官员额进出意向,全面分析“一方退出”情形、过渡期内退休、年轻现有法官等人员状

㉗ 张志铭,李学尧:《论法院人员分类改革——以法官职业化为指向》,载《法律适用》2007年第1期。

㉘ 习近平:《正确把握改革大局 共同把全面深化改革这篇大文章做好》,载news.xinhuanei.com/2015-05/05/c_1115187278.htm,2015年5月4日访问。

况,并对全院法官队伍情况进行详实的数据测算。三是分类访谈,个别答疑,对现有法官队伍整体、个别的意见进行深入的分析。

2. 机构上:建立法官遴选委员会

谁来选法官,这是一个十分重要但又非常困难的问题。正如苏力教授所言:"从理论上讲,法官的遴选与考评是一件不太容易的事情,由于其职业特性,普通公务员的量化考核标准并不适用于法官。"㉙实行法官员额制改革,笔者认为,迫切需要建立法官遴选委员会。如何建立法官遴选委员会呢?笔者认为,目前可以在最高人民法院和省一级高级法院的政治部设立,不隶属法院管辖,而是独立建制的常设机构,主要职责是负责全国、全省法院法官的遴选,保障法官级别晋升和薪酬待遇,对审判事务进行日常管理和考核等。在人员构成上,吸收人大机关和组织部门的领导、法院资深法官、高校的专家学者等为成员,实行"三三制",具体而言,人大领导占三分之一,法学专家占三分之一,资深法官占三分之一(具体架构可以参考下图)。

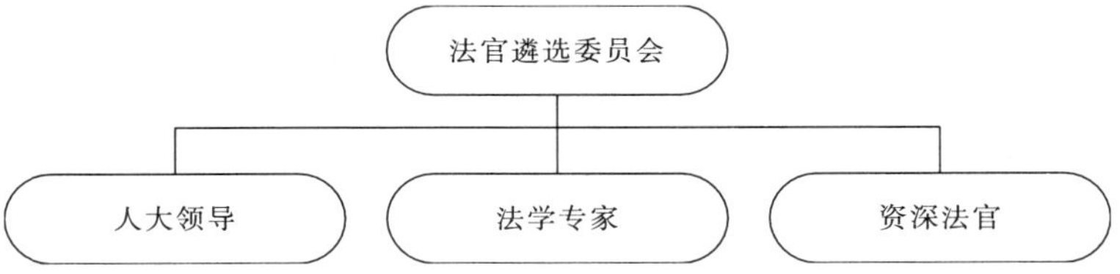

3. 机制上:多重机制并举

埃尔曼说过:"法律的发展不可能与其赖以存在的社会制度以及社会的感情和要求相分离。"㉚建立法官员额制是一项系统工程。要让法官员额制健康运行起来,必须建立与之相配套的三级法院员额设置机制、法官遴选机制、职业保障机制、法官评价机制和主审法官责任制等。一是建立科学的三级法院员额设置机制。对于具体每个法院的法官员额,可以"根据本地区的实际情况在确定员额标准上下功夫,设定富有弹性的员额确定方案,而非统一确定员额设置比例。"㉛笔者认为,可以在中央规定的39%的总编制范围之内,由

㉙ 苏力:《法官遴选制度的考察》,载苏力著:《道路通向城市——转型中国的法治》,法律出版社2004年版,第263页。

㉚ [美]埃尔曼:《比较法律文化》,贺卫方等译,清华大学出版社2002年版,第3页。

㉛ 李春刚:《关于司法体制改革的几个基础性问题——以人民法院司法体制改革实践为视角》,载《人民法院报》2014年10月15日,第5版。

各省根据多方面因素[32],确定本省三级法院各自的法官员额比例。二是建立科学的法官遴选机制。在笔者看来,要摒弃"一刀切""唯资历论""唯职务论"等错误思想,探索建立科学的遴选机制,譬如考试加考核方式。对于从未在一线办过案的法官(包含院领导)可以不纳入到法官员额内(譬如院领导可以享受法官经济待遇,但是不能占用法官员额,可以为司法行政编制)。在综合部门长期未办案(可以定为5年以上)的法官,须参加考试加考核的方式进入法官员额。[33] 当前,设计法官遴选机制中最要考虑的是让年轻的优秀法官继续留在法官队伍里面。最高人民法院司改办主任贺小荣曾经为年轻法官继续留在法官队伍里面呼吁过[34]。三是建立完善的职业保障机制。在法官管理上,实行法官单独序列管理;在法官保障上,非因法定事由、法定程序不得撤销法官;在法官薪酬上,实行独立的高薪体系,如上海法院的法官收入将比普通公务员高43%等。四是建立规范的法官评价机制。在遵循司法规律的基础之上,设定科学规范的法官评价指标,合理利用评价结果。譬如以法官的司法能力和职业业绩情况作为考核重点,实行平时考核为主、年终考核为辅等制度。五是建立法官责任制。为了"让审理者裁判,让裁判者负责"落到实处,还应当建立主审法官责任制。

4. 程序上:科学合理与切实可行

为了保证公平、公正、公开,确保最适合审判的人员进入法官员额,必须制定科学合理、切实可行的选任程序。在笔者看来,程序上,至少包括三个程序,一个为提请程序,一个为选任程序,一个为安置程序。在提请程序中,应坚持自愿申请和资格审查的原则。首先,将助理法官晋升到法官的选任条件公布

---

[32] 在确定具体法院法官员额这一过程之中,我们需要考虑的因素有很多,譬如按照《人民法院四五改革纲要》的要求:"根据法院辖区经济社会发展状况、人口数量(含暂住人口)、案件数量、案件类型等基础数据,结合法院审级职能、法官工作量、审判辅助人员配置、办案保障条件等因素,科学确定四级法院的法官员额。"在笔者看来,主要考虑的因素是当地的人口数量、经济发展状况、案件数量三个方面,同时,辅助考虑的是具体到每个法院的经费装备、司法辅助人员的配置、交通环境条件等因素。

[33] 正如有学者认为,我们"既不要妖魔化不办案的法官,也不要神圣化在一线办案的法官。详见李学尧:《厘清法官员额制改革中的认识误区》,载《中国社会科学报》2014年10月8日,第2版。

[34] 贺小荣曾经说过:"在选择法官时,不能简单地论资排辈,而是要根据法官的业务水平、业务能力、职业道德来选拔,不能搞一刀切。"详见贺小荣:《法官员额制不能简单论资排辈》,载《新京报》2014年7月22日,第1版。

出来,不愿意从事审判事务的法官可以不申请。其次,对自愿申请的法官助理进行统计与测评。为了体现公平公正,可以借鉴域外发达国家和海南等试点法院的做法,对法官助理(包括已是助理审判员和审判员身份的旧法官)实行考试加考核的方式(譬如考试占60%,考核占40%)进行测评。再次,在法官员额限定的总数内,根据排名先后来决定哪些法官助理可以进入向法官遴选委员会提请的名单。最后,对拟提请人员进行党组研究与公示。经过院党组研究决定后,在全院和当地报纸电视等新闻媒体进行公示。公示之后,向法官遴选委员会报请。接着的是选任程序。法官遴选委员会在对法官进行表决时,实行无记名投票,按照"少数服从多数"的原则,即上文所言,倘若9个人组成法官遴选委员会,获五票以上(含五票)者即可通过当选为法官。最后,关于法官安置程序,一旦任命为法官,必须到审判和执行一线办案,除少量法官在审判管理、政策研究等部门工作之外。[35]

结　语

众所周知,以审判业务身份进入法院的法律人,在自己的内心里都有个做法官的梦想,"在这个法官的梦里,身穿法袍,坐居庙堂,敲下法槌,正义伸张。"[36]国外对法官非常得尊敬和敬仰,法官被誉为"仅次于上帝完美的人"。法官员额制作为司法改革的重要内容,牵涉到我国20余万个法官的切身利益,其重要性不言而喻。虽然在当前的司法改革试点和实践探索过程中,法官员额制出现了林林总总的问题,但只要我们能够正视司法改革实践中出现的问题,努力寻找破解之策,笔者坚信,在不久的将来,法官员额制的价值和功能定能得到充分的体现和展示。正如有学者所言:"我们今天的不懈探索、孜孜以求,是为了更好推动法治的完善和社会的进步。"[37]

---

[35] 通过试点法院的方案可以得出,85%甚至100%的法官员额必须到审判一线办案,确保了办案力量。

[36] 李学尧,王静:《厘清法官员额制改革中的认识误区》,载《中国社会科学报》2014年10月8日,第2版。

[37] 唐慧,夏宁春:《透视与反思:刑事案件当庭宣判率的理性认识和机制演进》,载《司法公平正义与刑事法律适用问题研究》,湖南师范大学出版社2012年版,第133页。

Reform of Judge Post System under the Background of the Judicial Reform

——Based on Investigation on C City Intermediate People's Court in H Province

Abstract: Theoretically, the reform of the judge post system has multiple values. However, there are some problems and difficulties in the reform of the system in practice, which can be exposed through empirical investigation and careful analysis of the C city Intermediate People's Court in H Province in the central area.) In order to solve these problems, it is urgent to explore the domestic and international experience and rethink on the realistic situation, and try to establish five principles and design a specific path, so that the reform of judge post system in China would be benefitted from it and be promoted.

Key words: Judge Post System; Judicial Reform; Principle; Path

(段　明　夏琛雨)

判例集的“互联网＋”模式

——从我国法官眼里的判例说开去*

吴　星　洪珊珊**

摘　要：以最高人民法院指导性案例的发布为标志，判例在我国法律体系中已经得到了长足的发展，公开渠道发布判例数量逐步增多，各类判例集也层出不穷。然而由于判例的发布主体各自为政，发布的内容未作整合，造成了当前法官参考适用判例存在现实困难。乱象之中蕴含变化。本文即从我国判例现状的源流谈起，对当前我国法官会据以援引或参考的指导性案例、参考性案例、身边的判例、电子化判例以及判例书刊五个主要类型的判例集进行对比分析，归纳出法官在选择判例集时的五个要素，据此总结出我国法官理想中的判例集应当是由权威主体发布、效力层级明确、能集中涵盖特定审判领域疑难问题、更新迅速而且检索便捷的判例集，并根据该特征对构建判例集的“互联网＋”模式进行了初步设计。

关键词：判例集　互联网＋模式　钥匙码系统

---

* 从研究的角度，对“判例”和“案例”这两个概念进行区分是有必要的。按照《现代汉语词典》的解释，判例是指“已经生效的判决，法院在判决类似案件时可以援用为先例，这种被援用的先例叫做判例”（载中国社会科学院语言研究所词典编辑室编：《现代汉语词典》，商务印书馆1996年7月第3版，第950页）。在法学研究中，“判例”也是具有特定内涵的概念。虽然最高人民法院仍倾向于使用“案例”作为名称，如成立“案例指导工作办公室”，颁布“指导性案例”，编发《人民法院案例选》《中国审判案例要览》等，但是，由于“案例”本身所涵盖的内容较之于“判例”更为广泛，甚至会大大超出司法的范围（例见后文中关于在中国国家图书馆文津检索的结果及其注释），且从比较法意义上与英美法系“判例法”和大陆法系判例制度称谓相近，故本文基于概念同一性的考量，还是使用“判例”的称谓。

** **作者简介**：吴星（1982—　），男，福建将乐人，三明市中级人民法院行装科副科长；洪珊珊（1992—　），女，福建南安人，三明市梅列区人民法院主审法官团队（刑事庭）书记员。

前言：我国判例现状的源流

回望中国法制史的发展进程，判例的发展始终与法律的发展如影随形。战国秦代以及此后两千年的封建时代，中国法律样式的基本发展轨迹是：判例法——成文法——混合法①。无论是《尚书·吕刑》以刑罚为分类标准进行判例的汇编②，还是汉朝的律、令、科、比，唐朝的律、令、格、式，宋朝的敕例，抑或是明朝的“例以辅律，非以破律”的适用原则，清朝的《大清律例》，直至1919年《大理院判例要旨汇览》以及1934年《最高法院判例要旨》，都可以看到判例的发展轨迹。③

共产党领导的革命时期，判例的演进也仍在继续。新民主主义革命时期，中国共产党领导的根据地政府就在一定范围内实施过判例制度。④ 建国后，废除《六法全书》的同时，在对国民党政府法院的判例制度彻底否定的基础上，新中国的判例制度伴随着人民法院的创建和成长不断地成熟和发展起来，但究其渊源，仍无非“洋为中用”的法律移植、“古为今用”的法律继承和“赓续红脉”的法律发展这三大渊源而已⑤。

具备我国现代判例制度雏形的则是1962年12月最高人民法院颁布的《关于人民法院工作若干问题的规定》。⑥ 该规定以“案例”的称谓区别于旧中国和大陆法系国家“判例”，将案例的功能上升到“指导”审判，并规定了案例的范围、选定程序和变更标准。同时，发布个案批复⑦、汇编典型案例也逐步成为案例指导制度演进的方式。

---

① 武树臣：《中国古代法律样式的理论诠释》，载《中国社会科学》1997年第1期，第125页。

② 汪世荣：《判例与法律发展——中国司法改革研究》，法律出版社2006年7月版，第60-61页。

③ 当然，中国古代法中的判例，最终难逃转变为成文法的命运，正如刘笃才所说的：“我已不再是我，而你却依然是你。”参见刘笃才：《中国古代判例考记》，载《中国社会科学》2007年第4期。

④ 刘风景：《判例的法理》，法律出版社2009年11月版，第27页。

⑤ 参见前引④，《判例的法理》，第29页。

⑥ 武延平，刘根菊等编：《刑事诉讼法参考资料汇编(中册)》，北京大学出版社2005年版，第926-927页。

⑦ 如最早的个案批复：《最高人民法院关于处理破坏军婚案件两个问题的批复》，发布日期：1964年7月24日。

改革开放后,判例的发展逐步走入正轨。1985 年,《最高人民法院公报》创刊,发布经最高人民法院严格筛选的判例和经典裁判文书。最高人民法院同时还以文件的形式发布案例。⑧ 2000 年 6 月 15 日的最高人民法院《裁判文书公布管理办法》则将最高人民法院各审判庭的裁判文书通过《人民日报》《法制日报》《人民法院报》等报纸,以及人民法院报网和最高人民法院政务网等网络途径进行公布。自人民法院“一五改革纲要”以来,最高人民法院中国应用法学研究所的《人民法院案例选》,中国高级法官培训中心(国家法官学院前身)的《审判案例要览》《人民司法》《法律适用》,以及各地法院、专家学者、社会各方面都通过各类图书、杂志、网络等载体,发布了大量具有典型性的判例。通过中国国家图书馆文津检索功能,能够检索到的书名包含“判例”的汉语图书共有 530 本⑨。如果按照书名包含“案例”的检索条件,检索结果将超过 27000 本。⑩ 可以说,现在我国已经进入到了司法判例的繁荣发展时期。至 2010 年 11 月 26 日,最高人民法院发布《关于案例指导工作的规定》,并按照规定陆续发布了十批“审判类似案例时应当参照”的指导性案例,宣告了具有法律效力的判例的诞生,我国判例制度开启了一个崭新的发展阶段。

一、问题切入:我国法官会去哪里检索判例?

判例的发展,随着判例研究的对象的变化也有所转变。过去的学者研究判例制度,较多地关注在中国是否应当建立判例制度,以及如何借鉴两大法系的判例制度,建构适合中国的判例制度等层面。而当前司法实践中各类判例层出不穷,判例数量俨然有“从量变到质变”之势,对判例集的规范化研究自然应运而生。套用朱苏力先生的一段经典名言:“也许法律和法学工作者,更应当重视研究和发展中国社会中已有的,和经济改革以来正在出现和形成的一些规范性的做法,而不是简单地以西方学者的关于法治的表述和标准,来否认中国社会中规范人们社会生活的习惯、惯例为法律。”⑪

---

⑧ 如《关于破坏军人婚姻罪的四个案例》,发布时间:1985 年 7 月 18 日;《贩卖安纳咖毒品罪的案例》,发布时间:1986 年 3 月 5 日;(84)法办字第 70 号和(84)法办字第 129 号最高人民法院文件等。

⑨ 检索网址:http://find.nlc.gov.cn/,2015 年 5 月 24 日访问。

⑩ 这其中有一部分与司法判例无关,如涉及足球、篮球,或者公司上市、房产评估等内容。但涉及司法判例的仍占相当多数量。

⑪ 朱苏力:《法治及其本土资源》,中国政法大学出版社 1996 年 10 月版,第 21 页。

对判例集的规范化研究,应当基于一个实用的角度,必须从法官的视角来考虑。因为,判例的创造者、阅读者、运用者、修改者以法官居绝大多数,其运用领域也基本在法官的审判之中,故任何试图从学理角度进行的研究,都不如从一个普通法官的视角对其在日常工作中可能运用到的判例进行梳理。

基于明确概念的考虑,笔者并不同意将“判例”概念无限扩大化,而是倾向于使用本文注释中《现代汉语词典》中的定义:“已经生效的判决,法院在判决类似案件时可以援用为先例,这种被援用的先例叫做判例。”但基于本文研究对象的考虑,笔者对后文“判例”的内涵作适度的扩张,将可供参考的先例也纳入其中,一定程度上与“先例”“案例”“判决”等概念有所交叉。毕竟,“判例、先例、案例和判决是可以通用的概念”,而当“在强调已决案件中包含的法律原则和规则,对法官具有拘束力的情况下,这些概念的区分就失去了实质意义”。⑫ 之所以作适度的扩张,是因为从实践的角度,单纯研究在法律意义上具有援用效力的判例可能会导致研究对象狭隘,而且会在一定程度上限制和压抑了我国判例制度自然生成的过程。

在面临裁判中的疑难问题时,当下中国法官会去寻找用以援引或参考的专门刊载“判例”的地方,或者说是判例集,大体有下列几种:

1. 指导性案例

指导性案例是当前我国判例中最高层级的一类。此类判例犹如立法,由最高人民法院设立的判例指导工作办公室,经过严格的遴选、审查,报最高人民法院审判委员会讨论决定通过后,统一在《最高人民法院公报》、最高人民法院网站、《人民法院报》上以公告的形式发布,全国法院审判类似案例时应当参照。

指导性案例必须符合以下条件之一:社会广泛关注的、法律规定比较原则的、具有典型性的、疑难复杂或者新类型的,或者其他具有指导作用的案例。总而言之,指导性案例涵盖审判、执行各个方面,范围广泛。各级法院及有关社会人士均可向法院推荐,最高人民法院按年度进行编纂。自 2011 年 12 月 20 日起到 2015 年 4 月 15 日,共发布 10 批共 52 个案例,平均每月 1.3 个。

2. 各地高院发布的参考性案例

2011 年 11 月 21 日,最高人民法院在《关于发布第一批指导性案例的通知》(法〔2011〕354 号)中提到:“今后,各高级人民法院可以通过发布参考性

⑫ 参见前引②,《判例与法律发展——中国司法改革研究》,第 29 页。

案例等形式，对辖区内各级人民法院和专门法院的审判业务工作进行指导，但不得使用‘指导性案例’或者‘指导案例’的称谓，以避免与指导性案例相混淆。”随后，北京、上海、河南、安徽、重庆、辽宁、海南、江西、陕西等地均陆续发布参考性案例。

这些地方高院发布的参考性案例，由于是根据最高人民法院的要求发布的，且一般都经过了高院的审判委员会讨论，部分地方高院还对参考性案例的援用作了强制性的规定⑬，故在特定地域范围内具有一定的法律效力或是参考效力，对其他省市也具有一定的参考价值。

这一类型的判例范围较之指导性案例的规定更加具体，⑭内容涵盖面和发布速度则基本相同。如：北京高院从 2014 年 3 月 19 日至 2014 年 9 月 29 日，半年间才发布了 20 个参阅案例⑮；上海高院从 2013 年 2014 年，发布 4 批共 18 个参考性案例；河南高院则自 2012 年 9 月 21 日至 2014 年 3 月 27 日，连带少年审判参考性案例在内，发布了 4 批共 28 个参考性案例⑯。从网络公开

---

⑬ 如《北京市高级人民法院关于北京法院参阅案例工作的规定（试行）》规定：“适用普通程序案件参照参阅案例进行裁判的，应当将参照参阅案例的具体意见在合议笔录中进行表述；适用简易程序案件参照参阅案例进行裁判的，应有单独文字说明并存于副卷。”“在审理二审、再审案件时，如果发现原审法院参照参阅案例适用法律、法规或者司法解释存在错误的，应当予以改判或者发回重审。”参见该规定第 15 条、第 16 条、第 17 条。

⑭ 如北京高院、辽宁高院规定：“（1）社会广泛关注，影响重大，对法律统一适用和社会导向有示范意义的；（2）法律规定比较原则，不够明确具体，或者法律规定存在冲突，适用相关法律规定作出正确裁判的；（3）在案件事实认定、证据采信、法律适用、诉讼程序等方面具有典型性的；（4）在案件事实认定、证据采信、法律适用、诉讼程序等方面存有疑难或争议，对规范自由裁量权、避免司法偏差有指导意义的；（5）对可能多发的新类型案件，适用新颁布、修改的法律、法规、立法解释和司法解释作出正确裁判的；（6）适应新形势和政策要求，体现新的司法理念、运用新的司法方法作出公正裁判的；（7）其他对裁判的公正性、统一性具有参考作用的。”北京高院还规定了不宜作为参阅案例的情形。

⑮ 北京法院审判信息网，网址：http://www.bjcourt.gov.cn/zdal/index.htm?c=100015001，2015 年 6 月 11 日访问。

⑯ 参见：《河南公布首批参考性案例》，载《法制日报》2012 年 9 月 22 日；《统一裁判尺度 河南省高院发布第二批参考性案例》，载《河南日报》2013 年 9 月 11 日；《河南高院发布第三批参考案例 烟草局长司机受贿获刑》，载大河网 2014 年 6 月 16 日，网址：http://news.dahe.cn/2014/06-16/102995103.html，2015 年 6 月 11 日访问；《河南高院发布少年审判参考性案例》，载《人民法院报》2014 年 3 月 27 日。

的数据看,江西、海南发布参考性案例的速度似乎远快于其他一些省市。[17] 其中海南高院编印的《海南法院类案参考》之所以能够迅速收纳318篇判例,是因为其吸纳了《最高人民法院公报》《中国审判判例要览》《人民法院报》以及由最高人民法院出版的相关判例指导刊物上选定发布的海南省典型判例和2012年至2014年以来入选海南法院的精品判例。更具价值的是,海南高院确定了判例库的五个总体框架,即刑事、民事、行政、国家赔偿、执行,选择近三年来海南省最常适用的案由再以此为参照选择案例,同时建立判例数据库,[18] 相比而言在检索方面更加便捷。

3. 身边的判例

之所以将这类判例放在指导性案例和参考性案例之后列为第三类,是因为司法实践中除了具有法律意义、要求必须参考的判例之外,本院或上下级法院的同类裁判是实际使用最多、最广的判例。这种"身边的判例",对于保持本地区同类型案件司法尺度的统一具有直接的效果,有利于防止或者减少被上级法院发回重审的情形,降低司法责任风险。同时由于当前绝大多数法院已经推行的司法管理系统的运用,以及老中青法官的"传帮带"和法官间的相互交流,搜寻本地区同类案件具有更便捷的特点。此外,这类判例还可以在法律文书写作、案件相关背景分析等方面给予运用判例的法官更多的指导和启发。

不过这类判例的劣势也是比较明显的。一方面,本地同类案例的疑难点涵盖面不够广泛,容易出现新情况却找不到判例的情况。另一方面,受限于法官的职权范围、保密需要、法官的记忆水平等,判例的检索受到局限。

4. 电子化判例

目前已有的一个常被中国法官使用的电子判例系统是"中国审判法律应用支持系统"。这个由最高人民法院司法行政装备管理局、人民法院出版社和北大法制信息中心联合研制开发,由人民法院出版社出版发行的电子系统,

---

[17] 张忠厚:《江西省高级人民法院工作报告》,载《江西日报》2013年2月19日,第2版。江西省高级人民法院近几年发布了639个参考性案例。

[18] 参见:《〈海南法院类案参考〉发到全省法院318个案例供参考》,载南海网2015年2月28日,网址:http://www.hinews.cn/news/system/2015/02/28/017358769.shtml,2015年6月11日访问;严献文:《海南法院勇当"探路者"将司法改革引向深入》,载光明网2015年5月21日,网址:http://court.gmw.cn/html/article/201505/21/178763.shtml,2015年6月11日访问。

现已由最高人民法院发文在全国法院推广配备。该系统包含了中国法院裁判文书库、最高法院公报案例库,并提供了多样的检索方式,以及在法条与判例间的“双向超文本链接”功能,便捷的方式深受年轻法官的欢迎。然而,由于判例本身就是游走在立法的边缘地带⑲,试图在成文法与判例之间建立检索链接的做法本身就存在先天不足,数据库对经典判例的筛选也显不足,有时一个法条能够链接到数千个裁判文书,因此这套系统的判例价值并不高,甚至低于其在适用特定成文法条制作裁判文书方面的借鉴价值。

与之相比,中国裁判文书网和各级法院用以公开本院裁判文书的网站在判例检索方面的作用则更加微弱。除了粗线条的将文书分为民事、刑事、行政、知识产权、赔偿、执行六类值得称道外,过于简单的检索功能⑳、过于庞大的文书数量㉑、各地法院在文书公开数量和隐去内容方面水平参差不齐、文书效力层级不一,都反过来让大数据成为判例检索的负担,有经验的法官检索判例是肯定不会使用这类网站的。

至于中国知网、北大法宝等其他综合性的数据库,由于判例并非其主要功能,且面向对象远不止法官群体,故而在判例检索方面仅比在纸质书刊检索便捷而已,并无电子判例数据库所独有的长处。而直接通过互联网搜索检索到的判例,则由于来源的不确定性,在法官享受到便捷的同时,却在参考时必须慎之又慎。

5. 判例书刊

前述《最高人民法院公报》、最高人民法院各业务庭编辑出版的具有审判参考功能的出版物,如《刑事审判参考》《人民法院案例选》《中国审判案例要览》《人民司法》《法律适用》《人民法院报》《中国审判》等,都在定期地发布具有典型意义的判例,并附有法官或者编写者对裁判理由的阐述,有些甚至能够

---

⑲ 参见《北京市高级人民法院关于北京法院参阅案例工作的规定(试行)》第2条第2至6项的规定。

⑳ 中国裁判文书网仅提供了“关键词”“案号”“案由”“案件类型”“文书类型”“审理法院”和“裁判时间”的检索项,与判例检索的要求相去甚远。

㉑ 截至2015年3月,中国裁判文书网已公开裁判文书611万份。参见:《611万裁判文书网上公开》,载人民网2015年3月10日,网址:http://legal.people.com.cn/n/2015/0310/c188502-26665254.html,2015年6月12日访问。

代表最高人民法院相关审判庭对这些问题的基本观点。[22] 这些由最高人民法院及其下属部门编写出版的刊物,有部分内容专门刊载审判工作中的典型、疑难判例,并重点对裁判理由予以较为权威的阐释,对审理法律规定尚不明晰的疑难案件有很强的指导意义。而且这些书刊的出版速度快,如《人民司法·案例》自2007年起每月一期专门刊载判例,每期都有三四十个判例,有的判例甚至是生效不久就刊载出来,具有很强的时效性。这些刊物在一定时期内也会对判例进行编纂出版,如根据《最高人民法院公报》中的判例编纂的《最高人民法院公报案例大全》、根据《刑事审判参考》编纂的《中国刑事审判指导案例》等,一定程度上便利了检索。由于刊登的判例并未经过指导性案例的确定过程,部分判例的裁判可能存在争议[23]。这种争论的方式是非常值得注意的。最高法院和基层法院的法官就同一个案例进行探讨,并不因其所在的法院层级而影响了观点的效力,使得"真理愈辩愈明"。

不过书刊的局限性也很明显。部分书刊并非完全刊载判例,如《中国审判》《人民法院报》等,零星的判例不成体系。即使专门刊载判例,由于受限于报刊、杂志的体例,经过编纂后的判例分类检索功能也不明显。比如《中国刑事审判指导案例》编写组将"北京匡达制药厂偷税案(第252号)"编在"危害税收征收罪"内,而其焦点问题却是"如何认定单位犯罪直接负责的主管人员"问题,与分则罪名的认定并无直接联系。有认真的法官将《人民司法》等法学刊物按照年份装订成册,经年以来,蔚为壮观,但由于其中包含的无关、失效的内容,以及无序的排列,检索判例颇为不便。

各级法院、专家学者也编纂出版了各类案例集,主要围绕有关法律或者一个专门的问题,组织一批案例从各个角度进行解说。如最高人民法院刑一庭编著的《拐卖妇女儿童犯罪典型案例评析及法律法规精选》,陈兴良的《判例刑法学》,叶青主编的《案例刑事诉讼法学》等。其中一部分判例的作用"目前仅在于以举案说法的形象方式将抽象、浓缩的制定法规范向司法人员(以内部汇编案例的形式)作更易于精确领会成文法本意的讲解,向人民群众(以公

---

[22] 最高人民法院刑事审判第一庭编:《刑事审判参考(合订本第1卷)》,法律出版社2000年版。

[23] 如《人民司法》2012年第12期刊载了杭州市萧山区人民法院李文华、苏杰编写的判例《醉驾超标电动自行车可构成危险驾驶罪》,却又在同年第20期刊载了最高人民法院曾琳编写的判例《醉驾超标电动自行车不构成危险驾驶罪——兼与李文华、苏杰同志商榷》,专门针对同案进行了完全不同的分析。

报、年鉴等形式)作法制宣传”,“在这种形势下,案例无进入诉讼程序(即被援引)的必要性,因为案例和它所印证的法律条文是内容同一的,无论引用何者都将得出同一结论”。㉔ 另一部分则如同王泽鉴的“天龙八部”——《民法学说与判例研究》一般,虽然名家或者权威机构的观点具有较高的参考价值,但由于此类书刊以教学与学术研究为主要目的,判例因经过选择而未必全面,且其中带有大量的学者争论,甚至还有域外司法判例,用于研习法律尚可,用于司法援引则不妥。当然,这些书刊毕竟经过了成体系的整理,其检索便利的特点明显。

二、价值定位:我国法官理想中的判例集

从对上述五类我国法官在实践中会检索的判例集的分析,可以看出法官在选择判例集时会主要考虑如下几个因素:发布主体、判例范围、判例效力、发布周期和检索便利。接下来,笔者通过对这五个要素的分析,探索法官理想中判例集的基本图景。

1. 发布主体

指导性案例、参考性案例以及身边的判例由于其发布主体均为法院机构,较之于其他判例,法官在适用时一般会优先予以考虑。在“中国审判法律应用支持系统”中发布的电子判例,由于其制作主体中有最高人民法院行装局、人民法院出版社,且安装在人民法院的内网系统当中,因此相比其他包含判例的数据库而言,其使用率也较高。在由学者编纂的判例书刊当中,学者的知名度、权威性会影响法官对其判例书刊的阅读倾向,有些判例也会有选择性地引用部分知名学者的观点㉕。由互联网搜索检索到的判例,其刊载判例的网址如果不是官方网站,大多会被忽略。由此可见,就发布主体而言,法官一般会选择权威主体发布的判例。

2. 判例范围

判例范围是指涵盖特定专业领域内涉及不同争点的判例的完整程度。判例集涵盖特定领域内不同争点判例越多越完整,判例范围就越大,判例集的价

㉔ 刘瑞平:《判例法研究中的观念错误》,载《徐州师范大学学报(哲学社会科学版)》1999年第2期。

㉕ 这类判例实际上也为数不少。参见潘庸鲁:《限制减刑条款的适用》,载《人民司法·案例》2012年第16期;李晓琦:《原因自由行为情形下的处断规则》,载《人民司法·案例》2011年第4期等。

值也就越高。从这个角度,其实指导性案例和参考性案例的判例范围本应是最大的。然而,由于其制度运行时间不长,且发布速度缓慢,已经发布的判例数量又极少,因而其判例范围将在很长一段时间之内仍会比较狭窄。若非因其具有的法律效力特征,法官还是更愿意在判例范围广泛的电子数据库和书刊中进行检索,才更有可能找到需要的判例。

3. 判例效力

从这个角度进行分类,当前法官参照适用的判例只有两种:应当参照的判例和可以参照的判例。指导性案例和部分必须参照的参考性案例属于第一种效力层级,对法官而言一般必须参照适用,如同准立法;而其他判例则均处在第二效力层级。对第一效力层级的判例,适用过程与成文法无异,遇到同类情形即直接适用;而对第二效力层级的判例,其适用过程是:检索判例——依据法律、常识、权威性等各方面因素综合判断——参照适用。

4. 发布周期

从目前10批指导性案例的发布情况看,大体上平均每4个月发布一批,最长一次的发布时间间隔为10个月,而最短仅间隔一周也是事出有因,因为第9批指导性案例系经最高人民法院对《最高人民法院公报》刊发的对全国法院审判、执行工作具有指导意义的案例进行了编纂,而非经过了正常的编报程序。前述北京、上海、河南的参考性案例发布的平均周期有些还要长于指导性案例。而海南、江西等已经发布参考性案例数量较多的省份,下一次发布时间还未知。相比而言,电子判例、判例书刊的发布周期就比较短,一般每月都有大量判例的更新,更能够满足日新月异的审判实践需求。

表1　前10批指导性案例发布周期表

批次	发布时间	编号	数量(个)	间隔(月)
1	2011.12.20	1-4	4	-
2	2012.4.9	5-8	4	4
3	2012.9.18	9-12	4	5
4	2013.1.31	13-16	4	4
5	2013.11.8	17-22	6	10
6	2014.1.26	23-26	4	2
7	2014.6.26	27-31	5	5

续表

批次	发布时间	编号	数量(个)	间隔(月)
8	2014.12.18	32-37	6	6
9	2014.12.24	38-44	7	0
10	2015.4.15	45-52	8	4

5. 便利检索

目前的指导性案例、参考性案例延续了最高人民法院各业务庭编辑出版的《刑事审判参考》等出版物编排判例的做法,即按发布顺序对判例进行编号。这种编号方式除了在研究判例发布历史延续性有意义以外,对于判例检索而言几乎没有用处,因为法官检索判例的原因及目标,是对案件关键法律问题的裁判方法,或者是裁判要旨。在目前发布数量较少的情况下,检索还相对比较简易,可是一旦数量增加,检索的问题就将凸显。一些电子数据库由于其自身属性,检索较之于纸质判例更为方便,但也仅限于此,如前述在法条与判例间的“双向超文本链接”功能的先天性缺陷、对经典判例的筛选不足等问题,目前并没有一个数据库加以解决。而对于判例书刊而言,由于其存量庞大,检索的问题已经迫在眉睫。

表2 法官眼中各类主要判例来源对比表

	指导性案例	参考性案例	身边的判例	电子判例	判例书刊
发布主体	最高人民法院	省高院	本地区法院	广泛	广泛
判例范围	狭窄	狭窄	有局限	广泛	广泛
判例效力	必须参照	部分必须参照	一般会参照适用	仅供参考	仅供参考
发布周期	长	长	未知	短	短
便利检索	目前较易	目前较易	一般	较易	难

总的来说,我国法官理想中的判例集,应当是由权威主体发布、效力层级明确、能集中涵盖特定审判领域疑难问题、更新迅速而且检索便捷的判例集(参见表2)。

三、理念更新:判例集编纂的两大转变

1. 价值取向转变:由指导审判回归总结经验

回顾新中国法制发展的历史,判例在最初阶段的作用主要是总结审判经验。如在前述新民主主义革命时期的1944年1月,林伯渠主席在边区政府委员会第四次会议上提出:“边区现行法令不足,一方面应根据历年经验,将好的判例加以研究整理,发给各司法机关参考。”[26]建国初期,许多重要的领域还无法可依,这就需要不断总结审判经验,运用政策、判例等非正式法律渊源弥补成文法律的漏洞和不足。特别是在废除国民党政府的《六法全书》,法律规范严重不足的情况下,总结出已决案件之中包括审判经验、智慧乃至可资借鉴的教训、失误,对提高审判水平、为立法提供准备具有重要的意义。[27]

改革开放以后,最高人民法院对判例工作的价值取向,由总结审判经验逐步转向指导审判工作,实际上是延续了前述1962年12月最高人民法院颁布的《关于人民法院工作若干问题的规定》。该规定认为:“在总结审判工作的基础上运用案例的形式指导审判工作,也是一种好的领导方法”,并提出“总结审判工作经验,选择案例,指导工作”。这样,判例不仅仅是审判经验的总结,还是被赋予了“指导”法院审判工作的更高价值取向,在一定程度上提升了判例的权威性,使之实质上成为了“准立法”。这种指导功能在前两个法院“五年改革纲要”时期得到了强化。

然而,随着中国特色社会主义法律体系的建立,全国每年受理案件量持续保持高位,我国法官队伍素质的大步提升以及信息传播速度的提高和途径的多元化,至少在判例集的编纂方面,以判例总结审判经验的价值取向应逐步回归。由于绝大多数的审判经验来源于高级法院和中、基层法院,绝大多数的判例也形成于这些法院的法官手中,这些判例的质量越来越高,多元化的传播渠道也使得判例在各级别法院之间直接交流变为可能。在现实面前,最高法院对判例工作的价值取向应当理性回归到“以指导审判和总结经验相结合”的局面,改变高度集权的现状,保持最高法院在判例形成中权威地位的同时,允许其他法院各位主体积极主动作为,形成“以最高法院判例为中心、其他法院

㉖ 武延平,刘根菊等:《刑事诉讼法参考资料汇编(上册)》,北京大学出版社2005年版,第154页。

㉗ 参见前引④,《判例的法理》,第30页。

判例各居其位”㉘“以法官释法、法官造法为重心，以准立法工作为辅助”的相辅相成的良性结构。

2. 编纂体例转变：由各自为战转向系统编排

现实中判例迅速涌现，检索手段却较为落后，已经影响到法官对判例的使用积极性。在目前案多人少局面难以解决、法官助理的功能尚未完全得到发挥的情况下，法官难以耗费大量精力检索判例，使得集中了大量法官智慧的优秀判例没有在应有的场合使用，极大地浪费了判例资源。

解决这个问题的办法就是系统化，也就是对判例进行归类、整理或加工，使其集中起来作有系统的排列，以便于检索和使用。在英美法系实行判例法的国家里，有比我国更加卷帙浩繁的判例，之所以能够运转至今仍不至于令法律适用者们挠破脑袋，也是因为其经历了一个逐步系统化的过程。最初，从官方开始着手建立判例收集机制。最高法院在判决后，除发布纸质判决文书、单行本、初印本外，还会将本年度的判例进行汇编，以最高法院判例汇编的形式进行发布，并提供电子版供公众查询。各级法院逐步模仿最高法院建立自己的判例汇编，并向上级法院选择性报告，上级法院对此进行处理并统一发布。私人机构韦氏公司在19世纪80年代建立了全国判例报告系统，㉙分为联邦级和州级两大部分，此后的判例出版便成为一个持续不断的过程，这使得重要的判例不会被遗漏。另外一个关键点就是对判例用钥匙码（Key Number System）系统㉚进行了系统化整理（见图1）。在我国判例数量逐年增多的情况下，同样有必要对判例进行系统化的整理，其中可行的办法之一就是移植钥匙码系统或其精髓并加以改造，形成有中国特色社会主义法律体系下的钥匙码系统，并据此对判例集进行改造，从根本上改变当前判例集散乱无章的局面。

㉘ 参见前引④，《判例的法理》，第54页。

㉙ 参见 http://en.wikipedia.org/wiki/National_Reporter_System，2015年6月11日访问。

㉚ 钥匙码系统（Key Number System）是美国法院和汤森路透旗下Westlaw公司为了进一步协助法律文献与信息检索工作，由Westlaw的律师编辑们将法律眉批分类整理而共同研发的一套法律分类标准。至今已有100多年的历史。该系统将美国所有的法律分为400多个法律专题（Legal Topics），再逐级细分，直到最底层有约10万个法律要点（Legal Issues）。Westlaw的编辑将所有收录在Westlaw法律在线数据库中的判例中每一个法律要点都提炼出裁判要点（Case headnote），每一个裁判要点都对应一个或多个法律内容（Legal Concept）的钥匙码，因此，钥匙码大纲可以看作是裁判要点的分类系统。律师和法官们可以通过钥匙码系统迅速寻找到与某一特定法律要点相关的法律眉批和相应的判例法。它有效地帮助了美国法律专业人士在汗牛充栋的判例法体系之中进行有条理的检索。

同时，系统化也意味着在此过程中，会淘汰掉一部分非判例的案件㉛，使得判例集中于体现裁判要点中的法律内容，这样编纂出来的判例集将会更加集中地体现出判例集的特色，并逐步从案例集、案件集等非专业性的判例汇编中脱颖而出。

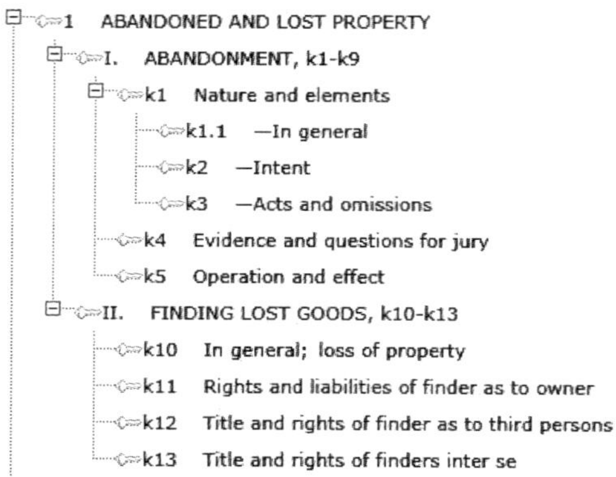

图 1　West 公司钥匙码系统示意图

四、制度设计：判例集的“互联网 +”模式

2015 年年初，李克强总理在政府工作报告中提到了“互联网 +”的概念。按照马化腾的解释，“互联网 +”战略就是利用互联网的平台，利用信息通信技术，把互联网和包括传统行业在内的各行各业结合起来，在新的领域创造一种新的生态。㉜

笔者所在的法院正在逐步推进法官应用软件系统的建设，其中的一部分工作就是试图借助互联网系统，搭建全国的法官信息交流的平台。笔者受到其中的启发，并根据本文的论述，初步设计了我国判例集的“互联网 +”模式。

1. 搭建平台

由最高法院牵头，逐步搭建在全国法院系统内部的统一的判例发布与交流平台。平台的目的在于建立全国范围内、统一、长期、稳定的判例数据库。

发布主体方面，平台应允许各级法院有权对其本院有代表性的生效判决

㉛　参见见本文注㉖。

㉜　《解读：李克强政府报告中的“互联网 +”是什么》，中国经济网 2015 年 4 月 1 日，网址：http://www.ce.cn/cysc/ztpd/2015zt/9gz/bd/201504/01/t20150401_4997927.shtml，2015 年 6 月 14 日访问。

根据平台统一规定的格式进行修改后直接发布。各主体发布的生效裁判应当经过本院审判委员会研究并授权才能发布。发布后,全国范围内的法官均可以查阅。发布判例的范围应当不设限制,但按规则分门别类。最高法院也可以先效仿第9批指导性案例的做法,先将已经刊登在《最高人民法院公报》等最高法院权威书刊上的有效判例整理发布,作为第一批判例,也便利分类整理。判例效力方面,允许将最高法院指导性案例和部分高院应当参照的参考性判例也同时作为判例统一发布至平台中,并对其效力予以注明。发布的时间应当不设局限。而为了便利检索,最关键的就是要根据我国判例的发布情况,及时建立“钥匙码”系统。

2. “钥匙码系统”

Westlaw 公司的钥匙码系统毕竟与我国的法律体系不相适应,有些钥匙码在我国看来有重复之嫌。如第35号一级钥匙码“Arrest”和第36号一级钥匙码“Arson”,就与第11号一级钥匙码“Criminal Law”重复,在中国法律的体系就不能同属于一个层级。

由于我国没有联邦和州两个法律系统,笔者的建议是借鉴“中国裁判文书网”的六分法,将判例大体按照不同诉讼程序的特点,作“五分法”,即分为“民事”“刑事”“行政”“赔偿”“执行”五部分,并根据不同程序的内容设立不同层级的钥匙码。设立不同的钥匙码,既要考虑到实体法的要素,也要考虑到程序法的要素。例如“刑事”可分“总则”“分则”两个一级钥匙码;“总则”部分,则细分为“犯罪”“刑罚”“程序”三个二级钥匙码;再对二级钥匙码进行细分(如图2)。其中,用“判例”的拼音首字母P表示具体判例。

```
刑法
    一、总则
    ---(一)犯罪
         ---1. 原则
         ---2. 主观
         ---3. 客观
         ---4. 正当化事由
         ---5. 故意犯罪形态
         ---6. 共犯
             ---P100 见危不助的消极不作为可与积极作为构成事中共犯
         ---7. 罪数
         ---8. 证据
```

图2 “互联网+”模式下我国钥匙码系统构想示意图

在每个具体判例中,也应根据钥匙码系统的编排,在裁判要旨以及裁判文书文本中关于该项争点内容具体位置侧部标注钥匙码,以便查询。一个判例由于可能存在多个争点，因此可以有多个钥匙码。同时，还应当建立起钥匙码与判例之间的双向索引，便于检索者调取和研习相同钥匙码下的不同判例。钥匙码系统的使用并不排斥对“关键词”“裁判要旨”的使用，以便利检索。钥匙码系统也不能一成不变，应当允许其随着法律的发展逐步演进。

3. 判例甄别

发布主体的多元化必然带来的就是对同一问题认识不一的问题。一方面，平台必须允许有不一致的判例出现，过早要求发出一致的声音，既有违司法规律，也不利于司法规则的自然生成。因此，平台的管理者应当在容忍不同判决的同时，由最高人民法院委托有关部门进行及时研判，并将研判的结果予以公布。

甄别主要针对属于同一钥匙码但裁判结果不一致的判例进行，注重对发生不一致的原因进行分析评判。甄别的主体除最高人民法院以外，还应吸收学者与法官组成甄别委员会，甄别的程序也应当公开透明。对于最终形成的甄别结论，应当在经过甄别后发布的判例中予以记载和描述，以帮助法官在类似案件适用时能够准确地区别。

4. 定期编纂

一部分在平台中发布比较时间较长、各方认可度较高、基本能够代表对该问题的普遍看法的判例，最高法院应当及时进行整理，对部分可以提请立法的，按照程序提交全国人大或者有关部门进行立法，对暂无立法必要的，也可以指导性案例或者参考性案例的形式，提升其法律效力，用以指导将来的审判活动。

对于一部分发布后经过各方讨论，认为判决不符合法律规定的内涵，或者经过立法的修订后该判决与法律的规定不再相符的，最高法院可以定期进行清理，对其标注为判例失效。

判例集的“互联网 +”模式，相比本文的第一部分现有的其他判例集而言，能够满足前述发布主体、判例范围、判例效力、发布周期和便利检索五个要素的优化组合，达到“1 +1 大于 2”的效果：

第一，发布主体范围扩大至各级法院，同时由于经过了审判委员会，使得这些判例至少经历了当地的统一性检测，因而发布主体具有权威性。加之各地法官可以在平台上交互评论，对于判例在全国层面上的锤炼能够从实质上提升判例的权威性。

第二，由于各发布主体存在于全国各地，其所遇到不同法律争点的几率大大增加,使得判例的范围较广。且由于根据争点进行了系统性的梳理,判例的撰写者们为了能够将其撰写的判例入选判例集,会自觉地选择尚未收入的争点撰写案例进行补充,从而客观上进一步完善了判例集的系统性。

第三,各院发布的判例效力可统一标准,从而具有效力明确的特征。

第四,发布周期虽然不可预测,但可以预见到的是,在全国20万法官的共同努力下,做成一个系统化的判例集不会太久。而且,在系统化经历一段时间之后,各大争点均有相应判例为支撑,发布周期的问题将不再重要。

第五,经过了“钥匙码”系统的梳理,以及信息化技术的配合,便利检索的特征将十分明显。

Applying Internet Plus Mode in the Cases

——From the Perspective of Cases in Judges' View

Abstract: Marked by the release of Supreme People's Court of guiding cases, judicial precedent have been developed in our legal system, which can be concluded from the gradually increasing number of judicial precedents and casebooks. However, it would be difficult for judges to determine on which judicial precedent to apply, due to the lack of a unified authority to release and integrate judicial precedents. The chaos contains changes. This article would discuss from the resource of current situation of judicial precedents in China, and conclude five elements that judges would consider while choosing judicial precedent by analyzing and comparing five main types of case books which would be applied or referred by judges, namely cases for guidance, cases for reference, cases in daily life, electronic cases and cases on books or journals.) Based on the above conclusion, it can be known that an ideal casebook should have the following characters. Firstly, it should be released by authority and has clear effectiveness hierarchy. Secondly, it should cover difficult issues of a certain trial area. Thirdly, it should be updated in time and convenient to be searched. According to these characters, the author designs the internet plus mode for casebooks preliminarily.

Keywords: Judicial Precedents; Internet Plus Mode; Key Number System

(段　明　段湘湘)

伦理与法律的冲突与契合：“常回家看看”条款的实践品性与法律适用

王汝洋*

摘　要：“常回家看看”条款具有深厚的“以礼入法”的中国传统法律文化色彩，关照到了人口老龄化、“空巢家庭”引发的老年人精神赡养问题，具有强烈的现实性，反映了立法对社会现实问题和人伦亲情的深切关照。“常回家看看”条款引出诸多不同观点，从深层次上反映出当下中国家庭伦理与法律问题的复杂性。面对复杂的社会现实，固守伦理与法律的分离性命题，必然无法回答当代中国的家庭问题。因此，从法律适用角度来看，在面对精神赡养纠纷时，应当将“常回家看看”条款置于亲属法的视角内进行理解与适用，法院通过个案裁判使具有伦理价值色彩的条款具体化，进而发挥出该条款在行为规范、伦理关怀、社会导向等方面的功能。

关键词：精神赡养　实践品性　法律适用

引　言

孝悌也者，其为仁之本。在中华法系的历史长河中，“以礼入法”是我国法律文化传统的重要内容。《春秋》决狱、“存留养亲”、亲亲相隐等都在一定程度上契合了人性，彰显了法律对伦理亲情的尊重。新修订的《中华人民共和国老年人权益保障法》第 18 条规定“与老年人分开居住的家庭成员，应当经常看望或问候老年人”，此条文广受各界热议，被称为“常回家看看入法”。“常回家看看”被写入法律，是“以礼入法”传统在当代社会的映射，该条款入法有助于巩固人伦亲情，弘扬孝道风尚。

---

* **作者简介：**王汝洋（1988— ），男，山东泰安人，山东省肥城市人民法院审判员。

“常回家看看”入法实际上是确立了赡养人的精神赡养义务。“精神赡养”,是指在家庭生活中,赡养人理解、尊重、关心、体贴老年人的精神生活,在精神上给予其慰藉,满足其精神生活的需要,使其愉悦、舒心①”。在立法修订和颁布实施过程中,“常回家看看”条款受到了理论界和实务界的广泛关注,各界围绕其“可操作性”“执行难”“伦理与法律的边界”等展开了激烈的讨论。赞成者认为,该条款具有明确的价值指向,关照到了人口老龄化、家庭空巢化的社会现实,具有完整的权利义务属性,并可以成为起诉、裁判的依据。② 批判者认为,该条款逾越了法律与伦理的边界,在审判中也面临着界限模糊、执行困难等难题。③ “常回家看看”受到的非议,在很大程度上是在因为公众忽视了该条款入法的现实背景和伦理基础,条款内容的完整性和法律性质也未得到充分关注。

一、实践品性:“常回家看看”条款的现实依据与伦理基础

有观点认为,该条款在实践层面上没有现实土壤根基,用法律维系孝道亲情带有很强的理想主义色彩。④ 一般而言,对于亲属间关系的调整本身就是个法律难题,“身份型的孝与契约型的法的冲突、孝的内在性与法的外部性间的矛盾、孝的差别主义与法的普遍主义之间的抵牾,构成了孝道入法的难题”。⑤ 诚然,对于亲属间关系的法律调整,立法必须秉承理性谨慎的态度,但是该条款的入法无论在现实层面还是伦理层面都有着较为深厚的实践根基。

(一)“空巢家庭”的社会现实——入法的现实依据

“十二五”时期,我国将进入人口老龄化的严峻时期,60 岁以上老年人将由 1.78 亿增加到 2.21 亿,老年人口比重将由 13.3% 增加到 16%。根据全国老龄工作委员会办公室发布的数据表明,2012 年,我国城市老年人“空巢比例”已达近 50%,“孤独死”等严重问题屡见报端。在城市,家庭居住方式由代

① 李欣:《“家庭养老”保障论——以亲属法之保障为视角》,载《河北法学》2011 年第 8 期。

② 参见蒋悟真:《精神赡养权法治保障的困境及其出路》,载《现代法学》2014 年第 4 期。

③ 参见丁芳,唐芳:《再探我国老年人精神赡养的立法完善》,载《长春理工大学学报(社会科学版)》2014 年第 6 期。

④ 参见上引丁芳,唐芳文。

⑤ 李拥军:《“孝”的法治难题及其理论破解》,载《学习与探索》2013 年第 10 期。

际共居向分居转变，导致空巢家庭大量出现。加之现代城市生活的快节奏，子女承受了较大的工作压力，使得子女无暇关照老年人的精神需求。在农村地区，伴随着劳动力向城市的转移，老年人和未成年子女留守在农村，精神关照的问题更不容乐观。

"精神赡养"，被世界卫生组织认为是"积极老龄化运动"中的重要内容。在社会物质财富日益丰富的今天，老年人的物质赡养大多能够得到有效保障，但老年人更需要精神上的慰藉。"空巢家庭"和"421 结构家庭"的增多，导致相当数量的老年人无法获得来自家庭成员的精神慰藉。因此，对老年人的精神照料显得尤为迫切，新《中华人民共和国老年人权益保障法》第 18 条的设置，就是顺应积极老龄化的发展趋势，从我国老年人精神照料的现实出发，以法律规范的形式强调孝道，用法律责任夯实伦理规范。

（二）对孝道文化的守护——入法的伦理基础

有舆论认为，"常回家看看"条款的内容是道德义务，法律不应当将道德义务法定化。如果将伦理道德内容上升为法定义务，也只能是事与愿违。⑥其实，在民法领域，许多法定义务都是从伦理道德转化而来的，都有着深厚的伦理基础。例如诚实信用原则、尊老爱幼原则。除此之外，还必须认识到，"常回家看看"并不是尽孝心的上限，而是下限。这样的法定义务，表达的是法律对于亲属间权利义务关系的基本态度。⑦ 在社会转型期，社会道德的约束力大大降低。作为最低道德准则的法律也难以对社会成员的生活干预得细致入微，因而照顾老人、给予老年人精神慰藉已经蜕变为一种颇具弹性的道德义务或者很容易被架空和规避的法律义务。

从家庭法哲学层面上看，一般把家庭伦理看作是个人行为的正当性基础，而且家庭秩序的稳定对于社会秩序的稳定在很大程度上也起着关键作用。因"空巢家庭"造成的诸多问题，必然会破坏家庭秩序的稳定，也会在相当大的程度上动摇社会秩序稳定的基石。"实际上，我们不仅要意识到，中国人的社会生活与公共规则需要依赖于家庭生活和家庭秩序才能建立起来，而且也要意识到，中国人的伦理精神和意义世界也需要靠家庭这个'守

---

⑥ 参见霍小光，崔清新：《专家回应"常回家看看"条款争议：法律道德共作用 执行看具体》，载 http://news.xinhuanet.com/legal/2013－07/05/c_116425225.htm，2014 年 12 月 30 日访问。

⑦ 参见杨立新：《"常回家看看"条款的亲属法基础及具体适用》，载《法学论坛》2013 年第 6 期。

护神’来维持⑧”。如果我们的立法和司法缺失了对家庭亲情伦理的捍卫,漠视家庭观念与孝道文化的流失,那么法律也就无法承担起社会公平正义的重担。在法律适用层面,将该法条置于亲属间探望权法律关系的领域内分析,更能完整地诠释出该条款的可诉性,从而在法律与道德间彰显出该条款入法的现实意义。

二、理性解读:游走在伦理与法律之间的“常回家看看”条款

新《中华人民共和国老年人权益保障法》第18条规定:“家庭成员应当关心老年人的精神需求,不得忽视、冷落老年人。与老年人分开居住的家庭成员,应当经常看望或问候老年人。用人单位应当按照国家有关规定保障赡养人探亲休假的权利”,这一条款被广泛解读为“常回家看看”条款入法。但舆论对于该条款属于伦理规范还是法定义务,是倡导性规定还是法律责任存在诸多认识上的误区。

(一)伦理规范抑或法定义务?

修订前的《中华人民共和国老年人权益保障法》于1996年颁布,当时主要关注的是老年人的物质赡养问题。面对老年人日益增多的精神照料需求,新修订的《老年人权益保障法》明确了子女对老年人的精神赡养义务。有观点认为,“常回家看看”这类行为应当是伦理道德问题,不宜在法律中设定精神赡养义务。⑨

首先,精神赡养应当是一种道德自觉。子女对父母尽赡养义务,关照父母的精神需求应当是伦理道德的基本要求。这种精神赡养应当是子女对于父母养育之恩的一种道德自觉。一般而言,随着社会经济条件的发展,对于老年人的物质赡养已经得到了很大程度的保障,而且存在诸多替代方式,但子女对老年人的精神赡养是无法取代和逃避的。

然而,在当下中国,随着经济理性和消费主义对家庭的侵蚀,个体权利日益得到彰显,而家庭生活中的伦理、亲情日益弱化。长期的低生育水平更导致家庭空巢化,家庭结构的变化使得老年人能够得到的照料资源日益减少,家庭的养老功能在不断弱化,传统的尊老、敬老观念也在进一步弱化,老年人的精神赡养无法得到有效保障。精神赡养作为一种道德义务的法律化,就在于借

---

⑧ 参见方乐:《法律实践如何面对“家庭”》,载《法制与社会发展》2011年第10期。

⑨ 参见高留志:《抚养制度研究》,法律出版社2006年版,第283页。

助法律的刚性来弥合家庭结构和功能的裂缝,彰显了中国法律在社会转型期关照家庭现实的能动实践逻辑。“在欧洲福利国家试图摆脱福利困境发起找回家庭运动的时候,对我们而言,通过立法支持坚守家庭观念、维系家庭功能、保卫家庭道德,是社会转型期里的一个明智选择”。⑩

其次,精神赡养是一种法定义务。从范畴上讲,以法律形式出现的精神赡养已经不应单纯看作道德条款,而是一种法律规范。“该条款与其他条款一样具有规范性、强制性、以权利和义务为内容等特征,并具有指引、预测、强制、教育和评价等规范作用”。⑪ 在司法实务中,也有了大量精神赡养纠纷案件的出现,而且多数法院判决支持了老年人的精神赡养诉求。例如,江苏省无锡市北塘区人民法院判令被告“至少每两个月到老人居住处看望问候一次”,山东省泰安市泰山区人民法院判令被告“端午节、中秋节、春节各去看望一次”。

从可诉性上看,既然新《中华人民共和国老年人权益保障法》第18条已经明确精神慰藉是子女应当尽到的赡养义务,就应当确认精神赡养纠纷的可诉性。“民事义务不履行的后果是民事责任,具有法律的拘束力”。⑫“常回家看看”规定的精神赡养义务,与夫妻间互相扶养等其他民事义务一样,都有法律强制力作为保障。“一旦违反这种义务,老年尊亲属即可以行使自己的权利,要求家庭成员进行探望,或者向法院起诉其强制履行义务”。⑬

社会各界对“常回家看看”条款提出的诸多不同观点,在深层次上反映出当下中国家庭伦理与法律问题的复杂性,也表现出了当代中国家庭问题的强烈现实性。这也就能解释,在面对伦理与道德时,我们无论放弃哪一方,都必然会受到严厉的指责。面对复杂的社会现实,固守伦理与法律的分离性命题,必然无法回答当代中国的家庭问题。诚然,用法律的方式来解决伦理亲情问题的确令人无奈,但又必须保留这种救济途径。在当下社会,虐待、遗弃老人的不良风气比较严重,这就需要法律的适当介入。试想,如果法律对此没有明确规定,那么老年人的精神赡养义务将更加得不到保障。

---

⑩ 肖金明:《误读“常回家看看”淹没立法真实价值》,载《法制日报》2013年7月4日,第4版。

⑪ 浦纯钰:《“常回家看看”若干法律问题探究——以〈中华人民共和国老年人权益保障法〉的修改为背景》,载《江南大学学报(人文社会科学版)》2013年第6期。

⑫ 王利明:《民法总则研究》,中国人民大学出版社2012年版,第470页。

⑬ 参见前引⑦,杨立新文。

(二)倡导条款抑或法律责任?

首先,精神赡养条款具有较强的倡导性。条款中将看望与问候并列,使得“常回家看看”义务的履行更具有现实性,也反映出立法者对于现实的尊重。问候方式的设立,目的就在于倡导全社会关注老年人的精神赡养需求。精神赡养是老年人权益保障的重要维度,老年人精神赡养的实现最主要还是代际间情感维系和道德自律,法律的介入是补充性的、被动性的,它扮演着最后的屏障。通过立法的形式将“常回家看看”写入法律,目的就在于进一步强化老年人精神赡养的重要性,敦促子女履行看望、问候老年人的赡养义务。法院通过判决判令当事人履行探望、问候义务,就相当于对忽视老年人精神需求的子女作出了法律上的负面评判,这种来自于法律的评判比伦理道德更有约束力。此时,司法的职能就不仅是对个案的裁判,而是通过对个案的裁判进一步诠释精神赡养条款的倡导意义,从而促使家庭成员间的亲情伦理关系得到司法判决的有效指引,促使赡养人自觉履行物质上赡养、生活上照料、精神上慰藉的赡养义务。

其次,不履行精神赡养义务应承担法律责任。根据新《中华人民共和国老年人权益保障法》第14条的规定,赡养人对老年人的赡养义务本身就包含经济上供养、生活上照料和精神上慰藉的义务,照顾老年人的特殊需要。新《中华人民共和国老年人权益保障法》第18条关照的是老年人的精神赡养需求。该条款针对的是老年人精神需求越来越强烈,而家庭对老年人的精神需求越来越忽视之间的现实矛盾,以立法的形式凸显老年人精神照料需求的重要性,突出其与经济需求、生活需求的并列地位。

一方面,子女内心的道德自觉决定了精神赡养实现的程度。另一方面,国家通过立法强化子女的精神赡养方面的法律义务,保障老年人精神赡养权利的实现。对于不看望或不问候老年人的不孝行为,如果不能期待子女的道德自觉与孝道,那么在于法有据的情况下就完全可以诉诸法律,要求子女履行精神赡养义务,构成遗弃等不良后果的亦应当追究其相应的法律责任。此时,法院对于此类行为的裁判,其价值也就不限于对子女行为进行纠偏,而是对不履行精神赡养义务的子女予以负面的法律评价,以及采取相应的法律强制措施。

三、法律关系:一种亲属法上的行为规范

目前,对于“常回家看看”条款的认识大多停留在舆论解读和热议层面,

对于该条款内容并无较多的学理分析和法律解读。笔者拟就“常回家看看”条款中的法律关系作出分析界定，以期引导公众全面完整地理解法条的内涵。“常回家看看”条款规定的内容属于亲属法行为规范，旨在规范成年子女为父母提供精神照料的行为。

需要指出的是，老年尊亲属的探望权与离婚后父母对子女的探望权虽然都是探望权，但在权利义务的设置上还是有诸多差异的。这主要体现在，《中华人民共和国婚姻法》是从权利的角度规定了离婚父母对子女的探望权。《中华人民共和国婚姻法》第38条规定：“离婚后，不直接抚养子女的父或母，有探望子女的权利，另一方有协助的义务。”而“常回家看看”条款，从法定义务的角度，明确规定家庭成员对老年人的精神赡养义务。在家庭成员内部，从作为尊亲属的父母一方来看，子女对其进行精神照料是一种权利。从作为卑亲属的子女一方看来，关照父母的精神需求是一种义务。由此，“常回家看看”条款具备了完整的权利义务结构关系，以法律的形式规定家庭成员对老年人负有探望义务，赋予了老年人享有被探望的权利，形成了亲属间的探望权法律关系。

（一）探望权法律关系的主体——回归亲属法上的概念

“常回家看看”条款中涉及“家庭成员”“老年人”“赡养人”等主体，这些主体构成了探望权法律关系的主体。然而，鉴于新《中华人民共和国老年人权益保障法》的社会法属性，这些概念并非严格意义上的亲属法范畴概念，必须回归到亲属法上进行探讨分析，才能还原探望权法律关系中主体的本来面目。

首先，老年人与探望权的权利主体的概念辨析。新《中华人民共和国老年人权益保障法》第18条中的老年人，是一种社会法意义上的界定，而不是亲属法中的概念，根据该法第2条规定，老年人是指60周岁以上的公民。从亲属法的概念看，应当将老年人看作探望权的权利主体，按照新《中华人民共和国老年人权益保障法》规定，60岁以上的老年人有权要求家庭成员履行探望或问候的精神赡养义务。然而，对于59岁以下的尊亲属就不能享有这个权利吗？这或就是社会法属性的局限性使然。从亲属法意义上看，家庭内的长辈尊亲属都应当享有这个权利，只不过老年尊亲属更需要成年子女的精神照料。

其次，家庭成员与探望权的义务主体的关系。一般而言，“家庭成员就是以婚姻、血缘关系和共同经济为纽带而组成的亲属团体中的成员”。[14] 新《中华人民共和国老年人权益保障法》第18条指出,与老年人分开居住的家庭成员,应当经常看望或问候老年人。由此看出,家庭成员包括“与老年人共司居住的家庭成员”和“与老年人分开居住的家庭成员”两种。这两种家庭成员都属于亲属法中的近亲属概念,在近亲属中,包括与老年人共同居住的家庭成员和不与老年人共同居住的家庭成员两种。因此,探望权的义务主体就包含老年人共同居住的家庭成员和不与老年人共同居住的家庭成员。

最后,赡养人和用人单位的关系。新《中华人民共和国老年人权益保障法》第18条第3款规定,用人单位应当按照国家有关规定保障赡养人探亲休假的权利。从探望权的法律关系来看,赡养人应该就是对尊亲属承担精神赡养的义务人。从亲属法的角度看,用人单位不是探望权法律关系的主体,而应当把它界定为保障赡养人履行精神赡养义务的辅助义务主体。在快节奏的现代社会,成年子女大都承担着较大的工作、生活压力,通过立法明确用人单位保障赡养人探亲休假的权利,从而使得与老年人分开居住的家庭成员得以履行探望义务。

(二)探望权法律关系的客体——基于伦理亲情的身份利益

探望权法律关系的客体,就是尊亲属因亲属关系而享有的一种身份利益。在尊亲属与卑亲属之间,存在亲权和亲属权两类法律关系。一般而言,亲权是父母对未成年子女的教养保护权利。亲属权是父母与成年子女、祖父母与孙子女、外祖父母与外孙子女以及兄弟姐妹之间的身份权。根据杨立新教授的观点,由于探望权的义务主体是成年卑亲属,因此在亲权关系中不存在探望权,探望权只存在于亲属权法律关系之中,而且是尊亲属与卑亲属之间的法律关系之中。[15] 根据对“常回家看看”条款的分析,近亲属探望权法律关系的客体就是该款规定的共同居住的家庭成员应当关心老年人的精神需求,不得忽视、冷落老年人,与老年人分开居住的家庭成员,应当经常看望或者问候老年人。亲属探望权法律关系客体的核心就是家庭成员以作为方式的对老年人履行精神赡养的义务。

德国立法明确规定,子女必须用法定假期三分之一的时间探望父母。瑞

---

⑭ 参见前引⑦,杨立新文。

⑮ 参见前引⑦,杨立新文。

典、芬兰在法律中也通过列举方式规定了子女对父母探望时间和次数。⑯ 我国不少法院已经在精神赡养纠纷上采用了量化指标。2013 年 7 月,江苏省无锡市北塘区法院判决被告马某每月至少看望母亲储某一次,在端午节、重阳节、中秋节、国庆节、元旦这些节日,也必须至少安排其中两个节日看望母亲储某。2014 年 1 月,对于原告刘某诉被告王某等四人的赡养纠纷案件,山东省泰安市泰山区人民法院判决被告每月探望母亲两次,端午节、中秋节、春节各去探望母亲一次。量化指标的判决,从法律上保证了老年人受精神赡养的权利。然而,精神赡养的实现更重要的是行为与效果的协调配合,应避免硬性司法裁判带来的隔阂,注重老年人在内心上的温暖。

(三)探望权法律关系的内容——探望权权利人的请求权分析

一般而言,民事法律关系的内容就是民事主体在民事法律关系中享有的权利和承担的义务。有观点认为,"常回家看看"的立法规定缺乏可操作性,认为相关权利的创设如果不与当事人在司法上的请求权相对应,那么就没有有效的司法救济途径。这种"常回家看看"条款所创设的权利也只能是一种纸面上的权利。这种观点的错误就在于忽视了"常回家看看"条款中的权利义务关系。本文从法律关系、法定义务、逻辑结构三方面分析"常回家看看"条款的请求权问题。

首先,探望权法律关系作为一种民事法律关系,其内容应当界定为尊亲属与卑亲属之间对探望的权利和义务划分。对因探望产生的身份利益的占有、支配就是尊亲属的探望权。"探望权就是尊亲属为了实现被探望的身份利益而依法请求义务人履行探望行为的自由"。⑰ 为了满足尊亲属被探望的身份利益而产生的探望义务和尊亲属对探望身份利益的支配,卑亲属就负有经常看望或者问候老年人的义务。

其次,基于前述的分析,"常回家看看"条款规定的义务是一种法定义务。根据新《中华人民共和国老年人权益保障法》第 14 条的规定,精神慰藉本身就是赡养义务中一个方面。依照《中华人民共和国民法通则》的规定,行为人不履行相应的法定义务,必然要承担法律上的不利后果,即民事责任。"常回家看看"设置了探望和问候两种义务履行方式,如果,负有赡养义务的子女既不探望又不问候老年人,就应当认定未履行法定义务。

---

⑯ 参见田亮:《"常回家看看"入法是不得已》,载《环球人物》2013 年第 19 期。

⑰ 参见前引⑦,杨立新文。

最后，从逻辑上讲，一个完整的法律规范应当包含假定条件、行为模式、法律后果三要素。对于"常回家看看"条款逻辑结构的理解，应当在探望权法律关系的视角中作分析。卑亲属不履行相应的精神赡养义务会受到负面的法律评价以及相应的法律强制措施的惩罚。对于探望权受到侵害的老年人，即可以基于法律赋予的请求权提出相应的诉求，请求侵害或者妨害其探望权的义务人承担法律责任，要求与其分开居住的家庭成员尽到相应的看望或问候义务。

四、裁判路径："常回家看看"条款的法律适用

在"常回家看看"条款入法前，各地法院在处理老年人精神赡养案件上各有不同。有的侧重于通过法官的调解、说理等方式来维系伦理亲情；有的固守伦理与法律的对立，坚持于法无据的说辞；有的已从法律适用角度探索精神赡养纠纷的裁判路径。在新法颁行后，法院对于精神赡养案件的可诉性态度则更为明确。2013 年 7 月 1 日，江苏省无锡市北塘区法院审理了一件精神赡养纠纷案件，支持了原告要求子女履行精神赡养义务的诉求。此后，各地法院也纷纷受理了该类案件。

由于"常回家看看"条款仅仅是概括性、原则性的规定，并未对精神赡养义务的履行方式及违背该义务的法律责任作出具体规定，导致精神赡养纠纷裁判标准难以把握，使得案件的审理结果具有较大的不确定性。同时，基于血缘亲情而衍生的孝道，在以判决形式确定子女的探望问候义务后，又面临着执行标准不明确的尴尬处境。这些难题，严重困扰着案件的审判，也在很大程度上关系到立法目标的实现。诚然，这类案件的有效解决还有待于法律规定的进一步细化完善。但在处理精神赡养纠纷时，必须注重对老年人精神赡养权利的保障，做到通过调解弥合情感裂缝，审慎判决敦促子女尽孝，同时不应忽视非诉纠纷解决机制的力量。

（一）以守护情感为价值追求——调解前置

法院在审理精神赡养纠纷时可参照离婚案件的审理程序，应当尽可能地适用调解。赡养纠纷有别于一般民事纠纷，具有浓厚的伦理亲情内容，当事人之间存在着特定的血缘关系，纠纷的起因也往往涉及情感、心理等复杂因素。如果机械地适用审理程序，并不能取得良好的裁判效果。法官在审理此类案件时，在充分尊重诉讼双方当事人意愿的前提下，应当尽可能地在庭前进行调解。调解程序的适用，一方面可以避免双方当事人产生对立情绪和矛盾激化；

另一方面,通过调解结案有利于实现案结事了,敦促子女自觉主动地履行义务,从而达到维护老年人精神赡养权的立法目的。对于精神赡养在内的赡养纠纷,立法应当规定以调解为前置程序。

(二)以法律刚性为制度保障——审慎判决

从审理机制的角度来看,可以设置家事审判合议庭,专门审理精神赡养纠纷类的案件,以专业化的审判确保精神赡养纠纷的科学公正裁判。例如,日本、韩国等都有独立的家事程序法,契合了家事纠纷隐私性、关系复杂的特点,为家庭婚姻关系案件的审理提供了有效的程序保障。我国应当借鉴相关立法,设立专门的家事审判程序和审判合议庭。

从统一法律适用和裁判标准的角度来看,最高院应当对法院已经审结的精神赡养纠纷的审理程序、结案方式、法律适用等问题进行分析提炼,进而发布相关指导性案例。精神赡养类指导性案例的发布,一方面可以弥合现阶段立法概括性与法律适用确定性之间的矛盾;另一方面可以在一定程度上实现裁判标准的统一,实现精神赡养权的有效保障。

鉴于"常回家看看"条款的法定义务属性,法院应当严格按照民事诉讼相关程序审理此类案件。在受理此类纠纷时,应当从严把握立案标准。在案件审理中,首先,要充分认识精神赡养纠纷的特殊性,坚持以查明事实作为案件裁判的依据。其次,精神赡养纠纷往往面临着当事人举证难的问题,法官应当根据案件情况恰当行使取证权。最后,应当秉持维护亲情伦理的出发点,必要时借助社区和民间调解力量,加强亲情感化和思想疏导,平衡各方利益,达到案结事了的效果。⑱

案件执行难问题,也不应当成为拒绝裁判的理由。在《婚姻法》中,设立了通过采取拘留或罚款的方式保障探望权实现的条款。⑲ 对于同样基于身份利益的老年人的探望权的强制执行,也可以适用拘留或罚款等强制措施。德国相关法律规定,对于子女不对老年人进行精神照料的行为,只要老人或社区进行举报,子女就会面临警告、罚款或拘留的不利后果。在子女拒不执行相应

⑱ 参见谢迟:《家事纠纷再审案件的困境及解决途径》,载《人民司法》2014 年第 11 期。

⑲ 《最高人民法院关于适用〈中华人民共和国婚姻法〉若干问题的解释(一)》第 32 条规定,《婚姻法》第 48 条关于拒不执行有关探望子女等判决和裁定的,由人民法院依法强制执行的规定,是指对拒不履行协助另一方行使探望权的有关个人和单位采取拘留、罚款等强制措施。

探望义务时,仍应注重采取说服教育、训诫等柔性手段。对于拒不履行判决义务的当事人,可以按照相应法律规定进行罚款或拘留。情节比较严重的,可以按照拒不执行法院生效判决罪追究法律责任。

(三)构建多元化的纠纷解决机制——社会支持

为了充分保障老年人精神赡养权利在内的各项权益,有必要在社区设立法律援助机构。在发生精神赡养纠纷时,应当充分发挥人民调解、社区服务组织的作用,引导老年人通过诉讼外的方式维护权益。通过非诉的调解方式,可以缓解当事人的对立情绪,促使家庭成员在社会舆论和道德的约束下自觉履行精神赡养义务。

面对传统家庭养老向居家式社会养老发展的趋势,有必要强化老年人所在社区对老年人精神赡养权利的维护。赋予社区组织一定的职权,在一定范围内监督子女精神赡养义务的履行。这类日常监督行为,也可以为老年人在精神赡养诉讼中提供证据支持。完善老年人权益的社会多元化保障机制,建立老年人权益法律援助机制、人民调解机制和老年人精神赡养权益社区保障机制,在一定程度上可以避免诉讼带来的负面效应,从而尽可能地保障老年人精神赡养权利的实现。

结　语

我们期待,“常回家看看”条款入法,只是社会日益关注老年人精神照料需求的开始,它将为我们的社会带来更加适宜的伦理道德环境。从法理内涵上看,“常回家看看”条款不仅强化了家庭成员间的亲情关系,而且也明确了家庭成员在精神赡养关系上的权利义务关系。道德需要法律规则的呵护,孝道不彰更需要司法的规制。法院通过个案裁判使具有伦理价值色彩的条款具体化,进而发挥出该条款在行为规范、伦理关怀、社会导向等方面的功能。如此,在司法审判的渠道内,在尊重客观事实的前提下,更加关照伦理与法律的契合,通过审慎、灵活地司法裁判,使得孝道伦常观念获得刚性支撑,从而引领全社会共同关注老年人的精神赡养问题。

The Conflicts & Fitting between Ethics and Laws: Practical Features and Application of Law on the Clause of Go Home Often

Abstract: The paper elaborates the practical features on the clause of Go Home Often on the aspects of aging population and legislative advocacy. It points out that the clause of Go Home Often combining ethical with the law; this reflects the legislation issues of deep care of social reality and human relations. On the basis of the social law attribute of the Protection of the Right and Interests of Elderly People, it makes a detailed analysis in the perspective of the relative law. In the trial practice, the legal case of spiritual support generally faced difficulties on judging, referee's standard and executing. However, we should pay more attention to eliminate emotional risks between relatives when judging, meet the complexity feature of supporting disputes by releasing instruction cases and setting family trial court, also pay attention on the people's mediation and other non-litigation dispute resolution mechanism.

Key words: Spiritual Support; Practical Features; Application of Law

（曹亚雅　龙乙方）

我国附条件不起诉制度的不足与完善

陈立毅　张春利*

摘　要：附条件不起诉制度作为起诉便宜主义的产物，其出现与发展有着深厚的理论基础，对整个刑事程序的完善也大有裨益。我国各地检察机关于1992年开始了附条件不起诉的试点工作，2012年修改后的《刑事诉讼法》也正式确立了针对未成年人的附条件不起诉制度。但囿于立法、理论与实践的各种因素，现行制度的运行状况并不乐观，比如与酌定不起诉界限模糊，适用条件过于严苛，限制性义务规定粗糙，监督制约力度不足，考察帮教制度缺失等。为使该制度更好地发挥作用，保障犯罪人的合法权益，亟须进一步细化酌定不起诉与附条件不起诉的界限，扩大该制度的适用范围，细化限制性义务规定，完善监督制约机制，建立相关帮教考察制度。

关键词：附条件不起诉　未成年人　酌定不起诉　限制性义务　考察帮教

引　言

附条件不起诉制度作为起诉便宜主义的产物，赋予了检察机关对具体案件的起诉裁量权，实现了审前案件的程序分流，减轻了法院的诉累，也使犯罪嫌疑人早日摆脱了诉讼负担，为有效惩罚罪犯、保障人权开辟了新途径。但是，附条件不起诉并不是一项新近出现的制度，它最早出现在德国、日本等国

---

* **作者简介**：陈立毅（1983— ），男，广西防城港人，法律硕士，广西壮族自治区人民检察院助理检察员；张春利（1989— ），女，山东聊城人，西南政法大学法学院硕士研究生。

家。我国在立法上正式确定该制度以前各地检察院也开始了试点改革探索,[①]取得了不错的效果,但因为于法无据而引发了诸多争议。[②] 2012 年《刑事诉讼法》正式确立了针对未成年人的附条件不起诉制度,解决了试点改革于法无据的困境,也顺应了世界刑事司法发展的必然趋势。但由于经验不足,该制度在现实中的运行现状仍旧不容乐观。基于此,在新刑诉法实施两年多后,本文拟在介绍相关理论的基础上,梳理制度的发展历程,对相关制度以及实施现状进行分析、探讨,以期能够发现不足并提出一些合理的完善建议。

一、附条件不起诉制度的理论基础

(一)起诉便宜主义的内在要求

20 世纪初期,目的刑理论取代了报复刑理论,刑罚不再是单纯的惩罚和报复的工具,人们更加关注对犯罪人的教育以及特殊预防目的的实现。由此,起诉便宜主义应运而生并逐渐被国际社会所接受。起诉便宜主义又叫起诉裁量主义,是指检察机关在审查起诉时,对于符合起诉条件的案件并非必须一律提起公诉,而是可以根据案件的具体情况综合考量,然后再自由决定是否提起公诉。近代刑事司法都经历了由起诉法定主义向起诉便宜主义的转变,世界上基本没有哪个国家还在实行彻底的起诉法定主义。这与近现代以来犯罪数量高居不下,犯罪日趋复杂也有很大的关系。在越来越多的积案面前,赋予检察机关根据具体案件的起诉裁量权不失为一个明智之举。在这样的大背景下,附条件不起诉制度便获得孕育其生长的肥沃土壤。对此,有学者指出"暂缓起诉本质上是检察机关享有的一种暂时搁置起诉权的自由裁量权,这种自

---

① 如:最早进行探索的是上海市长宁区检察院。从 1992 到 2003 年对近 20 名未成年犯罪嫌疑人作了不起诉处理。其中 4 名最后被提起公诉,其余均作不起诉处理。被不起诉的青少年后来均顺利考上了大学或走上工作岗位。2003 年,南京市浦口区检察院率先成立"在校大学生犯罪预防中心",出台了《暂缓不起诉试行办法》,对涉罪大学生实行暂缓起诉;2004 年 6 月 12 日,北京市海淀区检察院对犯罪的未成年人实施暂缓起诉制度,制定出台了《北京市海淀区人民检察院实施暂缓起诉制度细则》;2003 年,河南省登封市检察院被郑州市检察院确定为暂缓起诉试点院,制定出台了《登封市检察院关于刑事案件暂缓起诉的实施规则》。参见李郁:《暂缓起诉:严格执法中的温情》,载《法制日报》2003 年 8 月 19 日。

② 主要争议有:在立法缺位实践先行的情况下,有违法改革的嫌疑,处于合理但不合法的尴尬境地;是否属于"法外施恩""以钱买刑",违反刑法面前一律平等原则;是否会对法院的审判权造成侵害。

由裁量权直接起源于起诉便宜主义。因此暂缓起诉制度是以起诉便宜主义为其终极理论支撑。”③

（二）诉讼经济原则的必然要求

任何法律的制定和执行都应该有利于资源配置的效益最大化。从法经济学的视角来看，刑法的目标是要最小化犯罪的社会成本④。但在刑法的实施和刑罚的适用中也会产生一定的社会成本。同样的，刑事诉讼程序一旦启动，也将耗费相当多的社会资源。受一国经济社会发展水平的局限，每一个国家所能投入到司法程序中的人力物力都是有限的，在犯罪率逐年攀升，诉讼资源又非常有限的情况下，如何实现两者之间的动态平衡就是程序设计者必须要考虑的问题。“公正在法律中的第二个意义就是效率”，因此如何尽量节约司法资源的投入，提高诉讼效率是各国刑事司法都面临的一大难题。提高诉讼效率的途径是多样化的，既包括审判程序的设计，也包括审前程序的案件分流。暂缓起诉制度作为审前程序案件分流的途径之一，具有非常明显的优势：这样既能减少法院的讼累、节约司法资源，使多余的资源投入到更加需要的案件中；又能使不起诉的犯罪嫌疑人尽早摆脱刑事追诉的负担和犯罪人标签，更好地回归社会。

（三）完善公诉制度的必然要求

检察机关在审查起诉阶段对公安机关移送的案件进行审查，根据审查结果的不同作出相应的决定。现代各国都赋予了检察机关广泛的起诉裁量权，因此检察机关在审查后可以裁量决定是否提起公诉。但是，在附条件不起诉制度缺位的状态下，检察机关只能作出起诉或不起诉的决定。比如在我国刑诉法修改以前，除了依法应当提起公诉以外还有三种不起诉情形，即法定不起诉、证据不足不起诉、酌定不起诉。三种不起诉只有酌定不起诉适用起诉裁量权，但是酌定不起诉并没有要求附带特定条件，一经作出就产生不起诉的确定效力，导致起诉与不起诉之间缺少必要的缓冲地带。现实中有一些案件，虽不具备酌定不起诉的条件，但具有从轻处理的情节，若提起公诉会显得处罚过重，若不起诉则又有放纵之嫌，导致出现这样一种诉与不诉的两难境地。附条件不起诉制度的确立则可以妥善处理诉与不诉之间的空当，实现两者之间的

③ 陈光中，江伟：《诉讼法论丛（第4卷）》，法律出版社2004年版，第171页。

④ ［美］波斯纳：《法律之经济分析》，唐豫民译，台湾商务印书馆1987年版，第68页。

平稳过渡,使公诉制度得到进一步的完善。

(四)刑法谦抑性和刑罚轻缓化的要求

"刑罚与其严厉不如缓和",是一条古老的刑法格言。随着社会文明的进步,刑罚的功能不再局限于惩罚或报复,刑罚的谦抑性更为人们所重视。所谓刑法谦抑,是指刑法应当作为社会抗制违法行为的最后一道防线,能够用其他法律手段调整的违法行为尽量不用刑法手段调整,能够用较轻的刑法手段调整的违法行为尽量不用较重的刑法手段调整。⑤ 刑法谦抑性思想主要是通过非犯罪化、非刑罚化和轻刑化(非监禁化)的刑事政策体现出来的。⑥ 在刑事诉讼中确立附条件不起诉制度,首先可以通过限制检察机关的公诉权,给予轻罪犯罪嫌疑人一个改过自新的机会;其次可以把某些符合条件的特定案件在审查起诉环节消化掉,减少动用刑罚手段,避免刑罚给被控告人带来的犯罪标签效应,有利于他们无痕回归社会。综上,可以说附条件不起诉制度在一定程度上契合了非犯罪化、非刑罚化和轻刑化的世界潮流,体现了刑法的谦抑性和刑罚的轻缓化。

二、我国附条件不起诉制度的发展历程

起诉便宜主义作为特殊预防的目的刑理论在刑事诉讼中的体现,侧重刑事追诉的合目的性和合理性。随着起诉便宜主义、刑罚轻缓化理论的发展,加之诉讼经济的要求,附条件不起诉制度逐渐在我国流行开来,从开始的零星试点到现在的制度化历程,该制度正在慢慢走向成熟。

(一)试点阶段

附条件不起诉制度在我国司法实践中施行已经有近 20 多年的时间。上海市长宁区人民检察院于 1992 年在实践中首开附条件不起诉先河。⑦ 2000 年后,附条件不起诉如雨后春笋般在全国各地兴起,武汉、长春、抚顺、南京、上海、北京等地的检察机关也在办理未成年刑事案件的实践中引入了附条件不

---

⑤ 梁根林:《非刑罚化——当代刑法改革的主题》,载《现代法学》2000 年第 6 期。

⑥ 陈光中,彭新林:《我国公诉制度改革若干问题探讨》,载《法学研究》2011 年第 4 期。

⑦ 1992 年年初,长宁区人民检察院对涉嫌盗窃的一名 16 岁犯罪嫌疑人延期进行起诉,考察期为 3 个月。在考察期内,该犯罪嫌疑人表现良好。5 月,长宁区人民检察院决定对其从宽处理。按照当时的规定实行"免予起诉"。检察机关后来将这一行为称为"诉前考察"。参见郭斐飞:《附条件不起诉制度的完善》,载《中国刑事法杂志》2012 年第 2 期。

起诉制度，取得了较好的社会效果。⑧ 但由于当时刑诉法并无明文规定而导致了很多争议，使其成为一项合理但不合法的“违法实验品”。而且，囿于缺乏立法的统一规定，实践中“五花八门”的做法，也在一定程度上阻碍了该制度的进一步发展。首先，适用对象不同，有的地方规定为未成年人，有的地方则扩展至在校大学生、老年人、怀孕的妇女等。其次，适用程序不统一，检察机关从作出附条件不起诉决定到考察期满作出不起诉决定或撤销附条件不起诉决定提起公诉，均无严格的规范或不成文的规定，实践中操作的随意性较大。附条件不起诉本就是检察机关行使裁量权的表现，而权力一旦缺少限制就极易发生异化；没有统一的规则作为约束，很难确保权力行使的正当性。再次，从考验期限来看，实践中往往将考验期间等同于取保候审期限来确定，抹杀了附条件不起诉制度存在的独立价值。最后，由于受到社会舆论、“花钱买刑”，被害人等各种因素的影响，检察机关在适用附条件不起诉时，仍显得过于谨慎，迈不开步伐，难以确保正常化运作。鉴于此，理论与实务界都有很多人呼吁应以立法的形式明确规定附条件不起诉制度，以便形成统一的适用标准，更好地发挥该制度的功效。

（二）制度化阶段

随着试点工作的开展，2008 年，“设立附条件不起诉制度”的表述首次出现在中央关于深化司法体制和工作机制改革的文件中。⑨ 试点经验的积累也为立法的发展奠定了基础，正是有了将近 20 年的试点改革的有益经验，附条件不起诉制度才能真正出现在立法中。2012 年《刑事诉讼法》第五编第一章规定了“未成年人刑事案件公诉程序”作为四项特别程序之一，其中第 271 条至第 273 条明确规定了针对未成年人的附条件不起诉制度。新法规定：“对于未成年人涉嫌《刑法》分则第四章、第五章、第六章规定的犯罪⑩，可能判处一年有期徒刑以下刑罚，符合起诉条件，但有悔罪表现的，人民检察院可以作

---

⑧ 参见张军，陈卫东：《刑事诉讼法新制度讲义》，人民法院出版社 2012 年版，第 365 页。

⑨ 姜田龙，龙天鸣，黄子桐：《附条件不起诉制度的法理冲突与调适》，载《中国青年社会科学》2015 年第 4 期。

⑩ 《刑法》分则第四、五、六章规定的犯罪即侵犯公民人身权利、民主权利罪，侵犯财产罪和妨害社会管理秩序罪。

出附条件不起诉的决定。”⑪此外，该章还对附条件不起诉的考验期限、监督考察机关、被不起诉人的义务及救济机制等作了相应的规定，第一次以正式立法的形式确立了该制度。在2012年刑诉法规定的基础上，《人民检察院刑事诉讼规则（试行）》对未成年人附条件不起诉制度进行了细化规定。《规则》第492条至第501条，针对未成年人附条件不起诉制度的具体程序、监督制约、义务规定、撤销不起诉决定等问题进行了详细的阐述。其中第498条对刑诉法规定的未成年人应当遵守的规定进行了细化，对“接受矫治和教育”规定了六项具体措施。⑫ 根据该条规定，被附条件不起诉的未成年人在监督考察期限内，除了要遵守《刑事诉讼法》规定的四项基本要求⑬之外，还要根据自身的特殊情况接受某些特殊的矫正和教育措施，进一步完善了被考察人的限制性义务规定。

从各地试点到立法正式确立，这20多年的时间里，理论与实务界对该制度的探讨从未停止。不可否认，立法的确立确实为该制度的进一步实施与完善提供了契机，但同时也暴露了它的一些缺陷，比如与酌定不起诉之间的交叉关系、立法本身的不足、实践效果不佳、配套措施不足等问题，都需要进一步的分析与探讨，以便寻求解决之法。

三、我国附条件不起诉制度的不足

虽然附条件不起诉制度已经有了很长一段时间的试点经验，立法正式确立也已经有两年多的时间，很多地方也取得了不错的社会效果，但囿于种种原

---

⑪ 根据现行法律的规定，附条件不起诉制度的适用条件有以下几点：(1)适用对象为未成年犯罪嫌疑人；(2)适用的案件范围是涉嫌刑法分则第四、五、六章犯罪的刑事案件；(3)涉嫌的罪行只能是可能判处一年有期徒刑以下刑罚；(4)必须是案件事实清楚，证据确实充分，符合起诉条件；(5)未成年嫌疑人确有悔罪表现；(6)未成年犯罪嫌疑人及其法定代理人对于附条件不起诉的决定没有异义。

⑫ 包括：(一)完成戒瘾治疗、心理辅导或者其他适当的处遇措施；(二)向社区或公益团体提供公益劳动；(三)不得进入特定场所，与特定人员会见或通信，从事特定的活动；(四)向被害人赔礼道歉、赔偿损失等；(五)接受相关教育；(六)遵守其他保护被害人安全以及预防再犯的禁止性规定。

⑬ 《刑事诉讼法》272条第3款和《高检规则(试行)》第497条均规定了被附条件不起诉的未成年犯罪嫌疑人，应当遵守的四项规定：(一)遵守法律法规，服从监督；(二)按照考察机关的规定报告自己的活动情况；(三)离开所居住的市、县或者迁居，应当报经考察机关批准；(四)按照考察机关的要求接受矫治和教育。

因，实践操作并不统一。立法正式确立后，附条件不起诉看似有了统一的标准，但由于立法的自身缺陷和配套措施的缺失，其实施现状并不乐观。

（一）附条件不起诉与酌定不起诉界限不明

附条件不起诉与酌定不起诉作为不起诉的两种类型，虽有一定的区别，[⑭]但也并非泾渭分明。依据后者，检察机关对于犯罪情节轻微，依照刑法不需要判处刑罚或者免除刑罚的犯罪嫌疑人可以作出不起诉决定。那么依据现有立法的规定，当犯罪嫌疑人为未成年人，涉嫌刑法分则第三、四、五章的罪名，同时犯罪情形又比较轻微时，对两者的适用就可能出现争议。而且《刑事诉讼法》关于“附条件不起诉”与“酌定不起诉”的适用都规定的是“可以”，也就是说检察机关具有选择权，适用范围很不明晰。这就会导致检察机关对不起诉案件的自由裁量权过大，在缺乏有效的程序和制度监督时，朱孝清副检察长在2012年全国第一次未检工作会议所言“要对照附条件不起诉的法定标准，反思过去我们在办案实践中对相对不起诉标准的把握是否存在过于宽松的问题，以便进一步规范”之要求将根本无从实现。那么，当两项制度的适用范围发生重合时，究竟该如何适用酌定不起诉和附条件不起诉？附条件不起诉与酌定不起诉又是否具有适用的顺序问题？如果这些问题不解决的话，附条件不起诉与酌定不起诉的适用就会出现混乱。如果该适用附条件不起诉的案件由于某种原因却采用了酌定不起诉，未成年犯罪嫌疑人就得不到有效的考察、教育，就难以真正改过自新；反过来讲如果适用附条件不起诉错误，也会使本该适用酌定不起诉的犯罪嫌疑人承担过多的压力，不利于其改过自新。

（二）适用条件过于严苛

《刑事诉讼法》第271条规定了附条件不起诉制度的六个适用条件，包括

---

⑭ 两者的区别主要在于以下几点：首先，适用对象不同。根据我国《刑事诉讼法》的规定，附条件不起诉的适用对象仅限于未成年犯罪嫌疑人，酌定不起诉则可适用于所有的轻微犯罪的嫌疑人。其次，适用方法不同。附条件不起诉是附有一定的条件和期限的不起诉，需要附加一些特定的考察义务，接受监督教育。酌定不起诉则不附有任何条件或期限，随后也不会附加特殊的义务性规定。最后，效力不同。附条件不起诉的效力具有不确定性，相当于“诉讼中止”，最后是否起诉还有赖于犯罪嫌疑人在考验期间的表现，只有当所附条件成就时，才真正具有不起诉的效力。酌定不起诉一经作出即具有不起诉的效力，相当于“诉讼终止”，除非依法定程序撤销，否则检察机关不得再次提起公诉。

适用的对象、罪名、刑罚、程序条件及悔罪表现、犯罪嫌疑人和法定代理人同意。⑮ 对于附条件不起诉的适用对象，理论界曾有不同的看法，大致可分为以下三种：(一)应严格限制附条件不起诉的适用对象，只适用于未成年犯罪嫌疑人；⑯(二)不仅可以适用于未成年犯罪嫌疑人，还可以适用于老年嫌疑人以及偶犯嫌疑人；⑰(三)凡依法可能判处3年以下有期徒刑、拘役、管制及单处罚金的犯罪嫌疑人均可适用。⑱ 很显然，新刑诉法采用了第一种观点。对此，有学者指出："作为一项制度设计，暂缓起诉本应无主体方面的限制。但考虑到我国刑事立法和刑事司法的现状，其适用对象目前以未成年犯罪嫌疑人为宜。待条件成熟时，再扩广适用其他行为主体。"⑲笔者认为，附条件不起诉制度作为一项立法新近确立的制度，其适用对象的范围不宜过宽。基于未成年人犯罪的特殊性，在该制度的相关配套措施及制约监督机制不够完善的现状下，为避免检察机关滥用起诉裁量权，使该制度异化为权钱交易的"合法外衣"，其适用对象限于未成年犯罪嫌疑人有一定的合理性，但从长远来看，适用对象的狭隘性将严重影响该制度在现实中发挥作用，也有违平等原则。

关于罪名、刑罚及刑度条件的限制，根据刑诉法第271条⑳的规定，附条件不起诉仅适用于侵犯公民人身权利、民主权利罪、侵犯财产罪和妨害社会管理秩序罪，可能判处的刑罚必须是一年有期徒刑以下刑罚，达到起诉标准但有悔罪表现的情况。有学者认为该条规定的案件范围过于狭小，《刑法》分则第

---

⑮ 附条件不起诉的六个适用条件为：对象条件：须是未成年人刑事案件；罪名条件：犯罪嫌疑人涉嫌刑法分则第四章、第五章、第六章规定的犯罪，即侵犯公民人身权利、民主权利犯罪，侵犯公民财产权利犯和妨碍社会管理秩序罪；刑罚条件：犯罪行为可能判处一年有期徒刑以下刑罚；程序条件：符合起诉条件，即符合《刑事诉讼法》规定的人民检察院认为犯罪嫌疑人的犯罪事实已经查清，证据确实、充分，依法应当追究刑事责任的规定；罪后表现：犯罪嫌疑人必须具有悔罪表现；辩方态度：犯罪嫌疑人及其法定代理人对人民检察院适用附条件不起诉无异议。

⑯ 徐静村：《中国刑事诉讼法(第二修正案)学者拟制稿及立法理由》，法律出版社2005年版，第189页。

⑰ 杨诚，单民：《中外刑事公诉制度》，法律出版社2000年版，第223页。

⑱ 樊崇义主编：《走向正义——刑事司法改革与刑事诉讼法的修改》，中国政法大学出版社2011年版，第209页。

⑲ 孙力，刘中发：《暂缓起诉制度再研究》，载《法学杂志》2004年第5期，第57页。

⑳ 《刑事诉讼法》第271条规定："对于未成年人涉嫌刑法分则第四章、第五章、第六章规定的犯罪，可能判处一年有期徒刑以下刑罚，符合起诉条件，但有悔罪表现的，人民检察院可以作出附条件不起诉的决定。"

四、五、六章中可能判处刑罚在一年以下的罪名比较少,该项制度很可能流于形式。㉑ 对此,笔者也赞同该意见,认为现行法对于附条件不起诉的适用案件范围限制过严,这可能会在一定程度上变相架空该制度。另外,适用附条件不起诉的基本条件之一是“有悔罪表现”,然而修改后的《刑事诉讼法》和《人民检察院刑事诉讼规则(试行)》都没有规定“有悔罪表现”的具体情形,是否应以赔礼道歉、赔偿损失作为要件,在司法实践中较难把握。㉒ 如果未成年犯罪嫌疑人确已真心悔过,但无力赔偿损失又该如何处理?试想,如果被害人的损失没有依法得到赔偿,被害人不服可能就会申诉,那么办案的社会效果可能就大打折扣;而如果不予认定,直接提起公诉,显然又不利于对未成年人的教育、感化、挽救。实践中检察机关如何应对这种两难的情形,也需要予以注意。

(三)限制性义务规定太抽象

2012 年修改后的《刑事诉讼法》第 272 条第 3 款规定了被附条件不起诉的未成年犯罪嫌疑人在考察期内应遵守的规定。但该款规定仅仅只有四项内容,且较为笼统,可操作性不强。《人民检察院刑事诉讼规则(试行)》第 498 条虽然对其进行了一些细化,但仍旧不具有针对性。未成年犯罪嫌疑人正处于人格完善期,可塑性较大也极易产生逆反心理。如果犯罪嫌疑人在附条件不起诉考察期间未得到有效的矫治和帮教,其就无法深刻认识到自己的错误,甚至产生即使犯罪也不需承担任何法律责任的想法,这样既不利于其顺利回归社会,同时也是对犯罪的放纵,更难保其不会重新走上犯罪的道路。另外,虽然现行法律统一了附条件不起诉的义务性规定,由于规定的模糊性、抽象性,实践中各地的做法仍旧是五花八门。比如江西省瑞金市人民检察院规定作出附条件不起诉决定必须符合以下三个要件:接受社区矫正,并服从管理;每月写出思想汇报材料;每周参加社区义务劳动或公益活动。㉓ 重庆梁平县检察院对一起抢劫案的未成年犯罪嫌疑人曹某决定附条件不起诉时,提出了四点要求:一是写出悔过书交检察机关;二是每月到公安机关报到,汇报生活

㉑ 根据《刑法》的相关规定,法定最高刑为一年有期徒刑以下的只有两条,一条是第 252 条规定的侵犯公民通信自由罪,另一条是《刑法修正案(八)》规定的危险驾驶罪。在实践中可能判处一年以下有期徒刑的案件也比较少,而未成年人犯罪大都属于重大犯罪。参见陈卫东:《构建中国特色刑事特别程序》,载《中国法学》2011 年第 6 期。

㉒ 李相峰:《附条件不起诉现状调查及完善思考》,载《公民与法》2015 年第 5 期。

㉓ 程军化:《瑞金市检察院探索开展刑事案件附条件不起诉工作》,载 http://news.xinhuanet.com/legal/2012-08/30/c_123652378.htm,2015 年 8 月 28 日访问。

和学习情况；三是考上专科以上学校；四是按时到校学习，不得再违法犯罪。㉔从中可以看出，实践中检察机关对待附条件不起诉的义务性规定并无相对统一的做法。立法规定的模糊，实践操作的多样，很难保障监督考察的质量，也不利于未成年犯罪嫌疑人的回归。

（四）监督制约机制缺乏

弗兰茨·纽曼曾言："哪里有不受限制的自由裁量权，哪里便无法律制度可言。"㉕附条件不起诉赋予了检察机关较大的起诉裁量权，因此有必要建立对附条件不起诉的监督制约机制以及相应的救济措施。《刑事诉讼法》第271条的规定㉖赋予了公安机关、被害人以及未成年犯罪嫌疑人和法定代理人的监督救济权，起到了一定的制约效果，但仍有很多不足之处。首先，外部监督力度不够。"被害人利益之保护，乃传统刑事诉讼中最弱的一环"。㉗ 附条件不起诉决定作出后，法律赋予了异议被害人事后申诉的权利，但剥夺了其向法院提起诉讼的权利，这一点是否合理值得商榷；另外虽然规定了必须听取公安机关和被害人的意见，但何时听取以及采取何种方式听取并未作出规定，而且公安机关和被害人的意见不具有强制性，检察机关可以采纳也可以不采纳㉘。其次，内部监督制约机制缺乏。检察机关内部对于附条件不起诉的适用缺乏必要的监督制约措施，在现有的立法框架下难以对附条件不起诉的适用形成有效的监督。对于是否需要听取法院的意见，立法对此并无任何规定。

㉔ 王晓磊：《重庆梁平县检方附条件不起诉让失足学生参加高考》，载 http://edu.qq.com/a/20120607/000575.htm，2015 年 8 月 24 日访问。

㉕ 转引自左卫民，周长军：《刑事诉讼的理念》，法律出版社 1999 年版，第 1 页。

㉖ 该条规定："人民检察院在作出附条件不起诉的决定以前，应当听取公安机关、被害人的意见。""对附条件不起诉的决定，公安机关要求复议、提请复核或者被害人申诉的，适用本法第一百七十五条、第一百七十六条的规定。""未成年犯罪嫌疑人及其法定代理人对人民检察院决定附条件不起诉有异议的，人民检察院应当作出起诉的决定。"

㉗ 林钰雄：《检察官论》，法律出版社 2008 年版，第 145 页。

㉘ 2012 年 12 月 3 日《公安机关办理刑事案件程序规定》对附条件不起诉制度中公安机关负责的相关事项作了进一步的规定。公安机关作为未成年刑事案件的侦查机关，负责提起公诉前的侦查取证任务，同时其侦查的质量也影响到检察机关的审查起诉工作。同样地，检察机关的不起诉决定在一定程度上也意味着对公安机关前期侦查工作的否定，从权力制约的角度来看，也应赋予公安机关在附条件不起诉中相应的救济权利。《规定》第 318 条规定：人民检察院在对未成年人作出附条件不起诉的决定前，听取公安机关意见时，公安机关应当提出书面意见，经县级以上公安机关负责人批准，移送同级人民检察院。

(五)考察帮教不足

“徒法不足以自行”,一项好的制度如果没有一系列配套的保障措施,也只能是镜花水月,难以发挥实效。未成年人身心发育尚未健全,可塑性较强,因此“对未成年犯罪嫌疑人在附条件不起诉期间进行帮助和教育是践行未成年人附条件不起诉制度中不可或缺的一部分,将未成年犯罪嫌疑人不起诉后的帮教工作做好,使其悔过自新、回归社会才是该制度取得成效的重中之重。”㉙对此有学者认为:“考察重在帮教,而帮教是一种社会工作,具有很强的专业性。一名优秀的未成年人帮教工作者,除掌握一定的法律知识外,更要谙熟心理学、教育学、伦理学、社会学等相关知识;还须具有良好的品格。”㉚因此建立配套的考察帮教机制,对于帮助未成年人顺利度过考察期,早日回归社会,具有重要的意义。我国《刑事诉讼法》在这一方面仍处于空白状态,实践中虽有些地方开展了帮教活动,但由于缺乏统一的规范并未取得很好的效果。如有的地方将考察帮教责任交由社会公益组织承担;有的地方则由检察机关自行承担,主要是案件承办人作为考察的责任人;还有的地方主要由检察机关牵头,负责人监督,会同相关单位、学校、居委会等组织具体来执行。这种状态下的帮教机构名目繁多,缺乏统一的管理与指导,而且帮教人员素质不一,很难确保帮教的实际效果。

四、我国附条件不起诉制度的完善

(一)明确与酌定不起诉的界限

关于附条件不起诉与酌定不起诉之间的界限问题,学术界有观点认为应当确立两者之间的优先顺序,比如“在符合酌定不起诉适用条件的情形下,应当优先考虑通过酌定不起诉实施程序分流;而当检察官对于适用酌定不起诉存有顾虑,但又认为不必将犯罪嫌疑人起诉至法院时,则宜适用附条件不起诉”。㉛ 还有学者提出了厘清附条件不起诉与相对不起诉适用界限的方法,如“可以以罪名为依托,将所有罪名分别归入两种不起诉的适用范围,避免出现交叉;也可以以法定刑为根据,规定最低法定刑三年以下有期徒刑的可以适用

㉙ 孟昭晖:《完善未成年人附条件不起诉后的社会帮教制度》,载《法制博览》2013年第12期。

㉚ 赵凡:《论未成年人附条件不起诉制度——以〈中华人民共和国刑事诉讼法修正案〉视角》,载《西南政法大学学报》2012年第4期。

㉛ 李辞:《论附条件不起诉与酌定不起诉的关系》,载《法学论坛》2014年第4期。

相对不起诉,最低法定刑三年以上的应当适用附条件不起诉”㉜。最高人民检察院在2012年10月发布的《关于进一步加强未成年人刑事检察工作的决定》中也强调:“对于既可相对不起诉也可附条件不起诉的,优先适用相对不起诉。”㉝对此笔者认为,当两者出现交叉时,应优先适用酌定不起诉。因为相较于附条件不起诉,酌定不起诉的效力具有较大的确定性,可以减少涉罪犯罪嫌疑人的诉累;另外从人权保障的角度来讲,还可以避免犯罪嫌疑人长期处于“或被起诉”的焦虑状态,激励其早日回归正常的社会生活。

(二)适当放宽适用条件

现阶段我国附条件不起诉制度的适用对象仅限于轻罪的未成年犯罪嫌疑人,这就将很大一部分轻罪成年犯罪嫌疑人排除在外。适用对象的局限性,造成了该制度的适用空间严重不足,也很难实现立法的初衷。从域外立法来看,附条件不起诉制度的适用对象一般都是根据法定刑的轻重来确定适用对象的,并没有犯罪主体或刑种的限制。㉞ 对此,我们可以借鉴域外的相关立法经验,将附条件不起诉的适应对象扩大到所有的轻罪犯罪嫌疑人,而不仅限于未成年人。因此,对于附条件不起诉的适用案件范围,笔者认为可以参照缓刑规定,将其限定在“可能判处三年有期徒刑以下刑罚”,不再仅仅限于未成年人,适当扩大案件适用范围,更好地保护未成年人及其他轻罪成年犯罪嫌疑人的

㉜ 姜因龙,龙天鸣,黄子桐:《附条件不起诉制度的法理冲突与调适》,载《中国青年社会科学》2015年第4期,第109-110页。

㉝ 从各地制定的实施细则看,《海淀细则》规定附条件不起诉案件应当是“犯罪情节较轻”和“确有长期考察帮教必要的”,对于犯罪情节轻微,主观恶性较小,再犯可能性不大的初犯、偶犯等,由于没有考察六个月以上时间的必要,则可以直接作出相对不起诉决定。参见张寒玉,吕卫华:《附条件不起诉制度若干问题研究》,载《人民检察》2013年第9期。

㉞ 比如根据德国现行法的规定,适用附条件不起诉并不局限于未成年人,但必须满足三个要件:(1)适用对象只限于涉嫌构成轻罪者;(2)犯罪嫌疑人和负责审理该案的法院同意适用;(3)要求被附条件不起诉人承担一定的义务。参见樊崇义,冯中华,刘建国主编:《刑事起诉不起诉制度研究》,中国政法大学出版社2007年版,第567页。

利益。[35] 另外，对于该条文中“确有悔罪表现”[36]这一要件，现行刑诉法规定得过于笼统，主观色彩太浓，缺乏可操作性，需要相关立法和实务部门进行进一步的探索和完善，增加一些可行性的客观标准。比如将刑事和解引入附条件不起诉，通过赔礼道歉、积极赔偿、取得被害人谅解等方式作为“确有悔罪表现”的一项客观评价标准。虽然附条件不起诉制度下的悔罪表现更注重的是对被害人及其家属赔礼道歉、赔偿损失、修复被损害的社会关系等内容，[37]但赔偿损失不能作为适用附条件不起诉的必要条件，不能因犯罪嫌疑人无力赔偿就将其拒之门外。[38] 如果犯罪嫌疑人确实真心悔过且已取得被害人的谅解，只是因自身经济能力有限而无法进行赔偿，那么法院也可以与民政部门协调对犯罪嫌疑人实施救助，根据情况适用附条件不起诉。

（三）细化限制性义务规定

附条件不起诉的精髓在于其所附的“条件”，考察期间被考察人应当遵循什么样的规定、履行何种义务，对考察结果会产生很大的影响。有学者认为在考察期内被考察人除了需要遵守立法规定的四项义务以外，还需要负担以下几点选择性义务：积极弥补受害人的损失；向国库、公益性社团提交一笔财产；在指定的地点进行社会公益性服务和义务劳动，与社会接轨须接受社区矫正

---

[35] 事实上，近年来我国法学界关于《刑事诉讼法》修改的几个具有代表性的建议稿均将案件范围界定为“可能判处三年以下有期徒刑、拘役、管制、单处罚金的”的犯罪行为或案件。参见陈光中：《中华人民共和国刑事诉讼法再修改专家建议稿与论证》，中国法制出版社2006年版，第509页；陈卫东《模范刑事诉讼法典》，中国人民大学出版社2005年版，第439页；葛琳：《附条件不起诉之三种立法路径评析——兼评刑诉法修正案草案中附条件不起诉之立法模式》，载《国家检察官学院学报》2011年第6期。

[36] 所谓悔罪表现，是指犯罪分子在犯罪过程中以及犯罪以后是否承认自己的犯罪事实，是否认识到自己犯罪行为的不正当性和无价值性，并有真诚悔改、重新做人的积极态度和表现。

[37] 董林涛：《我国附条件不起诉制度若干问题的反思与完善》，载《暨南学报（哲学社会科学版）》2015年第1期。

[38] 如未成年人梁某酒后滋事，将被害人打伤。梁某系孤儿，无经济来源。其真诚悔罪，主动找被害人道歉，以求得被害人谅解。但其确无力拿出近万元的医药费。检察委员会讨论该案时，部分委员提出梁某虽有悔改之意，并主动向被害人道歉，但因经济赔偿未到位，并未征得被害人的谅解。如果对其作出附条件不起诉处理，极有可能引发被害人上访。但如果据此将梁某提起公诉，显然对其成长不利，更不利于已被破坏的社会关系的修复。最后该院协调民政部门对梁某实施救助，梁某用救助款项向被害人进行了赔偿，在取得了被害人谅解后，该院对梁某作出了附条件不起诉处理。

等。这些选择性的义务规定固然有其可取之处,但也只是普适性的,缺乏针对性。各个未成年人走向犯罪道路的原因各不相同,如果仅对其附加一般的普遍义务,很难起到有效的教育作用。只有针对不同的人,采取不同的针对性措施,才能起到标本兼治的作用,这才是附条件不起诉制度设计的初衷。鉴于未成年犯罪嫌疑人的这种特殊性,有必要在现行立法的框架内进一步细化被考察人应当遵守的限制性义务,结合被考察人的实际情况制定不同的义务。例如,吸毒成瘾的未成年人除了遵守法律法规、服从监督、定期报告之外还要完成戒瘾治疗,进行相关的心理辅导。同时,还可以对其下达相关的禁止性命令,要求他不得进入易接触到毒品的场所,如酒吧、网吧、KTV 等;不得接触特定的人,如其他吸毒者。另外,2012 年《刑事诉讼法》在特别程序一章中还规定了公诉案件刑事和解制度,为了发挥两种制度的优势,笔者认为可以将附条件不起诉制度与刑事和解联系起来,将“取得被害人的谅解和同意”作为必备要件。即附条件不起诉还要求犯罪嫌疑人通过对被害人赔礼道歉、赔偿损失等方式得到被害人原谅,同时保障犯罪嫌疑人与被害人的权利。这样才能真正实现案结事了,避免不必要的申诉以及涉诉信访,增强该制度实施的社会效果。

(四)完善监督制约机制

从外部监督来看,应当强化被害人的权利,以防止检察机关滥用起诉裁量权。虽然法律赋予了异议被害人申诉的权利,但申诉仍由检察机关受理审查并作出决定,其中立性和独立性不足。现行立法剥夺了被害人向法院提起诉讼的权利,这使得本就处于刑事诉讼边缘地位的受害人丧失了救济的途径。因此,为了更好地发挥附条件不起诉的作用,是否可以考虑一种折中的做法?如检察机关在决定适用附条件不起诉前,应事先征得被害人同意,被害人同意后作出的附条件不起诉具有禁止再诉的效力[39],而被害人对于检察机关单方面作出的附条件不起诉决定有异议的,可以向法院提起诉讼。对此,也有学者担心赋予被害人过多的权利将会使“附条件不起诉异化为被害人意志裹胁公

---

[39] 全国人民代表大会常务委员会关于《中华人民共和国刑事诉讼法》第 271 条第 2 款的解释规定:人民检察院办理未成年人刑事案件,在作出附条件不起诉的决定以及考验期满作出不起诉的决定以前,应当听取被害人的意见。被害人对人民检察院对未成年犯罪嫌疑人作出的附条件不起诉的决定和不起诉的决定,可以向上一级人民检察院申诉,不适用《刑事诉讼法》第 176 条关于被害人可以向人民法院起诉的规定。

诉权的工具”,因为附条件不起诉是否有效力决定权在于被害人而非检察机关。[40] 但是,一味强调保护未成年犯罪嫌疑人而忽视被害人的权利也是不可取的,试想如果当受害人也是未成年人时,两者之间又如何进行权衡？另外,公安机关和被害人对不起诉有意见的,应当在不起诉决定作出之前提出,检察机关应当听取并记录在案,事后要及时对意见进行考察核实。从检察机关的内部监督制约来看,可以适当地在检察机关内部建立对附条件不起诉的上级备案制度;[41]还可以引入人民监督员制度,将人民监督员监督案件的范围扩大至附条件不起诉案件。比如人民监督员应列席检委会会议,对其作出附条件不起诉的决定过程进行监督,发现有违法情况的可以提出建议或意见,检察院在认真审核后应给出书面的答复意见。

(五)建立考察帮教制度

刑事诉讼制度是一个复杂的有机整体,任何制度都无法“独善其身”。考察帮教制度被视为附条件不起诉制度的核心与特色,[42]因此附条件不起诉制度的实施完善,还需要考察帮教制度的建立与完善。[43] 对于考察帮教的主体,根据我国《刑事诉讼法》第272条和《人民检察院刑事诉讼规则(试行)》第496条第2款的规定,[44]检察机关作为被附条件不起诉未成年人的监督考察机关。但是检察机关自身还担负着审查起诉、部分案件的侦查以及其他的法律监督任务,其

---

[40] 郭华,刘志荣:《未成年人刑事诉讼程序的观念更新与制度完善》,载《人民检察》2015年第3期。

[41] 参见前引⑱,樊崇义书,第210页。

[42] 李丹:《附条件不起诉考察帮教机制研究》,载《法制与社会》2015年第20期。

[43] 试点阶段主要有两种帮教模式。北京模式,以海淀区检察院为代表,2007年年初,海淀区检察院为涉及未成年人的犯罪案件设立专门的未检组进行办理,尝试由检察机关牵头,多机构合作联合帮教。上海模式,以上海市浦东新区人民检察院为代表的上海模式,其特色是将附条件不起诉的考察帮教纳入社区矫正,组建了一支专业社工队伍,以社会工作的理念,政府购买社会服务的形式进行运作,充分发挥了社区这一载体作用,探索出了一套社团运作、专业化的考察帮教模式。两种模式虽都取得了一定的效果,但北京模式缺乏专门的考察帮教机构,可行性不强;上海模式执法环节薄弱,降低了执法的严肃性。

[44] 《刑事诉讼法》第272条规定:“在附条件不起诉的考验期内,由人民检察院对被附条件不起诉的未成年犯罪嫌疑人进行监督考察,未成年犯罪嫌疑人的监护人,应当对未成年犯罪嫌疑人加强管教,配合人民检察院做好监督考察工作。”《人民检察院刑事诉讼规则(试行)》第496条第2款规定:“人民检察院可以会同未成年犯罪嫌疑人的监护人、所在学校、单位、居住地的村民委员会、居民委员会、未成年人保护组织等的有关人员,定期对未成年犯罪嫌疑人进行考察、教育,实行跟踪帮教。”

人力、物力以及帮教能力都相当有限,因此还需要监护人的配合帮教以及其他社会团体的帮助。对于后期帮教,有学者主张建立专门的考察帮教机构,认为成立专门的监督考察机构,有利于集中单位的司法资源,对被附条件不起诉的未成年人犯罪嫌疑人进行帮教和监管㊺;也有学者主张可以引入社区矫正的内容和做法,充分利用社区矫正的平台对附条件不起诉的未成年犯罪嫌疑人进行矫治教育。对此,笔者认为有条件的地方可以建立专门的帮教机构,由接受过正式培训、拥有帮教经验和能力的人来担任帮教人员。但由于我国幅员辽阔,各地经济社会发展水平不一,在不具备单独设立帮教机构的地方也可以考虑在检察机关的牵头领导下,由学校、社区、家庭、社会公益组织等通力合作,根据未成年犯罪嫌疑人的心理特点制订具体的帮教计划。另外,可以考虑在附条件不起诉考验期内引入社会调查报告制度㊻以及定期回访机制。关于考察帮教的内容,也就是考验期内未成年犯罪嫌疑人应履行何种法定义务。为了实现特殊预防的目的,检察官或者专门的考察帮教机构在设定考察帮教内容时,应结合社会调查报告的内容,根据犯罪嫌疑人的个人情况,有针对性地制定附加性义务,做到普适性与个性化差异相结合。比如通过对其开展心理健康教育、组织学习、法制宣传、参加一定期限的义工帮教活动㊼等方式逐渐消除其人身危险性和社会危害性,促使其早日回归正常的社会生活。考察期限内及期限届满后,帮教机构还可以通过回访考察机制,及时了解被不起诉人适用帮教措施后的表现、是否再次违法犯罪等,以确保考察帮教制度的效果。

结　语

综上所述,附条件不起诉制度的确立具有很大的现实意义。它使案件在起诉阶段实现分流,缓解了法院的审判压力,节约了有限的刑事司法资源;避

㊺ 该考察帮教机构主要是帮教的执行机构,而非监督考察机关,负责监督考察的应是考察监督的决定机关即人民检察院。参见张群胜:《论我国附条件不起诉监督考察制度的完善——以永春县人民检察院司法实践为视角》,载《哈尔滨学院学报》2014 年第 1 期。

㊻ 通过社会调查报告,检察机关将能够更加清晰全面地了解涉案未成年人,从而对其进行适当的个别化干预。参见前引㉚,赵凡文,第 85 页。

㊼ 16 岁的小朱,因聚众斗殴被移送审查起诉。事后,为了感化和挽救小朱,检察机关给小朱送来“附条件不起诉通知书”,小朱通过“做义工”的方式,在昨天免去了牢狱之灾。原来,为了“悔罪”,小朱在规定的三个月时间里,做了 100 个小时的社区服务工作,因表现合格,在昨天下午,小朱被免予起诉,这是全市首例、全省第二例通过教育与矫治方式的附条件不起诉案例。参见《扬州时报》:《悔罪少年“作义工”被免于起诉》,2012 年 9 月 27 日。

免了给犯罪嫌疑人贴上犯罪标签,避免了短期自由刑交叉感染的风险;符合国际刑事诉讼的发展趋势,有利于促进我国刑事司法与国际的接轨;兼顾了犯罪嫌疑人与被害人双方的利益,符合恢复性司法的理念。该制度设立的这些初衷是好的,但其最终目的的实现还有赖于实践的不断探索。而且,我国的未成年人附条件不起诉制度正式确立时间尚短,司法实践的现状并不容乐观。要改变当前的尴尬局面,就需要细化酌定不起诉与附条件不起诉的界限、扩大附条件不起诉的适用范围、细化限制性义务规定、完善监督制约机制、建立相关配套措施。只有这样,才能使附条件不起诉制度更好地发挥作用。

The Deficiency and Perfection of Conditional Non – Prosecution System of China

Abstract: Derived from the doctrine of prosecuting discretion, conditional non – prosecution system has a profound theoretical basis on its emergence and development, which is beneficial to the perfection of criminal procedures. In China, local procuratorial authorities began the pilot work of conditional non – prosecution from 1992, and the Criminal Procedure Law revised in 2012 formally established the conditional non – prosecution system. However, confined to various factors of legislation theory and practice , the running status of the current system is not optimistic. Problems gradually arose, such as the indistinct boundaries between non prosecution and conditional non prosecution, the harsh applicable conditions, the rough compulsory provisions, the insufficient supervision of investigation on help and education system and etc. In order to make the system play a better role and safeguard the lawful rights and interests of criminals, it requires the following specific measures, namely further refinement on boundaries between, expansion of the scope of application of the system, refinement of provisions of the restrictive obligations, and perfection of supervision and restriction mechanism, establishment of investigation on help and education system.

Key words: Conditional Non – prosecution; Theoretical Basis; Development Process; Deficiency; Perfection

(罗素敏　赵毅宇)

法学茶座

Teahouse of Law

台湾法学家图谱之税法专题指向

——记黄茂荣教授、葛克昌教授、陈清秀教授

黄　卫*

编者按:法律乃治国之重器,良法乃善治之前提。作为国家财政收入的重要保障、社会财富合理分配的工具,税法在现代法治国建设中扮演着重要的角色。2015 年 3 月 15 日第十二届全国人民代表大会第三次会议通过《全国人民代表大会关于修改〈中华人民共和国立法法〉的决定》,最终确定了税收法定原则。“海纳百川,有容乃大”,我们在完善自己本土的法律制度时,理应借鉴其他地区不同的法律优良习惯。为此,台湾东吴大学法学院公法学硕士研究生黄卫同学特地采访了台湾著名税法学者黄茂荣教授、葛克昌教授和陈清秀教授。对谈伊始至终,他们精神焕发、思维敏捷、富有睿智,就个人简历、求学历程、教育理念、个人成就、两岸交流、感悟分享等话题展开了广泛而深入的教导。尽管和三位长者的交流短暂,但仍能窥见大时代背景下法律人的矫健身姿。祝愿三位学者幸福康健,也祝愿两岸法学交流事业日益繁荣昌盛!

黄茂荣教授

一、个人简历

黄茂荣教授于 1944 年 1 月,出生在台湾嘉义乡下红毛寮,系农家子弟出身大法官。中学期间就读于省立嘉义中学初中部,后直升直生嘉义中学高中部。1962 年 9 月,保送台湾大学法律学系。1966 年 6 月,大学毕业旋即入伍

* **作者简介:** 黄卫,台湾东吴大学法学院公法学硕士研究生,《湘江青年法学》联系人。

当了一年预备军法官,1967 年 7 月退伍。经历一段波折后,在一家三十多人的工厂当了七个月的副厂长,管过二十来个不到十八岁之童工。1968 年 9 月,考进台湾大学法律学研究所,师从于著名民法学泰斗王泽鉴教授。1971 年 10 月,负笈德国 Tübingen(杜宾根)大学,师从于德国著名民法学泰斗 Esser 教授。1974 年 5 月,赴华盛顿大学法学院,当 Dr. William Jones 的博士后研究员。1975 年 9 月,回台大法学院任教,迄今四十余年,主要讲授的课程包括:民法总则、债法总论、债法各论、税法总论、税法各论、税法专题研究等。2008 年经马英九提名,"立法院"通过,当选台湾"司法院"大法官,迄今参与大法官解释的作成 83 件,其中个人意见书 68 件。历任"法务部"民法研究修正委员会委员、"行政院"公平交易委员会委员、"交通部"法规会委员、"教育部"第三届国家讲座、台湾大学法律学院法律学系教授 、台湾大学终身特聘教授、讲座教授。出版个人专著三十余本,编著和主编三十余本,发表论文两百余篇。创办了目前在台湾享有盛誉的《植根杂志》和植根出版社以及组织研究团队研发"植根法律数据库"和"植根法律网"。黄茂荣教授育有三女她们均为博士且在相关领域颇有建树:长女黄相硕,台湾大学医学院药理所博士,台湾中山医学大学医学系药理学科教授兼主任;二女黄相博,德国慕尼黑大学法学博士,台湾世新大学法学院助理教授,专攻行政法、金融法、经济行政法;三女黄则儒,德国慕尼黑大学法学博士,台湾某法院检察官,专攻电信法、刑事法学。

黄茂荣教授在民法、财经法、公平法、税法等领域造诣颇深,在海内外享有很高的学术声誉。在台湾出版的主要著作:《公平交易法理论与实务》(植根法学丛书);《公平交易法专题研究》(植根法学丛书);《民事法判解评释》(植根法学丛书);《民法总则(判解实例)》(植根法学丛书);《支票法案例体系》(植根法学丛书);《争取融资与确保债权(上、下册)》(与吕荣海合著,植根法学丛书);《买卖法(增订版)》(植根法学丛书);《支票问题与问题支票(增订版)》(与陈金围合著,植根法学丛书);《税捐法论衡》(植根法学丛书);《植根税捐法法规汇编(一)基本法规、土地税、房屋税、契税、工程受益费》(植根法学丛书);《植根税捐法案例体系(一)土地税(上册)》(植根法学丛书);《植根税捐法案例体系(二)土地税(下册)》(植根法学丛书);《植根税捐法案例体系(三)契税、工程受益费》(植根法学丛书);《植根税捐法案例体系(四)房屋税》(植根法学丛书);《植根税捐法案例体系(五)遗产及赠与税法》(植根法学丛书);《植根商标法案体系(一)(二)》(植根法学丛书);《植根专利法案体系(一)》(植根法学丛书);《法学方法与现代民法(增订版)》(植根法学丛书);《植根国际贸易纠纷(一)》(植根法学丛书);《植根国际运送纠纷(二)》(植根法学丛书);《民商法判解评释第二册》(植根法学丛书);《现代法治国家与选举罢免法》(植根法学丛书);《财经工商行政罚则(上、下册)》(与林腾鹞合著,植根法学丛书);《植根劳工法案例体系(一)劳动基准编(增订版)》(与申康合著,植根法学丛书);《植根劳工法案例体系(二)劳工福利编》(与申康合著,植根法学丛书);《税法总论——法学方法与现代税法(一)(二)(三)》(植根法学丛书);《税法各论》(植根法学丛书);《债法总论(一)(二)(三)(四)》(植根法学丛书)。

大陆出版主要著作:《法学方法与现代民法》,中国政法大学出版社 2001 年 10 月版;《法学方法与现代民法(第 5 版)》,法律出版社 2007 年 1 月版;《买卖法(增订版)》,中国政法大学出版社 2002 年 8 月版;《民法裁判百选》,中国政法大学出版社 2002 年 8 月版;《债法总论(一)》,中国政法大学出版社 2003 年 1 月版;《债法总论(二)》,中国政法大学出版社 2003 年 1 月版;《债法各论 · 第一册》,中国政法大学出版社 2004 年 3 月版;《法学方法与现代税法》,北京大学出版社 2011 年 7 月版;《债法通则之一:债之概念与债务契约》,厦门大学出版社 2014 年 6 月版;《债法通则之二:债务不履行与损害赔偿》,厦门大学出版社 2014 年 6 月版;《债法通则之三:债之保全、移转及消灭》,厦门大学出版社 2014 年 7 月版;《债法通则之四:无因管理与不当得利》,厦门大学出版社 2014 年 6 月版。

二、求学历程

在台大大学部期间,当时年纪最大的就是梅仲协教授还有史尚宽教授等。以民法来论,他们两位已经把德国的法学介绍到相当深入的程度。如果想知道德国战前的民法情况,可以看梅仲协教授的《民法要义》,史尚宽教授的《民法全书》。这些书基本已经把德国民法的重要思想介绍进来。所谓"把窗子推开了"最重要的代表人物是王泽鉴老师,在台湾也可以说是在大陆第一个提到"法学方法"这四个字的人。"法学方法"就是"把窗子推开了",但是不是每一个人看出去却是另外一回事。但是把法学方法这扇窗打开了,这是非常重要的一件事。王泽鉴老师处在战后的德国,可以说是用现代的法学方法研究民法,王泽鉴老师将德国的情况带进来,使法学方法得以在研究和实务上应用,从而让台湾的学界和实务界能够认识到法学方法的重要性。

在台大研究所期间,黄茂荣教授跟马汉宝教授学习美国之法哲学,翻译法哲学的文献。其中马汉宝教授还给黄茂荣教授介绍来自美国圣路易斯华盛顿大学法学院的 Dr. William Jones 教授,黄茂荣教授翻译郑玉波教授之《债法总论》给他听。Jones 教授借给黄茂荣教授德国民法泰斗 Esser 教授的《债法》,让黄茂荣教授有机会第一次接触到与 Larenz 教授不同风格之 Esser 教授的著作。同一时期,黄茂荣教授上了施启扬教授关于经济法内容的课程。黄茂荣教授的报告——有关公寓法律问题之研究,经施老师指导修正后,发表于台湾《政大法学评论》第一期(1969.12)。该文章之发表对黄茂荣教授有很大的鼓舞。施老师是黄茂荣教授关于经济法之启蒙老师,引导黄茂荣教授从民商法进入竞争法、经济补贴法及经济管制法的领域,对后来的学习很有帮助。也由于对公平交易法的些许研究,因而他被任命为第一届公平交易委员会委员之一,第一线执行公平交易法,积累了一些经济行政的经验。另在德文的学习中,翁岳生老师以 Georg Dahm, Deutsches Recht, 1963 Stuttgart 为教材,该书在第二百七十三页以后详细写到德国在二战后之分裂及其引起之各种复杂的政治与法律问题,以及其学说如何说明。当中展现出,再困难的问题,还是要落实到基本的法律理论及法制上,冷静耐心处理,才能圆满。

在王泽鉴教授的第一堂课上,黄茂荣教授第一次听到"法学方法"这个专门学科,并承王泽鉴教授帮忙,买了其德国指导教授 Dr. Karl Larenz 之名著《法学方法》,开始品尝原汁原味的德国法学。在同一堂课,王老师又问了一个问题:一个有拘束力保留之要约是否还是一个要约?(台湾《民法》第 154 条第一项但书)这个问题涉及法律类型之建构及其在实务上之淡入淡出的流动性构成之类型谱的演变,极具法学方法之演练的价值。基于这样的因缘,经王老师引领,黄茂荣教授逐渐进入现代法学研究之殿堂。两年后,黄茂荣教授取得台大法学硕士学位,并承王泽鉴教授写推荐信,顺利申请到德国 DAAD 的奖学金。

申请德国大学时,王泽鉴教授建议黄茂荣教授向与 Larenz 教授齐名的另一位法学大师 Dr. Josef Esser 学习。基于这样的机缘,黄茂荣教授在 1971 年 10 月至 Tübingen 大学注册,见了 Esser 教授。一学期后 Esser 教授同意黄茂荣教授在其指导下写博士论文。题目商定为"缔约上过失之损害赔偿请求权的范围"。1974 年 5 月口试完,经过修改同年八月下旬交出论文,即搭机至美国圣路易斯华盛顿大学法学院,当 Dr. William Jones 的博士后研究员。

三、教育理念

黄茂荣教授认为去德国学习,不要去想德文的障碍这个问题。为什么这么说呢?因为在德国念书不要钱,所以如果你要省钱,就在大学学语言。如果经济条件比较好,你就到歌德学院去。大约一年时间,这两个方法都能学到德文。你学习一年时间再去读博士就够了。至于怎么学法律,黄老师认为他去留学的时候常常发现一般的留学生一开始会说我想要写什么题目,然后去德国后就拿一本他想要写的这个题目的专论去看。我们一般认为,这样做不是一个好的方法,好的方法应该是,你要写的题目在哪一个部门法的体系里面,先要把体系里面最基本的教科书看懂。

至于法律本身的课程,黄茂荣教授认为一定要逐步地下工夫。大学一年级、二年级的学生不求看很多,但是了解一定要透彻。不透彻的话,越到后来越会一知半解。大多数学生刚进入大学时容易大意,感觉每一个人都没有什么了不起的,也因此对下工夫赶快去学的重要性体会不够。也许这时候有些蛮用功的同学,好像也不怎么样,感觉一下子也没有什么好学的,以别人下工夫了好像没有什么成果来安慰自己。这些同学到大学三年级的时候会紧张,因为那些看起来不怎么样的同学,好像慢慢懂了。但是因为自己没有下工夫,所以很不懂,就会有一点点害怕。不过还是不想接受这个事实,安慰自己说:"其实他也不怎么懂。"他们可能继续大学一年级、二年级的想法,但是会慢慢加入新的因素进来:变得有一点逃避。大学一年级、二年级的时候倒不一定会有什么逃避的心理,只是大意一点;到大学三年级、四年级时就会逃避,这种同学不会学得很好。要避免这些错误产生,就要懂得一个真相:刚开始学法律这么专业的学科,都是似懂非懂,这是很难避免的情形。但是,不要因此而气馁,要坚持下去。大概到大学二年级结束的时候,你就会发现,别人也会发现,自己好像慢慢懂了。我打个蛮传神的比方:假定有个人他现在看电视英文听不太懂,他每天听还是不太懂,但是他有一天会发现:慢慢懂了!开始懂了,就会懂得很快。学法律也是这个道理。你把学习法律想象成学习外语,一开始都不太懂,有一天慢慢懂了,开始懂了就会懂得很快。这是需要有耐心的。

四、个人成就

(一)著作等身,造福两岸

黄茂荣教授在民法、财经法、公平法、税法等领域的主要著作枚举如下:

《民事法判决评释》(植根法学丛书 1978):该书所选取的判决或解释中使读者常常容易发现判决制作者或解释者在有限的法律文化之基础上努力于公平正义之实现的情操。该书在写作上力求对其所主张之法律见解附以详尽的理由,避免落入光提主张而不附理由的描述中。为了使说理成为可能,不可避免地必须遵守现代法学方法的要求。所谓法学方法,通俗地说不过是科学方法在法律上的应用。因此特别需要有意识地学习科学方法,以避免不自觉地受其影响。该书出版的意义主要在于抛砖引玉,以期更多的前辈与后起之秀一起来整理归纳司法机关已为我们这个社会累积的法律文化,使学者能够在这个基础上进一步发展下去。

《民商法判决评释》(植根法学丛书 1981):该书认为判解的公布、研究、检讨与引用是现代化之钥。因为它促成社会良心的滋长。在法学刚要快速发展的阶段,最能轻而易举便贡献其力量者,莫过于促成法院将判决随时全面地在公报上公布;同样地,随手便能增加其困难者,莫过于改变本来将判决公布于公报的决定。作者希望以更大的努力,共同唤起对判解的认识,使大家能够共同认识,离开判解就不可能了解现行法,离开判解就没有理论的发展基础,离开判解也就没有正确的裁判立场,盖在离开判解的裁判中隐藏着太大恣意裁判的可能!

《公平交易法》(植根法学丛书 1993)该书认为:《公平交易法》规范限制竞争行为及不公平竞争行为。这些竞争行为虽然为《公平交易法》所禁止,但其在过去可能属于许多企业习以为常的竞争手段。《公平交易法》之制定实施,目的在于维护市场竞争机能,使经济事务归于经济事务,让企业依经济事务的市场法则,公平竞争。该书主要介绍说明与公平交易法有关之基本问题,并对到目前为止之重要案件进行汇整说明,以供理论及实务研究参考。

《债法各论》(植根法学丛书 2006):该书的写作方式介于教科书与专论之间。其涵盖之契约类型为用益或劳务契约:租赁、借贷、委任、雇佣、承揽及其相关之特别的无名契约类型,例如与委任有关之医疗契约,与承揽有关之 BOT 契约。又因无因管理之存在特征与委任类似,所以也将之收录进来。

《税法各论》(植根法学丛书 2007):该书是黄茂荣教授自 1975 年回台湾迄今任教于台大法律学系及法律学研究所讲授税捐法课程的总结。这当中教学相长,从而对于税捐理论与实务虽有一些心得与感触,但总是自我感觉不够踏实。后来因缘于担任台北市政府诉愿委员会委员的机会,使得一些看法得以在实践中受教于同道,并共同将一些进步的看法导入实务。将这些年来关于税捐法各类的文章收录于税捐法专题研究中。这次经过整编，共收录三十一篇。分为所得税、遗产税、营业税及不动产税四章。按税务行政有其稽征任务必须达成，所以我们谈论税捐法课题时，一直力求在兼顾实务及理论的原则下，厘清相关问题点，希望可供将来税法演进及实务说理参考。

《法学方法与现代民法》(植根法学丛书 2011)该书认为：仔细观察先进国家之法学与法制，不难发现法学方法对于现代民法及各种法律之发展的影响很大。该书主要说明法学方法对现代民法的影响，通过介绍并演习法学方法在民法之研究上的应用情形，从其中认识法学方法，以及训练运用法学方法进行说理的能力。其中穿插税捐法的案例，以扩大关于法学方法之运用的视野。认为法学的现代化系法学方法的认识、接受与应用，不然，小则免不了各说各话，不能客观严谨地论断是非，大则免不了强词夺理，根据主观利益颠倒是非。

《劳动基准法》(植根法学丛书 2011)该书认为：台湾劳动基准法的公布施行，对于劳工权益的保障，具有划时代的意义。不但将过去既有的劳工法规，作了一个通盘的检讨归整；同时也激起国人对劳工权益的重视，使得对劳工法的研究日趋重要。在法律条文部分，改为以劳动基准法最新修正的条文为准，在体系化大纲部分，亦予以精简更新。另在案例部分，分成行政令函及司法判解两大类，前者以劳委会所发布的令函为主，后者以最高法院相关判决要旨为主。希望能透过这方面的努力，使以往散置的实务见解集中，并且将之系统化处理后，容易让人迅速了解问题之所在，以及从中获得可以致用的知识。

《债法通则(一)—(四)》(厦门大学出版社 2014)：债法通则将分四册：第一册含导论、债之关系及债之意定的发生原因。意定的发生原因指契约及悬赏广告。关于契约，再就契约之缔结、要式契约、电子商务进一步加以说明。第二册含损害赔偿之债的概论、债务不履行责任及特种侵权行为责任。第三册含债之保全、债权之确保、债之连带、债之移转、债之消灭。第四册含债之法定的发生原因中之无因管理及不当得利。上述题目的体裁，原则上采取专论的形式。法规、令函及判解的引用之所以及于内容，主要是为节省读者查考的时间及满足检证的需要，因此篇幅比较长。写作时注重法学方法的引用，希望因此有助于法学方法在应用上的介绍，以及力求在法律价值、观点、论证及实务思潮方面，能和法治与法学进步国家的现况接近。

《买卖法》(植根法学丛书 2015)该书认为：法院之裁判对法律的学习、研究和实务之执行的重要性,无论如何强调都不为过。因此作者收集了五百则与台湾买卖法有关之判决,加以体系化;并以之为基础引证台湾岛内外重要学说加以申论、检讨。通过这个处理,本书具有教科书与实务手册的功能。一方面力求法院在实务上所蓄积的经验与智慧能凝为我们文化的结晶;另一方面也希望借此与法学先进者共同引起大家对法院在现代国家中所扮演之角色的注意,并一起思考如何才能与法院共同推动我们国家的现代化。

《税法总论(一)—(三)》(植根法学丛书 2015):该书共分为三册。第一册收录税捐概念、税捐高权、税捐法体系、税捐法与民事法以及税捐法源。第二册收录税捐法之解释、信托之税捐债务、税捐法规之司法审查概论及各论:主要为大法官所作与税捐法有关之解释的评释。第三册收录原《税法总论》第一册中与税捐法律关系有关之文章、税捐法专题研究(股票股利与股票红利之所得种类及其税基、缓课股票股利及其所得之实现)及一些新作(主要为税捐罚则)。该书的写作目标在于经由制度与理论的介绍、说明,以及在税捐法的运用上,逻辑与系统地演练现代法学方法,以呈现一个可能被忽略的事实:如无相同的逻辑与方法,很不容易认识共同的价值,并在该基础上形成合理规范内容的共识。在税捐法定主义、实质课税原则及税捐稽征经济原则间,有其关系究当如何的问题。这些重要理论与制度的基础价值,必须借助于现代法学方法,始能在行政、立法与司法实务,以及学说的平台上,逐步取得共识,落地生根。

(二)身体力行,创办植根

黄茂荣教授创办了目前在台湾享有盛誉的《植根杂志》和植根出版社以及组织研究团队研发"植根法律数据库"和"植根法律网"。其初始原因如下:黄老师 1975 年回台,那时候台湾要拿来做研究的判决资料很少,不超过 1000 例。由于做研究不够,于是开始请研究生搜集法令判决,将它们出版成书,现在都还可以找到当年出版的书。植根出版社出版了 4 万页以上判决,为什么要做这件事情呢?黄茂荣教授说,因为当时的台湾学生学法律不看判决,看法条但不太看行政命令及判决。现在大陆学生也是这样,看法律不看行政命令,更不看判决。他认为,法律是死的,法律命令和判决结合起来才是活的法律。假设学生学习要看判决,但当时判决只有那么多,所以就必须要想办法去收集,收集以后把它们系统化整理。黄教授刚回来时薪水 8000 多新台币,花了 4500 新台币聘请他的第一个助理。当时就是这样开始去做研究。后来过了两年左右,在台湾"国科会"的帮助下出版了三套《中华民国裁判类编》,资料编到1971年左右。这三套书加在一起有40册,大概32000页。黄教授当时有两套,一套自己买的,另一套别人送给他的。原来编年体的体例不实用,所以他把那两套剪开后按事务导向体例,按部门法第几条第几条重新编过。编完后,他觉得自己的研究工具就比同事的好了。

黄茂荣教授创办了《植根杂志》和植根法律事务所。当时是因为一切要靠自己,资料必须自己收集。必须要让研究生看资料,资料和人才会有机地整合在一起。浏览资料很花钱,因此必须要自力更生。同时黄教授想通过让研究生处理资料、编纂资料,印刷成书去销售,再给研究生一些报酬。只整理资料,这样研究生学习深度不足,所以必须要研究生写文章,才能深化他们对这些资料的了解。后因为这样训练研究生很有效果,所以黄教授带的研究生中就有人考上了那时候不好考的律师。由此便产生了一个问题,考上后如果不让他们当律师,他们就会离开。当时为留住人才,就设立了法律事务所。起初没想设立法律事务所,但后来形势使然,便这样一直做下去了。当时研究室有二十几个人,可以说是台湾第一大法律研究中心,在台湾也是首创的。

(三)授业解惑,百年树人

黄茂荣教授自1975年9月回台大法学院任教,迄今四十余年,主要讲授的课程包括民法总则、债法总论、债法各论、税法总论、税法各论、税法专题研究等。历任台湾大学法律学院法律学系教授,台湾大学终身特聘教授、讲座教授,台湾“教育部”第三届国家讲座。自1980年指导的第一位硕士毕业迄今,共指导41名硕士。其中杰出者枚举如下:

谢铭洋教授:曾任台大法学院院长,台大法学硕士,德国慕尼黑大学博士。谢铭洋教授专攻领域为知识产权法,包括专利法、商标法、著作权法、营业秘密法等。谢铭洋教授发表之期刊论文与研讨会论文迄今已逾百篇,出版之书籍亦达十本之多,对台湾知识产权法制发展与现代化有相当重要之贡献。目前谢铭洋教授为台大法律系暨法研所专任教授,并担任台湾“法务部”司法官训练所讲座教授,以及若干政府与民间组织之委员,包括曾任台湾“经济部”智慧财产局著作权审议及调解委员会委员、台湾农委会农业知识产权审议委员会委员、台湾网络信息中心域名争议处理机制研拟小组召集委员、台湾民间司法改革基金会监事等。

刘孔中教授:台湾“中央研究院”法律学研究所研究员、台湾“清华大学”科技法律研究所合聘教授、台湾政治大学科技管理及智慧财产研究所合聘教授。台湾大学法学硕士、德国慕尼黑大学法学博士,专攻领域为公平交易法、知识产权法、电信法、通讯传播法。历任台湾"中央研究院"法律研究所筹备处研究员，台湾"中央研究院"制度与行为研究中心合聘研究员兼执行秘书，台湾"经济研究院"顾问，台湾"经济部"产业咨询委员会贸易投资审议会委员，台湾"经济部"无线通信推动办公室顾问，台湾中央、铭传、世新大学法律研究所兼任教授，新加坡智慧财产学院（IP Academy），Oversea Fellow，台湾"交通部"法规会委员，"经济部"智慧财产局著作权审议及调解委员会，台湾"司法院"智慧财产法院咨询委员，台湾"行政院"公营事业民营化监督与咨询委员会第二届委员。

陈清秀教授：东吴大学法律学系专任教授。1999 年 10 月由律师执业转任台北市政府法规会主任委员，2006 年 12 月，卸任公职。2007 年 8 月转任东吴大学法律学系专任副教授，讲授行政法、国家赔偿法、行政罚法、诉愿法与行政诉讼法及税法等。2008 年 5 月 20 日至 2009 年 9 月 10 日任职台湾"行政院"人事行政局局长，推动提升公务人员人文素养、核心价值、配置适质适量法制业务人力、推动"国家政务研究班""地方政务研究班"及中高阶文官国外培训等多项重大人事政策。2011 年 8 月至今，任东吴大学专任教授，先后曾讲授行政法总论、税法总论、税法各论、诉愿法及行政诉讼法、行政罚法、国家赔偿法及地方制度法等科目。历任台湾"司法院"司法人员研习所讲座教授、台湾"行政院"诉愿审议委员会委员、台湾"交通部"诉愿审议委员会委员、台湾"财政部"法规委员会委员、台湾"教育部"法规委员会委员、台湾"行政院"劳工委员会诉愿审议委员会委员等职。著有论文 200 余篇，主要代表专著：《税务诉讼之诉讼标的》（1991 年第 1 版）、《税法之基本原理》（1994 年第 1 版）、《税法总论》（1997 年初版—2014 年第 8 版）、《行政诉讼法》（1999 年第 1 版—2015 年第 7 版）、《现代税法原理与国际税法》（2010 年第 2 版）、《税法各论（上）》（2014 年第 1 版）、《行政罚法》（2014 年第 2 版）、《国际税法》（2015 年第 1 版）、《现代财税法原理》（2015 年第 1 版）。

五、两岸交流

在税法的基础理论或是税法总论这一领域，黄茂荣教授认为主要还是要花时间和精力在税法系统建制原则的研究上。这一领域先要深入研究，并领会其意旨，再逐步在现行法的实践中改进。税法的建构需要把基础理论部分掌握，比如税收法定主义的落实，哪里会遭遇困难，以大陆的情形，哪里会需要调整。因为在税收法定主义下，第一个问题就是什么叫法律，中国台湾地区对法律的定义虽然和德国有出入，但是两者架构接近，大陆那边不一样，还需要一段时间的磨合。大陆国务院在税法的制定过程中要多倾听外部意见，使其实际运转接近西方国会的运作。国会的运作不仅仅是说一些议员聚集在一起所作出的决定——这只是表面上大家所看到的。真正重要的是，国家能够作决断的代表在立法时，要广泛收集资料，大陆称之为调查，听取专家、学者和实际审判工作者的意见。听完后将这些知识系统化整理出来，再去起草，其中重要的是如何运作。只要真正做到广为调查，广听各方意见，实质上就已经符合民主精神了。大陆要先向这个方向发展，充分交换意见，经过一段时间，国务院才会出现更多精通税法专业的人士。多到一定程度就可以把这个班子的人再移进人大，同样一批人和同样运转的过程。在法案公布之前，双方再最后确认交换意见。台湾也是这样，台湾的税法由“财政部”提出来，经过台湾“行政院”（相当于大陆的国务院），再进入台湾“立法院”表决。其实进入台湾“立法院”，真正能够进行的深入讨论是有限的。在台湾，税法实质的好坏，基本在台湾“行政院”已经定调，大陆也一样。人大如果没有足够的人员配备，没有办法真正看懂税法，这样它如何作决定？从事税法研究真正重要的是要怎么样从实务上去了解它的困难，从专家学者那里了解怎么处理这些困难比较合适，紧接着汇总到行政部门，最后再交由人大表决。从整个法案的产生过程，就可以看出整个国家的法治进步。

六、感悟分享

黄茂荣教授说，很多同学，在人生的旅途中，当然会面临着不可预测的未来而感到彷徨，会想向很多人请教将来要怎么办。不过我们可以发现，在大多数的情形下，请教若没有实践，则到头来只会心猿意马。

黄教授分享了自己的一些感悟：假使对自认为是社会一流人才的大学生（或台大学生）来说，问题浅显都不足以感动他的心，其他问题就更不待论，对他而言都是遥远的世界！谈什么事情，他可能表面上看起来很关心，其实不尽然。我怎么规划我的人生、我对这些问题有点迷惘，表面上看是每一个同学都关心的事情，但是如果从哲学的观点来看，那个关心不是真正存在的！哲学强调的是真正与不真正。一个人常常告诉你他关心什么事情，其实那个关心往往是不真正的。怎么样认定一个关心是不是真正的？当一个人对那个关心有实践行为的时候，那个关心才是真正的；没有实践的时候是假的。大家有忧虑是真的，有关心是假的。同学要区辨忧虑跟关心。同学可能关心你的未来，但其实这个关心可能不是真正存在的,真正存在的是忧虑!一个人可以忧虑,但是并不一定是关心。一个对自己的事情忧虑而不关心的人,他就是言行不一、不负责任的人。他说:“我好担心!”可是并没有作出与担心对应的动作。如果从心里的心境来看他,忧心倒是真的,关心是假的。

葛克昌教授

一、个人简历

葛克昌教授于1949年,出生在福州三坊七巷葛家大院,后随父母迁台,蜗居于台北县(现新北市)板桥林家花园的一个违章建筑内。后考取台大法律系,在研究所硕士班就读期间,兼任台大法律系助教。硕士毕业后留校任教,并在德国慕尼黑大学作访问研究。历任台湾大学法律系助教、讲师、副教授、教授,2015年7月台大法学院荣休,现为台湾东吴大学法学院专任客座教授,世界税法协会(ITLA)理事兼副主席,台湾大学法律学院兼任教授,北京大学财经法研究中心客座教授。研究领域为行政法、国家学、国家理论、财税法。有如下著述:《国家学与国家法》《税法基本问题》《所得税与宪法》《税务代理与纳税人权利》《行政程序与纳税人基本权》;另主编:《避税案件与行政法院判决》《协力义务与行政法院判决》《溢缴税款返还请求权与行政法院判决》《实质课税与行政法院判决》等。发表各类文章100余篇。曾任规费法、公共债务法起草委员,税捐稽征法修正委员会委员,赋税革新委员会委员,台湾“行政院”诉愿审议委员会委员、法规会委员,台大法学院公法中心主任等职。

二、求学历程

葛克昌教授从小好打抱不平,无奈身体较差,但总想着换种渠道来表现自己的正义感,所以报考了台湾大学法律系。当时台大法律系的师资主要由迁台的大陆学者组成,例如韩忠谟教授、郑玉波教授、梅仲协教授、林纪东教授等;另一批则是台湾本省学者,例如戴炎辉教授、洪逊欣教授等。由于当时的授课老师一半以上乡音很重,有大陆的,有本省的,国语都不太好,都不知道老师们在讲什么,但是也有一个好处,有时候自己听不懂,自己就会去看书、摸索。但法学主干课程的讲授阵容还是比较强大的,比如民法由梅仲协教授、郑玉波教授、陈棋炎教授讲授,刑法由韩忠谟教授讲授,法理由洪逊欣教授讲授。

在求学期间葛老师比较喜欢读一些经济学者的书,比如熊彼特、哈耶克写的书，因为那时候有一些翻译本，所以葛老师大概都对其进行了详细的阅读。到研究所后，因为能够渐渐运用德文，看到一些法学者把熊彼特的一些租税国家危机理论联结到宪法上，于是就结识到国家补充性原等理论。求学期间葛老师也养成了早上醒来通常会先看半个小时的诗词，然后再写文章的习惯。葛老师觉得这样做的话写文章就不会太俗气，早上写作会激发灵感。

因当时王泽鉴教授担任台大法律系系主任，挑选助教的标准是研究所里民法考最高的，所以葛老师有幸被遴选为助教。一方面葛老师喜欢读经济国家理论的书，另一方面，王泽鉴教授也很重视税法，他认为西方国家里税法是关乎社会正义的法律。那时葛老师刚好看到德国税法泰斗 Tipke 教授发表的一篇税法文章，其中避税、逃漏税都是用法学方法来说明，葛老师觉得这个蛮有意思，所以在行文的过程中经常会运用法学方法。葛老师在当助教的时候，教过各种课，像陈棋炎教授生病时，代陈棋炎教授上过公司法、继承法的课程。年轻的时候喜欢看各种杂书，上课的时候将它们结合在一起，与学生一起来讨论，其中偶尔提到一些问题，后来有些学生就展开了对此类问题的研究。

葛老师在三十多年前，到德国慕尼黑大学进修。有一次看到德国的农人拿啤酒给六岁的小孩喝，农夫说因为知道啤酒用什么做的，所以敢给小孩喝。但是像果汁，他不知道里面具体添加了什么东西，所以不敢给小孩喝。因为德国有一部法律，叫作《啤酒纯净法》，用来保障德国啤酒只能用小麦制作，不能添加其他任何东西。葛老师比喻：相较德国的《啤酒纯净法》之立法，中国台湾立法者在立法的过程中，已经在法律中添加了很多东西。更严重的是，台湾行政税务机关又增加了七千多条解释函令，不止这样，法院也添加了很多东西，法院可以自已来选用国家所用的判例，这个叫“判例制度”，还有一个供参考的总会决议，总会决议更变成了紧箍咒。

三、教育理念

葛克昌教授认为“十年树木，百年树人”，教育就像种树，应当慢慢让它发展起来，教育的中心在学生身上，应该从学生的利益出发。最了解学生的是老师，每个老师所教导的学生都不一样。老师有技艺、有专业等各种自己的教育方式，是因应学生的需求而发展出的一套教育方式，而不是为达成上面指标的要求而发展的，如此才能适择人才，让每一个人变得有自信，能够发展出自己独立的人格。

葛老师要求学生，写文章要么有历史的深度，要么有社会学的广度，要么有法理学的思维。当然学生也不可能全部继受,一些文章只有经过学生变成中文,才会不一样。因为学生本身有自己的历史观,有很深的社会理解和认识,出来的当然不一样,所以葛老师觉得翻译的东西都会失真的。

针对法学教育,葛老师认为,最重要的是要有法律伦理,而法律伦理最重要的就要保障人权。一些执法者能够花五倍、十倍的时间来探求案件的事实真相,最重要的是他“有良心,能推己及人”。“行使公权力的法官、律师、法务人员、公司的法务长……这些法律人必须要有信仰,终极目标就是保障人权,让每个人能自由的发展自己的人格。”葛老师表示法律人格有时候很难表现出来,法学教育需要不断塑造法律伦理典型、形象优良的人格,法院的判决书就是法律人的人格展现,尤其在法学教育中,对于判决书里有能发扬法律伦理、保障人权意义的案例,不是直接传授给学生,而是让学生从不断地讨论中自己发现,然后心向往之能成为具有法律伦理的法律人。

四、个人成就

(一)重要著作点陈

本处主要枚举的是葛克昌教授在大陆出版的重要著作:

《行政程序与纳税人基本权》(北京大学出版社 2005):该书由两部分组成,第一部分所搜集的,多为台湾《行政程序法》施行以来,从行政诉讼中占半数之财税法角度,检讨程序正义与分配正义的文章。换言之,从实质法治国理念,检验财税行政。第二部分则为对第一部分之运用,利用虚拟案例,以法理分析简短文字,点出其中之法律问题,再以问题思考与讨论方式,以使纳税人能依照法律独立判断,辅以论证说理说服他人,用以维护纳税人之基本权。

《税法基本问题(财政宪法篇)》(北京大学出版社 2004):该书所探讨之税法基本问题,实际上均与财政宪法有关,租税规避与法学方法主要探讨的是税法与民法关系,结论在于二者须统一在宪法指导理念之下;人民有依法律纳税义务,讨论税法与基本权关系;量能原则与所得税法则认为所得税法应以宪法之价值观为基本理念;遗产税规划与法治国家理念意在阐明个人对财产法律规划之自由及其宪法上之界限……由于税法发展较晚,税法传统理念多由民、刑法移植而来,而忽略了税法特性。税法本质上具有两面性,一为对人民自由财产加以国家干预之法律;二为对公共财政负担予以分配之法律。后者以租税规避防杜及量能原则最为重要;前者则以财产自由权保障及比例原则遵守为重心。本书对此两面性予以探索,并对税法与民、刑法不能等量齐观,但亦非对不相干的辩证关系予以分析,以助税法的解释与适用。

《所得税与宪法》(北京大学出版社 2004):该书分为六篇,“综合所得税与宪法”“两税合一之宪法观点”“解释函令与财税行政”“租金管制与所得调整”“综合所得税属地主义之检讨与改制”“大法官解释与公司合并亏损扣除”。该书旨在借理论与实务观点,特别是台湾地区的经验,讨论“宪法”与所得税间的关系。当今所得税构成国家财政重要部分之同时,所得税课征本身也对人民受“宪法”保障之基本权利造成重度的侵害,“宪法”不仅构建了课税的“宪法”基础,也同时设置行政、立法与司法均应遵循的课税原则与界限。

(二)桃李不言,下自成蹊

葛克昌教授自 1995 年指导第一位硕士毕业,迄今共指导硕士 65 人、博士 5 人。其中杰出者枚举如下:

王晓丹:台湾大学法学硕士,英国华威大学(Warwick)法学博士,台湾政治大学法律系教授。研究专长:法律与社会、权利意识(法意识)、法律民族志、东亚法文化、性别法律、女性主义法律批判。

黄源浩:台湾大学法学硕士,法国艾克斯马赛第三大学法学博士,辅仁大学法学院副教授。研究专长:税法、宪法、行政法、商事法。

黄士洲:台湾大学法学硕士、法学博士,台北商业大学财政税务系副教授兼系主任。研究专长:财税法。

蓝元骏:台湾大学法学硕士、法学博士,文化大学法律学系副教授。研究专长:财税法。

钟芳桦:台湾大学法学硕士、法学博士,辅仁大学法学院助理教授。研究专长:国家理论、法社会学、法理学、法律伦理、法学方法论。

(三)年度最佳税法判决评选的幕后重要推手之一

葛克昌教授是台湾地区年度最佳税法判决评选的幕后重要推手之一。葛老师认为,做这件事对法学教育有重要意义,因为有些行政法院的法官只看双方的意见,然后选择稽征机关,附和其答辩书进行判决结案。但是也有法官会用十倍的心力。葛老师相信,愿意采取此种方式的法官,背后都有很深的人文素养,以及对法学、正义的信仰,人格值得我们钦佩。这些法官的用心与努力,会一代影响一代,因为学生从研读优秀判决的思维与态度中,才能陶冶出完整人格,做一个有伦理观、有正义感的法律人。借由每年评选优良判决,有助于激励法官们提高判决水平,进而带动社会的正面力量。大学除了做学术研究外,更重要的是要发挥社会影响力,否则只会关在象牙塔里面,不能与社会结合，也不能推动社会进步。针对各界对于法院的信赖不高，葛老师提出法院判决应透明化，而判决能够接受人民、学界与社会的监督，重要的是司法要能独立超然审判。

此处引述台大法律学院前院长谢铭洋院长以及资诚联合会计师事务所副所长吴德丰会计师在"葛克昌祝寿论文研讨会"的致词。

台大法律学院谢铭洋院长致词时指出，葛克昌教授于台湾大学服务已逾三十年，不论在做人处世、学术论述或提携后进方面，都非常让人敬佩。特别是近年来葛教授极为重视租税正义的议题，与国内实务单位合作推出许多活动，包括税法最佳判决的选辑，除了督促国内司法界对于租税相关判决的重视，也唤醒大家对税法的重视。谢铭洋院长认为近几年来，贫富不均成为台湾极大的问题，究其原因，税法扮演非常多的角色。所以如何实现租税正义，将是政府的当务之急。

资诚联合会计师事务所副所长吴德丰会计师提起办理台湾税法最佳判决的往事彰显葛教授的修养，他表示当初在讨论要挑选恐龙判决或最佳税法判决的时候，因为受到葛克昌老师的影响，觉得应该与人为善，于是大家取得共识，希望能从最佳税法判决，刺激司法判决的环境，对台湾社会起一个好的作用。吴德丰副所长觉得葛教授亦师亦友得人心，深深感受到葛教授在两岸税务领域的贡献跟权威，尤其大陆各大院校的学者对葛老师的尊重与敬佩，所以他赞誉葛教授为税法界的台湾之光。

五、两岸交流

葛克昌教授对于两岸交流的推动，主要从三个方面聚焦：第一，与刘剑文教授合作的"两岸税法研讨会"；第二，参与北京大学出版社"税法学研究文库"的建设；第三，接受大陆学者赴台湾大学法学院跟随葛克昌教授作访问研究。

（一）与刘剑文教授合作两岸财税法的研讨会

葛克昌教授认为基于一个偶然的机会，当时是学生活动，由葛克昌教授带队去交流。去了以后，刘剑文教授、汤贡亮教授对葛克昌教授很熟悉，大陆教授那时候很想来台湾，当时葛克昌教授只是单纯的一个教授，也尽量想一些办法，当时交流也有一些障碍，还没有这种信赖感。葛克昌教授很钦佩刘剑文教授的远见，刘教授本来是武汉大学法学院的副院长，也有一定的研究成果，看到改革开放税法这一点，他愿意从北京大学博士后再做起。葛克昌教授发现和大陆的教授们有一些共同的想法,后来进行合作,也有一些资助。那时台湾的司法改制,多了一个高等行政法院,有事实审、言辞辩论,要一些法律人参与。一些会计事务所也想向大陆发展,会有一些资助。所以在这样的机缘巧合之下,促成了两岸税法研讨会的举办,一年举行两次,一次在台湾,一次在大陆,以此增强两岸财税法学者的互动交流。

(二)参与北京大学出版社"税法学研究文库"的建设

由于种种原因葛克昌教授的著作《国家学与国家法》无法通过审查出版,但考虑到葛老师学生的一些论文也非常不错,所以在葛老师的领衔下,"税法学研究文库"收录了葛克昌教授的《行政程序与纳税人基本权》《税法基本问题(财政宪法篇)》《所得税与宪法》,黄俊杰教授的《税捐正义》《纳税人权利之保护》,邱祥荣的《电子商务课征加值型营业税之法律探析》,钟典晏的《扣缴义务问题研析》,黄士洲的《税务诉讼的举证责任》。这对海峡两岸的税法学术交流作出了巨大贡献。

(三)接受大陆学者赴台湾大学法学院跟随葛克昌教授作访问研究

葛克昌教授为了满足大陆学者赴台访学的意愿,一方面,通过其个人努力,率先开设了一门大陆税法的课程,邀请大陆赴台学者共同讲授,其中受邀者包括熊伟教授等学者。另一方面,通过各种基金会等项目支持,接受大陆学者赴台访学,使大陆学者们真正能够零距离接触台湾税法。葛克昌教授认为海峡两岸同根同源,他在大陆比在世界其他地方更有归属感。

六、感悟分享

葛克昌教授认为,司法是人权的最后底限,其中"赋税人权"是司法人权中非常重要的一部分,而纳税是人民与国家最重要的法律关系,税捐是没有对待的给付,背后有公权力的支持。各种社会福利的来源是税捐,所以如果社会福利越多,必须要判断税捐的来源公平与否。目前在台湾税捐百分之七十以上都是由薪资所得而来的,社会福利越多,造成贫富差距则越大。

所谓的良心,葛克昌教授认为从执法人员来说就是同理心,很多立法、行政和司法机关的人员,遇到当事人常说:"我很同情你们,可惜法律这样规定,我实在爱莫能助。"但是法律不是文字,它是文字背后的一种精神。民主宪政国家每一部法律的背后,其实真正的内涵就是良心的觉醒,也就是同理心,从事法律或政治工作的人,他主要的工作就是在法律之中,不断地挣扎、奋斗,从个案中来寻找他的良知、良能。政治是众人之事,就是共同寻找人和人之间的同理心,共同来寻找团体之间的这种良知、良能。

“租税改革绝不在税率,重点在于赋税人权的观念要转变。”虽然在《税捐稽征法》的第一章之中,有纳税人权利保护的内容,但重要的条款都没有在里面,如纳税人权利保护官的设立等。纳税人面对庞大的国家机器,信息不对等,是个弱者,需要有权利保护官,观念上亟需突破。再者,发达国家对纳税人及其申报推定为诚实,除非有证据证明公民有逃漏税的行为,方能进行调查。但台湾不是,税务机关无法提出证据,却一直要求人民尽协力义务,证明自己诚实,最后还要处罚,连续追查五年。

世界都是以量能平等负担作为税法的结构性原则。原则上实质课税只是用来维护量能平等负担,量能平等负担最重要的是垂直公平和水平公平。垂直公平就是要有能力的人负担,没有能力的人不负担,因此各国的营业税对生活的必需品不能课税,而中国台湾现在还在课税!台湾税法最大的问题就是薪资所得不能扣除成本费用,还有银行合并、企业合并,法令明定可以有商誉的分年摊列,而税捐机关把这个分年摊列变成合并的机关要负举证责任而且还要合理,结果到现在为止,没有一个案件被核准。租税改革不可能期望财税机关自己改,一定要法官、大法官牵头才能够改革。

陈清秀教授

一、个人简历

陈清秀教授于1959年1月,出生在台湾彰化县二林的农村,祖先自福建泉州迁台以来,家中世代务农,是标准的农家子弟。中学时期分别就读于私立精诚中学和彰化高中。1981年毕业于台湾大学法律系,同年考取台湾大学法研所并攻读硕士学位,于攻读硕士期间半工半读律师执业。1990年9月以后,作为合伙律师经营植根法律事务所。1984年,于台湾大学硕士毕业,师从黄茂荣教授。1991年,于台湾大学博士毕业,师从翁岳生教授。1995年9月,负笈美国华盛顿特区乔治敦大学法律学院作访问研究一年,除研究租税法学外,也培养人生哲学观,深受儒释道思想之影响。1999年10月由律师执业转任台北市政府法规会主任委员,2006年12月,卸任公职。2007年8月转任东吴大学法律学系专任副教授,讲授行政法、国家赔偿法、行政罚法、诉愿法与行政诉讼法及税法等。2008年5月20日至2009年9月10日任职台湾“行政院”人事行政局局长,推动提升公务人员人文素养、核心价值、配置适质适量法制业务人力、推动“国家政务研究班”“地方政务研究班”及中高阶文官国外培训等多项重大人事政策。2011 年 8 月至今,任东吴大学专任教授,先后曾讲授行政法总论、税法总论、税法各论、诉愿法及行政诉讼法、行政罚法、国家赔偿法及地方制度法等科目。历任台湾“司法院”司法人员研习所讲座、台湾“行政院”诉愿审议委员会委员、台湾“交通部”诉愿审议委员会委员、台湾“财政部”法规委员会委员、台湾“教育部”法规委员会委员、台湾“行政院”劳工委员会诉愿审议委员会委员等职。著有论文 200 余篇,主要代表专著:《税务诉讼之诉讼标的》(1991 年第 1 版)、《税法之基本原理》(1994 年第 1 版)、《税法总论》(1997 年初版—2014 年第 8 版)、《行政诉讼法》(1999 年第 1 版—2015 年第 7 版)、《现代税法原理与国际税法》(2010 年第 2 版)、《税法各论(上)》(2014 年第 1 版)、《行政罚法》(2014 年第 2 版)、《国际税法》(2015 年第 1 版)、现代财税法原理(2015 年第 1 版)。

二、求学历程

陈清秀教授在农村长大,由于家境清寒,需要省吃俭用,也要到田里做农事。幼时,其母曾给陈老师两个选择:一是到田里工作,二是努力念书。陈老师为了帮助自己的家庭“翻身”,不忍父母上了年纪之后继续为了生计整日奔波劳苦,所以选择了努力求学。陈老师于 1971 年至 1974 年间的初中时期,就读于私立精诚中学。由于念私立学校学费原本就非常昂贵,陈老师家中也曾为 117 块新台币的通勤费发生争执,其母力排众议坚持让陈老师完成学业,陈老师在其母的支持与自己的刻苦勤奋努力下,以初中毕业第一名的成绩考上彰化高中,同时以彰化高中毕业第一名的成绩考上台湾大学法律系。

陈清秀教授就读大学期间,在大一、大二刚迈进法学之门时,感觉不是很能抓住重点。后来大三时上黄茂荣教授的课,黄茂荣教授经常讲一些法学方法、法律解释方法,在仔细拜读黄老师的文章后,陈老师在法学方法论方面有些新的启发,后来在法学学习上才有了突飞猛进的进步。当时台大法律系老师擅长的都是不一样的,每个老师身上都有其学术专业成功的地方,比如,受到李鸿禧教授(大学导师)的指导,对宪法学以及法学日文有浓厚的兴趣。又受到黄茂荣教授及杨日然教授的影响,对于法学方法论产生浓厚的兴趣,同时受到翁岳生教授的精神感召,也对行政法及税法的研究特别关注。

陈清秀教授在研究所期间,因其父亲在大学四年级的时候过世,家庭经济顿时陷入困境。为了减轻家中的经济负担,陈老师在台大法律系刚毕业考上律师后，就开始工作，因考虑到植根法律事务所注重研究，进行法学数据整理，有助于法律文化修养，因此执业期间，一直在该所服务。并于 1990 年 9 月以后开始进入合伙经营。同时，在半工半读下完成台大法律系硕士班和博士班的学业。值得一提的是，陈老师在念台大法律系硕士班一年级的时候，翁岳生大法官开了一门行政法的课，要他们写政府信息公开或保密相关议题的报告。那时并没有网络、计算机，于是陈老师向“国防部”申请影印《国防机密保密办法》，没想到“国防部”竟然回复陈老师这个办法也是保密的，不能提供。陈老师认为法规没有保密的必要，况且是为了学术研究的需要，认为“国防部”不提供陈老师资料是侵害到陈老师的权益，于是提起了诉愿。诉愿会的人打电话给翁老师说：“戒严时期是很保守的，你这个学生还敢来诉愿，跟国防部打官司？”翁老师后来要陈老师撤回，陈老师也赶紧按照翁老师的意见处理。在翁岳生等老师的关怀呵护下，无论是陈老师的学术研究水平还是为人处世的态度都有了很大程度的提升。陈老师于 1984 年完成的硕士论文以《税捐法上法律关系论》为题，博士论文则以《税务诉讼之诉讼标的》为题，分别请黄茂荣教授与翁岳生教授担任指导教授，对于税捐实体法及程序法均加以研究。嗣后则以行政法（尤其行政救济法）及税法作为继续研究重点。

三、教育理念

陈清秀教授认为，从宏观角度来看，现在大学教育一方面传授专业知识，讲究跨领域的异业结合，才能培养竞争力；另一方面必须做到学以致用，理论与实务相结合，才能培养应用技能。大学法律系如果以辅导学生考取国家证照为教育目标，则课程规划就必须以此目标为中心，提供系统化的教育训练课程。在辅导就业方面，也可以采取产学合作方式，提供学生前往律师事务所或企业实习的机会。例如，德国法律也容许欧盟国家的法学教师担任诉讼代理人，以促进理论与实务的交流。台湾法学教师则无法从事临床教学，法令限制其不得担任诉讼代理人，因此无法教导学生如何学以致用，其发展也就不如医学。

从学生角度来看，就读大学或研究所期间，可以拟定生涯发展目标，为达成此目标，可以系统化选修相关课程。同时辅修或旁听相关科系课程，培养跨领域专长。也可以学习实用的课程，例如企业管理，基础会计，总体经济学等。为增强国际观，可以考虑前往世界其他大学交流半年到一年，如果外语能力无法在世界其他大学学习，也鼓励前往大陆交流，没有语言障碍。通过交流学习，可以了解不同文化的优缺点，扩大视野以及竞争力。

从教师角度来看，大学教授要能传授学业，必须不断追求新知识，提升自己的专业素养，才能教育学生。要能解惑，必须累积实务问题处理经验，才能学以致用，解决疑难杂症问题。因此必须参与各机关诉愿或法制业务，或企业法务，了解实务问题，才不会闭门造车。大学教授为增强自己的国际观，培养实力，可以利用寒暑假前往国外短期进修。申请前往海外大学作访问研究，通常通过该学院教授联系（不认识的教授，也可以毛遂自荐），取得接待同意之后，即可前往交流。一般而言，海外大学相当欢迎学者作国际访问研究交流，但通常必须自费住宿或学校提供有偿住宿。海外大学通常可以为访问研究者提供研究室或研究室座位，并提供借书证，可以借阅书籍，并可利用图书馆的网络资源查阅资料，其他并无义务（毋庸付费）。也可拜会教授，或旁听观摩其讲授课程，进行交流，有时会被邀请进行专题演讲。

四、个人成就

由于陈清秀教授于台大研究所学习时，深受几位同时担任大法官教授的影响，一直鼓励当事人遇到不合理的规定时申请大法官解释和再审。一方面，“前人种树，后人乘凉”，惠泽人民；另一方面，也希望能够通过大法官解释推动法律制度的改革。所以在成为执业律师以后申请的第一个案子就是大法官会议释字第 177 号解释，该解释同时也是人民申请大法官解释的第一号解释，该解释内容主要关乎于消极不适用法规是否也属于法规显有错误之一种，可以申请再审，以及大法官解释对当事人是不是有效力等问题。之后结果表明这个解释也应该对当事人有效。后来陈老师在执业过程中如果觉得不合理的就会申请大法官解释，所以在他的律师执业生涯里面大概申请了 19 件大法官解释。

陈清秀教授于 1999 年 10 月—2005 年 12 月，转任台北市政府法规会（类似大陆政府法制办公室的组织）担任主任委员职务。任职七年多期间，深刻体会行政工作所应关照之各方利益。对于行政机关应如何进行利益衡量，兼顾公平与效能，以促进民生安和乐利等方面也颇有所思。因此其有关行政法学研究，主张采取利益均衡的研究方法，类似著名行政法学者罗豪才教授的平衡论思想。配合 2001 年台湾《行政程序法》以及 2006 年台湾《行政罚法》之施行，积极研讨因应方案。对于国家赔偿项目金额制定统一理赔原则，公平合理地对待市民。对于消费者保护工作，制定台北市《消费者保护自治条例》，以此积极主动保护消费者之权益,补充消保法之不足。为提升法规制定质量及效能,导入法规影响评估制度。为健全市政府各机关之法制作业质量,寻入各机关法制作业访问辅导机制,每年主动组团前往各机关辅导解决法律问题,以提升依法行政质量。为公平合理化常用契约规范,整编市政府常用契约范例。

2008 年 5 月 20 日至 2009 年 9 月 10 日,陈清秀教授任职台湾“行政院”人事行政局局长,致力于人事法制革新,翻译出版各国人事法规,以供借鉴。举办各地人事革新论坛,广纳各方人事革新建言,以兴利除弊。又致力于提升公务员法治素养与人文素养,并加强政府部门引进法制人才,同时注重政府研究发展部门之人才整备,强化公务员组团出国研究考察之能量,以培养人才。此外,也加强与铨叙部协调修正不合时宜之人事法令等,期盼建构台湾人事法制之现代化与合理化。

由于台湾坊间并没有一个质量较好的税法教科书,有些老师甚至是随便教一教而已。陈清秀教授为保障教学质量,与黄茂荣教授、葛克昌教授一起号召十几位税法相关领域的老师合写一本税法各论教科书,包括所得税法、营业税法……该书书名为《税法各论》,由新学林出版公司于 2015 年 3 月出版第 1 版。

陈清秀教授主要著作如下:

《税法总论》(修订第 8 版,元照 2014 年版):该书主要探讨税法总则之各项原理、税捐法律关系之得丧变更、税捐稽征程序、税捐罚则以及税捐行政救济,以德国及国内学说为基础,并以中国台湾地区最新法令及实务见解举例说明。认为税法的体系化研究,既要求外在美,也要求内在美,更要求国家与人民均能永续生存发展。因此,在税法的研究上,除“肉眼”观察法规外观文字外,必须具备“慧眼”与“法眼”,才能“明心见性”,观察税捐法律关系的善与恶。既要求建构完美精致严谨的法律体系,也要求公平及效率兼顾,各方利益均衡,以落实宪法保障人民基本权利要求,同时应符合事件本质之自然法则,以使国家、社会及纳税人均能永续生存发展。

《行政诉讼法》(修订第 7 版,元照 2015 年版):该书主要参考德国及日本行政诉讼法学说及实务见解,并参酌台湾学说见解,兼以台湾实务见解举例说明。认为由于行政诉讼程序目的,在实现行政实体法上各项权利,而行政实体法领域相当宽广,反映在诉讼法上,其问题颇多。有关行政实体法之理论原理也将影响诉讼法理论之发展。该书可以提供研究行政诉讼法理论及实务之入门方向与基本法理观念。

《行政罚法》(修订第2版,新学林2014年版):该书主要参考德国行政罚法学说及实务见解,并参酌中国台湾学说见解,兼以中国台湾实务见解举例说明。以行政罚法为中心,按照该法之体系架构,介绍行政处罚之各项理论,并以各个行政法规领域为例,进行解析。行政处罚之价值理念,在于伸张社会的公平正义与提升行政效能,以达成行政管制目的。其处罚手段应符合比例原则与相当性原则,顾及人权保障之要求。因此,在解释适用之际,应从"宪法"人权保障思想出发,取向于各方利益均衡之法学方法,顺应事物本质,并参酌运用现代法学之法解释适用法规理论。

《税法各论(上)》(元照2014年版):该书针对税法学重要领域、各项税捐种类之性质及其正当性法理基础、所得税法及营业税法等基本问题,通过介绍德国及日本税法学说实务见解,兼部分美国税法学说之实务见解,并以之为符合事件本质合理性要求之"法理",据以对所得税法及营业税法各项问题,进行体系化分析研究,解析诠释。

《国际税法》(元照2015年版):该书从理论及实务观点进行探讨,除租税协定之税法规范外,也一并分析内国法制规定。主要参考德国及日本学说理论,并参考OECD租税协定范本及其注释见解,分析探讨境内居住者与境外居住者之认定标准,常设机构之认定及其课税方式,租税协定之解释适用问题,境内来源所得与境外来源所得之判断标准等重要相关议题。

五、两岸交流

陈清秀教授积极参与、推动海峡两岸的学术交流活动,基本上每年都会前往大陆地区,参与两岸财税法学研讨会、两岸行政法学研讨会以及其他各种研讨会,或受邀前往各大学作专题演讲多次。陈老师的各类学术著作也将授权法律出版社出版。陈老师于1999年第一次通过在上海召开的两岸行政法年会,参与两岸交流;于2015年5月,参加武汉召开的"第六届海峡两岸公法学论坛",探讨有关"审判独立与权利保障"的议题。陈清秀教授认为,像这次讨论"审判独立""诉讼权保障"议题非常具有意义,大陆学者研究得都很有深度,觉得大陆的老师法学素养极高。另外,陈教授在2015年9月前往北京中国政法大学参加世界比较法学研讨会,研讨比较法在各个部门法领域的作用,他认为此次研讨会让全体与会者受益良多,也可以看出大陆法学研究国际化的蓬勃发展。

六、感悟分享

陈教授认为台湾地区现在从自由、人权的角度看比原来进步很多。大家比较敢讲内心的真实感受,没有什么禁忌。但也正是因为现在比较自由,所以一些人不再凭良心讲话,或者说有些意气用事,甚至有时候会有些偏激的做法,伤害到他人,感觉有些矫枉过正,过去是不自由,现在有些过度自由。这有点像战国时期百家争鸣的状态,但是到底哪家可采还是令大家比较困惑。

律师事务所是一个民间的事业机构,所以它必须要自负盈亏,工作压力很大。一方面是案子本身的压力,另一方面是收入的压力,还有当事人带来的压力。因为当事人总是希望打赢官司,但是官司的输赢很难讲,有时候本来该案子就是处于法律的灰色地带,所以律师的得失心就会比较重,压力就会大。政府部门领薪水是固定的,所以没有财务压力,服务的对象是人民,相对于当事人来讲,压力减小了。当然要想做好工作,也需要花很多时间。前者是站在当事人的角度思考问题,后者就是要兼顾多方利益,营造双方当事人双赢的局面。在处理政府部门的实务时,不应当只站在政府的角度来思考,也要兼顾人民的利益。

展望未来,希望通过各个方面去推动租税法制的进步。以前总是有人说我们只知道批判,现在看到好的判决我们也会拿出来赞扬赞扬,以带动好的风气,推动法制的不断进步。不过陈教授觉得这都是个案,司法改革就好比把沙漠变成可以耕种的土壤,需要许多使其肥沃的水分、养分,我们把水分、养分就视为对租税法学的研究,这种研究是十分重要的。所以陈教授一直觉得推动基础法学研究是比较重要的,他自己也在努力写一些书,比如说在2005年《行政罚法》制定公布后,他就根据自己的一些实务经验,以及看书的一些心得,整理出一些想法。写这些书的初衷也是因为陈教授看到台湾政府实务当下的一些做法,他个人认为不是很合理,希望写一些这样的书能对社会有一点贡献。所以陈教授现在有一个想法就是"学术救国"。

（王玉全）

立案与威尼斯商人

——致友人

杨　翔*

说起当下让人们打官司更容易些的改革,你的来信透着一种按捺不住的兴奋。作为同样长年吃着法律"饭"的所谓共同体成员,我知道现在那些敞开口收案的制度设计本意,是要让那些受到损害,或者自己感到受到损害的人有一个专门的地方去讨说法,使各式各样的纠纷按照国家预设和希望的过程和方式得到处理。① 司法过程实际上如同一列在铁轨上运行的火车(现在大概应相当于高铁),进入到诉讼中的人如同购票上车的旅客。不论人们之间有着什么样的激烈冲突,只要他们始终坐在车上并按要求到点下车或者换乘,所有问题就都可以控制和解决,就不至于让所有人都从偏僻地方选择或曲折或坎坷的羊肠小道绕到京城。

正如你说,从前那些想方设法把案件挡在法院门外的做法无疑是短视而笨拙的,人们不能搭乘上列车,自然就要自己想方设法维权,或步行或骑车或走或停,一时间漫山遍野四通八达都是喊冤叫屈的人,完全没有了秩序和规范。

但我同样知道,你的兴奋并非因为上述原因。显然,你从事的辩护律师职

* **作者简介**:杨翔,(1964—),男,湖南汨罗人,湖南省高级人民法院副院长,湘潭大学法学院教授、博士生导师。

① 2015年10月,最高人民法院印发《关于进一步加强执法办案工作的紧急通知》,要求全国各级人民法院全力做好第四季度执法办案工作。通知透露,立案登记制改革和修改后行政诉讼法实施以来,全国法院受理案件数大幅上升。截至2015年9月30日,全国法院新收案件1200余万件,同比上升18.42%。个别地方的行政诉讼案件甚至出现200%的增幅,同时,未结案件数逐月累积。根据最高法院的估计,到2015年年底,未结案数量可能达到500万件以上。

业让你敏感扫描到立案方式的改变对法律服务市场意味着什么。是的,你看到了立案改变后的商机,并且对此充满了自信。许多年来,你的判断往往具有惊人的准确性,只是这次也许你会要有些许的失望。在有关方面大张旗鼓宣传、关注立案方式改革的同时,许多职能部门绷紧了他们的神经,瞪着双眼紧紧盯住即将来临的五月,屏住呼吸,如同昔日雨季时的防汛人员,等待着远方滚滚而来的案件"洪流"。为了防止洪水泛滥,两道坚固的大堤已经建筑:打击滥讼行为,适用驳回起诉。因此,五月后雨后春笋般涌现的诉讼浪潮注定只是你一厢情愿的想象。

在我们这个国度,喜欢打官司历来不被看成是什么好事。在孔子看来,孳孳以求利的只能是小人行为。孔子做法官的最重要目的,就是让人们相互之间没有纠纷或者有纠纷也不去打官司。《论语·颜渊》记载:"子曰:听讼,吾犹人也。必也使无讼乎!"其实,孔子自己就是一位挺杰出的司法人员,据荀子说,当听闻孔子将赴任鲁司寇一职,一些做了坏事的人便开始战战兢兢,甚至干脆移民国外。[②] 同样属于儒家,荀子说祖师爷的好话自然不能全信,但是韩非子也说"仲尼为政于鲁,道不拾遗"[③]就应该有几分客观真实的意思。可是,这位鲁国的首席大法官却丝毫没有因为自己拥有如此专业而高超的司法经历而获得半点职业尊荣感。

春秋战国时的邓析算是个真正的法律精英,但最后被判处了死刑,罪名之一就是鼓动并且培训别人打官司。(这一点类似于古希腊雅典城邦公民指控苏格拉底教坏年轻人的情况。)[④]因此,这就形成了法律的事情只是国家或者官方事务的观念,立什么法、建什么机构也都是公家的事,老百姓大都只是围绕在行刑刽子手四周的看客,一旦犯人人头落地,人们最多伸长些脖子、啧啧嘴巴,于法治进退并无大碍。久而久之,这便成了我们的传统:特别不待见那些喜好诉讼的人,在立案时设置严格的条件,如清末时期杨乃武姐姐杨淑英为其弟弟申冤告御状时需俯身滚钉板。现行制度中,即便是在诸如涉及千家万户的垄断和环境生态等问题上,相关法律文本中似乎也很难找到个人可以通

---

② 《荀子·儒效》,孙安帮,马银华译注,山西古籍出版社2003年版。

③ 《韩非子·内储说下》,贾桂梓译注,三晋出版社2008年版。

④ 公元前399年,70岁的苏格拉底被起诉。英国学者霍普·梅(Hope May)在《苏格拉底》中写道:"如此高龄的他被如此严厉地处罚,正说明了他对雅典人的搅扰之深。倘若未被处以极刑,苏格拉底依然会在相对短的时间内死去。然而雅典人还是被迫判处苏格拉底死刑,即使如此高龄。"霍普·梅:《苏格拉底》,瞿旭彤译,中华书局2002年版,第5页。

过诉讼介入其中的规定；同时，在诉讼中，无论胜诉方有如何充分的理由，其因为打官司而花费的银子法院一般不会支持。

其实，真正的法治一定需要个体或者私人的广泛和积极参与才能实现。日本人田中英夫、竹内昭夫在他们联合撰写的著作中说，可以通过考察对律师费用的支持、法律援助制度、当事人资格扩大、行政机构对私人诉讼的援助以及损害赔偿金额额度等方面的规定，来判断一个国家是否真正希望或者支持私人参与法治过程。因此，私人在法治实现过程中的作用，不是仅仅体现在立法时发发言，决策时听听证，更重要的是应体现为当个人权利受到侵害时，他（她）能够主动地启动法律程序来保护自己的权利，从而使人们意识到法律规定的这些权利条款的效力并不亚于政府的禁止性规定，这样才能使公共权力部门不怠于行使保护职能。当一个社会中的个人对于法定权利都视若可有可无，对权利的损害都忍气吞声，而制度设计又存在压抑个人权利诉求时，法治的实现可能只会是渐行渐远。

这让我想起莎士比亚《威尼斯商人》中的夏洛克。作为一个吝啬的高利贷者，他为了实现合同约定的一磅人肉处罚，将安东尼奥告上法庭。夏洛克的动机卑劣，贪婪而残酷。许久以来，他最终的败诉大快人心。但是，在时隔两百年后的十九世纪，德国著名法学家耶林却为他进行了一场深刻的辩护。⑤耶林越过道德的围栏，坚定支持夏洛克为了捍卫自己权利而进行的诉讼行为，指出夏洛克去打官司是因为他还相信威尼斯法律。耶林甚至有些危言耸听地说："对权利侵害而沉默无语的国民等于在自己的死刑判决书上画押。"在耶林看来，一个在法律上较真的人，至少是一个相信法律的人，无论他（她）的道德或者品格如何低下，对于法治都是一种不可缺的贡献。

现在，我无法确定立案方式改革是否正是基于鼓励私人参与法律实践的法治要求。但改变是肯定会发生的事实，其实古人早已找到了治理滔天洪水的办法：不是堵，而是让洪水在宽阔的河道里一路向东。所以，你的期待也许还是值得的。

（吕宗澄）

---

⑤ 耶林教授1872年3月11日在维也纳法律协会上的演讲题目叫《为权利而斗争》。他在演讲中这样谈及那个犹太商人："这在《威尼斯商人》中伴随着夏洛克；他想主张其权利，整个威尼斯不认同这一点；当他不能把这场斗争进行到底时，他最终同样悲惨地毁灭了。"

湘大烟雨好莱坞*

程　波**

2015年秋季，在南方一个有三道拱门的大学校园，每周二都有喜欢法律电影的青年学子汇聚在南山四阶教室。在湘大的烟雨和暮色中，开启了《似是故人来》的法律电影之旅，有学生说这个"故人"是一个"比太阳还暖的男人"，也有学生说这个"故人"是以爱之名，为义献身，他不是故人，却胜似故人。受感染的学生还念兹在兹地诵读着女主充满爱意的台词："我知道你不是他，因为我从来没有像爱你那样爱他！"故人如画，伊人楚楚，通过《金衣女人》"优雅地争夺"，我们开始懂得"生活不允许你胆小，你唯一的敌人是恐惧"，为了"还原最真实的历史"，让我们的人性获得了一次《世纪审判》，像是经历了一个世纪的惨痛。痛定思痛，痛在人性。于是，有学生说，审判正义与邪恶的过程又何尝不是在审判人性。然而，关于人性，言说者（她）却又不想提太多，不是年纪尚小，而是每个人心里的天平，本来就摇摆不定。如果是这样，又有学生说，那就"留一处善为人性铺路"吧！

然而，人性之善何处寻？在美国人看来，人不是天使，天使也不统治人，因此，让法律成为这个国家的政治信仰也许是一种改善人性的制度设计。制度设计意味当公民不具备公民美德的时候，宪法、法律是我们唯一的依凭。因此，为法律而斗争，就是为权利而斗争。法律必须公开，没有公开就没有公正。公开意味着《真相至上》，无论是形式真相还是事实真相，真相意味着给"铁罐头"透点风。在"人无完人"的社会中，在皇帝穿上"新衣"的体制内，"真相才

* 文章来源：此文为程波教授在2015年秋季湘潭大学"法律电影与美国法律文化"课程结束时的讲话。

** **作者简介**：程波（1963— ），男，湖南华容人，湘潭大学法学院教授，法学博士，研究方向为法理学。

是记者的国界,批评是记者唯一的语言。”以法律来孜孜不倦地追求真相,近乎无情,无情便无欲,无欲便无私,无私便公正。

也许这就是法律电影的魅力和力量所在,它能够丰富人们对法律的理解和想象,并将社会大众对正义的期待变成可能。正如1215年的《大宪章》①,八百年来,其最精髓的两条原则是以法律的形式肯定了对臣民财产及人身安全的保障权,以及在臣民与君主的契约关系中臣民对君主的反抗权。18世纪,马萨诸塞殖民者利用《大宪章》抗议英国王室“无代表征税”;《独立宣言》、美国《宪法》的起草等都间接受到“每天都与我们同在”的《大宪章》影响。在美国历史和文化的深处,由于深藏着对政府的极度不信任以及对警察和法官滥用权力的极度恐惧,因此,《权利法案》的核心宗旨,就是具体地以公民权利限制政府权力,用保证言论、出版自由以保障小民百姓免遭司法腐败之害的方法,逐渐确立新闻监督权和公民权,制衡和约束政府的官权。宪法的目的是规范和限制政府的权力,以保护人民免受恶政之苦。换句话说,它要防的是治者之恶,而非被治者之恶。

直到二十世纪之初,人们还认为,法律是不可违反的、确定的和可以依赖的。法治国被界定为安宁与秩序的合法保障,不仅安分是公民的首要义务,而且(保障)公民的安宁也是国家的义务。两种义务互为条件,“法律”是他们相互的保障,公民必须遵守法律。然而,如果国家想被称为法治国,那么它也必须遵守法律。有诗为证:

> 黑暗笼罩着大地,
> 邪恶滋长的黑夜,
> 没有吓住安全的公民,
> 因为,
> 法律的眼睛睁着呢!
> ——席勒《钟之歌》(1799年)②

---

① 《大宪章》(拉丁文 Magna Carta,英文 Great Charter),又称《自由大宪章》或《1215大宪章》。1215年6月15日(一说1213)英王约翰被迫签署的宪法性的文件。其宗旨为保障封建贵族的政治独立与经济权益。这张书写在羊皮纸卷上的文件在历史上第一次限制了封建君主的权力,日后成为了英国君主立宪制的法律基石。

② [德]席勒:《席勒诗选》,钱春绮译,人民文学出版社1984年版,第115页。

然而，进入20世纪，具有讽刺意味的是，“法律的眼睛”成了“警察”，监控与间谍活动的标志。它们趋向于获得“全知性”，于是，全知全能国家的、党的眼睛出现了，这个党“永远正确”，它拥有近似神的远见，因为它了解历史进程。国家的党从不睡觉或打盹，它培养的情报人员，不论是“监察人员”还是“安保人员”、秘密警察、国家安全人员、契卡或克格勃，他们都是政府的耳目。正如人们所知道的，他们24小时不停地在“监视”，强迫公民们走上正确的道路。

于是，有人开始喜欢《飓风》送来“阴影处的阳光”，也许那只是“迟来的正义”，又或许是“仇恨送我进来，而爱带我出去”的生命感悟，或许也是“请法官阁下能够考虑到法律之上更高的本该就是正确的东西，我只要一个正义的判决，一个我等了很久的正义的判决”。接下来，在《一级谋杀》的日子里，同学们开始震惊“别让罪恶的环境把我们变成凶器”，在他宁愿死亡的背后，有同学们开始发现，辩护制度是现代民主和法制社会不可缺少的组成部分，是公民借以抵御国家司法权滥用的法律屏障。尽管电影里辩护制度还算完善，指派辩护的法律援助的那个律师也很正义，但这注定会是一个悲剧，Henry是必死的。虽然它的细节并不像《真相至上》里面那么明显，但悲剧是藏在每一个表情和动作里的，从心理严重扭曲暴戾的典狱长的每一次怒吼，每一次鞭打中，从Henry被挑断的脚筋中，从公诉机关对Henry生命价值的蔑视中，Henry早就被这些杀死了无数次。如此观影，越来越多的学生开始明白，原来律师可以服务于平等并防止不平衡。在“律师为谁而辩”的喧嚣中，学生们开始为“死磕”律师自豪地挺身而出而感动，为他们心中牢记律师准则前行而感动。为一个个法律人为弱势者争取权益奋斗而感动，为恶法非法或恶法亦法辩论而感到澎湃不已……

在观看《杀死一只知更鸟》之前，你也许不知道作为代表被控有罪的当事人的律师，对当事人在职责上不允许他态度暧昧，寻求风平浪静以躲避风雨。相反，你开始懂得作为律师，他应该跨入战壕，高昂着头，代表他的当事人为公正、人性及基本人权而战，直到正义得到伸张。然后你又发现，有时候你甚至永远不会理解一个人，除非你站在他的鞋子里，跟着他一起走两步。有同学说，人生而平等不是一个伪命题，但它从来没有成为一个被真正解决的问题，或许这也是“美国梦”的美丽与哀愁。

对今天的人们来说，“重要的是讲述神话的年代，而不是神话所讲述的年代。”没有谁生来比其他人更为优越，司法的正义来源于抛开个人感情，仅凭真实的证据来断案。由此人们才能信任:社会秩序的维持确有公理,制度也是人性的最后一层保护屏障。于是在《塞尔玛》,我们看见有人在用"散步创造历史",那是在诠释非暴力绝不是不作为。如同我们在电影里、在小说里、在各种地方以各种方式呼唤人性、呼唤温情、呼唤良知,这其实也是一种"非暴力"。在法律光芒照耀不到的时候,我们只能呼唤奇迹,站在世界中心呼唤爱。有爱如梦,可歌可泣:③

为何要让我们
隐匿在斑驳的黑暗里
为何要用黑色
谱写出悲哀的丧歌
为何要这悲歌
凝结成染血的枷锁
为何要以枷锁
禁锢了自由
隔阂了人心
破碎了幸福
愧对了生命

你们说看不见
是看不见
黑暗里累累的伤痕
还是看不见
黑暗里求生的人
你们说听不见
是听不见
压抑着痛苦的低泣
还是听不见
诉求着幸福的权利

③ 此诗为授课班级里的江艳同学所作,因颇合心境而经她本人同意摘录于此。

湘大烟雨好莱坞

我们
在自己家里漂泊
我们
把心愿埋在角落
我们
用热血体会凉薄
然而
妥协不是懦弱
人性终会推翻冷漠
枷锁终会被打破

我们有一个梦想
生存、自由与幸福
交织在遥远的一个国度
黑色的肌肤
可以融入
最朴素的沃土
带着对阳光的倾慕
萌发出
欣欣向荣的蓝图

然而,即使冷漠面孔下的温情,也有爱你不愿说出口的笨拙。那《法官老爹》到最后都是法官老爹,那法官老爹最尊敬的律师仍是法官老爹的律师(儿子),看到这一对情法交融的父子,一些非法学专业的电影爱好者开始吐槽说,这部电影的“反射弧过长”,写影评的时候把所有的环节理顺才发现心里酸得不行。原来他们之间的父子感情像陈年老酒,被包藏得太厚又太久。他感觉父亲满身铠甲,对他全是戒备,那句姗姗来迟的“我在他身上看到了那时迷茫的你”才捅破了感情纱窗:孩子,你其实是我的软肋。庆幸的是,父与子之间,理智与情感之间,法律和道德之间,一切都和解了。也有学生开始点赞说:“这门选修课给我打开了通往另一个世界的大门,让我真真切切地感受到那些好看的法律电影除了一波三折的情节和强大的演员阵容之外,还是由深厚法律文化的积淀和支撑而成就的。感谢这一门课程让我接触到了以前不会看到的电影，很满足，很感动。”

不过，我也听到还有学生在说：“最后一次电影结束了，好快呀！下次不会再上墙，不会再讲课，直接考试了。《左拉传》十分精彩，因为它似乎集中体现了老师所放电影的精神内核。当一个公民试图与一个强大的政府、司法、军队斗争的时候，他那么弱小，他多么不幸。我们创造了国家这个机制，设立了各种机构，是为了更好地生活。但事实上，我们很多时候不能拥有法律赋予我们的权利，我们多么无助，我们多么没有尊严。不是每个人都是左拉，都是马丁·路德·金，写一本书，发起几次活动就可以改变根深蒂固的陋习，太多时候我们是无辜的知更鸟，被杀死的黑人。但是人类啊，依旧在不停地进步着，在我们看得见看不见的地方默默使劲。左拉还清了真相，左拉来自群众，如果只有左拉，而没有其他公民的身体力行，自然也不会有任何的改变。所以，我要歌颂人类，歌颂人类前进的勇气、对真理的追求、对正义的锲而不舍。在物欲横流的世界里，每次主角慷慨激昂的演讲不再是笑话，不再被人忽视。它一遍又一遍地提醒我们，精神的追求有多么重要，精神的力量有多么强大，我们的行动与坚持真的可以改变些什么。我想，这就是这门课带给我最大的收获吧。”

作为开设《法律电影和美国法律文化》课的老师，即使“我是公正的，可我就是忍不住，很想要偏向你”。这是因为，我必须感谢你们——湘潭大学2012、2013、2014级的所有选修这门课的学生，正是你们的选课，我们每次相见，每次无言，每次观影，每次静默，那银幕内外的距离已然相隔了千山万水，正如中西法治的距离一样。渐渐地我们分辨不清到底是“法不容情”，还是“法本缘情”？渐渐地我们开始纠结于“实现正义，哪怕天塌下来”的电闪雷鸣。在无数次询问“律师为谁而辩”的观影中，在挣扎自己的人性能否做到“智者的仁慈”？原来，你还在这里，“拾忆征程”，因为经历，所以懂得……

感谢你们用比“三行情诗”还要精彩的影评参与到这门课的互动中，特别是那位因认真写影评而被秋蚊子咬了四个很大的包并要求霸占一整张PPT的同学，还有那位每周二晚都不想缺席，下个学期仍请我继续做她的小公举的同学，还有无论多晚当天就写来影评的阳楚秀同学，还有写诗的江艳同学……正是你们观看法律电影和课后写影评的热情，让以后的《法律电影与美国法律文化》课堂，也许还会迎来更多同学来选修，更多比你们的“三行情诗”还要精彩的影评，“在湘大的烟雨中”，不忘初心，方得始终……

这门课和这门课中播放的法律电影，在我看来，不仅仅带给了你们感官上的愉悦，而且也播下了未来中国一个个为公平的事业积极进取、忍辱负重，就可能获得不可期、不可见和不可知的力量支持的种子。在座诸位同学，当你们意识到自己在做正确的事情，这其实就是未来中国法律人的力量源泉。社会中的其他人，目睹法律人的英勇奋斗，受本性中神圣的道德力量的驱使，也会义无反顾地支持他们的事业。因为真理仍在前行，你们内心仍然尚存着“人类良心的一刹那”。

在一定意义上，我开设了一门研究当代美国法律文化的选修课，但是，我要说明的是，这门课并不是对与美国法律文化各个方面的全面描述。我也不可能全面描述。

我只不过试图论证，美国法律制度背后的文化环境是如何影响和制约社会和个人的；而社会和个人又是如何改造着、创造着法律制度，创造着与这些法律制度相应的新的知识。我也只不过是聚焦于法律电影，探寻好莱坞的法庭片为什么常常演绎一些被控犯罪的人，当面对检控官、法官和陪审团集于一身的政府时，他可能受到的种种威胁，或者当他是一名真正的无辜者时，他是否有机会得到清白？在这个过程中，我希望你们观察法律电影中的法律人（比如说律师）是否是正直、诚实而且心地纯洁的人，是否是一个在审判中不畏当权者的人。我相信我们与好莱坞法律电影的编导一样，也希望所有的美国法官，紧跟智慧引导下的人类的德行，不带感情不怀偏见地进行自己的审判。为正义，他可以做任何事，却丝毫不为己、不为友，不为恩，亦不为君主。如果一方是行政机关、立法机关以及民众，即使是他荣誉的来源和衣食父母，而另一方是无名小卒甚至是令人厌恶之人，他的眼睛应该对谁都视而不见，不管对方是伟大还是渺小，他只专注于“天平上的微妙平衡”。我希望你们还能观察到即使号称强大的美国人民仍然会恐惧政府的司法权力过大，进而担心会压迫甚至扼杀个人的权利和自由。当然，我也希望这种观察或许有助于你们感受和理解转型时期中国的法律和法律文化的某些寓意。

我的目标是为你们在观赏好莱坞法律电影时，提供一些美国法律制度和文化背景方面的知识，增长一些“认真对待宪法”等方面的觉悟，了解一些“律师服务于平等并防止不平衡”“律师为谁而辩”等方面的知识，强化一些诸如“守法”“维权”等法律意识和文化观念。在这门课中，我并没有提供重大结论，因为，你们也可以用许多方式来表达美国法律文化的内在特性。我只不过是将美国法律文化看作是一种“思考方式”、一种“生活方式”。为了做到这一点，我尽可能地把这门课变成一门“看”的课程，并聚焦于集中观看好莱坞法庭片。

众所周知,好莱坞电影好看,但通过好莱坞法律电影我们又看到了什么?我们是否看见影像中的正义?我们是否看见美国对抗制法律文化的传统和历史深处的忧虑就是要限制政府的权力?我们或可假定电影制片、导演要通过电影人物的眼睛看清些事项,要我们见他们之所见。这样就可以从一场场法庭的争辩中看出深意来。所谓“看”的深意,在于我们通过好莱坞式的“英雄”眼睛去见证法律人(包括法官、律师、检察官等)各自是否善尽了戏中的角色。这里面隐含着正当性的观念。电影观众与电影中的人物也造成了一种距离意识。作为电影观众的我们不宜嫉妒电影中的英雄,更不能有取代电影英雄地位之想。有此距离意识,人既能服从法律,又能保存自尊。

总而言之,美国法律电影深深根植于美国法律文化的传统之中,在某些方面,法律电影文化不仅仅由诉讼中竞争双方的主张所塑造,不仅仅由听过证词和法律辩论的法官宣布的“发现之事实”所塑造,不仅仅由“法律规则”所塑造,而且也由现实生活中人们熟悉分类和故事类型所塑造,通过电影塑造、沟通而成为大众文化的一部分,尽管法律电影在法律事件中采用了一种特殊的形式。

所有这些说明都注定了这不是一门向你们灌输什么是“全面”、什么是“正确”之类的课程,由于学识和水平以及“地方性”知识的局限,这门课也必定不是一门“看问题深刻”的课。好在今天好莱坞电影在题材和文化内涵上也日益趋向中性化,而不是日益在追求“看问题深刻”。

与之恰恰相反,好莱坞的哲学是娱乐片本来就是调笑生活、娱乐人生的,管他什么社会效应呢,能赚钱就是好片子——难道不是吗?

因此,好莱坞法律类型的电影就一定要玩深刻吗?显然不是!

突然想起曾经在网上看到过的一则笑话,说什么:“英国人说他气质好,法国人就笑了;法国人说他懂音乐,奥地利人就笑了;奥地利人说他建筑好,意大利人就笑了;意大利人说他黑社会,日本人就笑了;日本人说他佛教徒,印度人就笑了;印度人说他软件好,美国人就笑了……”最后结尾应该加一句:“美国人一深刻,全世界都笑了。”或再加一句:“人类一深刻,上帝就笑了。”

你可能不相信一向注重享乐、活得潇洒的美国人会在好莱坞电影中突然深刻起来?你可能不相信怎么人类一深刻,上帝就一定会笑起来?你也可能不相信西方“正义女神”会真正蒙着双眼?

不过,我相信你会相信自己的眼睛,我相信你在每次走进教室时都会说:“电影这么美,我想去看看!”

(聂辛东)

《湘江青年法学》行文体例与注释规范

一、来稿请附中英文标题和摘要(300 字之内)、关键词(5 个以内)及作者个人简介(包括姓名、单位、职务或职称、地址、联系电话、电子邮箱)。

二、来稿一律采用脚注,编号连排(法律史文章之古文献可采加括号之文内注),样式为①②③等。

三、非直接引用原文者,注释前加“参见”;非引自原始出处的,注释前加“转引自”。

四、数个资料引自同一出处的,注释采用“前引③,某某书,第×页。”或者“前引④,某某文。”两个注释相邻的,可采“上引某某书(文)”。

五、注释举例

(一)著作:

①《马克思恩格斯选集》第 3 卷,人民出版社 1972 年版,第 6 页。

② 胡锦光、韩大元:《中国宪法》,法律出版社 2004 年版,第 8 页

(二)论文:①王利明:《中国民法典的体系》,《现代法学》2001 年第 4 期。

(三)文集: ①龚祥瑞:《比较宪法学的研究方法》,载《比较宪法研究论文集》(第一集),南京大学出版社 1993 年版,第 55 页。

(四)译作:①[英]梅因:《古代法》,沈景一译,商务印书馆 1984 年版,第 69 页。

(五)报纸:①姜明安:《多些民主形式,少些形式民主》,载《法制日报》2007 年 7 月 8 日,第 14 版。

(六)古籍:①《宋会要辑稿 · 食货》卷三。

② [清]沈家本:《沈寄簃先生遗书》甲编,第 43 卷。

(七)辞书:

①《辞海》,上海辞书出版社 1979 年 9 月第 4 版,第 943 页。

(八)网络资料:①王生长:《中国加入世界贸易组织后的仲裁法》,载 http://www.cietac.org.cn/CD14/CD145.htm,2013 年 6 月 19 日访问。

(九)外文:

①Robert Gilpin, Economy of International Relations, Princeton: Princeton University Press, 1986, p.5.

②See G. Gordon & P. Miller (ed.), The Foucault Effect: Studies in Governmentality, Hemel Hempstead, England: Harvester Wheatsheaf, 1991, pp.32 - 35.

③K. J. Leyser, "The Polemics of the Papal Revolution", in Berly Smally ed., Trends in Medieval Political Thought. Oxford: Oxford University Press, 1965, 3rd ed., p.53.

④Alessandro Giuliani, "The Influence of Rhetoric of the Law of Evidence and Pleading", in Judical Review, 62(1969), p.231.

(十)英文以外的外文文种:依照该文种注释习惯。

《湘江青年法学》编辑委员会

2016 年 5 月

图书在版编目(CIP)数据

湘江青年法学. 第1卷. 第2辑 / 聂辛东主编. —湘潭：湘潭大学出版社，2016.5

ISBN 978-7-81128-953-4

Ⅰ. ①湘… Ⅱ. ①聂… Ⅲ. ①法学—文集 Ⅳ. ①D90-53

中国版本图书馆CIP数据核字(2016)第124028号

湘江青年法学. 第1卷. 第2辑

XIANGJIANG QINNIAN FAXUE·DI 1 JUAN·DI 2 JI

聂辛东 **主编**

责任编辑：黄　琼
装帧设计：郑柏超
出版发行：湘潭大学出版社
社　　址：湖南省湘潭市　湘潭大学出版大楼
电话(传真)：0731-58298966　邮编：411105
网　　址：http://press.xtu.edu.cn
印　　刷：长沙鸿和印务有限公司
经　　销：湖南省新华书店
开　　本：787×1092　1/16
印　　张：23
字　　数：413千字
版　　次：2016年5月第1版
印　　次：2016年5月第1次印刷
书　　号：ISBN 978-7-81128-953-4
定　　价：55.00元